Werner Halver, Lijun Tang, Christof Römer, Amadeus Gwizd, Tim Hildebrandt,
Manuel Kroha, Tom Beuler
Globalisierung und Geopolitik

Werner Halver, Lijun Tang, Christof Römer,
Amadeus Gwizd, Tim Hildebrandt,
Manuel Kroha, Tom Beuler

Globalisierung und Geopolitik

Wirtschaftliche Entwicklung im Kontext strategischer
Interessenspolitik

DE GRUYTER
OLDENBOURG

ISBN 978-3-11-079006-1
e-ISBN (PDF) 978-3-11-079024-5
e-ISBN (EPUB) 978-3-11-079056-6

Library of Congress Control Number: 2024952705

Bibliografische Information der Deutschen Nationalbibliothek
Die Deutsche Nationalbibliothek verzeichnet diese Publikation in der Deutschen Nationalbibliografie;
detaillierte bibliografische Daten sind im Internet über http://dnb.dnb.de abrufbar.

© 2026 Walter de Gruyter GmbH, Berlin/Boston, Genthiner Straße 13, 10785 Berlin
Einbandabbildung: RapidEye/iStock/Getty Images Plus
Satz: Integra Software Services Pvt. Ltd.

www.degruyterbrill.com
Fragen zur allgemeinen Produktsicherheit:
productsafety@degruyterbrill.com

Vorwort

Es ist umstritten, ob sich Wissenschaftlerinnen und Wissenschaftler einem Themenkomplex aus geopolitischen und ökonomischen Themen gemeinsam und gleichzeitig zuwenden können und sollten. Tatsächlich kann man zu sehr unterschiedlichen Sichtweisen und Lösungsansätzen eines und desselben Sachverhaltes kommen. Gerade darin liegt aber auch eine Herausforderung, der sich das vorliegende Lehrbuch stellen will, wenngleich die ökonomische Dimension im Zentrum stehen wird. Dabei soll der sog. positive Ansatz (positive Ökonomik) der Analyse, welcher empirisch oder literaturgestützt ist, stets am Anfang stehen, so wie er von Max Weber und Karl Popper als kritischer Rationalismus beschrieben wurde. Gleichwohl sind nachfolgend Werturteile zu fällen, wenn nämlich die Thematik das gesellschaftliche Zusammenleben unmittelbar betrifft und deshalb von den handelnden Personen in Wirtschaft und Politik Entscheidungen getroffen werden müssen (normative Ebene). Diese sollten Wissenschaftler zwar nicht in Form von alternativlosen Lösungen vorgeben, aber das Aufzeigen von Alternativen und deren wahrscheinlichen Konsequenzen kann einen Erkenntnisgewinn darstellen, solange diese Aussagen für Leserinnen und Leser sichtbar getrennt werden.

So ist der zentrale Gegenstand des Lehrbuches geprägt von dem Erkennen langfristiger oder struktureller Prozesse und Entwicklungen. Dies gilt für ökonomische wie für geopolitische Untersuchungsgegenstände. Erkennbar ist seit dem Zusammenbruch der Zentralverwaltungswirtschaften in Osteuropa sowie Teilen Asiens und Lateinamerikas zum Ende des 20. Jh., dass sich die geopolitischen Interessen im Zuge der wirtschaftlichen Entwicklung oder Nicht-Entwicklung von Ländern neu artikulieren.

Auch die Zahl der (Global-)Player hat zugenommen. Neben der sog. westlichen Welt (USA, die meisten Staaten der EU, Japan, Australien, Neuseeland und Großbritannien) und Russland ist vor allem die VR China zu einem neuen Wirtschafts- und Politikblock aufgestiegen. Auch andere Staaten zeigen geopolitische Ambitionen, kraft ihrer neu gewonnenen ökonomischen Stärke, wie z.B. Indien, die Türkei, Brasilien, Japan und Südafrika.

Die internationale Arbeitsteilung, als Ausdruck des Globalisierungsprozesses, wird einerseits zum Instrument der Geopolitik. Andererseits erlauben die Möglichkeiten des erleichterten Außenhandels, der wechselseitigen Direktinvestitionen (FDI) sowie der grenzüberschreitende Austausch von Fachkräften vielen Ländern ihren Wohlstand zu verbessern, aber sie verstärken auch die Ambitionen, mehr internationalen Einfluss zu erlangen, um eigene Interessen durchzusetzen. Dies geschieht entweder in Form harter Verhandlungen zwischen Staaten oder mit Hilfe von massiver Aufrüstung als Drohkulisse oder mit Hilfe des Einsatzes von Waffen. Zentral ist, dass erst die positive ökonomische Entwicklung der letzten Jahrzehnte viele Länder in die Lage gebracht hat, ihren eigenen geopolitischen Einfluss geltend zu machen.

https://doi.org/10.1515/9783110790245-202

In einigen Wirtschaftsordnungen wird explizit versucht, Marktmacht ex ante und ex post zu verhindern. Dies betrifft zum einen die gewachsenen Unternehmen der Länder, die selbst meist international tätig sind und sich oftmals monopolartige Stellungen erarbeitet haben. Zum anderen wird darin die grundsätzliche Rolle des Staates als politischer Akteur des Wirtschaftsgeschehens formuliert. Vorstellungen, wie z.B. die lange Zeit in Deutschland erfolgreich praktizierte Ordnungspolitik oder wie die in der sog. Neue Institutionenökonomie formulierte Aufgabentrennung zwischen Staat und Wirtschaft, geraten eher in den Hintergrund, respektive werden gesellschaftlich in Frage go stellt. Dagegen setzt sich, im Angesicht der medialen Wahrnehmung andauernder Krisen, seit den 2010er Jahren mehr und mehr die Vorstellung eines permanent und aktiv eingreifenden Staates durch. In vielen Staaten ist gerade das Entstehen von wirtschaftlicher Macht von Unternehmen, auf die der Staat direkt oder indirekt Einfluss ausüben kann, erklärtes Ziel der nationalen Wirtschaftspolitik. Auch Länder, deren Regierungen bewusst sind, dass Marktmacht grundsätzlich wohlstandmindernd ist, entdecken jüngst eine interventionistische Wirtschaftspolitik wieder, die sie als nationale strategische Interessenspolitik darstellen. Gerechtfertigt wird dieses Handeln mit einem vermeintlichen Abfluss von Wissen an das Ausland, der nationalen Sicherheit oder des Umweltschutzes. Ziel ist es, Protektion oder Subventionen (modern meist als Industriepolitik bezeichnet) zu rechtfertigen.

In einem Mix von langfristig erkennbaren Veränderungen von Staat und Wirtschaft wirken aktuelle Entwicklungen entweder als Bestätigung oder als Zäsur; sie verführen schnell zu der Annahme, einer Epochenwende, die dann aber oftmals doch nicht so eintritt, wie man anschaulich an der sog. Arabellion von 2010 oder den zahlreichen Kriegen Russlands unter Wladimir Putin sehen kann, die er mit dem Ziel, ein großslawisches Weltreich mit deutlich imperialen und merkantilistischen Zügen angeblich wiederherzustellen, führt.

Entwicklungen dieser Art - und seien sie flankiert von aktuellen Ereignissen - sichtbar zu machen, sie zu analysieren, sie einzuordnen und wo es um Krisen geht, (methodische) Lösungsvorschläge zu formulieren, ist der Anspruch des Lehrbuches.

Das Autorenteam aus Volkswirten, Wirtschaftsgeographen, Sprachwissenschaftlern, Betriebswirten und Politologen versucht dies für Studierende systematisch und exemplarisch zu realisieren. Die Anregungen zu diesem Lehrbuch kommen aus den an der Hochschule Ruhr West angebotenen Studiengängen Internationale Wirtschaft - Emerging Markets und Asienmanagement.

Das Lehrbuch beginnt mit einer umfassenden Darstellung grundlegender Entwicklungen und Strukturen, die als Bausteine des Gesamtverständnisses von Globalisierung und Geopolitik zu verstehen sind. Sie umfassen:
- den wirtschaftshistorischen Kontext;
- Die Darstellung grundlegender theoretischer Konzeptionen der Wirtschaftswissenschaften respektive der Entwicklungsökonomie sowie der Standortanalyse von Volkswirtschaften und Regionen;

– die politische Dimension;
– die makroökonomischen Grundlagen und
– die wirtschaftspolitischen und institutionenökonomischen Grundlagen.

Nachfolgend werden exemplarisch ausgewählte Wirtschaftsräume, bzw. Volkswirtschaften der Erde vorgestellt. Dabei stehen deren Probleme und Erfolge im Entwicklungsprozess im Zentrum der Betrachtung.

Im dritten Teil werden einzelne Themen systematischer Art herausgegriffen, die zum einen die Entwicklung der oben dargestellten Wirtschafträume und Volkswirtschaften aufgreifen, die aber auch für andere Länder und Regionen von Bedeutung sind. In diesem Kontext wird abschließend auch die Frage einer zukünftigen Weltwirtschaftsordnung aufgegriffen, wie sie sich aus dem Gefüge geopolitischer Interessen und ökonomischer Entscheidungen ergeben könnte.

Den einzelnen Kapiteln sind Lernziele vorangestellt. Die Hauptkapitel schließen jeweils mit Kontrollfragen, um den Lernerfolg zu sichern.

Die Kapitel können unabhängig voneinander, bzw. einzeln gelesen werden oder gerne auch als Gesamtwerk.

Die einzelnen Kapitel enthalten nicht nur Fließtext, sondern auch zahlreiche inhaltliche Aufzählungspunkte, was es erlaubt, zentrale Aussagen schnell und nachhaltig zu erfassen.

Die Autoren

Inhaltsverzeichnis

3 Struktur- und Sektoralanalyse

Abbildungsverzeichnis

https://doi.org/10.1515/9783110790245-204

Tabellenverzeichnis

https://doi.org/10.1515/9783110790245-205

1 Grundlagen der ökonomisch-politischen Analyse und Beeinflussung von Volkswirtschaften und Regionen

1.1 Die wirtschaftshistorische Dimension

In diesem Kapitel erhalten Sie ...
- Eine Übersicht zentraler wirtschaftlicher Entwicklungen vom Altertum bis in die Gegenwart in Europa.
- Eine Einführung in das Wechselspiel politischen Handels bzw. Machtausübung und der wirtschaftlichen Entwicklung von Volkswirtschaften.
- Einen Einblick in ausgewählte Entwicklungen und Strukturen der Rechtschreibfehler Wirtschaftsgeschichte, die für die heutige Weltwirtschaft von Bedeutung sind.
- Eine Übersicht zentraler wirtschaftlicher Entwicklungen vom Altertum bis in die Gegenwart in Europa.

1.1.1 Überblick

Sowohl die internationale Arbeitsteilung, die heute gemeinhin als Globalisierung bezeichnet wird, als auch die Wahrnehmung und Durchsetzung von nationalen Interessen oder Weltanschauungen in anderen Ländern und Regionen, die seit Rudolf Kjellén (1899, 283–331) meist mit dem Begriff Geopolitik verbunden werden, existieren nicht erst seit der Neuzeit. Schon das Altertum kennt in vielen Teilen der Erde
- den wechselseitigen Güteraustausch, verbunden mit
- Investitionen vor Ort, begleitet von
- Migration oder Arbeitskräftewanderungen und dem
- Wunsch nach politischer, dauerhafter oder vorübergehender Einflussnahme in anderen Herrschaftsgebieten.

Im Mittelalter und erst recht in der Neuzeit intensivierten sich diese Entwicklungen vielerorts, wenn auch oft nicht dauerhaft, weil es immer wieder Tendenzen der Binnenorientierung oder bewussten Abschottung von anderen Völkern oder Wirtschaftsräumen gab. Meist waren dies Phasen ökonomischer oder politischer Schwäche, die sich durch die Abschottung dann auch noch verstärkten.

Die quantitative, qualitative und räumliche Dimension des Geschehens hing dabei von der Leistungsfähigkeit der Verkehrsmittel und der Kenntnis oder Unkenntnis anderer Gebiete ab.

Dort, wo sich der wirtschaftliche Austausch behaupten konnte, beziehungsweise die politische Einflussnahme erfolgreich war, kam es entweder
- zu einer Modernisierung der Wirtschaft bei den beteiligten Wirtschaftsräumen oder
- das erkundete Gebiet wurde einfach wirtschaftlich ausgebeutet und anschließend wieder verlassen.

https://doi.org/10.1515/9783110790245-001

Seit den Anfängen einer sich integrierenden Weltwirtschaft blieben aber eine Reihe von ökonomischen Kernproblemen bestehen, die sich erst im Zuge der Industrialisierung der Erde zumindest ansatzweise lösen ließen:

– eine weit verbreitete strukturelle Armut, die vor allem durch hohe Geburten- und Sterberaten bei gleichzeitig allgemein geringer volkswirtschaftlicher Leistungsfähigkeit und hohem Bevölkerungsdruck bestand,
– ein periodisches oder episodisches Auftreten von Wirtschaftskrisen, die mehr oder weniger die gesamte Bevölkerung trafen und die durch Missernten, oft in Verbindung mit Naturkatastrophen, Klimaveränderungen, politischer Instabilität und Kriegen verursacht wurden,
– ein großes Heer von preiswerten Arbeitskräften (teilweise auch Sklaven), die aufgrund geringer Qualifikationen meist eine geringe Produktivität aufwiesen,
– eine geringe Möglichkeit der Bekämpfung von Pandemien (z. B. die Pestwellen), Epidemien oder eingeschleppten Krankheiten aufgrund mangelnder Hygiene oder medizinischer Behandlungsmöglichkeiten,
– eine Reihe wissenschaftlicher Erkenntnisse, die entweder nur theoretisch blieben oder primär der Verbesserung der Kriegsführung zugutekamen und deshalb nur selten eine durchgreifende Veränderung der Wirtschafts- und Gesellschaftsform zum Ergebnis hatten,
– ein starker Kapitalmangel außerhalb großer landwirtschaftlicher oder Handelsbetriebe,
– eine nur kurzzeitige oder nur kleine Blüte städtischer Gesellschaften mit einem gewissen Maß an Spezialisierung, Innovationskraft und gesellschaftlicher Erneuerung („Stadtluft macht frei"),
– eine temporär starke Bindung von Arbeitskräften außerhalb der Wirtschaft und gegebenenfalls deren Verlust durch Kriege,
– eine Ausbildung einer hierarchisch gegliederten (meist feudalen) Gesellschaft, ohne bedeutende Möglichkeiten der vertikalen Mobilität. (Ackermann (Hrsg.) 2009; Henning 1991; Pierenkemper 2009, Kap. 1–4; Weber 1923).

Erst die Industrialisierung der Erde veränderte die politischen, gesellschaftlichen und ökonomischen Rahmenbedingungen nachhaltig, dort, wo sie Standorte besetzte. Die Möglichkeiten, persönlich und als Nation, die Armut zu überwinden, gingen einher mit

– einer gesellschaftlichen Emanzipation und
– der Fähigkeit, Naturkatastrophen oder schwierige Klimaphasen und damit Ernteausfälle durch Handel und Vorratsproduktion zu überstehen sowie
– durch Kapitalbildung und Investitionen in verfügbare Technologien die Resilienz zu erhöhen.

Allerdings änderten sich die Lebensbedingungen nachhaltig, vor allem dort,

- wo sich die politischen Rahmenbedingungen in Richtung einer umfassenden Partizipation entwickelten,
- wo man Institutionen für eine eventuelle Regulierung von Güter- und Faktormärkten schuf,
- wo ein Land versuchte, die nationalen Interessen übergeordneten unterzuordnen oder zumindest innerhalb einer (internationalen) Staatengemeinschaft abzustimmen und
- wo ein Land bereit war, Interessen einer (Werte-)Gemeinschaft, der man angehört, nicht nur diplomatisch, sondern als ultima ratio auch glaubhaft militärisch zu verteidigen. (Braudel 1990; Cipolla/Borchardt 1983; North 2000; Rödder 2016)

Staaten und Volkswirtschaften, die autoritäre Herrschaftsformen aufkommen ließen, um individuelle Freiheiten zu beschränken oder die Marktkräfte nicht wirksam werden zu lassen, schafften es trotz oder wegen einer gelenkten Industrialisierung meist nicht, den Lebensstandard der Gesamtbevölkerung dauerhaft und signifikant zu erhöhen, um das Land krisensicherer zu machen. Dabei scheint es letztlich gleichgültig zu sein, wo sich die autoritären Systeme verorten lassen, am linken oder am rechten ideologischen Spektrum der Gesellschaft.

1.1.2 Die römische Herrschaft (Altertum)

Vor etwa 12.000 Jahren änderte sich das Klima auf der Erde durchgreifend. Innerhalb weniger Jahrhunderte kam es zu einer dramatischen Erwärmung, weg von einem kalten und niederschlagsarmen Klima hin zu einem warmen und feuchten Klima. In der Nordhemisphäre stieg die Jahresdurchschnittstemperatur im sogenannten holozänen Wärmeoptimum um etwa 6 Grad an gegenüber dem Kältemaximum der letzten Eiszeit.

Die Schwankungen der Jahresdurchschnittstemperaturen in der Nacheiszeit scheinen für sich genommen bis ins 20. Jahrhundert hinein relativ gering gewesen zu sein (2–3 Grad Celsius). Sie reichten aber aus, um Hochkulturen, z. B. in Mesopotamien, Ägypten, Indien, China und Persien, sich entwickeln und ebenso (schnell) wieder verschwinden zu lassen, weil die ökonomische Abhängigkeit vom Klima – ähnlich wie in den ärmeren Regionen der Erde noch heute – extrem groß waren[1] (Behringer 2019, 47–116).

---

[1] Man bedenke, welch dramatischen Auswirkungen die anthropogen verursachten Temperaturveränderungen auf der Erde heute haben, bei einem mittleren Anstieg der Jahresdurchschnittstemperaturen innerhalb von rund 130 Jahren um „nur" 1,3 Gard Celsius.

Erst im Altertum gelang es, mit Hilfe des technischen Fortschritts, bzw. wissenschaftlicher Erkenntnisse, langsam in der Landwirtschaft und im Transportwesen, die Auswirkungen klimatisch verursachter Krisen etwas abzuschwächen. Entscheidend dafür war wohl nicht nur die Entwicklung einzelner Wissenschaftsdisziplinen, sondern erstmals auch der Aufbau von Bibliotheken, in denen Erfahrungen und Erkenntnisse festgehalten und für nachkommende Generationen verfügbar wurden[2] (Rozanskij 1984, 127–129).

Für die Entwicklung der Wirtschaftsstrukturen im modernen Europa und später auch in der gesamten westlichen Welt, war vor allem die römische Herrschaft nachhaltig prägend. Auch ist die lange Reichsentwicklung exemplarisch für die Vorstellung, dass wirtschaftliche Macht einhergeht mit territorialer Expansion (und umgekehrt) (Jones 2023, 55–56).

Treiber des Fortschritts waren
– zum einen die Kriegs- und Waffentechnologie, die auch Fortschritte in der Organisation voranbrachte;
– zum anderen war die bereits in der antiken griechischen Welt angelegte Entwicklung der Städte von großer wirtschaftlicher Bedeutung geworden,

die sukzessive zu einem zentralen Instrument der Machtausübung im Römischen Reich wurde, wenngleich aber noch immer rund 80 % der Einwohner im ländlichen Raum lebten. Tatsächlich blieben sie für den größten Teil der Wirtschaftsleistung verantwortlich.

Die römische Stadtkultur hat nicht nur den Städtebau in Südeuropa und Amerika bis in die Gegenwart geprägt (z. B. rechtwinkelige), sie hat vor allem die Spezialisierung der Berufe jenseits der Landwirtschaft vorangetrieben.

Nachteilig für die Produktivitätsentwicklung erwies sich allerdings die große Bedeutung der Sklavenwirtschaft in vielen Bereichen der Wirtschaft.[3] Auch gab es zeitweilig Produktionsausfälle in der Landwirtschaft wegen der andauernden Eroberungskriege bzw. der Abwehr von Aufständen. Die Verluste bestanden vor allem in Form von Bauern, aus denen sich das römische Heer hauptsächlich rekrutierte und die nun – gefallen, verwundet oder nur abwesend vom Hof – nicht mehr ihrer regulären Arbeit nachgehen konnten.

Wichtige (konstitutive) Merkmale der Wirtschaftsgeschichte des Römischen Reiches waren:
– Der konsequente Aufbau eines Steuererhebungssystems (tributum soli und tributum capitis) (Kumpf 1996, 16);

---

[2] z. B. Pella (Makedonien), Pergamon (westl. Kleinasien), Antiochia (Syrien), oder Rhodos.
[3] Allein in der Stadt Rom wird der Bevölkerungsanteil der Sklaven im 2. Jh. nach Chr. auf 1/3 geschätzt (Callies 2003, 225–227).

- Die Festlegung einer Währungs- und Geldordnung im gesamten Reich, auch infolge von Erfahrungen mit (galoppierender) Inflation aufgrund sogenannter Münzverschlechterungen und Missernten (ab 23 v. Chr.) (Weimer 194, 48);
- Das Aufkommen sogenannter Fernhändler als feste Berufs- und Gesellschaftsgruppe (mercator);
- Der konsequente Ausbau von Verkehrswegen, um das Reich militärisch und auch wirtschaftlich zu stärken;
- Großgrundbesitzer, die zwar den Großteil des Kapitals auf sich vereinten, aber auch unternehmerisch handelten, um Überschüsse zu erwirtschaften und diese auch reinvestierten;
- Die Einrichtung von sogenannten Zwangsgenossenschaften für Bäcker, Metzger, Transportunternehmer in den Städten, um Hungersnöten und Versorgungsengpässen besser zu begegnen;
- Die Durchsetzung des Römischen Rechts als Voraussetzung für wechselseitige Geschäftsbeziehungen.

Das Ende des Römischen Reiches, bzw. der Übergang in eine neue Gesellschafts- und Wirtschaftsverfassung verlief eher schleichend und nicht überall im Reich gleichmäßig. Die innere politische und wirtschaftliche Schwäche des Reiches ging einher mit:
- Einem Machtverlust des politischen Systems, bei dem der Zentralismus auf Rom, bzw. Byzanz bezogen geographisch keine ausreichende Flexibilität der Handlungsfähigkeit auf Bedrohungen von außen mehr erlaubte;
- Der Aufgabe von Städten, wobei es selten zu Wüstungen großer Städte kam, als vielmehr zu einer vorübergehenden Stadtflucht;
- Der Teilung des Reiches (faktisch ab 364 n. Chr.);
- Einem Bevölkerungsdruck durch die Völkerwanderung (möglicherweise ausgelöst aufgrund von Klimaveränderungen);
- Die Invasionen durch Stämme und Reiche in nahezu allen Grenzgebieten ab dem 3. Jahrhundert[4] (Bringmann 2006, 80–87; Callies 2003 Kapitel XIII–XX).

Am Ende des weströmischen Reiches hatte sich in der ländlichen Wirtschaft und Gesellschaft ein Beziehungsgefüge herauskristallisiert, das in der Literatur als „geschlossene Hauswirtschaft" bezeichnet wird (Bosel 1973, 15). Grundherr und Bauer (coloni) waren im Laufe der Zeit immer stärker voneinander abhängig geworden, was die Zahlung oder Bereitstellung von Abgaben einerseits und andererseits die Bereitstellung oder Verfügung der Produktionsmittel betraf. Die römischen Grundherren empfanden dies als Rückschritt, die (germanischen) Bauern oft als Aufstieg. Ob damit ein

---

4 Militärisch war das Reich allen Einzelgegnern weit überlegen. Die Bindung der militärischen Kräfte an vielen Orten des Reiches überspanne aber die Kräfte insgesamt. Ein Problem, dass auch in der Gegenwart Großmächte beschäftigt *(Overstrech)*.

genereller Übergang zur Feudalgesellschaft des frühen Mittelalters bereits am Ende der römischen Zeit eingeleitet worden war ist unklar. Das Papsttum und das Königtum lösten die bisherige Herrschaftsstruktur ab.

Im Oströmischen Reich konnten sich Herrschafts- und Wirtschaftsstrukturen formal viel länger behaupten. Erst durch die Eroberung der Osmanen und den Fall von Byzanz/Konstantinopel 1453 änderten sich die Verhältnisse, und das Osmanische Reich stieg rasch zur Großmacht auf, verbunden mit einer religiösen Neuorientierung (Orthodoxie und Islam) sowie Formen der orientalischen Wirtschaft.

Aus der antiken Welt liegen nur wenige Gesamtkonzepte über das Funktionieren von Wirtschaftssystemen oder gar wirtschaftspolitische Ideen vor. Von Aristoteles (384–322 v. Chr.) gibt es verschiedene Schriften, die sich konkret (z. B. Geldmittelfunktionen) wie im weiteren Sinne (Soziale Gerechtigkeit als gesellschaftspolitischer Stabilisator) mit ökonomischen Inhalten beschäftigen. Auf ihn gehen die Begriffe „austeilende" und „ausgleichende" Gerechtigkeit zurück, die bis heute in der Sozialpolitik und Sozialethik als Gegenkonzepte fungieren (Koslowski 1993).

Ferner hat man im Altertum bereits konkrete Erfahrungen gesammelt mit politisch verordneten Preisen, wobei vor allem mittels Höchstpreisverordnungen die Folgen von Missernten bzw. Klimaveränderungen abgemildert werden sollten. Dass solche das Angebot letztlich weiter verknappen oder die Qualität verschlechtern, ist seither bekannt. Zu den großen Themenfeldern der Wirtschaft der Antike, die die Ökonomie immer mehr in das Reich der Notwendigkeit verorteten, gehörten das Transportwesen und die Lagerhaltung. Handel und militärische Erfolge waren unmittelbar abhängig davon.

1.1.3 Die vorindustrielle Zeit des Mittelalters und der Frühen Neuzeit (800–1750)

Im Mittelalter verlagerten sich neue wirtschaftliche Aktivitäten zwar immer mehr nach West-, Nord- und Osteuropa, aber Südeuropa und der mediterrane Raum blieben bis zur Gegenwart ein wichtiges Gebiet für wirtschaftliche Dynamik, verbunden mit durchgreifenden politischen Veränderungen. Viele Autoren verorten den Aufbruch zur Weltwirtschaft mit dem Expansionsstreben der Portugiesen und Spanier in der Neuen Welt am Ende des 15. Jahrhunderts (Braudel 1990, 460–468). Diese schufen die Voraussetzung für eine ökonomische Erschließung, die in der modernen Globalisierung letztendlich mündet. Freilich waren die Dimensionen der ökonomischen Aktivitäten verglichen mit dem 21. Jahrhundert, ähnlich wie im Altertum, auch im Mittelalter noch sehr begrenzt. Allerdings wurden die Möglichkeiten politischer Einflussnahme auf andere Länder vielfach auch leichter, weil es deutlich große militärische und ökonomische Ungleichgewichte gab, sodass Länder, die das Ziel hatten, andere Länder zu beherrschen, beziehungsweise sich deren Rohstoffe anzueignen, oftmals auf wenig Gegenwehr stießen, wie die rasche Zurückdrängung der indigenen Völker Amerikas exemplarisch gut verdeutlicht.

Eine grobe Periodisierung bietet für weite Teile West-, Süd- und Mitteleuropas einen Überblick der Entwicklungen bis zur Neuzeit:

- Die Entstehung einer feudalen Gesellschaft (Lehnspyramide und Grundherrschaft);
- Die Weiterentwicklung der Landwirtschaft (Agrarkolonisation und Überschussproduktion), des Handwerks (vor allem in den Städten), Gewerbes (Bergbau und später das Manufaktur- und Verlagswesen) und des Handels (Verkehrswegebau und Transportkapazitäten) durch technische oder organisatorische Innovationen;
- Das Aufkommen verschiedener Städtegründungsphasen (aus politischen und ökonomischen Gründen);
- Die deutliche Zunahme der Bevölkerungszahl mit deutlichen Rückgängen durch Kriege (v. a. im Dreißigjährigen Krieg) und Pestwellen. Allein in den Gebieten des späteren Deutschlands wuchs die Bevölkerung zwischen 800 und 1750 von 1,8 auf über 8 Millionen Menschen;
- Das Aufkommen neuer politischer Akteure, die ihre Herrschaft vor allem durch wirtschaftliche Stärke legitimieren (vor allem England, Spanien, Portugal, Venedig, Genua, später auch Preußen);
- Die Ausweitung der überregionalen Handelsrouten (ausgehend von Westasien und Teilen Europas) und der Zusammenschluss von Interessengruppen zum Zwecke des Handels und des Schutzes vor Risiken (Kaufmannshanse).

Die meisten Autoren sehen den Beginn der Besiedelung (anfangs vor allem Nordamerika) beziehungsweise wirtschaftlichen Nutzung (anfangs vor allem Südamerika) als einen zentralen Wendepunkt der mittelalterlichen Geschichte, beziehungsweise einen Aufbruch zur Weltwirtschaft, der die Wende zur Neuzeit markiert. Daneben könnten aber noch drei andere Entwicklungen die Wirtschafts- und Sozialgeschichte langfristig sehr massiv beeinflusst haben.

Diese sind:

- Die Fortentwicklung des Christentums aus religiöser, kultureller und machtpolitischer Sicht im Sinne einer Differenzierung beziehungsweise Ablösung von der katholischen Kirche sowie das Aufeinandertreffen mit islamischen Glaubensgemeinschaften im Mittelmeerraum und Südeuropa;
- Das (erneute) Aufkommen von Ideen einer Partizipation als Abwehr von Willkürherrschaft, die teilweise an den Ideen der griechischen Demokratie der Antike Vorbild nahmen (Attische Demokratie, Aristoteles' Zwei-Staatsformenlehre);
- Die dritte „Voraussetzung" für eine gesellschaftlich wirtschaftliche Erneuerung ab dem Zeitalter der Industrialisierung ist der Westfälische Frieden (1648) am Ende des Dreißigjährigen Krieges.

Diese Prozesse sind sehr langwierig und deren Ergebnisse nicht immer leicht zu bestimmen. Von der muslimischen Eroberung der iberischen Halbinsel ab dem 8. Jahrhundert, von wo aus die Mauren bis 1493 nicht nur Kriege führten, sondern Gesellschaft, Politik und Wissenschaft nachhaltig aus dem westasiatischen und nordafrikanischen Raum beeinflussten. Die Kreuzzüge, die ab dem 11. Jahrhundert meist gegen die muslimische Herrschaft im Osten gerichtet waren, waren stets auch eine Auseinandersetzung zwischen Papsttum und weltlicher Herrschaft. Die Reformationen in England und dem westlichen Mitteleuropa, wie auch die Gegenreformation der Katholischen Kirche, bewirkten auch die Ausbildung wirtschaftsethischer und sozialpolitischer Wertvorstellungen, die sich teilweise bis nach Lateinamerika zeigten (Jesuiten-Reduktionen) und die Soziallehre des Abendlandes noch heute mitprägen. Ab dem 17. Jahrhundert führt die gesellschaftliche Hinwendung zu den (Natur-)Wissenschaften zu einem Plädoyer für religiöse Toleranz und die Abwendung vom Gewohnheitsrecht zugunsten einer Berufung auf die Vernunft als universelle Urteilsinstanz (Aufklärung). Ein Prozess, der sowohl im Christentum wie auch in der muslimischen Welt anhält, wenn auch noch immer manchmal fundamentalistisch zurückgedrängt wird.

Die norditalienischen Stadtrepubliken wie Venedig, Genua, Florenz oder Siena bildeten bereits partizipative Formen der Entscheidungsfindung heraus. Seit der Magna Carta von 1215 entwickelte sich in England ein Parlament, das – mit Rückschlägen – die Macht des Königs relativierte. Die deutschen Könige gingen einen Sonderweg und kannten anders als die meisten europäischen Staaten keine automatische Erbfolge (Erbmonarchie), sondern ließen ihre Könige stets von den anderen Fürsten im Reich wählen (Wahlkönigtum). Mit den Ideen von John Locke (17. Jahrhundert) und Charles Montesquieu (17.-18. Jahrhundert) institutionalisierte sich dann die Gewaltenteilung als zentrales Instrument der Herrschaftsausübung nach und nach auch in Ergänzung zur parlamentarischen Mitbestimmung heraus, wie sie heute in allen westlichen Demokratien verfassungsrechtlich verankert sind (erstmals in der amerikanischen Verfassung). Die Überwindung autoritärer oder absolutistischer Herrschaftsformen findet dann mit der Französischen Revolution einen ersten Höhepunkt.

Entscheidend sind als Ergebnis des Westfälischen Friedens die Vereinbarungen der europäischen Kriegsparteien hinsichtlich einer globalen Weltordnung. Zum einen wurde das Konzept staatlicher Souveränität eingeführt, zum anderen die Rechte religiöser Minderheiten bestätigt, drittens der diplomatische Austausch zwischen Staaten zusammen mit der Etablierung von Foren zur Beilegung von Streitigkeiten zwischen Staaten vereinbart und schließlich das Völkerrecht als dynamisches System der Beachtung von Grundsätzen im Umgang miteinander eingeführt. Damit wurde nicht nur ein totaler Krieg beendet, sondern auch die Doktrin der Gleichheit von Staaten und deren Volksvertretern festgeschrieben (vgl. ausführlich Kapitel 4).

Die wachsende wirtschaftliche Bedeutung des Fernhandels zu Lande und auf dem Seeweg und der städtischen Wirtschaft führten zu einer Zunahme von Unternehmen und Betrieben. Dem italienischen Mönch Luca Pacioli (1445–1514) wird meist die Systematisierung der doppelten Buchführung zugeschrieben, die das Rechnungswesen der Betriebe revolutionierte (sog. Venezianische Methode). Seither werden

Einnahmen und Ausgaben gegenübergestellt (Konten Soll und Haben) und versucht, beide auch isoliert zu optimieren.

Im Bereich der Wirtschaftspolitik zeigen sich erste konzeptionelle Ansätze, die zum einen die öffentlichen Finanzen entwickeln und stärken sollten, Konjunkturkrisen begrenzen und vor allem die eigene Wirtschaft zu Lasten anderer entwickeln sollten.

Dabei spielt die Verbesserung der eigenen (nationalen) Wirtschaft im Staat zulasten des Auslandes eine zentrale Rolle. Am weitesten entwickelt wurde das Konzept des sog. Merkantilismus in Frankreich in der Regierungszeit von Ludwig XIV. durch seinen Finanzminister Jean Baptiste Colbert. Ziele waren unter anderem:

– das Erreichen einer positiven Leistungsbilanz: möglichst viele Güter (vor allem verarbeitete Güter) sollten exportiert und möglichst wenige importiert werden;
– die Zollverminderung für Rohstoffe (die es im Land nicht gab);
– die Verbesserung von (regelmäßigen) Staatseinnahmen durch hohe Zölle, wenn die ausländischen Fertigwaren doch importiert wurden;
– der Ausbau der staatlichen Machtbasis als aktiver Gestalter der Wirtschaft, der dafür (zusätzliche) Einnahmen benötigt;
– der Abbau von Binnenzöllen in einem Land und
– der Abbau von sog. Zunft-Privilegien, welche vor allem die (politischen) Interessen der Handwerker begrenzen sollten (Zunftrevolutionen).

In anderen europäischen Staaten wurde eine merkantilistische Wirtschaftspolitik ebenfalls praktiziert, wenngleich es Unterschiede bei der Anwendung der Instrumente und auch der Zielsetzungen gab. In Preußen lag der Fokus stärker auf der gezielten Förderung einzelner Wirtschaftsbranchen (Ansiedlung von qualifizierten Migranten) verbunden mit Verbesserungen der Infrastruktur (Straßenbau und Urbarmachung neuer landwirtschaftlicher Nutzflächen) und einer Verbesserung der fürstlichen „Rechenkammer" (Henning 1985, 239–253). Der Bullionismus Großbritanniens zielte zwar auch auf eine aktive Außenhandelspolitik. Diese sollte aber nur in Summe die Exporte größer werden lassen als die Importe, weil man um den Bedarf von Rohstoffen als Grundlage für eine weiterverarbeitende Wirtschaft wusste.

Merkantilistische Konzepte erfreuen sich bis heute einer gewissen Beliebtheit in der Politik wie auch bei Teilen der Bevölkerung der Industrieländer, gerade wenn die heimische Wirtschaft international Schwächen der Wettbewerbsfähigkeit aufweist. De facto handelt es sich aber – insbesondere wenn das Konzept länger angewendet wird – um eine Abschottung von der Weltwirtschaft, da neue Knappheitsrelationen von Gütern und Produktionsfaktoren oder kostengünstigere Herstellungsmethoden negiert werden. Kurzfristig kann es aber durchaus zu einer Belebung der nationalen Wirtschaft kommen. Auch die Allokation der Produktionsfaktoren wird verfälscht. Gewachsene Standortprobleme lassen sich allerdings so nicht beheben.

Im 21. Jahrhundert wird diese Politik in einer verschärften Form (Neo-Merkantilismus) von vielen Großmächten auch als geopolitisches Instrument zur Durchsetzung nationaler Interessen verwendet.

1.1.4 Das Zeitalter der Industrialisierung

Mitte bis Ende des 19. Jahrhunderts zeigte sich in vielen Regionen Europas das alte Herrschaftssystem mit dem Feudalwesen und der städtischen Ständegesellschaft (Adel, Klerus und Bauerntum) als nicht mehr funktionsfähig. Neben den deutlich sichtbaren Veränderungen der gesellschaftlichen Ordnung (z. B. die Französische Revolution) kam es zu einer politischen Neugliederung der Machtverhältnisse in Europa. Mit der Absetzung von Napoleon Bonaparte, der zuvor fast ganz Europa beherrschte, kam es 1815 auf dem Wiener Kongress zu einer Neugliederung Europas; lediglich das Osmanische Reich blieb davon noch ausgenommen.

Seit Mitte des 18. Jahrhunderts kam es zu einer Vielzahl an wissenschaftlichen Durchbrüchen in fast allen Wissenschaftsbereichen. Größere Betriebe (Manufakturen) entstanden, das (heimische) Verlagswesen entwickelte sich, Handwerksbetriebe vergrößerten ihre Reichweite und setzten mehr Kapital ein, und der Bergbau wurde an Stellen möglich, die technisch zuvor unerreichbar schienen. Früh zeigte sich dieser Fortschritt in Nordwest- und Mitteleuropa, namentlich in Großbritannien (Lancashire, Wales). Es folgten der Nordosten Frankreichs, die belgische Wallonie, Oberschlesien, das Schweizer Jura und Norditalien, bis schließlich im 19. und 20. Jahrhundert immer mehr Regionen Europas und dann auch Amerikas und später Asiens und stellenweise auch Afrikas vom Industrialisierungsprozess erfasst wurden. Die wichtigsten Vorbedingungen für ein bis dahin unbekanntes dynamisches Wirtschaftswachstum waren:

– Ein aufgeklärtes Bürgertum, das sich offen zeigte für den technischen Fortschritt;
– Risikobereite Menschen, die bereit waren, Unternehmen zu gründen;
– Die Bereitschaft, einer Gesellschaft soziale Mobilität zu ermöglichen;
– Funktionsfähige Land- und Seeverkehrssysteme;
– Eine Privatrechtsordnung, die Vertragssicherheit versprach;
– Eine zunehmende geographische Arbeitsteilung und räumliche Integration von Märkten;
– Ein entwickeltes Kreditsystem, um das Entstehen und Wachsen von Unternehmen sowie Investitionen in die Infrastruktur zu ermöglichen;
– Ein ausreichendes Angebot an Arbeitskräften, die bereit waren, auch außerhalb der Landwirtschaft tätig zu werden;
– Die Bereitschaft, Migranten ungeachtet ihrer ethnischen oder religiösen Herkunft in die Gesellschaft und den Arbeitsmarkt zu integrieren;
– Eine Verminderung übermäßigen Bevölkerungsdrucks durch Auswanderung zu ermöglichen (Giersch 1977, 18–19).

Dabei waren diese Voraussetzungen je nach Land oft anfangs nur teilweise oder rudimentär entwickelt. Oft gab es in den letzten drei Jahrhunderten auch erhebliche Rückschläge. Entscheidend war, dass auf längere Sicht Politik und Gesellschaft die Voraussetzungen ausdifferenzierten.

In Großbritannien wurden gleichsam einige grundlegende Erkenntnisse der ökonomischen Entwicklung von Ländern veröffentlicht und fanden alsbald ihren Weg in die Wirtschaftspolitik. Adam Smith (1723–1790), dem später der Ruhm zuteil wurde, der Begründer der modernen Volkswirtschaftslehre zu sein, propagierte einen Liberalismus ohne Laissez-faire-Dogmen. Dabei geht es Smith um Freiheiten, damit sich das einzelne Wirtschaftssubjekt nicht der nicht der Willkür anderer und insbesondere auch des Staates unterwerfen zu müssen. Dem Staat weist er die Aufgabe zu, dass er die Menschen und Unternehmen von der Bedrohung ihrer physischen Sicherheit (einschließlich ihres Eigentums) absichert. Dafür bedarf es eines Ordnungsrahmens, in dem wirtschaftliche Beziehungen allgemein geregelt sind. Zu den Freiheiten im Sinne Smith gehört auch der Wettbewerb und die Möglichkeit, arbeitsteilige Beziehungen über große Entfernungen sicherzustellen, weil diese wohlstandsfördernd seien (Sagar 2022).

Der britische Ökonom David Ricardo modifizierte den Ansatz von Smith mit seiner Theorie der komparativen Kostenvorteile, indem er aufzeigte, dass Spezialisierung der Länder ein Schlüssel ist, um absolute Standortnachteile der Geographie oder geringer Qualifikation zu überwinden und den Wohlstand eines Landes über den internationalen Handel zu mehren, auch wenn es keine absoluten Kostenvorteile besitzt.

Mit dem Aufkommen der Industrialisierung kam es zudem zu einer ersten Zuspitzung imperialistischen Denkens und Handelns im Sinne der rücksichtslosen Rohstoffausbeutung und des Beherrschens anderer Länder aufgrund eigener Machtambitionen und vermeintlicher wirtschaftlicher Stärke im globalen Stil. Kolonien wurden erschlossen bzw. militärisch und ökonomisch erobert. Während viele Staaten Europas damit eine Machpolitik aus vorangegangenen Jahrhunderten fortsetzten (vor allem Großbritannien, Frankreich, Russland, Spanien, Niederlande und Portugal), wurden die deutschen Kolonien in Afrika und Asien erst spät im 19. Jahrhundert (1884: Deutsch-Südwestafrika) gegründet und mit dem Ende des 1. Weltkrieges wieder aufgegeben. Die meisten anderen Staaten verloren ihre Kolonien nach dem 2. Weltkrieg. Die Idee des Imperialismus bleibt aber in einzelnen Staaten darüber hinaus erhalten und erlebt im 21. Jahrhundert sogar eine Renaissance.

Allerdings kam es im 19. Jahrhundert in Europa zu einem Ende der großen Wirtschaftskrisen, die in Form von Hunger und Verelendung breiter Bevölkerungsgruppen bis dahin ein immer wiederkehrendes Problem waren.[5] Ausgelöst wurden sie meist durch:

---

5 Die Sowjetunion bzw. Russland gibt seien Kolonialanspruch in Osteuropa und Zentralasien auch in der Nachkriegszeit nicht auf. Die USA versuchen ihren Einfluss vor allem in Lateinamerika zu erhal-

- klimatische Veränderungen,
- politische Vertreibungen,
- Krankheitswellen (Pandemien) sowie
- begrenzte Möglichkeiten, Nahrungsmittel zu lagern und nach Bedarf zu transportieren.

Dort, wo der Industrialisierungsprozess zum dominierenden Strukturmerkmal der Wirtschaft eines Landes wurde, fanden die Hungersnöte ein Ende. Dort, wo die Industrialisierung nur begrenzt vorankam (z. B. Lateinamerika) oder planwirtschaftlich gelenkt wurde (Sowjetunion, China bis in die 70er Jahre des 20. Jahrhunderts), blieben auch diese Probleme bestehen.

Gleichsam fügten andere Krisen Wirtschaft und Gesellschaft großen Schaden zu, die nur manchmal räumlich begrenzt waren, z. B.:
- die Wirtschaftskrise der USA (von 1837),
- die sog. Gründerkrise des Deutschen Kaiserreichs (ab 1873),

oder aber weltwirtschaftlich relevant wurden, wie z. B.:
- die Ölpreiskrisen der 70er Jahre des 20. Jahrhunderts,
- die Weltwirtschaftskrise ab 1928,
- die Asienkrise ab 1998,
- das Platzen der Dotcom-Blase (Anfang der 2000er Jahre) und die
- US-Immobilienmarktkrise ab 2008.

Die Weiterentwicklung der ökonomischen Theorie durch den britischen Ökonomen John Maynard Keynes, mit dessen Konzeption erstmalig eine unmittelbare Konjunktursteuerung möglich wurde, um nachfrageseitige Steuerungen der Wirtschaft zu bekämpfen, trug dazu bei, Wirtschaftskrisen zu begrenzen.

Strukturell wurde die Geldpolitik eines Landes von immer größerer Bedeutung. Waren es bis in die 90er Jahre des 20. Jahrhunderts hinein vor allem politische und wissenschaftliche Auseinandersetzungen bezüglich der Unabhängigkeit einer Zentralbank von staatlichen Einflüssen, sind es später vor allem Fragen der Auswirkungen zinspolitischer Entscheidungen der beiden großen Zentralbanken FED (USA) und EZB (Europa) auf die Wirtschaft auch anderer Länder, die ihre Auslandverschuldung meist in einer der beiden Währungen halten und somit von der amerikanischen und europäischen Geldpolitik abhängig geworden sind.

Die erste große Weltwährungsordnung wurde 1944 in Bretton Woods noch vor dem Ende des 2. Weltkriegs in den USA festgelegt, die für die bis dahin bedeutenden Handelswährungen feste Wechselkurse im Verhältnis zum US-Dollar festlegten, die

---

ten. In einer sog. multipolaren Welt weiten China, Russland und die USA ihren geoökonomischen Einfluss im 21. Jh., getrieben von Rohstoff- und Machtpolitik, vor allem in Afrika aus.

nur durch sog. Realignments (Anpassung der Wechselkurse) an die sich ändernden Wirtschaftsleistungen der beteiligten Volkswirtschaften angepasst werden konnten, was dann aber oft aus politischen Gründen ausblieb und somit 1973 zum Ende dieser führte. Seither dominieren flexible Wechselkurse die Devisenmärkte der Erde.

Die Erkenntnis, dass große Wohlstandverluste drohen, wenn Staaten ihre Wirtschaft außenwirtschaftlich abschotten, hat in vielen Industrieländern der Erde zu einer grundsätzlichen Öffnung der Märkte für Waren und Dienstleistungen aus dem Ausland geführt, was schon 1944 zur Gründung des GATT 1947 führte. Die Welthandelsorganisation WTO wacht nachfolgend seit 1995 darüber, dass internationale Vereinbarungen zum Abbau von Handelshemmnissen eingehalten werden. Vielfach haben sog. Freihandelszonen sogar Regelungen über die WTO-Vereinbarungen hinaus ermöglicht (z. B. Europäische Union, USMCA, Mercosur, ASEAN). Besonders seit den 80er Jahren des 20. Jahrhunderts führt die Globalisierung (vgl. Kapitel 1.3.) zu einer weiteren Intensivierung der internationalen Arbeitsteilung auch über den Handel hinaus. Dennoch versuchen auch hochentwickelte Industrieländer immer wieder, ihre Wirtschaft protektionistisch zu schützen, mit Hilfe von:

– Subventionen (im Allgemeinen) oder durch
– (strategische) Industriepolitik (im Speziellen),

weil der anhaltende Strukturwandel der Volkswirtschaften und Regionen oft (bei der Bevölkerung unpopuläre) Entscheidungen notwendig macht, die man damit versucht, zumindest zu verschieben. Im Ergebnis kommt es dann oft:

– zu nachlassender Wettbewerbsfähigkeit der Unternehmen, verbunden mit dauerhaften Ansprüchen an die Politik hinsichtlich des Schutzes vor Konkurrenten,
– zu hohen Staatsverschuldungen und infolgedessen
– zu steigenden Inflationsraten.

Das Aufkommen einer industriell geprägten Waffen- und Munitionsindustrie erlaubt es seit dem amerikanischen Bürgerkrieg im 19. Jahrhundert, Kriege im Stil von flächenhafter und systematischer Zerstörung von Menschen, Infrastruktur und Wirtschaft durchzuführen und dies – wenn nötig – über viele Jahre hinweg. Gegner sollen vielfach nicht nur besiegt oder eingedämmt, sondern auf Dauer vernichtet werden. Zumindest wird dieses Handeln mit der Bereitstellung der Atombombe und den ersten beiden Einsätzen in Japan glaubhaft angedroht. Eine vollständige Abrüstung nuklearer Arsenale findet auch nach 1990 nirgends statt, vielmehr bauen – trotz eines Verbots (Atomwaffensperrvertrag) – weitere Staaten eine eigene militärische Atomindustrie auf (vor allem Nordkorea, Israel, Iran).

Mit dem Zusammenbruch der Zentralverwaltungswirtschaften am Ende des 20. Jahrhunderts gingen einige Wissenschaftler von einer grundsätzlich neuen Periode der Weltwirtschaft aus. Der US-Politologe Francis Fukuyama formulierte 1992 in „The End of History" die Überzeugung, dass sich nach dem Zusammenbruch der Sowjetunion und ihrer Satelliten (Fukuyama 1992):

- Prinzipien des Liberalismus sowie von
- Demokratie und Marktwirtschaft

endgültig als Ordnungsmodell global durchsetzen würden.[6] Seine Annahmen trafen nicht zu, weder ökonomisch noch gesellschaftlich. Seit dem 21. Jahrhundert gewinnen auch in demokratisch verfassten Staaten (erstmals in Indien, später auch in den USA und Europa) vermehrt Populisten und Autokraten die de facto Macht, andere, vormalige ökonomische Transformations- oder Reformstaaten (z. B. Russland, China, Ungarn, Brasilien) etablieren erneut den Etatismus, schotten ihre Märkte vielfach ab und stellen teilweise ihre zivile Wirtschaft wieder auf Kriegswirtschaft um (Russland).

Kontrollfragen

A. Kann man aus der Wirtschaftsgeschichte langfristige, strukturelle Entwicklungen herleiten, die grundlegend sind für eine arbeitsteilige globale Ökonomie in der Gegenwart? Wenn ja welche sind zentrale Elemente, die in diesem Kapitel dargestellt werden?
B. Welche Interdependenzen existieren historisch zwischen der ökonomischen Entwicklung von Volkswirtschaften und deren machtpolitischen Aufstieg bzw. Ambitionen?
C. Welche Bedeutung hat die Analyse der wirtschaftlichen und mach politischen Entwicklungen des Römischen Reiches im Mittelalter und der Neuzeit?
D. Warum kann man ab der frühen Neuzeit von einem Aufbruch zur Weltwirtschaft sprechen?
E. Wieso dynamisiert der Industrialisierungsprozess ab dem 18. Jh. die internationale Arbeitsteilung (bis heute)?

---

6 Dabei greift er frühere Überlegungen von Karl Marx, Georg Wilhelm Friedrich Hegel, Thomas Hobbes und John Locke auf und führt sie zusammen zu einem Modell, bei dem alle Staaten und deren Gesellschaften in westliche (universelle) Kulturvorstellungen integriert und dabei universellen Leitbildern von Freiheit und Menschenrechten folgen würden.

1.2 Zentrale Konzepte und Theorien der Entwicklung von Volkswirtschaften und Wirtschaftsstandorten

In diesem Kapitel lernen Sie ...
– Eine Einführung in das Wechselspiel politischen Handels bzw. Machtausübung und der wirtschaftlichen Entwicklung von Volkswirtschaften.
– Einen Einblick in ausgewählte Entwicklungen und Strukturen der Wirtschaftsgesichte die für die heutige Weltwirtschaft von Bedeutung sind.

1.2.1 Ansatzpunkte praktischer Entwicklungsökonomie

Die Volkswirtschaftslehre hat in den letzten etwa 250 Jahren einen umfangreichen Fundus an theoretischen und anwendungsorientierten Konzepten hervorgebracht, die die Entwicklungsmöglichkeiten und -risiken von Volkswirtschaften zum Gegenstand haben. Dabei hat die sukzessive Entwicklung einer Weltwirtschaft, die in der Neuzeit ursprünglich von Großbritannien ausging, den Begriff der Nationalökonomie immer stärker relativiert, was eine makroökonomische Analyse betrifft. Daneben ist auch die Mikroökonomik der Globalisierung nicht unbeeinflusst geblieben. In den Regionen und Wirtschaftsräumen gelten grundsätzlich keine anderen Gesetzmäßigkeiten wie in der gesamten Volkswirtschaft. Hier geht es aber darum, wie sich die Region anpasst oder hervortut im Prozess der Globalisierung (Ward 1996; Marginean 2015, 731–735, Dicken, Loyd 1999).

Das Aufkommen immer neuer Akteure in der Weltwirtschaft hat Produktions- und Arbeits- und Konsummöglichkeiten der einzelnen Wirtschaftssubjekte vergrößert, aber z. B. auch vielfach den Wunsch nach einem individuellen oder unternehmensbezogenen Schutz vor Konkurrenten.

Nachfolgend (Kapitel 1.2.5–1.2.9) sollen die in der Literatur und Praxis am häufigsten aufgegriffenen (und auch kritisierten) Konzepte angeführt werden, ohne einen Anspruch auf Vollständigkeit zu erheben. Auch „alte" theoretische Konzepte können in der Gegenwart für die konkrete Wirtschaftspolitik vor Ort für die Entscheidungsträger ebenso nützlich sein wie „neue", nämlich ceteris paribus, wenn bestimmte Gesetzmäßigkeiten durch sie wiedergegeben werden. Die Volkswirtschaftslehre ist oft noch immer in erster Linie eine Erfahrungswissenschaft, was aber eine abstrakte theoretische Modellierung nicht ausschließt.

Letztlich sollten wirtschaftspolitische Entscheidungen hinsichtlich der Entwicklung eines Landes oder zur Standortsicherung von Unternehmen vor Ort immer auf zwei Säulen stehen:

https://doi.org/10.1515/9783110790245-002

- Eine (empirische) Analyse der ökonomischen Gegebenheiten und vorhandener sowie absehbaren Randbedingungen (positive Analyse).
- Eine Zugrundelegung eines Konzeptes das (abstrakte) Erfahrungen aus ähnlichen Entwicklungssituationen widerspiegelt das als Modell mit Hilfswissenschaften (hier z. B. Mathematik, Geographie, Geschichte oder Politik) hergeleitet wurde (theoretisches Konzept).

Meist geht es bei den Konzepten um zusätzliche Erkenntnisse im Sinne einer erkenntnistheoretischen Genese, weil immer neue Problemlagen der internationalen Wirtschaft sichtbar werden. Dennoch bilden beide Säulen die Grundlage für Entscheidungen, die ihrerseits dann natürlich auch normativ geprägt sind, entsprechend der politischen Grundüberzeugungen der Entscheidungsträger.

Die Entwicklung einer Volkswirtschaft kann durch unterschiedliche Faktoren begünstigt oder beeinträchtigt werden, weil

- Länder und Standorte unterschiedliche (und sich ändernde) Raumausstattungen haben, was gleichbedeutend ist mit einer Änderung der Produktionsfaktoren Arbeit, Boden, Kapital und
- sich die Anforderungen an einen wirtschaftlich erfolgreichen Standort im Zeitablauf ändern, und die Wirtschaftspolitik darauf unterschiedlich reagieren kann (Strukturwandel).

Somit müssen intertemporär auch unterschiedliche Konzepte von der Wirtschaftspolitik aufgegriffen werden, ohne dass die zurückliegenden Maßnahmen deshalb falsch gewesen wären.

In den zurückliegenden Jahrzehnten hat es in der entwicklungsökonomischen Debatte für typische Entwicklungsländer zwei grundlegende unterschiedliche Diagnosen gegen, was die Ursachen der Unterentwicklung betrifft:

- Entwicklungsprobleme als Ergebnis einer Benachteiligung durch das Ausland zu betrachten (sog. Dependencia-Ansatz oder Hypothese der Unterentwicklung infolge externer Größen), was gerade im geopolitischen Kontext eine Rolle spielen kann.
- Entwicklungsprobleme als Ergebnis schlechter, z. B. ideologisch ausgerichteter Wirtschaftspolitik des Landes (Hypothese der Unterentwicklung infolge endogener Größen) (Donges 1981).

Der Gegensatz spielt in der Gegenwart nun wieder eine Rolle, weil zum einen die erstgenannte Hypothese einen starken Zusammenhang mit der geopolitischen Situation von Ländern spielt, die erneut zu Rohstofflieferanten für die entwickelten Länder werden und dabei ihre eigene Industrialisierung vernachlässigen. Zum andern sind die Marktöffnung und die Orientierung am Wettbewerb sowie komparativen Kostenvorteilen (vgl. unten) für viele stark regulierten Volkswirtschaften schwierig, weil erhebliche *time lags* bestehen können, bis die wohlstandfördernden Entwicklungen einsetzen. Diese Anpassungshemmnisse der eigenen Volkswirtschaft an die sich schnell ändernden Bedingungen in der Globalisierung sind aber nicht nur ein Problem für Entwicklungsländer, sondern insbesondere auch für bereits entwickelte, weil auch für sie Veränderungen gesellschaftlich unpopulär und mit politischen Risiken verbunden sein können.

Volkswirtschaften und Regionen, die es sich zur Aufgabe gemacht haben, die Entwicklung ihres Landes voranzutreiben, werden begrenzt durch nicht nur durch die aktuelle politische Ausrichtung und die Geschichte, sondern auch durch die vorhandene Raumausstattung. Die Physisch-Geographische Raumausstattung (Primärpotentiale) ist so gut wie nicht änderbar. Die Ausstattung mit Wirtschaftsbranchen, Arbeitskräften, Kapital, Humankapital und Infrastruktur (Sekundärpotentiale) ist zumindest mittelfristig beeinflussbar. Aber die konkrete Wirtschaftspolitik eines Landes z. B. die Öffnung eines Landes zur internationalen Arbeitsteilung, die Wirtschaftsordnung oder die Leistungsfähigkeit einer Administration, in der Methodik einer Raumpotentialanalyse als Tertiärpotentiale verstanden, sind sehr wohl, teilweise auch kurzfristig änderbar.

Vor allem

- die Verkehrs-, Transport- und Kommunikationssysteme,
- die Energiesysteme,
- die Qualifizierungssysteme,
- das System der sozialen Sicherheit,
- die Wirtschaftsordnung (einschließlich der Finanzmarkt- und der Geldmarktordnung) und
- die Abgabengestaltung

sind strukturell zumindest in Teilen kurzfristig veränderbar durch eine vorausschauende Wirtschaftspolitik, was die Leistungs- bzw. Wettbewerbsfähigkeit regional wie auch gesamtwirtschaftlich beeinflusst.

Entscheidend für den Entwicklungserfolg ist, ob sich eine ökonomische Grundüberzeugung herauskristallisiert, die dem Funktionieren der Märkte Priorität einräumt oder nicht. Volkwirtschaften, die sich abschotten von einer Teilnahme an der internationalen Arbeitsteilung, z. B. mittels Protektion, der Vergabe von Subventionen oder durch Handelsbeschränkungen, können sich meist nicht nachhaltig entwickeln hinsichtlich des ökonomischen Wohlstands. Zumindest gibt es bislang keine Beispiele für erfolgreiche Abschottungsstrategien. Letztlich haben Staaten, die dies für einen längeren Zeitraum versuchten, keine Möglichkeit ausreichende Sozialleistungen zu zahlen und Umweltstandards einzuhalten, ohne sich nachfolgend in erheblichem Maße zu verschulden.

1.2.2 Ziele und Voraussetzungen von Entwicklung

Anfang des 20. Jh. begannen man in der Forschung systematisch, die Entwicklungsmöglichkeiten von Volkswirtschaften und Wirtschaftsräumen zu analysieren. Dabei war die Bereitschaft für eine Integration in die internationale oder interregionale Arbeitsteilung eine bedeutende Einflussgröße.

Systematisch sind Entwicklungsansätze zu differenzieren hinsichtlich...

- des zeitlichen Horizonts (konjunkturbezogene oder strukturelle Entwicklung),
- des Produktionspotenzials (Ausbau oder Nutzung des bestehenden Potenzials),
- der räumlichen Bezugsgröße der Entwicklung (die gesamte Volkswirtschaft betreffend oder nur einzelne Regionen),
- der sektoralen Bezugsgrößen (Landwirtschaft, Industrie, Dienstleistungen) und schließlich
- ob die Entwicklung vorrangig über den Konsum oder die Produktion erfolgen sollte (wobei der erstgenannte ohne das zweitgenannte eigentlich nicht möglich ist).

Aus moderner Sicht wird oft ergänzt, ob die Entwicklung

- Nachhaltigkeitszielen (z. B. der UN) entsprechen,
- Ausbeutungseffekte (z. B. Kinderarbeit) in anderen Ländern vermieden werden oder ob eine
- Klimaneutralität vorliegt.

Ökonomische Entwicklung wird meist gemessen mit Hilfe des Indikators Wirtschaftsleistung pro Kopf im Zeitablauf (vgl. Kapitel 1.7).

Entsprechend sind die Hauptziele der ökonomischen Entwicklungspolitik, sei sie von den Ländern selbst betrieben oder als Ziele von supranationalen Entwicklungsorganisationen oder auch als Geopolitik:

- Das Wachstumsziel: ein angemessenes und möglichst stetiges Wachstum des gesamtwirtschaftlichen Produktionspotenzials zu erzielen, bei dem das reale Einkommen der Einwohner steigt;
- Das Vollbeschäftigungsziel: ein Angebot an produktiven Arbeitsplätzen zu schaffen, bei dem du Beschäftigungsgrad der Erwerbs Bevölkerung auf Dauer hoch sein kann;
- Das Allokationsziel: ein Branchengefüge entstehen zu lassen, bei dem die verfügbaren Produktivkräfte jemals so eingesetzt werden, dass sie die höchstmögliche Grenzproduktivität erzielen;
- Das Verteilungsziel: für Start und Einkommensgerechtigkeit zu sorgen, und zwar in personeller Hinsicht ebenso wie in räumlicher (Donges 1981, 1; Siebert 1991)

Die Ziele können zwar einzeln priorisiert werden, sind aber letztlich nicht unabhängig. So kann beispielsweise das Verteilungsziel kurzfristig nicht sehr groß sein, wenn man kein ausreichendes Wachstum in einer Volkswirtschaft hat.

Auf der Ebene der Regionalentwicklung sind vorwiegend drei Zielstellungen bestimmend, die aber im Entwicklungsprozess eines Landes meist erst vergleichsweise spät ausdifferenziert werden (Pohle 1995, 39–43; Maier/Tröndling 1996, Kap. 9):

-   das räumliche Verteilungs- zum Ausgleichsziel: Länder versuchen, auch um politisch gesellschaftliche Spannungen zwischen Aktiv- und Passivräumen zu verringern, die Entwicklungsunterschiede in den einzelnen Regionen nicht zu groß werden zu lassen. Dies kann entweder in Form einer Gleichmachung geschehen, bei der im ungünstigsten Fall wachstumsstarke Regionen durch Umverteilung in ihrer Dynamik erheblich gebremst werden. Oder aber man versucht wirtschaftspolitisch die Eigenheiten und Besonderheiten der Regionen (Raumpotentiale) zu bestimmen und entsprechend differenziert in Wert zu setzen. Damit verliert das Ausgleichsziel weitgehend seiner Versorgungs- und Nivellierungsfunktion und stellt ihr auf eigene eigenständige regionalisierte Wachstums- und Entwicklungspolitik ab.
-   dass räumliche Allokations- und Wachstumsziel: hierbei versucht man, ein zentrales Anliegen der Wirtschaftspolitik aufzugreifen, nämlich die Erzeugung, Verteilung und Sicherung knapper Güter sowie das Prinzip der Wirtschaftlichkeit anzuwenden, um eine möglichst effiziente Verwendung knapper Mittel zu sichern. Die einzelnen Regionen müssen sich damit einem gesamtwirtschaftlichen Wachstumsziel unterordnen. Es geht nicht um die Steigerung der Produktivität oder des Gesamtproduktion in allen Teilgebieten des Landes, sondern um die Förderung jener Regionen, die den höchsten Beitrag zum gesamtwirtschaftlichen Wachstum leisten. Die Produktionsfaktoren sollen entsprechend ihrer effizientesten Verwendung zugeführt werden.
-   das regionale Stabilitätsziel: hierbei geht es vor allen Dingen um die Absicherung einzelner Regionen gegen große Strukturkrisen, die sich zum Beispiel aus einer gewissen Einseitigkeit ergeben können (monostrukturierte Regionen). Versucht werden soll, über die Differenzierung der regionalen Sektor- und Unternehmensstruktur die Krisenanfälligkeit zu vermindern.

Die gesamtwirtschaftliche Entwicklung von Volkswirtschaften und Ländern ist daran gebunden, dass bestimmte Voraussetzungen für einen Entwicklungsprozess geschaffen werden. Dies hat oftmals einen sehr langen gesellschaftlichen und ökonomischen Vorlauf. Dennoch zeigt die Erfahrung, dass wirtschaftliches Wachstum grundsätzlich in allen Volkswirtschaften möglich ist, wenn auch die Dynamik und die Nachhaltigkeit bzw. Kontinuität unterschiedlich sein kann. Hintergrund dafür ist, dass die vorhanden Raumpotentiale, die anfänglich positiv bewertet werden, dauerhaft nicht immer vorteilhaft sind (z. B. eine große Energiebasis auf Grundlage von Kohlevorkommen), was Wachstumsschwächen oder regionale Disparitäten bei der Entwicklung eines Landes zur Folge haben kann. Das Land als Ganzes oder einzelne Teilräume sind nur vorübergehend wirtschaftlich aktivierbar, wenn die Wirtschaftspolitik nicht auf Dauer entsprechend vorteilhafte Standortbedingungen schafft und in der Gesellschaft eine gewisse Bereitschaft zur Veränderung besteht, z. B. in der Qualifikation, der Art der Beschäftigung oder auch zu Binnenwanderungen, wenn neue Arbeitsplätze nicht an dem Ort entstehen, wo andere abgebaut werden.

Unterentwickelte Länder sind entweder

- solche agrarstruktureller Art (das BIP und das Einkommen werden anteilig vor allem aus im Primärsektor erwirtschaftet) oder
- solche mit einer stark staatlich gelenkten Industrialisierung, ohne Orientierung am Weltmarkt oder mit einer, für die die Standortvoraussetzungen nicht vorhanden sind und deshalb strukturelle Kostennachteile bestehen (gelenkte Industrialisierung bzw. Industriepolitik).

Eine wirtschaftlich nachhaltige Entwicklung verbunden mit hohen Einkommenszuwachsen ist in der Neuzeit – trotz aller ökologischer Probleme – ohne einen umfassenden und sich ausdifferenzierenden Industrialisierungsprozess nicht möglich, zumindest zeigt das die Empirie (vgl. Kap. 1.3.4.). Es hilft deshalb für die moderne Entwicklung, von Staaten und Regionen, die bislang nicht oder nur wenig industrialisiert sind, einen Blick auf die Anfänge und Voraussetzungen des Mutterlandes der Industrialisierung zu werfen. So ist der frühe Aufstieg Großbritanniens zu einer bedeutenden Wirtschaftsnation hauptsächlich beeinflusst gewesen von:

- einer Wirtschaftsethik, die den Kapitalismus und Veränderungen gegenüber aufgeschlossen war (hier: die so genannte protestantische Ethik (Weber 1904/1905);
- einer Bereitschaft, im Zuge der Spezialisierung durch Arbeitsteilung neue Fähigkeiten zu erwerben (Verbunden mit der Veränderung des Bildungssystems);
- Einer Integration (in die Gesellschaft und die Arbeitsmärkte) von ethnischen und religiösen Minderheiten, die regional und international in die wirtschaftlichen Kernräume (Aktiv Räume) zuwanderten;
- Einer Verminderung übermäßigen Bevölkerungsdrucks durch Auswanderung nach Übersee (vor allem aus den so genannten Passiv Räumen);
- Eine Gestaltung des Urbanisierungsprozesses im Sinne des Ausbaus vorhandener Städte und der Gründung neuer Städte als Industrie-, Dienstleistungs- und Wissensstandorte, von denen aus sog. Spillover Effekte auf die gesamte Volkswirtschaft ausgingen;
- Eine Erhöhung der sozialen Mobilität und der Wettbewerbsintensität durch Demokratisierung und Liberalisierung;
- Eine Vertiefung und Erweiterung des technisch-organisatorischen Wissens und dessen wirtschaftliche Anwendung in den Unternehmen und der Administration;
- Die Erschließung neuer Absatz- und Beschaffungsmärkte.

Wenngleich das Land auch heute noch zu den bedeutenden Wirtschaftsnationen der Erde zählt, so gab es zeitweilig erhebliche Rückschläge in der Entwicklung, die

- teils durch die Wirtschaftspolitik des Landes selbst,
- teils durch den wirtschaftlichen Aufstieg anderer Staaten verursacht wurden.

Die einst blühende Textilindustrie ist heute kaum noch existent, ähnlich wie der Bergbau. Eine zentrale Ursache dafür war, dass man politisch lange versucht hatte, die vorhandenen Strukturen zu konservieren mit Hilfe von Subventionen. Langfristig ist für einen erfolgreichen Strukturwandel entscheiden, ob es gelingt, neues Kapital zu attrahieren, um neue Geschäftsmodelle umzusetzen oder neue Branchen zu entwickeln.

Es gibt auch Beispiele für Staaten, die in der jüngeren Geschichte einst weit entwickelt waren, dann aber z. B. aus politischen (Argentinien 1914) oder religiösen (Iran 1978) Gründen weit zurückgeworfen wurden, ohne sich bis heute wieder davon zu erholen.

So werden die Entwicklungspfade von Ländern und Regionen vom Beispiel Großbritanniens erheblich abweichen können, weil zum einen der historische-politische Kontext ist oder die Konkurrenzsituation anders ist. Zum anderen ist die Entwicklung von Institutionen vielfach unterschiedlich. Die Nobelpreisträger von 2024, Acemoglou und Robbinson haben in verschiedenen Veröffentlichungen gezeigt, dass es entscheidend ist, dass diese sich über einen längeren Zeitraum kultur-, landesspezifisch und gesellschaftlich emanzipativ entwickelt haben müssen, um erfolgreich die Entwicklung eines Landes mitgestalten zu können (vgl. ausführlich Kapitel 1.3.4.).

1.2.3 Merkmale der internationalen Arbeitsteilung (Globalisierung)

1.2.3.1 Der Handel

Den Begriff „Globalisierung" machte John Naisbitt (1929–2021) populär. In seinem Buch Megatrends (1982) beschrieb er am Beispiel der Autoindustrie zentrale Elemente und Funktionsweisen der Globalisierung. Tatsächlich handelt es sich um einen historischen Prozess, der sich allerdings im 20. Jh. dynamisierte.

Bei dieser Dynamisierung spielt zunächst der Handel als älteste Form der internationalen Arbeitsteilung mit einer langen historischen Entwicklung von Theorie und Praxis eine zentrale Rolle (vgl. unten). Die weiteren Elemente wie die Verbreitung von Direktinvestitionen (FDIs) und Arbeitskräftemigration sind gleichsam nicht neu, gewinnen aber erst zum Ende des 20. Jh. an Bedeutung, weil Länder ihre Märkte öffnen oder deregulieren und Technologien wie die Digitalisierung eine gewollte Abschottung vom internationalen Marktgeschehen fortan erschweren. Schließlich haben die allgemein sinkenden Transportkosten aufgrund von Innovationen in der Verkehrs- und Kommunikationswirtschaft und deren rasch Verbreitung sowie damit im Zusammenhang stehende Anwendung von modernen Managementkonzepte (z. B. Lean Production) den Prozess der internationalen Arbeitsteilung beflügelt (O'Rourke, Kevin H.; Williamson, Jeffrey 2001, Kap. 4).

Eine systematische Bearbeitung ökonomischer Probleme der Internationalen Arbeitsteilung beginnt mit den schottischen Moralphilosophen Adam Smith. In seinen

Arbeiten kommen bereits mehrere Fragestellungen zum Ausdruck, die bis heute die Ökonomie regional und global charakterisieren. Dabei war Smith kein Revolutionär, sondern vor allem Reformer für das Funktionieren arbeitsteiliger Prozesse.

Ausgangspunkt war der Beginn einer umfassenden Transformation von Wirtschaft und Gesellschaft, die sich im Vereinigten Königreich gerade erst in Ansätzen bemerkbar machte und die bis heute entwickelte Volkswirtschaften und solche, die im Begriff sind, sich zu entwickeln, prägen, die Industrialisierung der Erde und die Aufklärung. Die Erfahrungen der Wirtschaftspolitik des Merkantilismus mit ihren Privilegien und Monopolen waren ein zentraler Anknüpfungspunkt für Adam Smith. Das Gewinnstreben wurde von ihm grundsätzlich positiv gesehen, so es in einen gesellschaftlichen Ordnungsrahmen eingebunden ist. Die Reformbedarfe des Kapitalistischen Systems im Vereinigten Königreich waren aus seiner Sicht:

– Die Abschaffung von sog. Privileg-Systemen wie sie in Zünften oder in den Marktformen mit der Möglichkeit der Machtausübung, wie z. B. im Monopol, bestanden.
– Die Freigabe von Preisen, um Lenkungsfunktionen nach Knappheiten zu ermöglichen sowie
– Die Fokussierung auf Produkte im Außenhandel, bei denen (absolute) Kostenvorteile bestanden, um besser arbeitsteilig zu wirtschaften und Ressourcen effizient einzusetzen.

Neben diesen konkreten Maßnahmen zur Verbesserung des Funktionierens einer Marktwirtschaft ist das Denken in Ordnungssystemen bis heute bedeutsam geblieben und findet sich auch in der sog. Neuen Institutionenökonomie wieder. In der „Theory of Moral Sentiments" und im Jahr 1776 erstmals erschienenen „Wealth of Nations" befasst sich Smith mit dem Handeln politischer Akteure, die meist normativen (aber eben auch änderbaren) Werturteilen folgen und denen, die sich anmaßen, alle Prozesse in Wirtschaft und Gesellschaft überblicken zu können und diese zu steuern. Die von ihm beschriebene unsichtbar Hand des Marktes steuert aber die Vielzahl der arbeitsteiligen Interaktionen hin zu höherem Wohlstand und Wohlfahrt durch die Vielzahl dezentraler Entscheidungen. Der politische Akteur, der Staat, sollte deshalb vielmehr die rechtlichen Grundlagen dafür schaffen, dass diese dezentralen Prozesse ungestört ablaufen könnten. Im Ergebnis ergibt sich eine ökonomische Fundierung des Liberalismus. Dabei geht es um

– das Beschneiden der Partikularinteressen und Privilegien und um
– das Vertrauen, dass die Wirtschaft und Gesellschaft innerhalb eines rechtsstaatlichen Ordnungsrahmens zum Ausgleich von Interessen zur und Selbstorganisation fähig ist.

Zwei Ökonomen haben für die Gesichte des ökonomischen Denkens ebenso wie für die praktische Wirtschaftspolitik eine ähnliche Bedeutung wie Smith:

- Karl Marx, der aufzeigen wollte, warum eine zum Zeitablauf mangelhafte Wirtschaft- und Gesellschaftsordnung nicht reformierbar sei und deswegen es zur Revolution gegen diese kommen muss;
- John Maynard Keynes, der aufzeigen wollte, wie eine solche Ordnung weiterentwickelt werden kann und veränderbar ist.

Der reformerische Ansatz der liberalen Politischen Ökonomie seit Smith betont, dass die graduelle Änderung einzelner Regeln in einem tradierten Ordnungssystem Lernprozesse möglich und nötig ist. Friedrich August von Hayek, beschrieb als radikaler Reformer den Ordnungsrahmen als Speicher von Wissen, der durch Lernerfahrungen ständig erneuert wird (Kolev 2023).

Mit David Ricardo folgt dann ein Gelehrter, der vor allem methodisch von Bedeutung für die moderne Ökonomie war. Ricardo bedient sich:
- Deduktiver Vorgehensweisen, wobei allgemeine Theorien, Gesetzmäßig- und Regelmäßigkeiten genutzt werden, um einen besonderen oder konkreten Einzelfall abzuleiten, sowie
- abstrakten Analysen, gemeint als das bewusste Weglassen von Einzelheiten und das Überführens von Ergebnissen auf etwas Allgemeineres oder Einfacheres, um das Wesentliche eines Zusammenhangs zu isolieren (Methode der isolierenden Abstraktion).

Dies geschah anstelle einer durch bloße Anschauung (normativ) geprägter Theorien. Dadurch dringt auch ein gewisser Formalismus in die Wirtschaftswissenschaften ein.

In seinem 1817 erschienenen Buch „Über die Grundsätze der politischen Ökonomie und der Besteuerung" wirft er zentrale Fragen der modernen Verteilungstheorie auf. Konkret hinterfragte er, nach welchen ökonomischen Gesetzmäßigkeiten die Erträge aus der Nutzung Produktionsfaktoren unter den handelnden Akteuren verteilt werden. Zu seiner Zeit waren dies, ausgehend von der Landwirtschaft, die Eigentümer des Bodens, die Eigentümer des Vermögens oder des Kapitals, das zu seiner Bebauung notwendig ist, und die Arbeiter, durch deren Tätigkeit er bebaut wird.

Seine Überlegungen basierten auf der Entscheidung der britischen Regierung im Jahre 1815 die Einfuhr von Getreide zu beschränken („Corn Laws"). Ricardo prognostizierte, dass dies zu höheren Getreidepreisen führen müsste. Von diesen würden allerdings nur die Grundbesitzer in Gestalt ihrer Renten profitieren, während Arbeiter und Kapitaleigner die Kosten zu tragen hätten. Dadurch aber sank die Neigung der Kapitaleigner, zu investieren. Das Wirtschaftswachstum und der Wohlstand bleiben so unter den Möglichkeiten. Wieder musste das bestehe Ordnungssystem überprüft und partiell modernisiert werden:

Im parlamentarisch früh entwickelten Großbritannien stammte im 18. und 19. Jh. eine Mehrheit der Abgeordneten aus ländlichen Regionen. Marktveränderungen durch billige Importe landwirtschaftlicher Güter trafen somit eine politische Elite, die im britischen Unterhaus überwiegend aus Vertretern und Sympathisanten des traditionellen Landadels bestand, der zudem seine Macht sowohl durch das städtische Bürgertum als auch durch die „Klasse" der Lohnarbeiter in der Landwirtschaft und der Industrie bedroht sah.

Die später veröffentlichte Theorie der komparativen Kostenvorteile wies einen Weg aus dem Dilemma: Die Vorteilhaftigkeit des Handels zwischen zwei Ländern ist nicht zwingend von den absoluten Produktionskosten abhängig (wovon Adam Smith noch ausging), sondern von den relativen Kosten der produzierten Güter zueinander.

Sie zeigt, dass eine Arbeitsteilung zwischen zwei Ländern (oder Wirtschaftsräumen) selbst dann als wohlfahrtsfördernd für beide sein kann, wenn die eine Volkswirtschaft in allen Produktionsbereichen kostengünstiger herstellen kann als das andere Land. Unter solchen Bedingungen kann aber eine Arbeitsteilung dennoch sinnvoll sein, und zwar dann, wenn die sogenannten Opportunitätskosten zwischen den Ländern unterschiedlich sind. Die entwicklungsökonomische

Bedeutung von Ricardos Ansatz ist sehr groß. Erstmals konnten sich Länder, die entweder von der Natur nicht begünstigt waren (z. B. die Schweiz im 18. und 19. Jh.) und auch ansonsten wenig Wettbewerbsvorteile aufwiesen (z. B. China im 20. Jh.) aus ihrer Armut befreien. Kritisiert wird allerdings gerne, dass im Modell immer nur zwei Handelsgüter betrachtet werden und die Transportkosten keine Erwähnung finden.

> **Opportunitätskosten**
> Opportunitätskosten sind die potenziellen Vorteile, auf die ein Wirtschaftssubjekt verzichtet, wenn eine Entscheidung zugunsten des Konsums oder der Investition eines anderen Gutes getroffen hat. Opportunitätskosten stellen den Wert der Alternative dar, die nicht gewählt wird.
> Opportunitätskosten spielen eine wichtige Rolle bei der Entscheidungsfindung, da sie helfen, die Vor- und Nachteile verschiedener Handlungsoptionen zu bestimmen und, wenn möglich, zu bewerten.

Ausgangspunkt ist hier ein Zustand der bewussten Abschottung von Außenhandelsbeziehungen mit anderen Ländern, aus vermeintlichen Autarkiebestrebungen heraus. So lassen sich unter den Bedingungen polypolistischer Märkte und vollkommener Konkurrenz auf den Güter- und Faktormärkten, Produktion und Realeinkommen und somit im volkswirtschaftlichen Verständnis Wohlstand maximieren, indem jeder Produktionsfaktor dort eingesetzt wird, wo er das höchste Wertgrenzprodukt erzielt. Dabei kann im Regelfall unterstellt werden, dass sich die Nachfrage der heimischen Bevölkerung nicht auf alle produzierbaren Güter in einem Land bezieht und dass somit Realeinkommen aus dem Export generiert werden Können, um entweder andere Importgüter zu erwerben oder um Investitionen für die Zukunft zu finanzieren. Dabei konzentriert sich jedes Land auf die Güter, die es am kostengünstigsten oder unter Berücksichtigung von Spezialisierungsvorteilen am relativ günstigsten herstellen kann.

Betrachtet man ein einfaches Beispiel mit zwei Ländern, die jeweils zwei gleiche Produkte erzeugen: Ein großes Entwicklungs- oder Schwellenland, kurz E/S-Land und ein großes Industrieland, kurz I-Land. Das E/S-Land kann durch Einsatz seiner Produktivkräfte (Arbeit, Boden, Kapital) maximal 15 Einheiten Weizen oder 5 Einheiten Pkw herstellen, während das Industrieland mit seinen Produktivkräften maximal 20 Einheiten Weizen oder 10 Einheiten Pkw zu erzeugen vermöge. Das E/S-Land hat also bei beiden Gütern einen absoluten Produktionsnachteil gegenüber dem Industrieland. Allerdings ist der absolute Produktionsnachteil des E/S-Landes bei der Weizenproduktion kleiner als bei der Pkw-Produktion:

$$\frac{Weizeneinh.Ind. - Land}{Weizeneinh.E/S. - Land} < \frac{PKW - Einh.Ind. - Land}{PKW - Einh.E/S. - Land} \Rightarrow \frac{20}{15} < \frac{10}{5}$$

Abb. 1: Komparativer Kostenvorteil
Quelle: nach Juergen B. Donges (1981), Außenwirtschafts- und Entwicklungspolitik; Bearbeitung W. Halver

Analog gilt für das Industrieland: Deren absolute Produktionsüberlegenheit ist in der Pkw-Produktion größer als in der Weizenproduktion. Das E/S-Land kann nun sein Einkommensniveau erhöhen, indem es seine Produktionsfaktoren in die Weizenproduktion lenkt, bei der die Unterlegenheit verhältnismäßig am geringsten ist. Hier hat das Land trotz des absoluten Kostennachteils einen komparativen Kostenvorteil. Umgekehrt ist es beim I-Land. Durch Spezialisierung auf die Pkw-Produktion, wo die Überlegenheit gegenüber dem E/S-Land am größten ist, wird der absolute Kostenvorteil auch zu einem komparativen. Das heißt: Das E/S-Land wird beim Außenhandel seine Weizenproduktion ausdehnen, durch Weizenexport den Import von Pkws ermöglichen und so sowohl über mehr Weizen als auch über mehr Pkws verfügen. Das gleiche gilt für das Industrieland, nur dass hier Pkws gegen Weizen getauscht werden. Die Konsummöglichkeiten eines Landes sind nicht mehr, wie bei Autarkie, durch dessen Produktionsmöglichkeiten begrenzt.

Geometrisch stellt sich das mit Hilfe der aus der realen Außenhandelstheorie bekannten Diagramme folgendermaßen dar (beschränkt auf das E/S-Land): In Abb. x ist unterstellt, dass die Produktionsfunktionen für beide Güter homogen sind und substitutionale Faktorverhältnisse (wechselseitige Austauschmöglichkeit der Produktionsfaktoren Arbeit, Boden, Kapital) ausweisen. Die Ausdehnung der Produktion von Weizen oder PKWs erfolgt demnach mit steigenden Grenzkosten (im Sinne von Alternativkosten). Die Transformationskurve (oder Kurve der Produktionsmöglichkeiten) FE verläuft konvex zum Ursprung.

Im Autarkiezustand würde das E/S-Land OH Pkws und OJ Weizen produzieren. Der Punkt A, an dem die Transformationskurve von einer Indifferenzkurve tangiert wird (Marginalbedingung für die optimale Produktionsstruktur), repräsentiert dann Produktions- und Konsumgleichgewicht. Die an A gelegte Tangente PA misst das Verhältnis der Grenzkosten und, da vollkommene Konkurrenz unterstellt ist, das der Preise an diesem Punkt (1 Weizeneinheit = 0,33 Pkw Einheiten). Beim Außenhandel bildet sich aus Weltangebot und Weltnachfrage ein neues Preisverhältnis, das irgendwo zwischen dem des E/S-Landes und dem des Industrielandes liegt (1 Weizen-

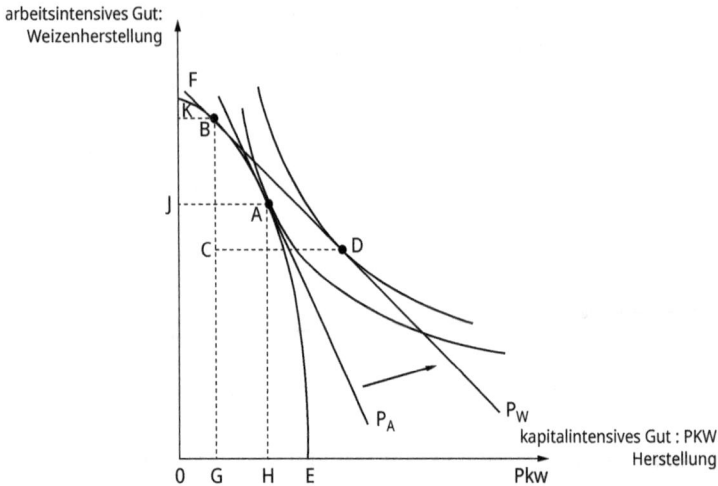

Abb. 2: Handels- und Wohlfahrtseffekte
Quelle: nach Juergen B. Donges (1981), Außenwirtschafts- und Entwicklungspolitik; Bearbeitung W. Halver

einheit = 0,50 Pkw-Einheiten), z. B. bei PW. Damit wird B der neue optimale Produktionspunkt im E/S-Land, bei dem JK mehr Weizen und GH weniger Pkws erzeugt werden. Indem das Land jetzt BC Weizen exportiert und CD Pkws importiert, liegt das neue Konsumgleichgewicht bei D, also auf einer höheren Indifferenzkurve.

All dies gilt auch für Fälle, in denen

– ein Land nur bei einem Gut einen absoluten Kostenvorteil und bei dem zweiten Gut einen absoluten Kostennachteil gegenüber dem Ausland aufweist (die Transformationskurven beider Länder schneiden sich dann);
– mehr als zwei Länder und zwei Güter am internationalen Handel partizipieren;
– die Spezialisierung im Außenhandel eine Ausweitung des Angebots an Produktionsfaktoren bei konstantem Güterpreisverhältnis bewirkt (sog. Rybczynski Theorem).

Rybczynski-Theorem
Das Rybczynski-Theorem besagt für den Außenhandel eines Landes: Eine erhöhte Ausstattung bzw. die Zunahme eines Produktionsfaktors führt bei einem konstanten Verhältnis der internationalen Preise dazu, dass Güter, die den Produktionsfaktor intensiv nutzen, verstärkt produziert werden. Güter, die bei der Herstellung Produktionsfaktor nur wenig nutzen, werden sukzessive weniger produziert. Damit wird ein Land tendenziell auch stärker von Importen abhängig und seine terms of trade verschlechtern sich. Entsprechend muss ein Land seine Exportangebot weiter diversifizieren und auf der Importseite versuchen Güter von möglichst vielen Ländern zu beziehen.

Ist die Spezialisierung gemäß den komparativen Kosten vollzogen, so bedeutet dies nicht, dass der Handel zwischen Ländern zum Erliegen kommt, weil sich die Güterpreise ausgleichen. Im Gegenteil: der Güteraustausch intensiviert sich. Es sind dann lediglich die Vorteile der Spezialisierung voll ausgeschöpft. Eine weitergehende Spezialisierung wäre für keinen der Handelspartner mehr gewinnbringend.

Die entscheidende Frage ist die nach den Ursachen komparativer Kostendifferenzen: aus welchen Gründen sind die Produktionsmöglichkeiten – und damit die Struktur der komparativen Vor- und Nachteile – in einem E/S-Land anders als in einem Industrieland? Drei empirisch gestützte Hypothesen werden i.W. in der Wissenschaft diskutiert:

Die erste Hypothese besagt, dass die güterspezifischen Produktionsfunktionen von Land zu Land unterschiedlich sind, und damit auch die Produktivität der eingesetzten Produktionsfaktoren. Auf dieser Annahme basiert bekanntlich die klassische Formulierung des Theorems der komparativen Kosten. So sind beispielsweise
– die klimatischen Gegebenheiten,
– die Größe des bebaubaren Landes oder
– die Erschließungsmöglichkeiten von Lagerstätten,

ausschlaggebend dafür, ob ein Land in der Erzeugung von Gütern, die einen hohen Anteil an heimischen „natürlichen" Ressourcen enthalten, einen komparativen Vorteil besitzt oder nicht. Man spricht hier von Ricardo-Gütern. Die „natürlichen" Ressourcen für die Produktion des Landes konzentrieren sich oft in E/S-Ländern, was entweder mit der geographische Lage des Landes zusammenhängt (z. B. tropische Früchte, Kaffee, Kakao) oder Zufall ist (z. B. Erdöl, Bauxit) oder einer allmählichen Vorratserschöpfung in Industrieländern entspricht (z. B. Kohle, Eisenerze). Folgerichtig waren und sind solche Güter im Exportsortiment von Entwicklungsländern besonders stark vertreten.

Die zweite Hypothese besagt, dass bei allgemein verfügbaren Technologien und international gleichen güterspezifischen Produktionsfunktionen, die Ausstattung mit Produktionsfaktoren von Land zu Land unterschiedlich ist. Dabei sind nicht die Unterschiede in den absoluten Faktormengen ausschlaggebend, sondern nur die Differenzen in den Faktorrelationen. Auf diesem Gedanken beruht das Heckscher-Ohlin-Theorem (Faktorproportionentheorem). Demnach hat ein Land einen komparativen Kostenvorteil in der Produktion jener Güter, die den am reichlichsten vorhandenen Produktionsfaktor besonders intensiv beanspruchen. Man spricht hier von Heckscher-Ohlin-Gütern. Entwicklungs- und Schwellenländer verfügen im Vergleich zu Industrieländern über viele Arbeitskräfte und über relativ wenig Sachkapital. Infolgedessen haben sie komparative Vorteile in der Produktion von relativ arbeitsintensiven Gütern. Diese werden auch zunehmend von Entwicklungs- und Schwellenländern exportiert, neben den Ricardo-Gütern im Austausch für relativ kapitalintensive Halb- und Fertigwaren aus Industrieländern.

Die Faktorproportionen-Hypothese wird spezifiziert, indem man das in den Arbeitskräften gebundene Ausbildungskapital als zusätzlichen Produktionsfaktor berücksichtigt (sog. Neo-Faktorproportionentheorem). Unterstellt man zudem, dass das Sachkapital – im Gegensatz zur im klassischen Faktorproportionentheorem ge-

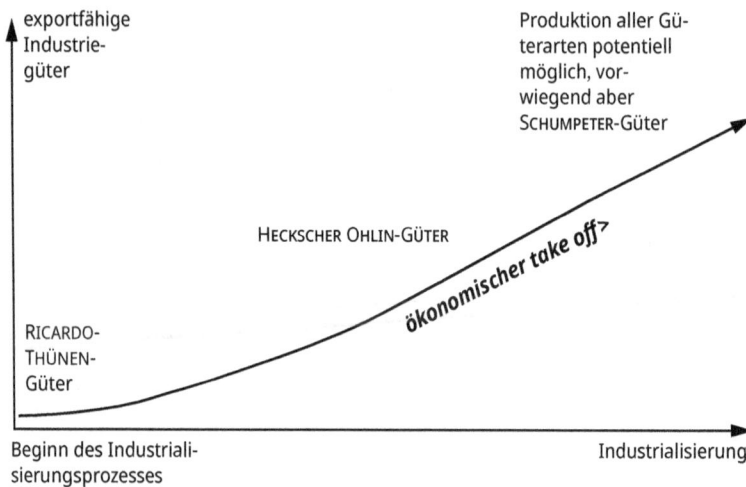

Abb. 3: Dominanz der Industriegüterproduktion im ökonomischen Entwicklungsprozess (vom Entwicklungs- zum Industrieland)
Quelle: Entwurf W. Halver (Güterkategorien nach H. Giersch)

machten Prämisse – international mobil ist, z. B. in Form von Direktinvestitionen (FDIs), so wird die unterschiedliche Ausstattung der Länder mit verschiedenen Arten von Arbeitskräften zu einer wichtigen Determinante der Außenhandelsströme. Die Industrieländer verfügen – trotz geringerer absoluter Bevölkerungszahlen – derzeit noch über relativ mehr Ausbildungskapital als die E/S-Länder und exportieren infolgedessen auch ausbildungskapitalintensive Produkte in diese.

Die dritte Hypothese ist die sog. Technologie-Hypothese. Sie drückt aus, dass sich im Zeitverlauf internationale Unterschiede im technologischen Innovationspotenzial und in der Absorptionsfähigkeit von technischen Neuerungen zeigen, die es zu beachten gilt. Die Produktionsfunktionen unterliegen im Zeitablauf systematischen Änderungen, weil Industrieerzeugnisse typischerweise einen Zyklus von der Neuentwicklung, über die Ausreifung bis hin zur Massenproduktion durchlaufen. Unabhängig davon, ob die Herstellung eines Gutes den Einsatz von relativ vielen Arbeitskräften oder relativ viel Sachkapital erfordert, hängt das in der Produktion verarbeitete technische Wissen vom Neuheitsgrad dieses Gutes ab. Güter, die technisch und wirtschaftlich neu sind, beanspruchen anfangs viel Ausbildungskapital (Forscher, qualifizierte Techniker, Facharbeiter und risikofreudige Unternehmer). In dem Maße, wie sie am Markt erprobt worden sind und ausreifen, standardisiert sich die Produktionstechnik, und es sinkt der Bedarf an Ausbildungskapital. Man nennt diese in Anlehnung an die Gliederung des deutschen Ökonomen Herbert Giersch (1921–2010) Produktzyklus-Güter oder Schumpeter-Güter.

Der Kapitalmangel, der die Faktorausstattung von E/S-Ländern auszeichnet, schlägt sich auch in einem Mangel an hochqualifizierten Arbeitskräften nieder. Die

Möglichkeiten zur Entwicklung neuer Produkte sind damit sehr beschränkt, ebenso die Absorptionsfähigkeit für neue Technologien aus Industrieländern, sofern diese überhaupt allgemein verfügbar und nicht durch Patente geschützt sind. Aus diesem Grund entsteht den Entwicklungsländern ein komparativer Vorteil bei standardisierten Produktzyklus-Gütern, die dann die Eigenschaften von Heckscher-Ohlin-Gütern annehmen (z. B. Schiffe, spezielle Werkzeugmaschinen, Lokomotiven, Lkws, Chemiefasern) (Donges 1981, 16 ff).

$$\text{Terms of Trade} = \cfrac{\cfrac{\sum q_{Exp,0,i} * p_{Exp,1,i}}{\sum q_{Exp,0,i} * p_{Exp,0,i}} \quad \text{Export-preisindex}}{\cfrac{\sum q_{Imp,0,j} * p_{Imp,1,j}}{\sum q_{Imp,0,j} * p_{Imp,0,j}} \quad \text{Import-preisindex}}$$

q = Menge [ME] P = Preis [EUR/ME]
0 = Basisjahr 1 = Berichtsjahr

Abb. 4: Terms of Trade
Quelle: Donges, Juergen B. (1981): Außenwirtschafts- und Entwicklungspolitik. – Berlin; Bearbeitung W. Halver

Daraus ist zu erkennen:
- Steigt der Exportpreisindex (z. B. höhere Preise für Maschinen und Anlagen) bei gleichbleibendem oder gar sinkendem Importpreisindex (z. B. sinkende Preise bei Kaffee, Erdölprodukten), dann verbessert sich der Terms of Trade: Man kann für den gleichen Export mehr kaufen.
- Steigt dagegen der Importpreisindex (z. B. höhere Preise für Erdölprodukte, Kaffee und dgl.) bei gleichbleibendem oder gar sinkendem Exportpreisindex, dann verschlechtert sich der Terms of Trade: Man kann für den gleichen Export weniger kaufen (DAA – Wirtschaftslexikon (Hrsg.).)

Das sog. Theorem des Intraindustriellen Handels, das erstmals 1960 von Pieter Verdoorn benannt wurde, ist von Paul Krugman und Maurice Obstfeld (2009 und 2019) in der Neuen Außenhandelstheorie vertieft worden. Anders als die oben angeführten Konzepte (Interindustrieller Handel) wird nicht der Handel zwischen einem wenig und einem stark entwickelten Land thematisiert, sondern der Handel zwischen zwei gleich entwickelten Ländern. Länder mit ähnlichem Entwicklungsstand handeln ebenso in erheblichem Umfang miteinander. Deren Handel basiert auf fallenden Durchschnittskosten in der Produktion der Unternehmen bei steigender Ausbringungsmenge (economies of scale). Zu einer Ausdehnung der Märkte kommt es letztlich, wenn nun die Handelskosten fallen, z. B. aufgrund des technischen Fortschritts in der Produktion oder sei es aufgrund sinkender, bzw. wegfallender Zölle, z. B. durch einen Beitritt zur WTO oder zu einem Freihandelsraum. Ein großer (Binnen-)Markt erlaubt den Unternehmen, eine größere Zahl an differenzierten Produkten zu tieferen Durchschnittskosten und Preisen anzubieten und abzusetzen. Problematisch kann werden, wenn dadurch Unternehmen entstehen, deren Größe und Marktmacht quasi keinen ausreichenden Wettbewerb mehr zulassen. Dann muss versucht werden, Marktmacht explizit zu zerschlagen.

1.2.3.2 Direktinvestitionen

Seit Mitte der 80er Jahre des 20. Jh. ist der Globalisierungsprozess neben dem Handel mit Waren und Dienstleistungen durch eine zunehmende Anzahl an Ausländischen Direktinvestitionen geprägt. Ursächlich dafür waren vor allem
- eine Reihe von Liberalisierungen auf den internationalen Finanzmärkten
- Die Öffnung von Volkswirtschaften für ausländische Investoren, die vor Ort produzieren wollten, um Qualitäts- und Kostenunterschiede wahrnehmen zu können.
- Die Bereitschaft einer wachsenden Zahl von Ländern, ausländischen Investoren das Eigentum und Verfügbarkeit von Produktionsfaktoren im Eigenen Land zu gewährleisten.

Länder investieren wechselseitig in Branchen und Unternehmen, die sich Wettbewerbsvorteile durch die Spezialisierung oder die Marktstellung erarbeitet haben. Eine hohe Standortqualität besitzen Länder, die viel ausländische Kapital zum Auf- und Ausbau ihre Produktionspotentials erhalten und die ihrerseits bereit sind, Kapital im Ausland zu investieren, dort, wo diese Länder Vorteile in der Produktion oder im Absatz haben. Dadurch verändert sich vielfach die Unternehmenslandschaft, weil Kapazitäten ins Ausland abwandern, aber im Idealfall auch neue Unternehmen im Inland entstehen oder bestehende ihr Angebot ausweiten. Mit einer Direktinvestition (Erwerb von mindestens 10% des Grundkapitals eines Unternehmens) wird anders als mit einer Portfolioinvestition (weniger als 10%) ein längerfristiges Standortinteresse nachgesagt. Allerdings können auch geringe Beteiligungen ein langfristiges Investment darstellen, wenn es sich zum Beispiel um sehr große Unternehmen handelt.

Die Globalisierung mittels ausländischer Direktinvestitionen findet aber keineswegs nur zwischen gleich entwickelten Ländern statt. Vielmehr gibt es:
- Direktinvestitionsbeziehungen zwischen Industrie- und Entwicklungs- bzw. Schwellenländern,
- Direktinvestitionsbeziehungen zwischen Industrie- und Industrieländern und auch
- Direktinvestitionsbeziehungen Entwicklungs- bzw. Schwellenländern untereiandern.

Attrahiert eine bislang eher schwach entwickelte Volkswirtschaft viel ausländisches Kapital, kann dies (mit Einschränkungen) als Indikator für Standortqualität interpretiert werden. Bei Industrieländern ist dieser Indikator isoliert betrachtet nicht sehr aussagekräftig. Bei ihnen geht es vor allem darum, dass sie gemäß ihrer komparativen Kostenvorteile zum einen selbst ausländisches Kapital anlocken zum Ausbau ihrer Industrie, zum anderen aber auch im Ausland investieren in die Branchen, die wiederum in den einzelnen Ländern ihre Standortqualität finden. Dort ist dann das verfügbare Kapital effizienter einsetzbar als im eigenen Land. Somit weisen Industriestaaten dann eine hohe Standortqualität auf, wenn sie sind, sich wechselseitig an der internationalen Arbeitsteilung zu beteiligen.

Verlierer, z. B. in Form von Wachstumsschwäche oder dem Verlust von Arbeitsplätzen, sind dabei die Staaten, die sich nicht anpassen (können). Anpassungen sind dabei nicht nur auf der Seite der Produktion nötig, sondern oftmals auch bei den Sozialsystemen. Dies ruft eine Gruppe von Gegnern des Globalisierungsprozesses vor allem in den Industriestaaten hervor, wie z. B. ATTAC (Associatuion pour une taxation des transactions financières pour l'aide aux citoyens).

Insbesondere hinsichtlich der Sozialsysteme besteht im Globalisierungsprozess stets die Angst vor einem *race to he bottom,* was sich aber bislang empirisch nur schwer nachweisen lässt (Rödder 2016). Im Extremfall fordern Globalisierungsgegner eine Art Neo-Merkantilistischer Wirtschaftspolitik, um die Volkswirtschaft vermeintlich unabhängig zu machen vom Ausland oder aber Finanztransaktionen hoch zu bestehen (Tobin-Steuer). Eine ernstzunehmende Gefahr ist dort zu sehen, wo die Preis- und Wettbewerbsmechanismen vor allem durch eine erstandene Marktmacht von Unternehmen ausgehebelt werden. Dies bedarf einer staatlichen Regulierung in dem Sinne, dass die Marktkräfte überhaupt wieder funktionieren können, um wohlfahrtssteigernd zu wirken.

1.2.3.3 Migration (Arbeitsmigration)

Die Wanderung der (Arbeits-)Bevölkerung zwischen zwei Räumen schreitet auch unabhängig von Flüchtlingsbewegungen, die politisch oder klimatisch ausgelöst werden, weltweit voran, wobei sich für das Herkunfts- und Zielland unterschiedliche Chancen der Entwicklung ergebenen können.

Bevölkerungswanderungen finden statt in Form von:
– Binnenwanderungen (z. B. Binnenmigration innerhalb der EU)
– länderübergreifende Wanderungen (internationale Migration)

Beide können verschiedene Ursachen haben:
– Arbeitsmigration
– politische Migration (z. B. Flüchtlingsströme, Familienzusammenführung)
– Umweltmigration (z. B. infolge des Klimawandels)

Besonders in den Industrieländern genießt die internationale Migration höchste Aufmerksamkeit, weil damit Themenbereiche wie
- Integrationsprobleme oder
- Arbeitsplatzgefahr durch billige ausländische Arbeitskräfte

verbunden sind. Allerdings wird häufig übersehen, dass die Binnenmigration im Durchschnitt der letzten Jahrzehnte global betrachtet, erheblich größer ist als internationale Wanderungen, die in der Öffentlichkeit eher kritisch wahrgenommen werden. Extreme Größenordnungen zeigen sich derzeit z. B. in China, wo im Land schätzungsweise mehr als 100 Millionen Menschen unterwegs sind und damit etwa so viele wie weltweit zwischen den Staaten wandern. Internationale Wanderungen sind eher Ereignisse von wenigen Jahren Dauer, zumindest in der Spitze.[7]

Für den Einzelnen ist die Migrationsentscheidung meist ein ökonomisches Kalkül, was im weiteren Sinne auch oft für den Schutz vor politischer oder ethnischer Verfolgung gilt. Denn ohne entsprechenden Schutz sind die Menschen in ihren Staaten nicht in der Lage, einer regelmäßigen Beschäftigungs- und Erwerbstätigkeit nachzugehen.

Wanderungen können auf begrenzte Zeit oder auf Dauer angelegt sein:
1. Auf eine begrenzte Zeit hin wird die Wanderung geplant, wenn das Ziel darin besteht, aus den verdienten Einkommen Ersparnisse zu bilden, mit denen dann nach der Rückkehr ins Heimatland bestimmte Konsum- oder Investitionswünsche erfüllt werden sollen, oder wenn die Tätigkeit im Ausland zur beruflichen Aus- und Fortbildung genutzt wird, um so später im Heimatland einen attraktiveren Arbeitsplatz besetzen zu können.
2. Die Wanderung wird permanent sein, wenn die Vorstellung sich durchsetzt, im Ausland seien die ökonomischen Chancen besser als im Heimatland, unter der Voraussetzung, dass man seine eigene Kultur und Religion dort ausüben kann.

Bei gesamtwirtschaftlicher Betrachtung können die ausschlaggebenden Bestimmungsfaktoren für die Migration bei der Entwicklung der Nachfrage von Arbeitskräften im Zuwanderungsland (sog. *pull*-Faktoren) oder bei der Entwicklung des Angebots an Arbeitskräften im Abwanderungsland (sog. *push*-Faktoren) oder bei Unterschieden in den Sozialsystemen der Länder liegen:

Mit Nachfragesogwanderungen ist zu rechnen, wenn im Zuwanderungsland insgesamt ein hoher Beschäftigungsgrad besteht oder in bestimmten Bereichen Arbeitskräfte knapp sind.

Vor allem die Unternehmen im Zuwanderungsland haben ein Interesse an der Migration, wenn sie auf dem heimischen Arbeitsmarkt ihren Personalbedarf nicht befriedi-

---

7 Zwar arbeiten auch in Deutschland eine hohe Zahl an Migranten im regulären Arbeitsmarkt (in 2000 etwa 830.000, 2023 420.000), die aus den unterschiedlichsten Beweggründen ins Land eingewandert sind; jedoch ist die internationale Migration vor allem ein Problem benachbarter Entwicklungsländer untereinander.

gen können (z. B. Pflegepersonal in Industrieländern) oder Löhne zahlen müssten, die sich nicht ohne weiteres erwirtschaften lassen. Ohne Rückgriff auf den ausländischen Arbeitsmarkt bliebe selbst bei guter Konjunkturlage ein Teil der vorhandenen industriellen Produktionsanlagen ungenutzt (z. B. mexikanische Migranten in den USA).

Bei Angebotsdruckwanderungen herrscht im Auswanderungsland chronische Arbeitslosigkeit oder sogar materielle Armut, ohne dass es ausreichende Sozialleistungen gäbe.

Positiv für das Abwanderungsland ist, dass
- der heimische Arbeitsmarkt und
- der Wohnungsmarkt entlastet werden und

dass bei entsprechender Bereitschaft der Migranten
- laufend ein Teil ihrer Einkünfte ins Heimatland überwiesen werden (statistisch erkennbar in der Übertragungsbilanz der nationalen Leistungsbilanz).

Im Heimatland werden so Zahlungsbilanzengpässe abgebaut, wodurch die Importkapazität steigt und damit auch das Wachstumspotential größer wird (sog. gesundschrumpfen). Positiv ist ferner auch, dass bei einer eventuellen Rückwanderung in die Heimat mehr Humankapital zur Verfügung steht, um z. B. neue Industriezweige aufzubauen. Dort, wo derartige Strukturentwicklungen im Abwanderungsland konsequent wirtschaftspolitisch zum Aufbau des Landes umgesetzt werden, behindert Migration auch die nachhaltige Entwicklung eines Landes nicht (z. B. Spanien, Irland, Türkei). Dort, wo dies nicht geschieht (vor allem Schwarzafrika), führen die Verluste durch die Migration zu einem „Ausbluten" des Landes.

Im Zuwanderungsland dämpft die Migration unter den Bedingungen von Vollbeschäftigung
- den Anstieg der Löhne und damit auch
- den Inflationsdruck aus steigenden Arbeitskosten.

Demgegenüber steht der potenzielle Nachteil, dass es gerade deshalb zu Verzögerungen bei der Durchführung von Strukturanpassungen in den Betrieben kommen kann, da Verfahrens- und Produktinnovationen so relativ teurer werden. Herrscht aber im Zuwanderungsland Arbeitslosigkeit, wird sich durch die Zuwanderung die Arbeitslosigkeit weiter erhöhen, sofern die Nominallöhne nach unten fix sind. Ein weiterer Vorteil der Einwanderung sind die zusätzlichen Einnahmen für den Staat aus Einkommens- und Verbrauchssteuern. Ob allerdings die Zuwanderung tatsächlich auch zu einer Sicherung der Rentensysteme beiträgt, bleibt umstritten. Schließlich erwachsen zumindest in Deutschland aus den von Einwanderern zu zahlenden Rentenbeiträgen auch Ansprüche, die irgendwann die nationalen Kassen belasten werden (Halver 2015, Donges 1995).

1.2.4 Kapitalmangeltheorien

Folgt man dem Beispiel Großbritannien und vieler anderer früh entwickelter Industriestaaten, ist die Analyse der Rahmenbedingungen, die diese Entwicklung begünstigen, von Interesse. Dabei wird in der Literatur unterschieden zwischen Theorien, die stärker endogene und solche, die vor allem exogene Faktoren als zentrale Faktoren des Erfolgs oder Misserfolgs betrachten.

Endogene Entwicklungen stellen ökonomische und gesellschaftliche Veränderungsprozesse als Folge von Politik- und Strukturveränderungen dar, die in Richtung einer Weltmarkt-Orientierung stattfinden (sog. Integrationsthese). Entsprechend sind auch die Ursachen einer Fehl- bzw. Unterentwicklung primär in den Ländern selbst zu suchen und auch dort zu bekämpfen, wie z. B.
– durch eine Öffnung der Märkte,
– den Abbau von Bürokratie oder
– die Korruptionsbekämpfung.

Versucht man endogene Entwicklungshemmnisse zu beseitigen, so ist das Fehlen von Kapital und Humankapital meist ist ein zentrales Wachstumshindernis. Voraussetzung für die Entwicklung zu einem Industrieland ist die Schaffung von politischen, sozialen und ökonomischen Rahmenbedingungen, welche die Dynamik mit Hilfe ausländischer Investitionen anregen und somit Arbeitsplätze schaffen. Politische und soziale Instabilität in Entwicklungsländern führt dazu, dass Kapital lieber in einem als sicherer eingeschätzten Standort investiert wird. Zudem wird auch staatliche Entwicklungshilfe in Frage gestellt, weil diese einen Anreiz zur Fehllenkung von ausländischem Kapital zugunsten des Gegenwartskonsums zur Folge haben kann. Dabei sind grundsätzlich zwei Wege zum verbesserten Zugang von Kapital möglich:
– Der Aufbau einer stabilitäts- und wachstumsorientierten Wirtschaft, die sukzessive ausländisches Kapital anzieht, weil Vertrauen in die Wirtschaftspolitik des Landes aufkommt.
– Die Attrahierung von Kapital vorwiegend über supranationale Institutionen bzw. Hilfsgelder-Fonds zum Zwecke der Aufrechterhaltung der Zahlungsfähigkeit von Ländern.

Bei diesem theoretischen Komplex wird das Fehlen von Kapital und Humankapital auf eine zu geringe Standortqualität bzw. –attraktivität zurückgeführt. Daraus ergibt sich die Notwendigkeit, Standorte attraktiv zu machen, um Internationalisierungsstrategien ausländischer Unternehmen auf die Standorte der eigenen Volkswirtschaft zu lenken oder auch den Abfluss von Kapital (Kapitalflucht) und Humankapital (Brain Drain) zu vermindern.

Für Nicht-Industrieländer sind niedrige Spar- und Investitionstätigkeiten ein zentrales Merkmal. Eine niedrige Sparrate hängt primär mit den durchschnittlich extrem geringen Einkommen zusammen, welches aber auch aus einer sehr ungleichen Verteilung der Einkommen herrühren können. Die Investitionstätigkeit wird nicht nur durch einen Mangel an gespartem Kapital, sondern eben auch durch die oben genannte Kapitalflucht weiter geschwächt. Albert O. Hirschman (1967) beobachtete, dass in Entwicklungsländern eine „Stagnationsmentalität" herrsche und nur dann investiert werde, wenn die Gewinnaussichten sehr groß seien.

Im weiteren Sinne kann die Theorie auch herangezogen werden, um den Bedarf der Entwicklung eigener Kapitalmärkte zu bestimmen. Gerade in unterentwickelten Volkswirtschaften sind die Bekämpfung von Kapitalmarktproblemen von großer Relevanz. So beobachtet man, dass in diesen Ländern sukzessive Börsen entstehen, die unabdingbar sind, um eine eigenständige (nachhaltige) Entwicklung in einem Land voranzutreiben.

1.2.5 Neue Wachstumstheorie

Im Kontext der so genannten Neuen (endogenen) Wachstumstheorie, wie sie Ende der achtziger Jahre des 20. Jahrhunderts von Romer (1986) und Lukas (1988) formuliert wurden, wird vor allem auf die Relevanz der human Kapitalbildung abgestellt. In Anlehnung an Aussagen der neoklassischen Wachstumstheorie wird angenommen, dass durch das Vorhandensein betriebsexterner Grenzerträge im Produktionsbereich, bei gleichzeitig abnehmenden betriebsintern Grenzerträgen der eingesetzten Produktionsfaktoren (besonders Kapital) sowie konstanten Skalenerträgen bei Betrieben in einer Region, Wachstumsprozesse initiiert und auch im fortgeschrittenen Stadium der Industrialisierung in Gang zu halten sind. Akkumuliert man Produktionsfaktoren sind dabei im wirtschaftshistorischen Prozess besonders Humankapital durch Aus und Weiterbildung und Wissensvorsprünge aus Forschungs- und Entwicklungstätigkeiten (Halver 1996, 33–34). Dies gilt umso mehr, wenn sich die Rahmenbedingungen der Märkte rasch ändern, wie dies im Globalisierungsprozess geschieht oder durch ad-hoc Veränderungen im Rahmen der Geopolitik exogene Einflüsse auf die nationalen und regionalen Märkte Einfluss nehmen. Für sich entwickelnde Länder ist damit der frühzeitige Aufbau von Institutionen, die für die human Kapitalausstattung einer Volkswirtschaft von Bedeutung sind, ein besonders nachhaltiger Entwicklungsfaktor.

Viele Staaten auf der Erde haben gezeigt, dass sie mit Hilfe des technischen Fortschritts (aus Unternehmen und Hochschulen heraus) in der Lage sind, vermeintliche Grenzen der Entwicklungsmöglichkeiten zu überspringen. Dieser wirkt sich richtig eingesetzt in erheblichem Maße auf die Produktivität des Einzelnen und der Unternehmen aus. Gelingt es dann noch sich zu industrialisieren, sind auch sog. Terms-of trade Probleme nur temporär gegeben. Darunter versteht man, dass bei sinkenden Rohstoffpreisen Länder, die diese auf den Weltmärkten anbieten – meist also Entwicklungsländer – im Preis steigende Investitions- und Ausrüstungsgüter – die meist etablierte Industriestaaten herstellen – dann nicht mehr kaufen können und somit arm bleiben müssten.

Auch große Bevölkerungszahlen wie in China und Indien sind bis zur Jahrtausendwende von Wissenschaftlern oftmals als zentrales endogenes Entwicklungshemmnis bestimmt worden, welche jegliche Ansätze zur Entwicklung rasch zunichtemachen musste. China gilt als Musterbeispiel für ein Entwicklungsland, dass nach der grundsätzlichen Entscheidung von Deng Xiaoping im Jahre 1979, die Isolation des Landes aufzugeben, mit der Bekämpfung des eigenen Kapital- und des Humankapitalmangels begonnen hat. Mittlerweile zählt das Land in einigen Bereichen zu den technologisch führenden Staaten auf der Erde.[8]

1.2.6 Dependencia Theorie(n)

Demgegenüber steht im Mittelpunkt der Analyse von sog. exogenen Theoriekonzepten die Beseitigung von Ursachen, die von außen kommen und die Entwicklung der Länder selbst hemmen. Dabei können historische Dimensionen haben, wie z. B. als Folge der Kolonialherrschaft oder rezenter Art sein, wie sie sich z. B. in politischer Ausgrenzung auswirken. Danach haben einzelne Wirtschaftsräume und Länder so große Defizite in der physisch-geographischen Raumausstattung oder sind von Kolonialländern so ausgebeutet und nachhaltig in Abhängigkeiten (zu. B. als Absatzmarkt) getrieben worden, dass sie letztlich keine Möglichkeiten einer sozioökonomischen Entwicklung hätten und haben. Unterstellt wird, dass einzelne Wirtschaftsräume und Länder so große Defizite in der Raumausstattung mit Primär-, Sekundär- und Tertiärpotentialen haben, oder von Kolonialländern bewusst so ausgebeutet und nachhaltig in Abhängigkeiten (zu. B. als Absatzmarkt) getrieben worden, dass sie keine Möglichkeiten einer sozioökonomischen Entwicklung hätten und haben.[9]

Dependencia-Theorien entstanden Mitte der 1960er-Jahre in Lateinamerika, beherrschten dort lange die sozialwissenschaftliche Diskussion und nahmen erheblichen Einfluss auf die praktische entwicklungspolitische Diskussion. Dieser Ansatz integriert einzelne Konzepte wie die Imperialismustheorie, die sog. Prebisch-Singer-

---

8 Wer die klimatischen Bedingungen in der chinesischen Stadt Shenzhen, eine der ersten und größten Sonderwirtschaftszonen in China, kennenlernen durfte, der wird sich fragen, wie hier heute rund 17 Millionen Menschen arbeiten können, war das Gebiet doch in den 80er Jahren noch eher dünn besiedelt, arm und angeblich ohne Aussicht auf Entwicklung. Die Öffnung hin zur Marktwirtshaft und die konsequente Implementierung des technischen Fortschrittes haben die Grenzen der Entwicklung weit nach hinten verschoben.

9 Auch die heute nicht zu den ärmsten Ländern der Erde zählende Schweiz, galt vor rund 300 Jahren als Land ohne Entwicklungsperspektive, mit einem hohen Anteil an wirtschaftlich kaum nutzbaren Hochgebirgslandschaften (der Wander- und Skitourismus war damals noch nicht erfunden), ohne Rohstoffe und ohne direkten Anschluss an ein Binnen- oder Weltmeer.

These, des die These vom Verelendungswachstum von Entwicklungsländern (vgl. ausführlich Kapitel 1.7).

Die Dependencia-Theorien entwickelten sich in verschiedenen Ausprägungen. Die Bandbreite reicht von

– einer Forderungen nach einer Neuen gerechten Weltordnung (wobei offen bleibt, wie diese entstehen soll) bis hin zu
– einer Einführung des Sozialismus, um die Ausbeutung durch Industrieländer zu beenden.

Meist wird propagiert:
– eine Abkoppelung von der Weltwirtschaft und
– eine Politik der Importsubstition propagiert.

Dependencia-Theorien sind heute im wissenschaftlichen Diskurs weitgehend unbedeutend. Die Wachstumserfolge asiatischer Entwicklungs- und Schwellenländer mit weltmarktorientierter Industrialisierungsstrategie widersprachen den dependenztheoretischen Annahmen. Die starke Fixierung auf die exogene Ursache der Weltmarktintegration zeigte bei unterschiedlichen Reaktionen der Entwicklungsländer auf die Weltmarktintegrierung, dass die endogenen Ursachen der Unterentwicklung stark unterschätzt wurden.

Diese Ansätze sind zu unterscheiden von modernen geopolitischen Strategien, wie sich vor allem die Großmächte betreiben, um neue Abhängigkeiten von diesen zu schaffen (z. B. China und Russland in Afrika, die USA in Lateinamerika). Der Unterschied besteht darin, dass die Entwicklung von Ländern, die für andere strategisch interessant sind, nicht mehr grundsätzlich behindert werden soll, sondern dass sie sich handelspolitisch und politisch für eine Großmacht entscheiden sollen.

1.2.7 Wirtschaftsstufen und Technologiephasen Modelle

Verschiedene Ansätze (z. B. von Marx 1867, Kondratjew 1935 oder Rostow 1926 und 1959) versuchen den (idealtypischen) Ablauf der Entwicklung eines Landes in Stadien, Stufen oder Zyklen der technologischen Entwicklung zu gliedern, wobei dem Industrialisierungsprozess als solches immer eine zentrale Bedeutung zukommt. Dabei werden meist als Charakterisierungsmerkmale verwendet:
– die Produktionsweise,
– die sektoralen Schwerpunkte der Industrialisierung,
– die regionalen Schwerpunkte der Industrialisierung,
– die Raumorganisation (Wirksamkeit von raumordnenden Gesetzmäßigkeiten),
– die Nutzung von Technologien.

Die Ursachen für die Entwicklung auf eine weitere Entwicklungsstufe können sehr unterschiedlich sein. Beim sog. historischen Materialismus unterscheidet Karl Marx fünf aufeinander folgende Stufen, die durch unterschiedliche Ausprägung von Produktivkräften und Produktionsverhältnissen geprägt sind. Bei ihm, Karl Marx, ist die durch die jeweiligen Herrschaftsverhältnisse bedingte Gliederung der Gesellschaft in sog. Klassen der Ausgangspunkt der Betrachtung. Bei der Theorie der langen Wellen von Nikolai D. Kondratjew sind die Basisinnovationen, die auf alle anderen Branchen überspringen und diese für ca. 50 Jahre beeinflussen, ausschlaggebend für wirtschaftliche Entwicklung.

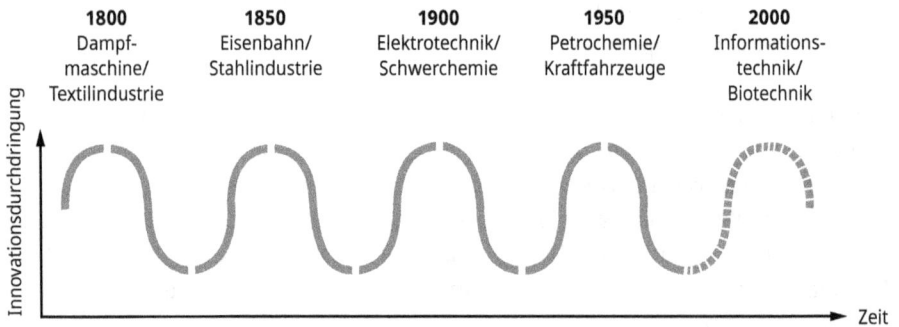

Abb. 5: Lange Wellen am Beispiel der frühindustrialisierten Länder
Quelle: Nikolai D. Kondratjew: Die langen Wellen der Konjunktur. In: Archiv für Sozialwissenschaft und Sozialpolitik. 56, 1926, S. 573–609

Anders sind die Phasenveränderungen bei den Konzepten der sog. Regulationstheorie. Die Entwicklungsphasen werden in ihrem Anfang und Ende durch krisenhafte Veränderungen bestimmt, die lange anhaltende, aber zeitlich unbestimmte Systeme im Produktions-, Konsum-, Staats- und Gesellschaftsbereich beenden. Dadurch ändern sich Gesamtsysteme der Volkswirtschaften. Hier lassen sich die Öffnung Chinas und Indiens oder die Digitalisierung der Arbeitswelt als radikale Einschnitte der Veränderung anführen. Der Übergang zwischen den Entwicklungsphasen wird durch strukturelle Krisen ausgelöst.

Elemente eines sozioökonomischen Systems sind das Akkumulationsregime (Wachstumsstruktur bestehend aus Produktions- und Konsumstruktur) und institutionelle Regulationsmechanismen wie den Staat, kulturelle Normen oder nationale und supranationale Organisationen (Bathelt 1984, 63 ff).

Bis auf die Ebene des Nationalstaats als Ausgangspunkt der regulationstheoretischen Überlegungen, weist die Regulationstheorie ursprünglich keine räumliche Komponente auf, besitzt in der Wirtschaftsgeografie als wissenschaftliche Grundlage für verschiedene Fragestellungen mittlerweile aber eine hohe theoretische Relevanz.

In der klassischen Wachstumsstufentheorie, wie sie von Walt Whitman Rostow (1960) formuliert wurde, wird die kontinuierliche Entwicklung eines Wirtschaftsraumes in einen historisch genetischen Kontext gestellt (Rostow 1960):

Nach Rostow sind fünf Wirtschaftsstufen zu unterscheiden:

I. Die traditionelle Gesellschaft, deren Struktur- und Produktionsmöglichkeiten auf vornewtonscher Wissenschaft und Technik basieren.

II. Übergangsphase zur wirtschaftlichen Expansion, in der die Grundlagen für den wirtschaftlichen Aufstieg geschaffen werden, indem neue Wertvorstellungen sowie geeignete politische und wirtschaftliche Organisationsformen entstehen.

III. Der wirtschaftliche Aufstieg (Take-off-Phase), charakterisiert durch die Durchsetzung neuer Technologien in Landwirtschaft und Industrie und einen Anstieg der Investitionsquote auf über 10 Prozent des Nettoinlandproduktes.

IV. Die wirtschaftliche Reife (Mature Economy), erreicht etwa 60 Jahre nach Beginn des Aufstiegs, ist gekennzeichnet durch die institutionelle Anpassung der Gesellschaft an die Erfordernisse effizienter Produktionsmethoden, sowie durch die Vielfalt von Industriezweigen.

V. Der Massenkonsum, charakterisiert durch das Aufkommen des Wohlfahrtsstaates und der Massenproduktion dauerhafter Konsumgüter. Indikator dieses Stadiums ist die Produktion des Automobils.

Dabei werden ursächliche Politikbeeinflussungen endogener oder exogener Art unterstellt, wie sie typisch sind im Strukturwandel, wie z. B. von eher arbeitsintensiven zu kapital- und humankapitalintensiven Industrien.

Klaus Arnold hat diesen Ansatz zusammengeführt mit dem sog. Kern-Peripherie Modell von John Friedman und Raúl Prebisch aus den 1950 und 1960er Jahren und den einzelnen Stufen räumliche Konzentrations- und Dekonzentrationsprozesse zugeordnet (Arnold, Klaus 1992; Friedmann, John 1966; Prebisch, Raul 1959).

Zu beachten ist, dass diese Konzepte keinen Automatismus widerspiegeln. Die Übergänge sind nur sehr eingeschränkt als zwangsläufig zu bezeichnen. Vielmehr sind sie an die Wirtschaftspolitik eines Landes gebunden (Tertiärpotenzial).

Ferner gibt es keine Endphase der Entwicklung im Sinne von Grenzen der Entwicklung und des Wachstums, wenngleich in einer Volkswirtschaft regional sehr unterschiedliche Entwicklungen möglich sind. Durch das Vorhandensein betriebsexterner Grenzerträge im Produktionsbereich – bei gleichzeitig abnehmenden betriebsinternen Grenzerträgen eingesetzter Produktionsfaktoren (besonders Kapital) und konstanten Skalenerträgen bei Betrieben in einer Region – ist es möglich, Wachstumsprozesse auch im fortgeschrittenen Stadium der Industrialisierung in Gang zu halten.

Regionalökonomisch akkumulierbare Produktionsfaktoren entstehen im wirtschaftshistorischen Prozess insbesondere durch Humankapital bei Aus- bzw. Weiterbildungen sowie Forschungs- und Entwicklungstätigkeiten. Dies geschieht umso mehr, wenn eine Integration in die internationale Arbeitsteilung gesucht wird. Volkswirtschaften und

BIP je Ew.

Disperse
Raumstruktur

Langsame
Zunahme der
interregionalen
und über-
regionalen
Handelsbeziehum
gen mit Ansätzen
von
Agglomerations-
prozesses

Agglomeration
(Verstärkung des
Stadt- Land
Gegensatzes)

Auflockerung der
agglomerierten
Raumstruktur

Zeit

| Vor-
industrielle
Phase | Phase der
beginnende
Industrialisi
erung | Phase des
Aufbaus von
industriellen
Kernstruktu
ren | Phase der
industriellen
Differen-
zierung |

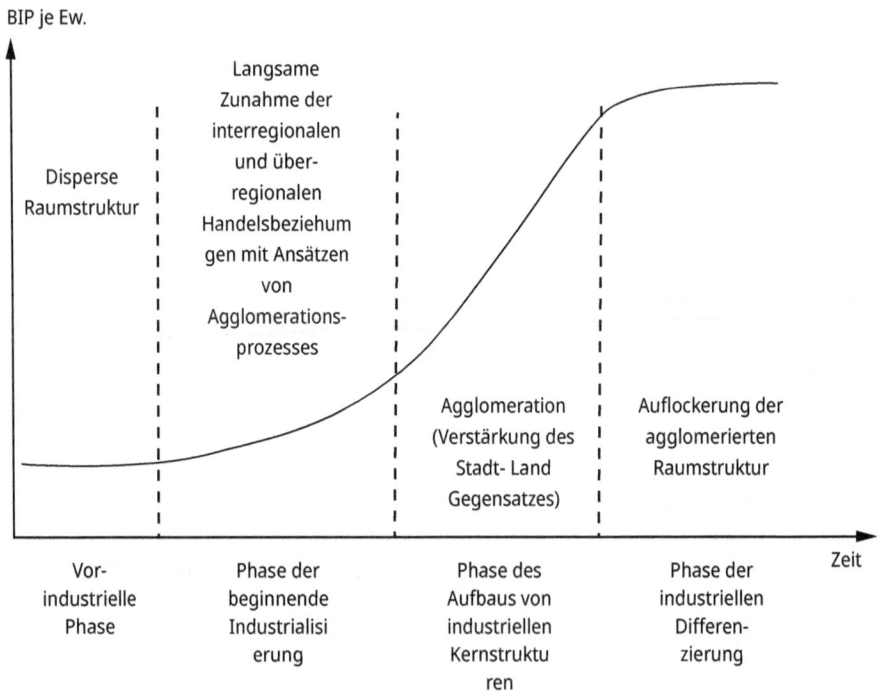

Abb. 6: Rostow's Entwicklungsstufen und Herausbildung von räumlichen Organisationsformen
Quelle: Rostow, Walt Whitman (1960): The Stages of Economic Growth; Entwurf W. Halver

Wirtschaftsräume können demnach nicht nur Alterungserscheinungen aufweisen. Vielmehr vermögen sie potentiell, in Folge rechtzeitiger Anpassungsmaßnahmen seitens der Betriebe und Institutionen, akkumulierte Leistungen und Erfahrungen (Kapitalstock und Humankapital) vorangegangener Wirtschaftsabläufe auch gegenwärtig und zukünftig für industrielle Wachstumsprozesse zu verwenden.

Somit ist auch nicht zwingend davon auszugehen, dass sich die Schwellenländer irgendwann einmal nur dem Niveau der heutigen Industriestaaten annähern bzw. dieses erreichen. Wenn sie ihren Entwicklungsprozess nachhaltig dynamisch gestalten, können diese auch bestehende Industrieländer in ihrer Entwicklung abhängen.

Sozialgeographisch bedeutsam ist in diesem Kontext, dass sich im Entwicklungsprozess von Regionen und Volkswirtschaften die Einkommensunterschiede erheblich verstärken können. Es ist somit eine zentrale Aufgabe der Regierungen hier Maßnahmen des sozialen Ausgleichs zu verankern, ohne dass diese den Entwicklungsprozess als Ganzes behindern.

1.2.8 Entwicklung als pfadabhängiger Prozess

Während die klassische Außenhandelstheorie meist unterstellt, dass die Produktionsfaktoren immobil sind, sich der Handel im Wesentlichen ohne Transportkosten vollzieht und dass die Marktgesetze grundsätzlich wirksam sind, geht man in der Theorie der Neuen Ökonomischen Geographie wie sie vom Nobelpreisträger Paul Krugman (1991) eingeführt wurde, von anderen Grundannahmen aus:

1. Produktionsfaktoren sind zunehmend mobil, was die Analyse von Transportkosten (wieder) notwendig macht, wenngleich diese seit vielen Jahrzehnten drastisch sinken.
2. Es bestehen in der Regel nicht die Bedingungen eines vollkommenen Marktes, was verschiedene Gleichgewichtssituationen auf den Märkten bedingt. Man muss demnach polypolistische, oligopolistische und monopolistische Märkte differenzieren und die Einflüsse der Marktformen genauer spezifizieren (z. B. Auswirkungen von Importsubstitutionspolitik in den *Emerging Markets* Ländern)
3. Die ökonomische Entwicklung eines Landes ist geprägt durch das Vorhandensein oder die Entstehung von Agglomerationen und damit verbundenen Einkommensdivergenzen, welche sich über einen langen Zeitraum weiterhin noch selbst verstärken.

Insbesondere die unterstellte Pfadabhängigkeit von Entwicklungen ist regionalökonomisch und gesamtwirtschaftlich von Bedeutung und zeigt eine gewisse Nähe zur Theorie der Entwicklungspole, wenngleich die Grundannahmen andere sind:

Etablierte Standortgefüge erleben einen sog. lock-in, so dass räumliche Persistenz von Standortballungen die Folge ist. Die Entwicklungspolitische Brisanz ergibt sich aus der Schlussfolgerung, dass eine begrenzte (regionale) Industriepolitik zur Stärkung der regionalen Wettbewerbsfähigkeit beitragen kann, wenn sie Spezialisierungen fördert und dabei an bestehende industrielle Konzentrationen anknüpfen kann. Dies kann ein Beitrag zum Verständnis des Erfolgs von Industrieclustern oder Sonderwirtschaftszonen sein, wenngleich es Gegenbeispiele in der Literatur gibt (Bathelt/Glückler2012, 332)

1.2.9 Standorttheorien

Eine sektorale Betrachtung möchte in erster Linie gewisse Raumgesetzmäßigkeiten aufzeigen. Zu den klassischen Ansätzen zählen vor alle:

– Die Grenzproduktivitätstheorie der Bodennutzung, die ursprünglich Anbaumuster in der Landwirtschaft um einen Absatzmarkt systematisieren wollte (von Thünen), heute aber auch in der Immobilien und Stadtökonomie von Bedeutung sind (Ullman, Harris 1945, Voppel 1990);

–   Die Industriestandorttheorie von Weber und Launhardt mit einer starken Fixie-
    rung auf Kostenaspekte;
–   Die Theorie der Zentralen Orte von Christaller und, welche vor allem für die Ent-
    wicklung von bestimmten Dienstleistungen aus Sicht einer Versorgungssicherheit
    relevant sind;
–   Das Hotelling-Theorem, welches eine andauernde Standortdynamik erklärt, auf-
    grund des Aufkommens neuer Konkurrenten (Stability in Competition).

Diese Konzepte verdeutlichen meist generelle Verhaltensmuster von Marktakteuren,
im Sinne ökonomischer Gesetzmäßigkeiten, die zwar mehr oder weniger große Abweichungen durch die konkrete geographische oder wirtschaftspolitische Situation
haben können, aber gleichwohl die Tendenzen und Kräftewirksamkeiten im Raum
aufzeigen.

Eine Grenzproduktivitätstheorie der Raumnutzung hat bereits Johann Heinrich
von Thünen im Jahre 1826 formuliert.[10] Dabei waren die Verkehrskosten unmittelbar
raumdifferenzierend. Er entwickelte damit ein erstes *„core-periphery"*-Modell, an dem
das Entstehen unterschiedlicher Verdichtung ökonomischer Aktivitäten gezeigt wird
und in dem der Grad der Intensität der Flächennutzung stufenweise abnimmt. Seine
Überlegungen waren primär auf die Landwirtschaft ausgerichtet, haben jedoch mit
der modernen Wirtschaftsraumentwicklung auch generelle Bedeutung für andere
Sektoren.

Die von Thünen analysierte räumliche Ordnung der Landwirtschaft beruht auf
der Annahme, dass Absatzort und Produktionsort in einer kausalen Beziehung zueinanderstehen. Der Marktpreis und die mit der Entfernung zum Absatzort sinkenden
Grundkosten, aber steigenden Transportkosten und sonstigen Aufwendungen, die den
Nettoertrag schmälern, bestimmen die Herstellungsgüter und die Intensität respektive Extensität des Anbaus. Der Zusammenhang zwischen zentral gelegenem Absatzmarkt und Anbaugebieten, zwischen optimaler Nutzungsart (Güterarten) und erziel-
barer Lagerente, verstanden als ein Entgelt für die Vorteile, die sich aus einer
vergleichbar besseren Lage im Marktsystem ergeben, ergibt im Modell der isolierenden Abstraktion, bei der alle anderen Einflussgrößen ceteris paribus gesetzt sind, eine
ringförmige Anordnung der verschiedenen Nutzungssysteme. Diese werden durch
Flächen-, Arbeits-, Kapital- und Verkehrskostenintensität festgelegt. Wenn man die
Verkehrskostenbelastung mit dem Produktionsaufwand und den Roherträgen je
Flächeneinheit kombiniert, erhält man ein geschlossenes System einer von innen
nach außen abnehmenden Gesamtintensität bzw. zunehmender Extensität, um gewinnbringend wirtschaften zu können (variables Verhältnis von Aufwand zu Ertrag).

---

10 von Thünen, Johann H. (1826): Der isolirte Staat in Beziehung auf Landwirtschaft und Nationalökonomie, oder Untersuchungen über den Einfluß, den die Getreidepreise, der Reichthum des Bodens
und die Abgaben auf den Ackerbau ausüben. Hamburg.

Mieten/Bodenpreise

Mieten/Bodenpreise

Marktpreis

Produktionskosten

flächenintensive Nutzungen, z.B. hochzentrale
Dienstleistungen

gemischte Nutzungen, z.B. Wohnen und zentrale
Dienstleistungen, *Reparaturhandwerk*,

Gemischte Nutzung, z.B. Wohnen, Industrie, Intensivlandwirtschaft

Bergbau, Industrie, Landwirtschaft

monetäre und

gefühlte Kosten

der Raumüber-

windung

Lagerente*

A

B

Entfernung vom
Zentrum/ Stadtmitte

Mieten/Bodenpreise

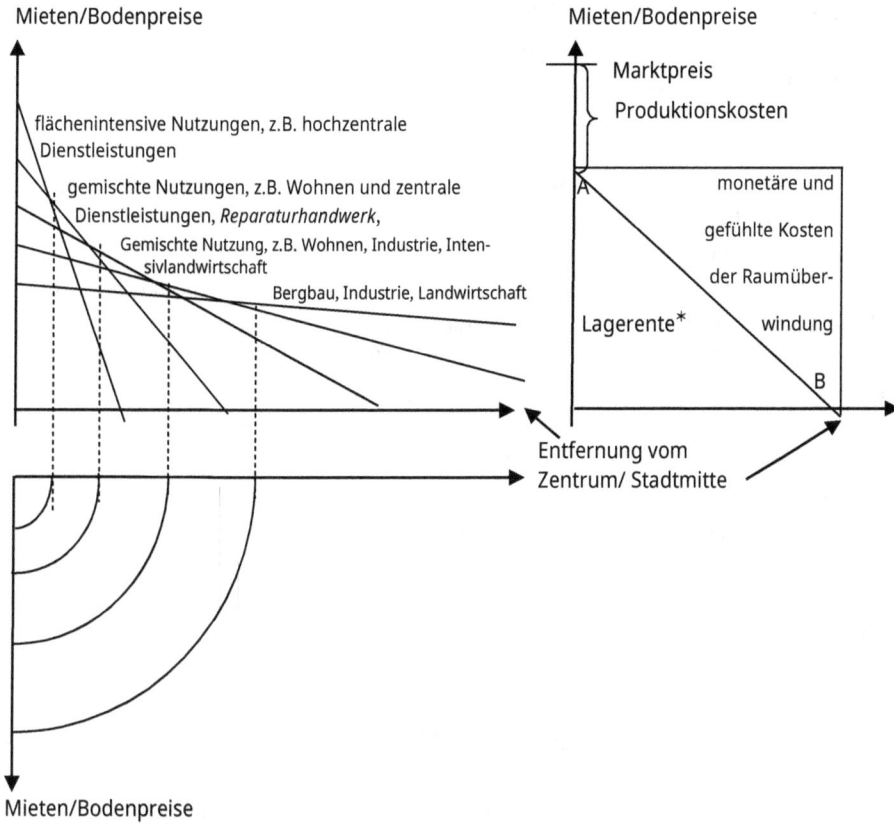

Abb. 7: Das System der räumlichen Ordnung auf makroräumlicher Ebene nach Johan H. von Thünen
Quelle: eigene Darstellung

Von Thünen hat darauf aufbauend eine Reihe von Gesetzen formuliert, die sich jeweils auf das Angebot einer bestimmten Güterart beziehen, wie z. B. Getreide: das Flächenertragsgesetz, wonach bei gleichen Produktionskosten marktnäher der höhere Flächenertrag erzielt wird (z. B. Öko-Getreide), das Produktionsgesetz, wonach bei gleichem Flächenertrag marktnäher mit höheren Kosten produziert wird (intensivere Pflege des Getreides) und das Gesetz der Standortorientierung, wonach sich die Gesamtersparnis an einem Standort aus dem Produkt von Frachteinheiten und Ersparniseinheiten ergibt.

Übertragen auf den Bereich der Dynamisierung von Wirtschaftsaktivitäten bedeutet dies, dass in einem sich entwickelnden Wirtschaftraum ein Zwang zur Intensivierung von ökonomischen Aktivitäten besteht, der zu den Rändern hin abnimmt. Da die Nutzungskonkurrenz im Zentrum groß ist, besteht ein permanenter Veränderungsdruck

- im Sinne einer effizienteren Nutzung der Produktionsfaktoren, der sich im Wettbewerb um die „teure Fläche" des Zentrums zeigt;
- im Sinne von Spezialisierungsvorgängen, Innovations- bzw. Modernisierungsprozessen.

Nach außen hin nimmt dieser Intensivierungsdruck ab. Es kann nach Thünen entweder extensiver in Bezug auf die gleichen Güter gewirtschaftet werden (weniger Einsatz der Produktionsfaktoren Arbeit und Kapital, weil die Bodenkosten geringer sind) oder es werden Güter produziert, die keine Abhängigkeiten der Produktion in Bezug auf die Raumüberwindung (Verkehrskosten) zum Absatzmarkt zeigen (z. B. *Call Center* in Indien). Daraus folgt, dass sich im Entwicklungsprozess nicht alle Wirtschaftsräume eines Landes gleichmäßig industrialisieren oder gleichmäßige Urbanisierungsprozesse aufweisen müssen. Andererseits müssen Wirtschaftsräume mit hohem Verdichtungsgrad eine große Dynamik im Marktgeschehen entwickeln.

Aufbauend auf dem Modell von Thünens wurden differenzierte polarisationstheoretische Konzepte entwickelt, die aber die Entwicklungschancen von Entwicklungs- und Schwellenländern aufgrund von Ungleichheiten eher problematisieren, als sie in einem wirtschaftsgeographisch gesetzmäßigen Kontext zu sehen (vgl. Kapitel 1.7).

Auch die Theorie der regionalen Innovationscluster ist als eine Weiterentwicklung zu sehen. Hierbei wird v. a. die aktive Einflussnahme von Akteuren aus den Bereichen der formellen und informellen Netzbildung aus Finanzwirtschaft, Bildungsinstitutionen und Wirtschaftsförderung in den Mittelpunkt der Betrachtung genommen, die im Zentrum oder in sog. Hightech-Regionen konzentriert anzutreffen sind.[11]

Weil für die Entwicklung von Regionen und Volkswirtschaften der Industrialisierungsprozess von zentraler Bedeutung ist, gilt die Standortausrichtung von Industriebetrieben als ein zentrales Analysefeld der Wirtschaftsgeographie. Für die Industrie ist dabei ein besonderes Merkmal, dass sie stets räumlich konzentriert auftritt und nur selten ganze Wirtschaftsräume füllt. In China sind dies insbesondere die Ostküste und der Süden; in Japan die Küstenregionen und in Indien trifft man die Industrie v. a. in den großen Handelsstädten und Wissenschaftszentren an.

Walter Launhardt und Alfred Weber waren die ersten Wissenschaftler, die im Schrifttum konzeptionell und modellhaft industrielle Standortentscheidungen thematisiert haben (Launhard 1882, 107 ff.; Weber 1909). Nach Weber wird die „zweckmäßigste Lage" eines Industriestandortes in erster Linie von den Transportverhältnissen zwischen den Gewinnungsorten der Roh- und Hilfsstoffe und dem Verwendungsort eines Endproduktes bestimmt. Erst in zweiter Linie werden andere Faktoren standort-

---

11 Grundlegend dazu : Porter, Michael E. (2000): Locations, Clusters and Company Strategy. In: Clark, G.L./Feldman, Paul M./Gertler, M.S. (Hg.): The Oxford Handbook of Economic Geography. New York.

Einflussfaktoren:
1. Materialkosten
2. Transportkosten/Verkehrskosten
3. Arbeitskosten (quantitativ und qualitativ)
4. Agglomerationsvorteile/ Agglomerationsnachteile
5. Absatzmarkt

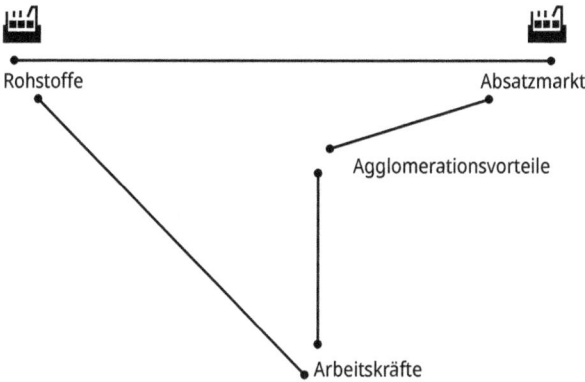

Abb. 8: Grundmodell der Standortwahl von Industriebetrieben nach Alfred Weber
Quelle: eigene Darstellung

differenzierend wirksam, wie zum Beispiel Grundstückspreise und unterschiedliche Lohnniveaus.

Weber führt Produktionskostenunterschiede ebenfalls auf unterschiedliche Materialtransport- beziehungsweise Verkehrskosten zurück. Am Beispiel der Eisen- und Stahlindustrie betrachtet er diese, bei gegebener räumlicher Verteilung der produktionsnotwendigen Rohstoffe sowie Arbeitskosten, als allgemein wirksame standortbestimmende Faktoren. Auch sogenannte Agglomerationsfaktoren können daneben „generell" modifizierend auf die Standortwahl wirken. Dabei werden höhere Verkehrs- und Arbeitskosten so lange in Kauf genommen, wie sich Agglomerationsfaktoren bei der räumlichen Zusammenlegung von Industriebetrieben noch gewinnsteigernd auf die Herstellung eines Gutes auswirken. Auch die Deglomeration – die bewusste Distanznahme von industriebetrieblicher Häufung, wie sie zum Beispiel in innerregionalen Kern-Rand-Verlagerungen zu beobachten ist – ist im Konzept von Weber berücksichtigt.

Die optimale Größe einer industriellen Agglomeration wächst mit steigenden Vorteilen der räumlichen Konzentration bei Produktion und Absatz sowie mit sinkenden Verkehrskosten. Agglomerationseffekte ergeben sich im Zusammenhang mit dem Verkehrsnetz und der sonstigen wirtschaftsnahen Infrastruktur, in Zusammenhang mit Arbeitskräftepotenzialen, dem vergrößerten Absatzmarkt und den gemeinsamen Nutzungsmöglichkeiten von Organisations-, Verwaltungs- und sonstigen Dienstleistungseinrichtungen.

Weber formuliert die drei „generellen Standortsfaktoren" als primäre Orientierungsgründe, die für jeden Industriebetrieb gelten „... und bei denen nur das 'Mehr oder Weniger' ihrer Wirkung auf die verschiedenen Industrien in Frage steht (,) und die Art, in der sie ihre allgemeine Wirkung üben ...". Daneben existieren „spezielle Standortsfaktoren". „... sie gehen in Praxis nur in diese oder jene Industrie, diese oder jene Gruppe von Industrien an, für die nach der besonderen Natur der Produktion derartiges von Bedeutung ist ..." (a.a.O. 1909, 18)˙

Eine modernere Sichtweise definiert aufbauend auf Weber folgende Außenbeziehungen für die Standortdisposition von Industriebetrieben:

I. die Qualität der Güterverkehrserschließung, die die Kapazitäten der Wege und Mittel der Verkehrssysteme und deren Erreichbarkeit umfasst;

II. die quantitativen und qualitativen Bedingungen des lokalen oder regionalen Arbeitsmarktes sowie die Arbeitskosten;

III. die Möglichkeiten zur Beschaffung von Rohstoffen, Halbfabrikaten, Vorprodukten auf regionalen und überregionalen Märkten;

IV. die Möglichkeiten zur Energie- und Wasserversorgung sowie die möglichen Belastungen der Räume durch betriebliche Emissionen;

V. die Entfernung der Absatzmärkte für ihre Erzeugnisse, einschließlich der wirtschaftspolitischen Erreichbarkeit;

VI. die Möglichkeiten zum Abtransport nicht verwertbaren Materials und von Hilfs- und Betriebsstoffen, die sogenannte Entsorgung, einschließlich der hierfür geeigneten Transportsysteme;

VII. die (räumlichen) Auswirkungen von rechtlichen und wirtschaftspolitischen Rahmenbedingungen einschließlich steuerlicher Belastungen;

VIII. die Verfügbarkeit von betriebsnotwendigen Informationen beziehungsweise dispositiven Tätigkeiten, vor allem durch unternehmungsbezogene Dienstleistungen, durch moderne Telekommunikationssysteme;

IX. die Sicherstellung von Substitutionsprozessen infolge von F&E respektive dem marktmäßigen Zugang von Innovationen (Kapital und Humankapital ersetzt in Abhängigkeit von den Effizienzgrößen und Kostenstrukturen in einer Volkswirtschaft den Produktionsfaktor Arbeit in der unmittelbaren Produktion).[12]

Diese Ausrichtung besteht grundsätzlich in allen Volkswirtschaften. Die Differenzierungen zwischen Industrie- bzw. Entwicklungs- und Schwellenländern beziehen sich auf die Kostenvorteile und Wirtschaftsgeographiefaktoren wie z. B. die Lage.

Das Angebot an Gütern umfasst neben Waren vor allem Dienstleistungen, wozu auch der Transport gezählt wird. Aufgrund der großen Bedeutung der Distribution bei der Vermarktung von Dienstleistungen (z. B. in Südasien) konzentrieren sich ver

---

12 Die räumlichen Beziehungen sind weitgehehend international ähnlich für alle Industriebetriebe relevant. Echte sog. footlose industries, also standortungebundene Industrien gibt es nicht.

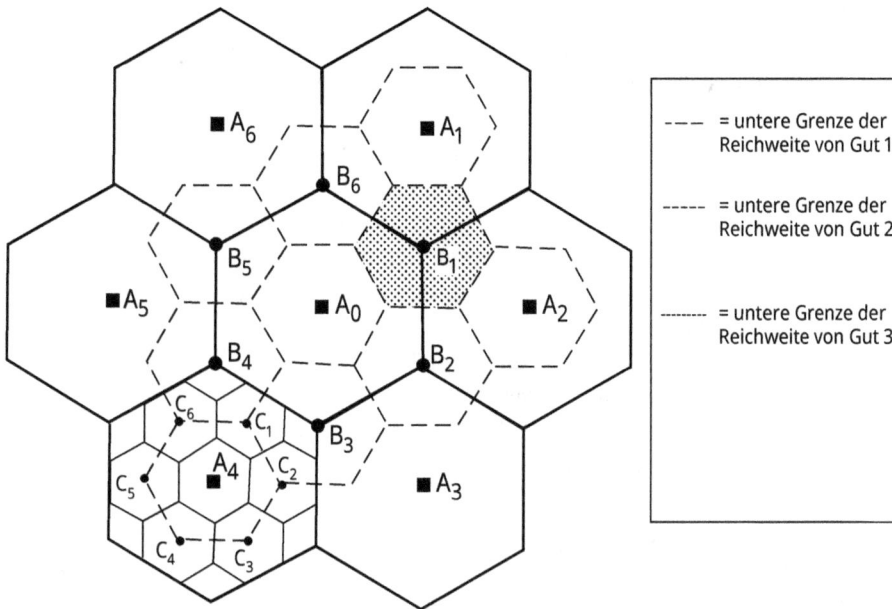

Abb. 9: Das System der Zentralen Orte in Anlehnung an Walter Christaller

Modell: Im Versorgungssystem (k = 3) gilt: 1 A-Standort versorgt 2 B-Standorte 6 C- Standorte etc. Die B-Standorte liegen an den Berührungspunkten der angrenzenden Marktgebiete von A-Standorten. Die Wahrscheinlichkeit, dass ein Nachfrager aus einem B-Standort Dienstleistungen (Güter) der höchsten Zentralität in einem bestimmten A-Standort bezieht, beträgt 1/3. Da aber jeder A-Standort von sechs an den Ecken seines hexagonalen Marktgebietes liegenden B-Standorten umgeben ist, können jeweils zwei B-Standorte einem A-Standort zugeordnet werden (6 x 1/3 = 2). Dass 6 C-Standorte innerhalb des Marktgebietes eines A-Zentrums liegen, lässt sich unmittelbar der Abb. entnehmen.

Quelle: Christaller, Walter (1933): Die zentralen Orte in Süddeutschland. Eine ökonomisch-geographische Untersuchung über die Gesetzmäßigkeit der Verbreitung und Entwicklung der Siedlungen mit städtischer Funktion, Jena; Bearbeitung W. Halver

schiedene Theorieansätze darauf, die räumliche Verteilung der Angebotsbereitstellung durch die Größe von Marktgebieten und deren Wettbewerbsgefüge zu erklären.

Walter Christaller stellte erstmals empirisch fest, dass sich Absatzstrukturen hierarchisch im Wirtschaftsraum gliedern. Dies gilt auf unterschiedlichen Betrachtungsebenen, im lokalen, regionalen, landesweiten und teilweise auch im globalen Maßstab. Er entwickelte daraus ein Modell mit ähnlich restriktiven Annahmen, wie von Thünen dies über 100 Jahre vor ihm getan hat. Dazu zählen hauptsächlich,

- die unterstellte Mobilitätsbereitschaft der Nachfrager,
- eine physisch-geographische Grundausstattung ohne größere Besonderheiten (z. B. Gebirgsbarrieren),
- linear ansteigende Verkehrskosten (Transportkosten) und
- die in etwa gleichverteilte Bevölkerung im Raum.

Christaller leitet aus seinen Beobachtungen das Modell der Zentralen Orte ab. In solchen werden Dienstleistungen erbracht, deren Reichweite über den örtlichen Rahmen hinausgehen bzw. jenseits der örtlichen Grenzen nachgefragt werden. Die Angebotsorte haben somit einen Bedeutungsüberschuss für ein mehr oder weniger großes Umland und werden deshalb als zentrale Orte bezeichnet.

Eine zentrale Dienstleistung wird nur dann von Nachfragern aus dem Umland in Anspruch genommen, wenn dort ein Angebotsdefizit oder ein Nachfrageüberschuss besteht. Diese entstehen vor Ort dann, wenn sich unter Markt- bzw. Wettbewerbsbedingungen kein lokales Angebot bilden kann, weil entweder die Kaufkraft oder die Bevölkerung zu gering sind.

Die Häufigkeit der Nachfrage und zum Teil auch der Wert des nachgefragten Gutes oder Dienstes legen die äußere Grenze des Angebots fest, jenseits derer die Nachfrage erlischt. Durch die, zur Existenzsicherung der anbietenden Unternehmen und der erreichbaren Konsumenten, notwendige Zahl wird die äußere Grenze des Angebotes bestimmt.

Christaller grenzte die Hierarchie der zentralen Orte und Funktionen zueinander nach sog. Fristigkeitsstufen respektive der Häufigkeit ihrer Inanspruchnahme ab. Abbildung 11 zeigt die Sechsecke, welche ranghöhere Zentrale Orte einer bestimmten Anzahl an rangniedrigeren Orten zuweist. Für das sog. Versorgungssystem gilt ein dreistufiges n-System (1–3–9–27–81 usw.).

Güter, die regelmäßig nachgefragt werden, müssen vergleichsweise häufig im Raumsystem angeboten werden („Güter des täglichen Bedarfs"), wohingegen das spezialisierte Angebot seltener in Anspruch genommen wird und entsprechend auch weniger häufig im Raum vorkommt („Güter des periodischen Bedarfs" und „Güter des episodischen Bedarfs").

Das Modell von Christaller dominiert die räumliche Planung in vielen Ländern der Erde, insbesondere in Europa, Nordamerika, Japan und jüngst auch in China und Indien. Die Planung weist den Zentren einer bestimmten Hierarchiestufe, z. B. Oberzentren (A-Zentrum), Mittelzentren (B-Zentrum) und Unterzentren (C-Zentrum), jeweils typische Ausstattungsmerkmale zu, die primär das Angebot an (öffentlichen) Dienstleistungen, also auch die Ausstattung mit Einrichtungen der Daseinsvorsorge, betreffen. Die räumliche Verteilung von öffentlichen Dienstleistungen verschiedener Qualitätsstufen aus den Bereichen Ausbildung, Kultur, religiöse Einrichtungen, medizinische Versorgung, Administration und sog. Einrichtungen für Freizeit- und Erholung, legt zwar nicht der Markt, sondern meist der Staat in Form der verschiedenen Gebietskörperschaften fest, er richtet sich aber häufig an den oben beschriebenen Gesetzmäßigkeiten aus. Oft werden privatwirtschaftliche Investitionsvorhaben nur dann genehmigt, wenn sie dem zentralörtlichen Rang einer Gemeinde entsprechen.

Die Zentralitätstheorie ist ein Baustein zum Verständnis von speziellen Entwicklungsprozessen von Versorgungssystemen in sich entwickelnden Ländern. Die hierarchischen Systeme sind dabei nicht festgelegt. Zentralörtliche Strukturen verändern sich mit den Marktprozessen von Preisbildung und Wettbewerb. So ist z. B. eine Verschiebung von bestehenden Strukturen in China mit der gelenkten Wirtschaftsentwicklung im Landesinneren oder im Westen des Landes zu erwarten. In Indien ist z. B. die Veränderung der Zentralität des Wirtschaftsraumes Kalkutta in Folge des Verlustes des Hinterlandes zu nennen. Das heutige Bangladesch wurde infolge der Unabhängigkeit 1947 abgespalten (zunächst Ostpakistan). Es stellt vormals den östlichen Teil der historischen Region Bengalen dar. Heute sind die funktionsräumlichen Beziehungen durch die Aufspaltung des Landes gegenüber der Zeit der Kolonialherrschaft völlig verändert, was zu großen Wirtschaftsproblemen für Kalkutta geführt hat.

Das sog. Hotelling-Theorem (1929) ist ein dyopolistisches Preismodell, in dem zwei (oder mehrere) Anbieter eine autonome Preisstrategie betreiben. Untersucht wurde die Frage, wo sich ein Unternehmen in Abhängigkeit von der Kundschaft sinnvollerweise ansiedeln sollte. Angenommen, ein räumlich eng begrenztes Marktgebiet besteht aus einem langen Badestrand, auf dem sich eine bestimmte Anzahl Sonnenanbeter gleichmäßig verteilen. Diese fragen nun – und zwar in der Modellwelt ohne große Rücksicht auf den Preis – regelmäßig Eiscreme nach. Annahmegemäß gibt es im Modell zwei Eisverkäufer, die zu gleichen Kosten eine gleichartige Eiscreme produzieren. Wo nun stellen sich die Verkäufer am sinnvollsten entlang des Strandes auf, wenn die Kunden wenigstens möglichst wenig laufen möchten? Angenommen, an einem Strand von 100 m Länge gibt es genau zwei Eisverkäufer mit je einem mobilen Eisverkaufsstand, der aber nur längs der Uferpromenade bewegt werden kann. Der Strand ist gleichmäßig mit Badegästen gefüllt. Beide Eisverkäufer bieten das gleiche Eis zum gleichen Preis an. Die beiden Eisverkäufer wären optimal positioniert, wenn sie gleich große Einzugsgebiete hätten und so möglichst jeden Strandgast bedienten. Nun kommt beim linken Eisverkäufer der Gedanke auf, sein Marktgebiet zu vergrößern und er bewegt sich (ausgehend von 25 Metern) langsam Richtung Mitte (= 50 Meter); sein neues Marktgebiet ist nun nicht mehr 50, sondern 55 Meter lang. Der rechte Eisverkäufer wird dem Treiben seines Konkurrenten nicht lange zusehen und versucht seinerseits, das Marktgebiet in Richtung Mitte zu erweitern. Es ergibt sich nun durch die Ballung (Agglomeration) eine suboptimale Situation:
- Für die Badegäste, die sich ganz am Rand des Strands befinden, ist der Weg zu den Eisverkäufern nun zu weit. Obwohl sie ein Eis kaufen wollen, werden sie sich keines kaufen, wenn sie dafür so weit durch den heißen Sand laufen müssen.
- Beide Eisverkäufer machen letztlich weniger Umsatz als vorher.

Da die Situation am Anfang, sowohl für die Eisverkäufer als auch für die Badegäste besser war, wird sich langfristig wieder das alte Gleichgewicht einpendeln. Dann ergibt sich ein „Abschreckungsgleichgewicht" mit symmetrischem Abstand von der Mitte. Auch führt das Wegekosten minimierende Zusammenrücken in der Mitte rasch dazu, dass sich die beiden Eisverkäufer auf andere Weise Konkurrenz machen, etwa durch Preis, Qualität und Service.

Die letztgenannte Reaktion der Eisverkäufer ist nicht zwingend. Harold Hotelling befand, der beste Platz für den zweiten Eisverkäufer sei dauerhaft direkt neben dem

0 Meter 50 Meter 100 Meter

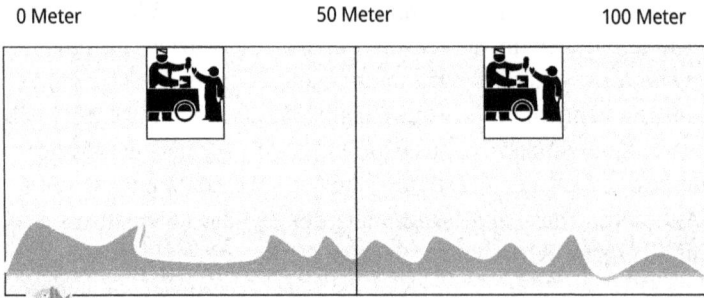

Situation: Beide Eisverkäufer befinden sich jeweils in der Mitte ihrer Hälften

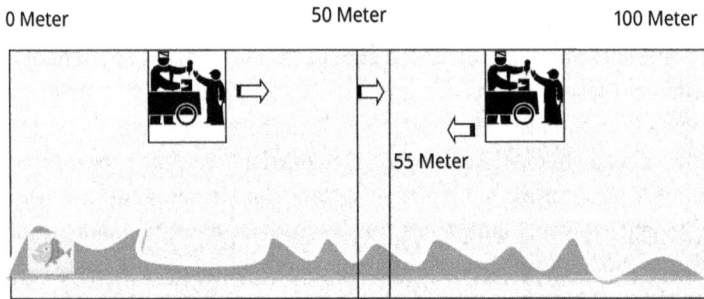

0 Meter 50 Meter 100 Meter

55 Meter

Aktion: Der linke Eisverkäufer wandert nach rechts, als Reaktion darauf wandert der rechte Eisverkäufer nach links

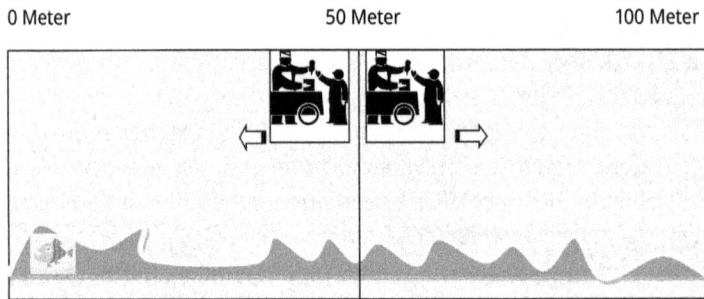

0 Meter 50 Meter 100 Meter

Abb. 10: Das Hotelling-Modell (Eisverkäufermodell)

ersten. Denn dort könne er die Hälfte der Kunden abwerben und vor allem verhindert er die „Rachereaktion" des anderen, was Anpassungsprozesse erspart. Vielmehr ist an jeder anderen Stelle der Marktanteil des einzelnen von vornherein kleiner. Eine Strategie, die sich vielerorts durchsetzte, wenn es z. B. zu einer Agglomeration von Freizeitaktivitäten kommt, die ihrerseits eine größere Zentralität besitzen als isolierte Standorte. Dann entstehen Agglomerationsvorteile aus der Zunahme des Bedeutungsüberschusses. Dies erklärt u. a., dass Freizeitparks bis zu einer bestimmten Größe wachsen müssen, um neue Marktpotentiale zu erschließen oder ihren Einzugsbereich zu vergrößern. In dem oben genannten mikroökonomischen Eisverkäufermodell wird genau dieser Aspekt ausgeblendet, da der Absatzraum insgesamt als gegeben und nicht erweiterbar unterstellt wird. Verändern beide durch die Annäherung nicht ihr Geschäftsmodell oder erzielen aus unbekannten Gründen keine Skalenerträge aus einer Marktvergrößerung oder Spezialisierung, wird sich nach und nach wieder die alte Situation einstellen.

Bei Konkurrenz werden zunächst beide Eisverkäufer sehr nah in der Mitte verkaufen bevor sie langsam die Ausgangssituation wieder herstellen.

Kontrollfragen

A. Welche Bedeutung können Modelle und theoretische Konzepte haben im Rahmen praktischer Entwicklungspolitik?
B. Bestimmen Sie zentrale Unterschiede und Gemeinsamkeiten von den angeführten Entwicklungskonzepten für Volkswirtschaften.
C. Warum werden der internationale Handel, die wechselseitigen Direktinvestitionstätigkeiten sowie die Arbeitsmigration als Elemente des Globalisierungsprozesses beziehungsweise der internationalen Arbeitsteilung bezeichnet?
D. Welche Bedeutung haben die sog. Standorttheorien im Kontext der Entwicklung von Wirtschaftsräumen und Volkswirtschaften?
E. Welche Entwicklungen des Globalisierungsprozesses können als Chancen und welche als Risiken bezeichnet werden.

1.3 Wirtschaftsordnungen und Institutionen

In diesem Kapitel erhalten Sie ...
– Eine Übersicht zum wirtschaftlichen Denken und Handeln in Ordnungsstrukturen (Ordnungspolitik);
– Eine Gegenüberstellung von Merkmalen wirtschaftlichen Handelns in Zentralverwaltungswirtschaften und regulierter Marktwirtschaft (insb. das Konzept der Sozialen Marktwirtschaft);
– Einen Einblick in die verschiedenen Konzepte der Institutionenökonomik.
– Eine Auswahl von zentralen Handlungsfeldern der Welthandelsorganisation (WTO) als ein zentrales Regelwerk der internationalen Arbeitsteilung.
– Die Entwicklung eines Systems zur Beschränkung und Regulierung von Protektion zu verstehen.
– Die Strukturen des GATT und der WTO zu erfassen.
– GATT und der WTO als zentrale Regelsysteme der internationalen Zusammenarbeit von Volkswirtschaften einzuordnen.

1.3.1 Marktwirtschaft versus Zentralverwaltungswirtschaft

Die Wirtschaftsordnung eines Landes, manchmal auch als Wirtschaftsverfassung bezeichnet, umfasst die zentralen ökonomischen Rahmenbedingungen für eine Volkswirtschaft. Sie regelt,
– wie Interaktionen auf den privaten Güter- und Faktormärkten Märkten stattfinden sowie
– welchen Umfang und Stellenwert staatlich motivierte ökonomische Aktivitäten haben sollten.

Dabei spielen politisch-ideologische Grundüberzeugungen bei der Entscheidung für oder gegen eine Wirtschaftsordnung eine große Rolle. Sie ist meist auf viele Jahrzehnte hin angelegt.

Manchmal werden als Entscheidungsalternativen nur zwei Arten von Wirtschaftsordnungen unterstellt:
– die Marktwirtschaft und
– die Zentralverwaltungswirtschaft (Planwirtschaft).

Weder die eine noch die andere Wirtschaftsordnung hat je in einer Ideal- oder Reinform in irgendeinem Land der Erde bestanden. Gemeint ist, dass ein Land sich entweder
– eher dezentral organisierten marktwirtschaftlichen oder
– eher zentralorganisierten planwirtschaftlichen Prinzipien zuwendet.

In der Realität des Sozialismus hat es immer Bereiche gegeben, die marktwirtschaftlich organisiert waren, auch wenn die Herrschenden offiziell darüber nicht gerne sprachen. Aber auch eine vollkommen unregulierte Marktwirtschaft hat es nie gege-

https://doi.org/10.1515/9783110790245-003

ben. Selbst im sogenannten Manchester-Kapitalismus, der gerne mit einem Laissez-faire Liberalismus gleichgesetzt wird, hat es definierte Aufgaben des Staates gegeben sowie Regeln für das Funktionieren der Märkte. Allerdings haben die zuständigen Institutionen häufig versagt (vgl. Kap. 1.3.5. sowie 1.3.6.). Auch die Zuordnung der USA als ein Land mit einer „freien Marktwirtschaft", was bis heute an vielen Schulen unterrichtet wird, ist wissenschaftlich nicht haltbar.

Im Ergebnis sind heute alle Marktwirtschaften sogenannte
– regulierte Marktwirtschaft.

Sie unterscheiden sich in der Art,
– welche Bereiche reguliert sind und
– in welchem Umfang sie reguliert sind.

Entsprechend ist der Begriff des Marktversagens, der eigentlich klar definiert ist, sehr unterschiedlich in der Verwendung. Mit dem Aufkommen der so genannten Public Choice Theory mit seinen wichtigen Vertretern James Buchanan und Gordon Tullock (1962) wird auch der Begriff des Staatsversagens differenziert analysiert.

Einer der erfolgreichsten regulierten Marktwirtschaften auf der Erde, ist das nach dem Zweiten Weltkrieg in Deutschland eingeführte Modell der sozialen Marktwirtschaft, dass anfangs durchaus umstritten war. 1945 hatte Deutschland (das Deutsche Reich) bereits Erfahrung gesammelt gehabt mit sehr liberalen Regeln des Marktes (vor allen Dingen in der zweiten Hälfte des 19. Jahrhunderts) und dann mit der Machtergreifung der Nationalsozialisten mit der Einführung planwirtschaftliche Prinzipien, wie zum Beispiel Preisfestsetzungen, der Einführung von Zwangsarbeit, der Abschaffung von unabhängigen Gewerkschaften und natürlich einer Unterordnung der Zentralbank für die Belange beim Aufbau eines totalitären Staates.

Ein radikaler Wechsel von einer Wirtschaftsordnung zu einer anderen, ist meist mit erheblichen Veränderungen für die Marktteilnehmer, einschließlich des Staates verbunden. Einer solche Veränderung der Wirtschaftsordnung folgt ein Transformationsprozess. Anfang der neunziger Jahre des 20. Jahrhunderts haben sich die meisten Staaten, die zuvor eine Zentralverwaltungswirtschaft hatten, für eine Marktwirtschaft als Wirtschaftsordnung ausgesprochen. Einige Staaten Lateinamerikas haben seit den 2. Weltkrieg teilweise mehrfach ihre Wirtschaftsordnung gewechselt.

Das internationale Interesse am Funktionieren der sozialen Marktwirtschaft war bei den Transformationsstaaten des Ostblocks wie auch in Ostasien in den neunziger Jahren 20. Jahrhunderts, teilweise auch noch im 21. Jahrhundert, groß. Im angelsächsischen Raum hingegen hatte die soziale Marktwirtschaft im Schrifttum bis vor einigen Jahren nur eine vergleichsweise geringe Aufnahme erlebt. Das hatte damit zu tun, dass man davon ausging, dass das Erstarken der deutschen Wirtschaft nach dem Zweiten Weltkrieg vor allem etwas mit dem Marshallplan der USA zu tun hatte und nachfolgend der Unterstützung Deutschlands durch seine westlichen Alliierten im

Kampf gegen den Sozialismus als Grenzgebiet, das ein ökonomisches Bollwerk gegen den Feind im Osten darstellen sollte. Man erkennt an dieser Vorstellung, dass geopolitische Vorstellungen und ökonomische Entwicklung in Europa auch in der 2. Hälfte des 20. Jahrhunderts eng miteinander verbunden waren.

In den USA, wie auch in Großbritannien, wurden und werden Regulierung des Marktes bei einem Teil der politischen Eliten, stets sehr kritisch gesehen, wenngleich sie natürlich existieren. Einzelne Staaten der USA, z. B. Kalifornien, regulieren Teile der Wirtschaft viel stärker, als die Bundesrepublik Deutschland es tut. Vereinzelt gibt es allerdings jüngst auch in den USA wissenschaftliches Interesse an dem Konzept (Ordoliberalismus), welches grundsätzlich

– die Ordnungspolitik (Gestaltung aller Institutionen, Gesetze, Regeln und Handlungen, die es ermöglichen, die Wirtschaft nach den Prinzipien von Markt und Wettbewerb zu organisieren und gleichzeitig für sozialen Ausgleich zu sorgen) über
– die Prozesspolitik (Wirtschaftspolitik, bei welcher der Staat die Wirtschaftsprozesse direkt und schnell beeinflusst, um den Wirtschaftsablauf zu stabilisieren, oder das gesamtwirtschaftliche Wachstum zu fördern oder soziale Verwerfungen ad hoc zu korrigieren) stellt,

ohne diese aber nicht zeitweilig für nötig zu halten. Ordnungspolitik und Prozesspolitik sind somit zwei Seiten derselben Medaille, wenngleich die Ordnungspolitik im Zentrum stehen sollte.

Die wissenschaftlichen Grundlagen wurden an den Universitäten von Freiburg und Köln vor allen Dingen vor dem Hintergrund des Scheiterns der Wirtschaftspolitik am Anfang des 20. und seit der Mitte des 19. Jahrhunderts (bis zur sog. Gründerkrise) formuliert. Neben Wilhelm Röpke und Alfred Müller-Armack war es vor allen Dingen Walter Eucken, der die soziale Marktwirtschaft geprägt hat, ohne den Namen dafür zu verwenden. Dieser entstand erst nach dem zweiten Weltkrieg durch die Verwendung des Begriffs vom hohen Beauftragten für die wirtschaftliche Entwicklung in Deutschland, Ludwig Erhard, dem späteren Wirtschaftsminister und Bundeskanzler.

Dass das Konzept von Walter Euckens hier ausführlicher gewürdigt wird, hat mit universellem und zeitlosem Charakter zu tun, auch wenn erwähnt werden muss, dass einige Wissenschaftler in der Gegenwart wie auch Medienvertreter das Konzept für überaltert halten, um zum Beispiel

– neuen Herausforderung durch den Klimawandel,
– geopolitische Verwerfungen und vor allen Dingen
– den schnellen, technologischen Veränderungen durch die Digital Technik
gerecht zu werden.

Kritiker fordern, dass heute ein schnelles und vor allem permanentes Eingreifen der Wirtschaftspolitik in den Markt im Mittelpunkt stehen müsste, um die ökonomischen Probleme der Gegenwart zu bewältigen, z. B. in Form von sog. Industriepolitik. Letztlich ist eine solche Forderung leicht verständlich, weil im politischen Raum – so der

Wunsch vieler Wähler und Medien – schnelle Entscheidungen getroffen werden sollen. Das ansonsten viel gepriesene Konzept der Nachhaltigkeit (welches der Ordnungspolitik implizit ist) wird hier gerne einmal außen vorgelassen.

1.3.2 Die soziale Marktwirtschaft als Wirtschaftsordnung

Als Ergebnis der politischen Auseinandersetzung der Parteien und der Alliierten über die wirtschaftliche Zukunft Deutschlands entstand nach 1948 eine neue Wirtschaftsordnung, die soziale Marktwirtschaft, die v. a. auf den Prinzipien ordoliberalen Denkens und der christlichen Soziallehre beruhen sollte. Das Hauptziel der sozialen Marktwirtschaft besteht darin, das „Prinzip der Freiheit auf dem Markte mit dem des sozialen Ausgleichs zu verbinden."

Der Ordoliberalismus zielt im Wesentlichen auf die Umsetzung der individuellen Freiheit in einer Marktwirtschaft mit vollständiger Konkurrenz und funktionierendem Preismechanismus ab. Sind diese Bedingungen gegeben, so entspricht das Marktergebnis einer leistungsgerechten Einkommensverteilung. Bei entsprechender Geldordnung kann so im Normalfall auch ein hoher Beschäftigungsgrad gesichert werden. Die Aufstellung und Kontrolle einer Wettbewerbsordnung ist im Gedankengebäude der Ordoliberalen originäre Staatsaufgabe. Das ordoliberale Konzept weist dem Staat die Aufgabe zu, die wirtschaftliche Ordnung aktiv zu gestalten. Dies setzt einen einflussreichen Staat voraus, da anzunehmen ist, dass eine Ordnung,
– die auf Beseitigung von Privilegien,
– Beschneidung privater Macht und
– Eindämmung von Verbandseinfluss

bedacht ist, mit erheblichem Widerstand zu rechnen hat. Gefordert wird ferner eine aktive staatliche Einflussnahme, die volkswirtschaftliche Konsequenzen betrieblicher oder individueller Entscheidungen korrigieren will, solange sie das grundlegende Ordnungsprinzip, mit einem sich frei einpendelnden Preisbildungsprozess, nicht dauerhaft außer Kraft setzt, wie dies leider z. B. heute mit der Dauersubventionierung von immer mehr Wirtschaftsbranchen geschieht.

Walter Eucken hat den ordoliberalen Freiheitsgedanken für eine marktwirtschaftliche Ordnung im Sinne des Ansatzes einer regulierten Marktwirtschaft verwendet. 1952 formulierte er Prinzipien der marktwirtschaftlichen Ordnung, die bis heute das theoretische Gerüst der sozialen Marktwirtschaft darstellen.

Diese Prinzipien sind die Grundlage für die Wirtschaftspolitik, insbesondere die rahmengebende Ordnungspolitik (v. a. die sog. konstitutiven Prinzipien) sowie für interventionistische Maßnahmen, z. B. im Sinne einer Prozesspolitik bei konjunkturellen oder branchenspezifischen Krisen (v. a. die regulierenden Prinzipien).

Die Prinzipien sollen bei allen Entscheidungen in der Wirtschaftspolitik die Akteure zu einem

- regelgebundenen Handeln

anhalten. Sie schaffen
- Anreize für das Verhalten aller Marktteilnehmer,
- setzen ihnen aber auch Grenzen.

Sie stecken zudem aber auch den Rahmen für wirtschaftspolitische Entscheidungsträger ab. Das heißt, dass die Wirtschaftspolitik Grenzen staatlicher Einflussnahme berücksichtigen muss und insbesondere den Preis- und Wettbewerbsmechanismus des Marktes nicht durch unbedachte Interventionen stören darf.

Prinzipien der sozialen Marktwirtschaft
(in Anlehnung an W. EUCKEN)

Konstitutive Prinzipien

- private Eigentums- und Verfügungsrechte
- Geldwertstabilität
- freie Preisbildung
- Gewerbe- und Vertragsfreiheit
- Kompetenz und Haftung
- Konstanz in der Wirtschaftspolitik

Regulierende Prinzipien

- staatliche Monopolkontrolle
- staatliche Umverteilungspolitik
- staatlicher Schutz
- Mindestlöhne (bei antikonjunkturellem Verhalten des Arbeitsangebots)

Abb. 11: Konstitutive und regulierende Prinzipien

Konstitutive Prinzipen sind:[13]

1. Die privaten Eigentums- und Verfügungsrechte (*property rights*)
Zum einen geht es dabei um die generelle Absicherung der privaten Eigentumsrechte der Haushalte gegenüber anderen Individuen und gegenüber dem Staat. Zum anderen müssen die Eigentumsfragen hinsichtlich der Produktionsfaktoren geklärt sein, damit Unternehmen ihre Arbeit aufnehmen können. Dies betrifft auch das geistige Eigentum (z. B. Erfindungen) sowie die Übertragbarkeit von Eigentumsrechten.

Für das Funktionieren einer Marktwirtschaft ist aber neben der verlässlichen und dauerhaften Zuordnung der Eigentumsrechte auch die Freiheit ihrer Verwen-

---

13 Auflistung in Anlehnung an Donges, Freytag (2012). Vergleiche dort die ausführlichen Erläuterungen.

dung entscheidend. Echtes Privateigentum besteht nur dann, wenn Verfügungs- und Nutzungsrechte zusammenfallen.

Der Staat kann und muss selbstverständlich auch die Eigentumsansprüche für Güter, die er selbst herstellt und anbietet, klar definieren und private Anbieter dann von der Produktion ausschließen. Private Eigentumsrechte gelten aber trotz eindeutiger Zuordnung nicht unbegrenzt. Der Staat hat dabei die Aufgabe, die Grenzen bzw. den Vorrang von Eigentumsrechten festzulegen. Dort, wo sie Eigentumsrechte Dritter berühren, entsteht Rivalität im Konsum. Der Bau eines Kohlekraftwerks neben einer Freizeitanlage mindert den Wert der Freizeitanlage, da das Kraftwerk Lärm und Abgase verursacht. Durch die Genehmigungsverfahren legt der Staat fest, welche Eigentumsrechte Vorrang haben.

Schließlich hat der Staat über die Sozialbindung des Eigentums zu befinden. Er entscheidet, ob und wie lange Ressourcen, deren Nutzung von gesamtgesellschaftlicher Bedeutung ist, brach liegen dürfen. In Deutschland kann deshalb z. B. ein Grundstückseigentümer verpflichtet werden, sein Grundstück zu bebauen, wenn der Eigentümer dieses über längere Zeit ungenutzt lässt. Natürlich stehen dem Eigentümer dann die Erträge aus Verkauf oder Vermietung des errichteten Gebäudes zu.

2. Geldwertstabilität
Für Eucken stellt sie eine zentrale Voraussetzung für das Funktionieren einer regulierten Marktwirtschaft dar. Neben den elementaren Funktionen (siehe unten) muss Geld zum Ausdruck bringen, dass ein Land beständig in der Lage ist, die im Umlauf befindliche Geldmenge so gut wie möglich mit dem Güterangebot der Wirtschaft zu synchronisieren. Dazu muss Geld knappgehalten und ferner die Notenpresse nicht zum Zweck des Ausgleichs von Haushaltsdefiziten genutzt werden.

3. Freie Preisbildung (im Wettbewerb)
Ziel ist dabei in erster Linie, dass die Produktionsfaktoren (Arbeit, Boden, Kapital und Humankapital) in die gesamtwirtschaftlich produktivste Verwendung gelenkt werden (sog. effizienter Ressourceneinsatz). Zudem sollen die vier Funktionen eines am Markt entstehenden Preises (Gleichgewichtspreis) wo immer möglich zum Tragen kommen.

4. Gewerbe- und Vertragsfreiheit
Diese umfasst v. a. den freien Marktzutritt (auch aus dem Ausland) sowie den freien Marktaustritt. Nur dann kann der Wettbewerb seine wohlfahrtssteigernden Funktionen erfüllen: Kostenkontrollfunktion, Stabilisierungsfunktion, Förderung des Strukturwandels, spontane Kontrolle privater wirtschaftlicher Macht.

5. Kompetenz und Haftung
Dieses Prinzip soll sicherstellen, dass der Gewinn aus einer ökonomischen Aktivität auch demjenigen zufällt, der die Leistung hierfür erbracht hat. Den Misserfolg (Verlust) muss ebenfalls derjenige tragen, der ihn verursacht hat; zumindest in zumutbarem Umfang.

6. Konstanz in der Wirtschaftspolitik

Der Staat hat Informationen über sein künftiges Handeln und sollte diese allen Marktteilnehmern zugänglich machen. Dabei muss die Wirtschaftspolitik umfassend und langfristig angelegt sein. Umfassend meint, dass die einzelnen Politikbereiche widerspruchsfrei aufeinander abgestimmt sein sollen (z. B. Ziele der Arbeitsmarktpolitik dürfen nicht der Zielsetzung der Finanzpolitik widersprechen). Langfristige Orientierung heißt, dass bei gegenwärtigen Maßnahmen stets deren Vereinbarkeit mit Erfordernissen der Zukunft mitbedacht wird (z. B. Einführung des Generationenvertrags bei absehbaren demographischen Problemen).

Auch bei Befolgung der konstitutiven Prinzipien einer marktwirtschaftlichen Ordnung ist die Notwendigkeit, regulierend in das Marktgeschehen einzugreifen, nicht von der Hand zu weisen. Dies sollte allerdings unter Berücksichtigung der nachfolgenden, sog. regulierenden Prinzipien geschehen:

1. Staatliche Monopolkontrolle

Monopole führen immer zu höheren Preisen und schlechterer Qualität für die Verbraucher als ein Angebot unter den Bedingungen vollständiger Konkurrenz und funktionierendem Wettbewerb. Der Staat hat die Aufgabe, darüber zu wachen, dass Situationen wie diese, wo immer möglich, verhindert werden oder zumindest zeitlich begrenzt bleiben, bis eine Wettbewerbssituation wieder möglich ist.

2. Staatliche Umverteilungspolitik

Für Menschen, die nicht am wirtschaftlichen Leistungsprozess teilnehmen können und somit nicht in der Lage sind für sich selbst zu sorgen, muss der Staat sozialpolitisch intervenieren. Dabei geht es um das Gleichgewicht zwischen Solidarprinzip (kollektive Vorsorge) und Subsidiaritätsprinzip (individuelle Eigenvorsorge). Beides muss so aufeinander abgestimmt sein, dass der Sozialstaat zum einen ökonomisch möglichst kostengünstig ist, zum anderen aber auch zielgenau, damit die Hilfe nur die Bedürftigen erreicht.

3. Staatlicher Schutz

Durch Bestimmung der Länge der Arbeitszeit, den Umfang der Frauen- und Kinderarbeit und ähnliche Maßnahmen ist die menschliche Arbeitskraft zu schützen, durch andere geeignete Interventionen die Kurzsichtigkeit der einzelwirtschaftlichen Planung (Raubbau etc.) zu vermeiden oder zu korrigieren.

4. Mindestlöhne

Mindestlöhne stellen, würden Sie grundsätzlich gelten, einen Eingriff in die Freiheit der Individuen und Unternehmen dar, weil die Produktivität und entsprechend die Entlohnung des Produktionsfaktors Arbeit in jedem Land Region sehr unterschiedlich sein wird. Deswegen können – folgt man Eucken – Mindestlöhne nur in Ausnahmefällen, wenn es Marktverwerfungen gibt und nur vorübergehend – aber eben nicht grundsätzlich – ein Mittel der Wirtschaftspolitik sein.

Die Euckenschen Prinzipien finden ihre Anwendung und Umsetzung in den für das Wirtschaftsleben wichtigen Rechtsordnungen. Diese stellen in der Praxis das Funktionieren der Märkte und den sozialen Ausgleich sicher. Dies geschieht im Rahmen der fünf Ordnungsgrößen:
- Rechtsordnung/-verfassung,
- Wettbewerbsordnung/-verfassung,
- Finanzordnung/-verfassung,
- Geldordnung/-verfassung und
- Sozialordnung/-verfassung.

Deutlich wird, dass das Konzept von Eucken langfristig angelegt ist. Probleme, die neu entstehen, wie zum Beispiel extreme Umweltprobleme infolge des Klimawandels, sind entsprechend nur indirekt in der Auflistung enthalten. Wenn also durch die bestehende Praxis der wirtschaftlichen Aktivitäten negative externe Effekte (Klimawandel-Effekte) entstehen, muss die Umwelt dafür marktkonform entschädigt werden. Ein solch tiefgreifendes Strukturproblem kann und muss aber unter Beachtung eines allgemeinen regelgebunden Verhaltens der Wirtschaftspolitik geschehen und nicht durch (wählerorientiertes) ad-hoc Maßnahmen. Ein Ignorieren der fünf Ordnungsgrößen würde ansonsten zu den Verwerfungen führen, denen das Primat der Ordnungspolitik ja eigentlich einen Riegel vorschieben soll. Andere Verwerfungen, der Märkte, wie zum Beispiel einer lang andauernden Pandemie, bedeuten hingegen nicht, die Prinzipien über Bord zu werfen. In einer solchen Zeit (aber auch nur dann) muss es zwingend viele ad-hoc Maßnahmen geben, die in den Bereich der Prozesspolitik gehören. Deshalb ist diese eine zentrale Ergänzung im Ordoliberalismus, wenn ansonsten unvorhersehbare Ereignisse zu schweren Schäden in der Volkswirtschaft führen würden.

Wirtschaftsethisch betrachtet dominiert in diesem Konzept,
- die Verantwortungsethik gegenüber
- der Gesinnungsethik (Max Weber 1909).

Es bedarf immer einer nüchternen Analyse der Gegebenheiten und des Bedarfs. Entsprechend wirken wirtschaftspolitische Entscheidungen, die auf dieser Basis entstehen, immer langfristig.

Allerdings bleibt kaum vorstellbar, dass die Prinzipien Eckens eine Blaupause für Entwicklungs- und Schwellenländer sein könnten, auch wenn sein Hauptwerk, Grundsätze der Wirtschaftspolitik von 1954, in viele Sprachen der Welt übersetzt wurde, unter anderem in Russisch,Polnisch, Chinesisch, Bulgarisch, Portugiesisch und Chinesisch. Vielmehr sind die angeführten Prinzipien an den typischen Entwicklungsproblemen von frühentwickelten Industriestaaten, die die erste große Phase der Industrialisierung hinter sich gelassen haben, ausgerichtet. Für die wirtschaftspolitische Umsetzung in der Gegenwart bietet die Konzeption für sich entwickelnden Volkswirtschaften aber eine staatswissenschaftliche Orientierungshilfe; sie empfiehlt:
- ein grundsätzlich regelgebundenes Verhalten sowie

- eine Langfristorientierung aller Maßnahmen (heute würde man eine sog. Sustainability darunter subsummieren), verbunden mit
- einem Aufbau von (länder- und kulturspezifischen) Institutionen, die ein Regelwerk aufbauen und fortwährend weiterentwickeln und kontrollieren.

1.3.3 Klassische Institutionenökonomik

Institutionen können allgemein als
- eine Art Vermittlungsinstanz zwischen dem individuellen und gesellschaftlichen Handeln

aufgefasst werden. In einer konkreten wirtschaftswissenschaftlichen Betrachtung analysiert man vor allem
- Wechselwirkungen von Wirtschaft und den Institutionen der Gesellschaft.

Dabei werden
- Institutionen als formelle oder informelle Ordnungs- und Regelsysteme verstanden, die das Agieren von Wirtschaftssubjekten (Private Haushalte, Unternehmen, Staat und sog. Parafiskalische Einrichtungen), leiten und Willkür beschränken. Damit sind sie grundlegend für ein regelgebundenes Verhalten; ferner definieren sie auch individuelle oder gesellschaftliche Verpflichtungen.

Für einen Teil der Institutionen gilt, dass sie in einem historischen Kontext über einen längeren Zeitraum hinweg entstanden sind und entsprechend auch in kurzen Zeiträumen kaum verändert werden können. Dazu gehören u. a.
- Weltanschauungen,
- Kulturformen (auch Brauchtum) und Kulturtechniken,
- Sitten und Gebräuche, Rituale,
- die verwenden verbalen und schriftliche Kommunikationsformen,
- Benimmregeln sowie
- Glaubensinstitutionen (mit Einfluss auf die Sozialsysteme eines Landes).

Durch Pfadabhängigkeiten, d. h. die Abhängigkeit der weiteren Entwicklung von früheren historischen Weichenstellungen.
Hingegen sind formelle Spielregeln, etwa
- eine Verfassung und Gesetze,
- die Gestaltungsmöglichkeiten privaterer Verträge, wie auch
- große Regelsysteme (der Exekutive) verbunden mit der Gründung von Organisationen (unabhängige Zentralbank) oder Regulierungsbehörden (z. B. für die Netzwerkökonomie)

auch in kürzeren Perioden gestaltbar.

Hinsichtlich des Bestands an Institutionen hat Douglas North, einer der frühen Wegbereiter der NIO, in seiner „Theorie des institutionellen Wandels" die These aufgestellt, dass wirtschaftlich ineffiziente Institutionen relativ langlebig sind. Ferner gibt es eine markante Pfadabhängigkeit (North 1981, 1990). Eine These, die von modernen Ansätzen wieder aufgegriffen wird (vgl. unten).

Viele Sozialgebilde lassen sich sowohl als Organisation wie auch als Institution beschreiben. So ist die Universität eine Bildungsinstitution, aber die konkrete Universität, z. B. Freie Universität Berlin, ist eine Organisation. Die Kirche ist eine religiöse Institution, sie hat zugleich eine soziale Organisation.

Eukens Konzept umfasst bereits einen zentralen Aspekt der später formulierten (Neuen) Institutionenökonomik, im Sinne der Property Rights Theory (Sicherung der Eigentumsrechte und Verfügungsrechte an den Produktionsfaktoren), in die Literatur eingegangen ist (Coase 1937). Ferner werden Annahmen getroffen, die darauf hindeuten, dass Institutionen bereits vorhanden oder weiterentwickelt werden, die konstitutiv oder regulierend die Wirtschaftsordnung prägen. Einige Beispiele verdeutlichen dies:

– Dass z. B. eine Zentralbank, noch dazu eine vom Staat unabhängige, verantwortlich gemacht wird für das angebotsseitige Funktionieren von Geldmärkten ist ebenso wenig selbstverständlich, wie die Annahme, dass es ein funktionierendes, ebenfalls vom Staat unabhängiges Rechtsprechungssystem mit Sanktionsmöglichkeiten gibt.

– Dass sich in Deutschland und in den meisten anderen Industrieländern der Erde leistungsfähige Sozialsysteme entwickelt haben, die teilweise verrechtlicht sind in sog. Sozialgesetzbüchern, sucht man in vielen Entwicklungs- und Schwellenländern der Erde vergeblich. Oftmals sind Glaubensgemeinschaften und Familienbündnisse dafür zuständig, aber keine staatlichen Institutionen.

– Bei der letzten Griechenland Krise 2011 wurde deutlich, dass in dem Land einseitig verteilt hohe Einkommen vorhanden sind, eine Umverteilung nach sozialpolitischen Vorstellungen durch ein administratives Finanzsystem, um die Krise sozialpolitisch abzufedern, aber nur bedingt möglich war.[14] Vereinfacht ausgedrückt, konnten viele Einkommensstarke gar nicht zur Unterstützung der Folgen der Krise herangezogen werden, weil es keine Erfassung aller Steuerpflichtigen in den Finanzämtern gab. Ein Teil der Bevölkerung lehnt einen umverteilenden Staat ab, ebenso eine Institution, die dies sicherstellt.

– Internationale Vereinbarung zum Klimawandel sind oftmals wenig erfolgreich, weil es keine Institutionen gibt, die diese Vereinbarung durchsetzen und sanktionieren können. Man bedenke, dass auch die Russische Föderation das Pariser Klimaschutz Abkommen unterzeichnet hat (sog. 1,5° Ziel), mit ihrem Krieg gegen die Ukraine, aber wohl das CO_2 Budget für die nächsten Jahrzehnte weit überschrit-

---

14 Der damalige Bundesfinanzminister Wolfgang Schäuble entsandte deshalb als Sofortmaßnahme in der Krise Finanzbeamte zur Unterstützung beim Aufbau von Steuerbehörden in Griechenland.

ten haben dürfte. Es gäbe aber auch in Friedenszeiten, keine Supranationale Institution, die ein Nichteingehalten des CO_2 Budget sanktionieren könnte.

Diese kurze exemplarische Auflistung deutet darauf hin, dass die Entwicklung von Institutionen für das Funktionieren eines Gemeinwesens von Relevanz ist. Allerdings, Forschungsergebnisse weisen auch darauf hin, dass die Einrichtung von Institutionen keine *top down* Entscheidung sein kann, sondern diese vielmehr im Sinne eines *bottom up* Prinzips aus der Gesellschaft heraus entstehen sollten, die dafür eine Notwendigkeit sieht. Sind Institutionen nicht gesellschaftlich akzeptiert, werden Teile der Bevölkerung versuchen, ihre Arbeit zu unterwandern. Es handelt sich also um einen kultur- und gesellschaftsspezifischen Entwicklungsprozess, der Institution hervorbringt.

1.3.4 Neue Institutionen Theorie

Das Aufkommen der Neuen Institutionenökonomik im wissenschaftlichen Diskurs ab den 70er Jahren des 20. Jh., welche ihre Vorläufer bereits in den 30er Jahren des 20. Jh. hatte, ist auch als Reaktion auf das Aufkommen des sog. Behaviorismus (behavioral economics) zu sehen, der eigentlich seinen Ursprung in den Naturwissenschaften hat. Dieser betont typischerweise nicht mehr primär die Vernunft der wirtschaftlich Handelnden, sondern beschäftigt sich vor allem mit den Ursachen für Abweichungen von diesen (Beck 2014).

Die Neue Institutionenökonomik trifft Annahmen für die Voraussetzung und die Nachhaltigkeit von Entwicklung (Wirtschaftswachstum im Allgemeinen und Investitionstätigkeit im Speziellen) im nationalen und internationalen Maßstab. Betont wird vor allem die Notwendigkeit zur Analyse von
- Eigentums- und Verfügungsrechten (vgl. oben),
- gesetzlich-administrative Vorgaben und Restriktionen (z. B. Governance-Strukturen)
- anhaltenden Ungleichgewichten des Marktes,
- unvollständigen Verträgen und asymmetrischer Information (sog. Prinzipal-Agent-Probleme),
- der Einfluss von Wissen, bzw. Technologien auf Wirtschaft und Gesellschaft und
- opportunistisches Verhalten bzw. Moral Hazards (Public Choice Theorie).

Aus diesen Gegebenheiten, die je nach Land und beteiligten Akteuren sehr unterschiedlich sein können, ergeben sich
- Transaktionskosten und damit Beschränkungen des Marktes.

Die Wirtschaftspolitik eines Landes ist gefordert nach erfolgter Identifizierung der Bedingungen diese Transaktionskosten zu reduzieren, um Unsicherheiten und Markthemmnisse abzubauen.

In diesem Kontext kommt es schließlich auch zur Annäherung an die Verhaltensökonomik durch die Neue Politische Ökonomie (Public Choice Theorie) (Buchanan, Tullock 1962; Kirsch 2004). Insbesondere das Verhalten der Marktakteure (Wähler, Verwaltungen, Parteien und Interessenverbände) sowie der Strukturen der gesellschaftlichen und unternehmerischen Partizipation bei politischen Entscheidungsprozessen muss transparent werden, um wirtschaftspolitisch gestaltend Einfluss nehmen zu können. Geschehen kann dies mit Hilfe von neuen Institutionen oder einer Modifizierung von Bestehenden in Richtung auf deren Zielsetzung, Zuständigkeiten und Sanktionsmöglichkeiten.[15]

1.3.5 Extraktive und inklusive Institutionen

Seit Beginn der 2000er Jahre haben Acemoglu und Robinson Forschungen zu Institutionen veröffentlicht, die versuchen, politische und ökonomische Dimensionen zusammenzubringen. Faktoren wie
– die Geografie einschließlich des Klimas und sein Wandel (Diamant 2005) und
– die kulturelle Genese (Landes 1999)

beeinflussen dabei die Entstehung von Institutionen.

Wichtiger erscheint ihnen aber, um welche Art von Institutionen es sich handelt, bzw. wie die diese entstehen.

Dazu unterscheiden sie zwei Arten:

Extraktiv Institutionen, gemeint sind solche, die ausbeuterisch, teilweise kolonialistisch Ressourcen verwenden): Sie entstehen durch
– vergleichsweise kleine Gruppen (Oligarchien) der politischen Eliten,
– die Ressourcen vor allem für sich und ihre Gruppe nutzen

und weniger zur Entwicklung eines Landes.

Inklusive Institutionen, also solche, die die gesamte Gesellschaft umfassenden. Bei diesen steht die Begrenzung wirtschaftlicher Macht im Zentrum, wie z. B.
– die (gesetzliche Sicherstellung von Eigentumsrechten,
– die Durchführung von demokratischen Wahlen und
– die wirtschaftlichen und sozialen Aufstiegsmöglichkeiten für möglichst viele Individuen eines Landes.

machen es wahrscheinlicher, dass die Ressourcen zum Wohle aller genutzt werden und das Land reich wird (Acemoglu et al. 2014, Acemoglu 2006).

---

15 In der Europäischen Union wurde dieser Institutionelle Gestaltungswille, zuletzt im großen Stil bei der Verwirklichung der Freiheiten, im Europäischen Binnenmarkt und der Europäischen Zentralbank umgesetzt.

Sofern autokratische und diktatorische Systeme ebenfalls bereit sind, inklusive Institutionen in ihrer Entwicklung zu fördern, können positive Effekte auch in statt ihn solchen Ländern vorhanden sein. Historisch finden sich allerdings keine Belege, dass solche Staaten dauerhaft erfolgreich waren, weil sich letztlich die Eliten in ihrem Machtanspruch durchsetzen und es dann nicht zu den gewünschten Wohlfahrtseffekten kommt. Meist sind es nur temporäre Wohlfahrtsgewinne durch isolierte Liberalisierungen einzelner Marktbereiche (z. B. Exportwirtschaft). Aber auch demokratisch verfasste Staaten entwickeln sich nur dann positiv, wenn die Institutionen eins Landes durch eine Mehrheit initiiert und mitgetragen werden. Ansonsten entwickeln sich Subsysteme, die nicht dem Zugriff des Staates zugänglich sind, wie z. B. die Drogenkartelle in Mexiko, die in statt ihn vielen Teilen des Landes die ihre eigenen Gesetze hat und auch die Exekutivgewalt und die Judikative ausüben.

Vor allem begünstigen oder beeinträchtigen die unterschiedlichen Institutionen die Innovationskräfte eines Landes. Wenn viele nicht erwarten können, an technischen, organisatorischen oder sozialen Innovationen zu partizipieren werden sie sich unterhalb ihrer Möglichkeiten betätigen.

Politischen und wirtschaftspolitischen Gestaltungsmöglichkeiten mit Hilfe der Institutionenökonomik wird mitunter von politisch und ökonomisch Eliten in der Gegenwart keine große Beachtung geschenkt. Allerdings zeigen geopolitisch unsichere Phasen, dass bestimmte Ereignisse eine gewisse Dynamik aufkommen lassen. Mit dem Zusammenbruch des sog. Ostblocks ab 1989 wurde das politische Gleichgewicht im Nachkriegseuropa deutlich verändert. Eine bedeutende Reaktion darauf war der Aufbau einer gemeinsamen Währung. Das Projekt wurde über 30 Jahre bereits diskutiert (z. B. Werner Plan von 1970). Aber realisiert wurde die Einführung erst kurz nach den politischen Umwälzungen in Osteuropa und insbesondere der deutschen Wiedervereinigung. Deutschland sollte und wollte seine größer gewordene Macht in Europa begrenzen und gab – gegen große Widerstände in der Bevölkerung – die Deutsche Mark auf zugunsten einer Einheitswährung.

1.3.6 WTO als Regelsystem des Welthandels

Den Abbau von Außenhandelsbeschränkungen hatten schon die Weltwirtschaftskonferenzen von 1927 und 1933 beim Völkerbund angestrebt (London Economic and Monetary Conference), allerdings erfolglos (Jürgensen 1965, 346–350). Schon bald nach dem 2. Weltkrieg versuchten die führenden Wirtschaftsnationen der Erde dann doch ein Regelwerk für den internationalen Handel aufzustellen. Dabei waren die Erfahrungen der Zwischenkriegsjahre sowie der Kriegsjahre, in denen starke globale Protektionsregime herrschten bzw. planwirtschaftliche Systeme die Kriegstüchtigkeit der Länder sicherstellten, von erheblichen Wohlstandsverlusten geprägt, sodass zumindest von einigen betroffenen Staaten eine rasche Liberalisierung angestrebt wurde.

Auf der Bretton-Woods-Konferenz in den USA 1944 erzielte man unter 44 Staaten eine Einigung bezüglich eines festen Wechselkurssystems unter Führung der USA, verbunden mit der Gründung des Internationalen Währungsfonds (IWF) sowie der Weltbank. Den ursprünglichen Plan, eine Internationale Handelsorganisation (ITO) aufzubauen, ließ sich so kurz nach dem 2. Weltkrieg nicht realisieren. Stattdessen entwickelte die Konferenz die Idee eines Vertragswerks, das schließlich 1948 in Kraft trat: Das Allgemeine Zoll- und Handelsabkommen (englisch: General Agreement on Tariffs and Trade, GATT). Den völkerrechtlichen Vertrag unterzeichneten zunächst 23 Gründungsmitglieder, die oftmals noch aus einer starken wirtschaftlichen Abhängigkeit vormaliger Kolonialstaaten kamen (Australien, Belgien, Brasilien, Burma, Kanada, Ceylon, Chile, Republik China, Kuba, Frankreich, Indien, Libanon, Luxemburg, Neuseeland, Niederlande, Norwegen, Pakistan, Südrhodesien, Südafrikanische Union, Syrien, Tschechoslowakei, Vereinigtes Königreich sowie die USA) und als „Vertragsparteien" und nicht als Mitgliedsstaaten bezeichnet wurden. Die Bundesrepublik Deutschland trat 1951 diesem Vertragssystem bei.

Dieser kurze (unvollständige) Blick auf die Anfänge zentraler Institutionen, die bis heute wesentlich für das weltwirtschaftliche Geschehen sind, verdeutlicht ein weiteres Mal das stete Ringen um den richtigen Weg für die Implementierung von Wirtschaftsordnungssystemen und die Schwierigkeit bei der Überwindung und Abgabe nationaler Kompetenzen (Wilcox 1949).

Das ursprüngliche GATT-Vertragswerk hatte im Wesentlichen drei Ziele (Low, Schuknecht 1998; 10–17):
- die Bindung der nationalen Handelspolitik durch Regeln und präzise Verpflichtungen,
- die progressive Liberalisierung des Welthandels und
- die Lösung von Handelskonflikten.

Nach Inkrafttreten des ursprünglichen GATT-Abkommens stand zunächst die Implementierung der Regeln und Verpflichtungen sowie die Verringerung der Handelsbarrieren im Vordergrund. Dies war angesichts von damals sehr hohen Durchschnittszöllen und zahlreichen mengenmäßigen Beschränkungen nach dem Zweiten Weltkrieg nicht verwunderlich. Entsprechend stellte man auf die sogenannten tarifären Handelshemmnisse ab. Dabei handelt es sich um protektionistische Maßnahmen, die den Außenhandel in direkter Weise beschränken. Sie wirken wie eine Preiserhöhung auf die gehandelten Güter, bzw. wie eine Sondersteuer:
- Zölle,
- Mindestpreise und
- Exportsubventionen

gehören zu den wichtigsten tarifären Hemmnissen, wobei Zölle im Vergleich zu den anderen tarifären Maßnahmen verstärkt eingesetzt werden. Im Agrarbereich gibt es weitere Instrumente wie z. B. die variable Abschöpfung.

Im Laufe der Zeit rückte jedoch die Weiterentwicklung der Handelsregeln und der Konfliktlösungsmechanismen in den Vordergrund. Niedrigere Handelsbarrieren führten in den 80er Jahren zu einer Umleitung des protektionistischen Drucks von Zöllen auf nichttarifäre Handelshemmnisse wie Behinderungen im Außenhandel, die sich aus Normierungen, Vorschriften und sonstigen politischen Anweisungen für die Verwaltung ergeben, die mit der Abwicklung des Güteraustausches befasst sind („administrativer Protektionismus"). Tatsächlich sind diese Handelshemmnisse nicht immer gut zu identifizieren, was oft zu Unsicherheiten führt, wie groß deren Umfang ist bzw. wie stark der internationale Handel durch diese beeinträchtigt wird (yalcin et al. 2017, 34).

Bereits in der vorangegangenen 6. GATT-Zollrunde (Tokio-Runde in der Zeit 1973–1979) wurden folgende Maßnahmen als nichttarifäre Hemmnisse eingestuft, wobei sich immer wieder neue Arten und Gruppen bilden:
– Mengenmäßige Beschränkungen;
– Subventionen und Ausgleichssteuern;
– Technische Handelshemmnisse (Normen, Herkunftsbezeichnungen);
– Zollfragen (Importdokumente, Formalitäten und Verwaltungsverfahren);
– Beteiligung des Staates am Handel (staatliche Auftragsvergabe).

Bedeutsam sind auch:
– sogenannte Local Content Auflagen, die bestimmte Mindestfertigungsmengen im Zielland vorschreiben, sowie
– Umwelt- und Sozialauflagen.

Sie können zumindest teilweise als nicht-tarifäre Handelshemmnisse aufgefasst werden, auch wenn der Name eine angestrebte Verbesserung der Produktions- und Lebensbedingungen in Entwicklungs- und Schwellenländern erwarten lässt.

Nicht-tarifäre Handelshemmnisse führen ebenso wie tarifäre Hemmnisse zu Verzerrungen zwischen den Weltmarktpreisen (Terms of Trade) und den heimischen Güterpreisen. Bei tarifären Handelshemmnissen führt diese Verzerrung zu Steuereinnahmen, bei mengenmäßigen Restriktionen fallen Quotenrenten an.

Umfassende Handelserleichterungen werden meist in sogenannten Zollrunden, bestehend aus vielen Konferenzen, entschieden, wie die oben genannte Tokio-Runde. Die letzte bedeutsame, die sogenannte Uruguay-Runde, begann 1982 und endete erst 1994. Dabei wurden:
– ein erleichterter Marktzugang von Gütern und erstmals auch Dienstleistungen sowie
– ein umfassendes Konfliktregelsystem sowie ein Prüfmechanismus für die Handelspolitik eingeführt.

Typisch für diese wie auch die meisten vorangegangenen Handelsrunden war, dass in landwirtschaftlichen Fragen kaum Ergebnisse erzielt wurden. Die nachfolgende

Doha-Runde hingegen führte (bislang) nicht zum erfolgreichen Abschluss (Dieter et al. 2016, 3–17).

Mit dem Abschluss der Uruguay-Runde verständigten sich die Mitglieder und die Vereinten Nationen auf die Gründung einer völkerrechtlich selbstständigen Organisation, die als dritter Pfeiler der Weltwirtschaftsordnung neben dem Internationalen Währungsfonds und der Weltbank treten sollte, die WTO (World Trade Organization). Sie stellt heute eine Sonderorganisation der UNO zur Gewährleistung eines freien Welthandels dar und hat ihren Sitz seit 1994 in Genf.

Das Funktionieren der WTO basiert vor allem auf drei Säulen, die jeweils spezielle Regelwerke umfassen:
- General Agreement on Tariffs and Trade (GATT) (Warenhandel);
- General Agreement on Trade in Services (GATS) (Handel mit Dienstleistungen);
- Trade Related Aspects of Intellectual Property Rights (TRIPS) (Handel mit Eigentumsrechten).

Ziel ist unter anderem das Erreichen einer möglichst großen Einheitlichkeit zwischen den Partnerländern. Den institutionellen Rahmen der Welthandelsorganisation bildet das Streitschlichtungsorgan des Dispute Settlement Body (DSB).

Die WTO soll die internationalen Handelsbeziehungen innerhalb verbindlicher Regelungen organisieren und überwachen sowie – falls nötig – für eine effektive Streitschlichtung sorgen. Wichtigste Prinzipien für die Gewährleistung eines freien Welthandels sind die sogenannten Grundprinzipien, zu deren Einhaltung sich die Mitglieder bei der Ausgestaltung ihrer Handelspolitiken verpflichten:
- Gewährung der Meistbegünstigung (Artikel 1 GATT): Das Prinzip der Meistbegünstigung verpflichtet die WTO-Mitglieder, alle Vorteile, die sie im Handel mit Waren einem Handelspartner zugestehen, unverzüglich und bedingungslos auch jedem anderen WTO-Mitglied und seinen Staatsbürgern zu gewähren. Dies gilt gleichermaßen für den Handel mit Dienstleistungen (Art. II GATS) sowie im Zusammenhang mit handelsbezogenen Aspekten des geistigen Eigentums (Art. IV TRIPS). Wichtige Ausnahmen sind allerdings sogenannte Freihandelsabkommen (vgl. unten).
- Inländerprinzip (Artikel 3 GATT): Das Prinzip der Inländerbehandlung verlangt von den WTO-Mitgliedern, dass ausländische Waren sowie deren Anbieter nicht ungünstiger behandelt werden als einheimische Waren und deren Anbieter. Die multilaterale Handelsordnung verbietet zwar nicht, dass die WTO-Mitglieder ihre eigene Wirtschaft gegen ausländische Konkurrenz schützen. Dieser Außenschutz muss jedoch gleiche Wirkung für alle haben.
- Transparenz (Artikel 10 GATT): Regelungen und Beschränkungen des Außenhandels sollen transparent sein. Protektion ist somit nicht gänzlich untersagt. Die Regelungen müssen aber offen erkennbar sein, und es wird vielfach verlangt, dass die WTO-Mitglieder dem Sekretariat der WTO-Veränderungen auch mitteilen (Notifizierungen).

–   Reziprozität: Die Verhandlungen in der WTO werden vom Prinzip der Reziprozität, also der Gegenseitigkeit, geleitet, wonach wechselseitig eingeräumte Konzessionen gleichgewichtig und ausgewogen sein sollen. Eine Sonderstellung nehmen die Entwicklungsländer ein, von denen die Industrieländer keine gleichwertigen Konzessionen verlangen werden. (BMWK 2024 (1); WTO 1994 (1))

Freihandelsabkommen zwischen Ländern und Wirtschaftsräumen, wie z. B. die Europäische Union, gehen meist über die Regelungen der WTO hinaus. Für diese gelten die oben genannten Prinzipien nicht zwingend. Freihandelsabkommen stellen für die Binnenräume der betroffenen Länder und Regionen noch einmal eine deutliche Erleichterung der Handelsbedingungen gegenüber den WTO-Regelungen dar. Dennoch wirken sie nach außen auch wieder wie eine Handelsbegrenzung aufgrund des dann unterschiedlichen Regulierungsniveaus.

Mit der WTO besteht grundsätzlich ein internationales Regelwerk bzw. eine Institution, die einen dynamischen Charakter hinsichtlich des Grundgedankens aufweist, dass Handelsliberalisierungen wohlstandssteigernd wirken. Damit werden die theoretischen Konzepte von David Ricardo (vgl. Kapitel 1.2.3.) und die vielfältigen modelltheoretischen Differenzierungen und Weiterentwicklungen in praktische Handelspolitik umgesetzt. Dabei ist zu berücksichtigen, dass die WTO selbst keine Freihandelsorganisation ist (vgl. Präambel der WTO), sie dynamisiert nur den Weg dorthin.

Gleichwohl zeigen sich vielfältige wirtschaftspolitische Bestrebungen, das Regelwerk der WTO zu unterwandern: So sind zum Beispiel die sogenannten Panels, die als erste gerichtliche Instanz zur Streitschlichtung bei Handelskonflikten eingerichtet werden, oftmals nicht arbeitsfähig, weil die Mitgliedstaaten diese nicht besetzen (wollen). Die vielfältigen Möglichkeiten, nichttarifäre Handelshemmnisse anzuwenden, die nicht von der WTO erfasst werden, sind dem Grundgedanken der WTO zuwider, ebenso wie der Wunsch, ungeachtet bestehender oder nicht vorhandener absoluter und relativer Kostenvorteile, strategische Handelspolitik zu betreiben. Im Gegensatz zur konservierenden Schutzabsicht des traditionellen Protektionismus ist sie aber auf eine aktive Ausweitung der nationalen Exportmärkte gerichtet, indem der Staat selektiv Forschungs- und Unternehmensentwicklungen begünstigt,
–   um Unabhängigkeit vom Weltmarkt zu erreichen oder
–   um gezielt neue Branchen als Exportindustrien zu entwickeln, in der Hoffnung, dass sich irgendwann eine Wettbewerbsfähigkeit herstellen lässt.

Helpman und Krugman haben schon 1989 diese Handelspolitik als moderne Variante des Protektionismus dargestellt. Gleichwohl wird auf eine potentiell wettbewerbsintensivierende und damit nachfolgend preissenkende Wirkung auf den Weltmärkten hingewiesen, die durch strategische Handelspolitik ausgelöst werden kann. So bewirkt sie theoretisch Preisvorteile für wenig zahlungskräftige Nachfrager aus Entwicklungsländern aufgrund der Subventionierung im Inland. Die hohen Kosten für die strategische Handelspolitik werden dann politisch meist als nationale Absicherung von hochqualifi-

zierten Arbeitsplätzen und zur Erhaltung und Fortentwicklung innovativer Branchen gerechtfertigt. Bezogen auf die Unternehmen kann strategische Handelspolitik durch
- gezielte räumliche Marktsegmentierung und
- räumliche Preisdifferenzierung

betrieben werden. So besteht z. B. bei nicht-tarifären Handelshemmnissen in Form von Selbstbeschränkungsabkommen eine mengenmäßige Exportbeschränkung, die im betroffenen Marktsegment die Preise zunächst steigen lässt, später dann kompensiert wird über die entstehende „Rente". Dadurch wird zumindest ein Teil der beschränkungsbedingten Umsatzverluste wieder eingefangen. Freiwerdende Mengen können aber auf unbeschränkte Marktsegmente umgeleitet und abgesetzt werden (Siebert 1988, 6–8). Allerdings gibt es kaum belastbare empirische Belege für die Wirksamkeit des oben genannten Mechanismus. Auch besteht die Gefahr, dass durch eine solche Politik eher die großen Marktteilnehmer gestärkt werden als neue und noch verhältnismäßig kleine Unternehmen (a.a.O., 36).

1.3.7 Der Wunsch nach einer (neuen) Weltwirtschaftsordnung

Auch in marktwirtschaftlich verfassten Ordnungssystemen stellt sich der ökonomische Erfolg, bzw. die gesellschaftliche Wohlstandentwicklung meist nicht kurzfristig, nicht automatisch und auch nicht zwingend nachhaltig ein, wenn die Wirtschaftspolitik der Länder nicht ständig versucht, die Standortbedingungen für Investitionen oder speziell für den einsetzenden Industrialisierungsprozess zu verbessern.

Hinsichtlich der raschen Entwicklung von Ländern hat sich in den letzten Jahrzehnten eine gewisse Ernüchterung breit gemacht. Tatsächlich wächst die Wirtschaftsleistung im Schnitt der letzten 30 Jahre nahezu ununterbrochen; wenngleich vor allem die Corona Pandemie teilwiese erhebliche Rückschläge verursacht hat. Auch die globale Armut ist – zumindest statistisch betrachtet – deutlich zurückgegangen. Die Anzahl der Menschen in Ländern, die den statistischen Status als Entwicklungsland haben, ist rückläufig. Dies ist vor allem der Entwicklung in Ost-, Süd- und Südostasien geschuldet, die in großem Umfang die Armut überwunden haben.

Schon in den 70er und 80er Jahren zeigen die sog. asiatischen TIGER Staaten, dass man mittels geeinter Wirtschaftspolitik, verbunden mit der Etablierung einer marktwirtschaftlich geprägten Wirtschaftsordnung und politischer Stabilisierung, enorme Wohlstandsgewinne erhalten kann. China und Indien öffnen ihre Länder ökonomisch – trotz mancher Rückschläge – seit den 90er Jahren des 20. Jh. mit wachsender Dynamik. Dennoch scheinen manche Regionen kaum Wachstums- oder Entwicklungsfortschritte zu machen. Sie liegen vor allem

- in Afrika und (begrenzt)
- in Zentral- und Westasien sowie
- in Lateinamerika.

Die Gruppe der sog. BRICS-Staaten ist ein Beispiel für Länder, die von einem mittleren Niveau aus ihre Entwicklung dynamisch vorantreiben. Dabei hat Russland den Weg der Entwicklung nach 20 Jahren Dauer schon wieder verlassen, aufgrund seiner imperialen Bestrebungen in Osteuropa und Zentralasien.[16] Auch andere Länder sind in den letzten Jahrzehnten mit ihrer Entwicklung vorangekommen, zeigen ab einem gewissen Punkt (sog. Middle Income Trap) manchmal wieder Phasen der wirtschaftlichen Stagnation und Schwäche. Eine wirtschaftliche Modernisierung erzeugte im Iran der 80er Jahre sogar so viel gesellschaftlichen Widerstand, dass es zu einer Abkehr von weltlich geprägter Politik hin zu einem Religionsstaat kam.

Vor dem Hintergrund noch immer fehlender Entwicklungsansätze in einigen Ländern und den durch Reformen oftmals verursachten sozialen Veränderungen in einem Land wird immer wieder die Möglichkeit einer neuen Weltwirtschaftsordnung diskutiert. Dabei wird zum einen
- das vermeintliche Versagen eines globalen Marktsystems

angeprangert, wie zum anderen auch
- Maßnahmen der Industrieländer zur Deregulierung in zurückliegenden Jahren, welches sogar die „Macht der Märkte" noch ausgeweitet habe,

zum Gegenstand der Kritik.[17]

Von größerer Bedeutung waren dabei in den zurückliegenden Jahrzehnten:
- Der Club of Rome als ein Think Tank verschiedener Disziplinen aus mehr als 30 Ländern, die sich als gemeinnützige Organisation für eine nachhaltige Zukunft der Menschheit einsetzt. Insbesondere der Bericht von 1973 über die Grenzen des Wachstums hat international Aufsehen erregt.
- Die Idee einer New International Economic Order (NIEO) von 1974, welcher als erster alternative Globalisierungsentwurf zur Überwindung kolonialer Wirtschaftsstrukturen zwischen dem Globalen Süden und dem Globalen Norden dienen sollte.[18] Das Ziel bestand u. a. darin, die Benachteiligung der Entwicklungsländer in der Weltwirtschaft zu beseitigen und eine stärkere Beteiligung am wachsenden Weltwohlstand zu erreichen.

---

16 Hier wächst die Wirtschaft nur noch durch den militärischen Sektor, was nach Kriegsende (neben politischen und sozialen) deutliche ökonomische Spuren hinterlassen wird.

17 Vgl. zuletzt den Beitrag des deutschen Wirtschaftsministers Robert Habeck auf dem Weltwirtschaftsforum in Davos (2024): Europe in teh New Global Economy

18 Vgl. z. B. Alex Veit, Daniel Fuchs (Hg.): Eine gerechte Weltwirtschaftsordnung? Die »New International Economic Order« und die Zukunft der Süd-Nord-Beziehungen

– 1998 wurde mit der in Frankreich gegründeten Bewegung Attac die Gründung einer Association pour une taxe Tobin pour l'aide aux citoyens (deutsch: „Vereinigung für eine Tobin-Steuer zum Nutzen der Bürger") geründet. Dabei geht es vor allem darum eine internationale „Solidaritätssteuer" zur Kontrolle der Finanzmärkte, genannt Tobin-Steuer, einzuführen. Gemeint war damit die durch den Ökonomen James Tobin Ende der 1970er Jahre vorgeschlagene Steuer in Höhe von 0,1 % auf spekulative internationale Devisengeschäfte.

Daneben bestehen eine Vielzahl von Institutionen und Gruppierungen supranationaler oder nationaler Art, die jeweils unterschiedliche Elemente der Weltwirtschaft der Gegenwart als
– ungerecht,
– unsozial, oder
– unökologisch

analysieren.

Einzig eine Kommission unter Vorsitz der ehemalige norwegische Ministerpräsidentin Gro Harlem Brundtland hatte mit ihrem-Bericht von 1987 mit dem Titel Our Common Future die Grundlagen für eine operative Politik unter der Prämisse der Nachhaltigkeit in den Bereichen Generationengerechtigkeit und Umwelt Eingang in konkrete Zielesetzungen der UN und der Einzel-Staaten gefunden gehabt (UN Ziele zur Nachhaltigkeit auf der Konferenz der Vereinten Nationen über Umwelt und Entwicklung 1992 in Rio de Janeiro).

Verschiedenen Klimaschutzabkommen, bzw. Absichtserklärungen, zuletzt besonders das sog. 1.5 Grad Ziel der UN-Klimakonferenz in Paris 2015, implizieren eine drastische Änderungen der Energiepolitik der Volkswirtschaften.

Eine immer wieder geforderte Neue Weltwirtschaftsordnung, die sog. negative externe Effekte, bzw. soziale Ungerechtigkeiten vermindert, scheitert in der Praxis vor allem an Zweierlei:
– Die Uneinigkeit in der Analyse (Welches sind ursächlich die zentralen Probleme?);
– Das Hierarchieprobleme (Wer soll eine solche Ordnung leiten und umsetzen?).

So besteht auch im wissenschaftlichen Bereich keine Einigkeit an der Diagnose, dass marktwirtschaftliche Strukturen und Prozesse zu Unterentwicklung und damit Verbunden zur Vernachlässigung von Umwelt- und Sozialaspekten führt. Das hängt damit zusammen, dass ja in den meisten Ländern der Erde bestimmte Grundanforderungen an das Funktionieren von Märkten gar nicht erfüllt sind. Selbst in der ökonomisch hoch entwickelten Bundesrepublik Deutschland wird fast die Hälfte der Wirtschaftsleistung gar nicht über Marktprozesse erbracht. Ferner existieren unter dem Begriff der Marktwirtschaft oftmals Machtstrukturen (z. B. Existenz von Unternehmen mit oligopolistischen oder monopolistischen Strukturen), die eine funktionierende Marktwirtschaft mit einem ordnungspolitischen Regelwerk, wie z. B. von Eucken eigentlich verhindern soll. Gegenstand der Kritik ist also demnach mehr die Macht-struktur von reichen Ländern im Verhältnis zu armen, weniger die Marktwirtschaft als Ordnungssystem.

Ferner muss das Hierarchieproblem bedacht werden. Die Vorstellung einer Weltwirtschaftsregierung, die soziale wie ökologische Aspekte gleichermaßen berück-sichtigt, ist bis auf Weiteres eher eine Utopie in einer multipolaren Welt von 3–4 Welt-mächten, die sehr unterschiedlichen Interessen verfolgen und die sich teilweise nur formal zur UN-Charta für die Menschenrechte bekennen. Wahrscheinlicher sind Re-gelwerke, auf die viele Staaten sich verständigen können, mit dynamischen Anreizen für andere Staaten in absehbarer Zeit daran zu beteiligen und diese Regelwerke bezo-gen auf ein gemeinsames Ziel weiterzuentwickeln. Gemeint ist damit eine regelba-sierte Wirtschaftsordnung. Diese wird immer nur Teilbereiche umfassen, wie z. B. eine Welthandelsorganisation (WTO), die bereits heute über Sanktionsmechanismen verfügt, oder Institutionen, die eher koordinierenden Charakter haben, deren Wirken zwar nicht immer öffentlichkeitswirksam ist, tatsächlich aber sehr effektiv in Bezug auf die Zielsetzung, wie z. B. die Bank für Internationalen Zahlungsausgleich.

Sofern Institutionen Teilaufgaben einer Weltwirtschaftsordnung übernehmen, müssen diese in der Lage sein, die unterschiedlichen Interessen von entwickelten und unterentwickelten Staaten zu berücksichtigen, was aktuell nicht ausreichend passiert. Formal kann dies durch Stimmrechte geschehen, de facto aber sind viele Fragen einer echten Partizipation unbeantwortet. Schließlich dürfen Institutionen nicht das Subsi-diaritätsprinzip unterwandern. Viele Aufgaben bleiben der Ebene der Staaten selbst und deren Regionen effektiver und effizienter zu lösen als in einer supranationalen Behörde. Auch das Problem von sog. Moral Hazards[19] lässt sich verringern wenn Verantwortlichkeiten zwischen Regionen, Staaten und Supranationalen Einrichtun-gen eindeutig bestimmt sind. Damit bleibt bei der Wirtschaftspolitik vor Ort oftmals eine zentrale Bedeutung.

Erfolgreich kann dies aber nur sein, wenn tatsächlich viele Staaten bereit sind, sich regelbasierten Ordnungssystemen anzuschließen. Tun sie das nicht, werden Kon-flikte wirtschaftlicher und politischer Art tendenziell vermehrt eher militärisch oder mit Formen der hybriden Kriegsführung ausgetragen.

---

19 Ein Moral Hazard liegt z. B. vor, wenn sich Länder verantwortungslos oder leichtsinnig verhalten im Wissen darüber, dass eine supranationale Organisation die Probleme beseitigen hilft, z. B. bei der immer wiederkehrende Überschuldung von Staaten (aufgrund von Aufrüstung oder Vetternwirtschaft im Land) verbunden mit der Gewissheit eines Schuldenerlasses durch Gläubigerstaaten.

Kontrollfragen

A. Was versteht man unter einer Wirtschaftsordnung/Wirtschaftsverfassung?
B. Welche Bedeutung hat eine Wirtschaftsordnung/Wirtschaftsverfassung für die Entwicklung von Volkswirtschaften?
C. Welche Bedeutung haben die euch wünschen Prinzipien für das System der sozialen Marktwirtschaft in Deutschland?
D. Was versteht man unter Institutionen eines Landes?
E. Inwiefern ist die (Neue) Institutionenökonomie ein ordnungsökonomisches Konzept?
F. Welche Bedeutung hat die WTO als Regel System des Welthandels?
G. Warum ist die Umsetzung einer „gerechteren" Weltwirtschaftsordnung schwierig oder sogar unrealistisch?

1.4 Angebots- und nachfrageorientierte Wirtschaftspolitik

In diesem Kapitel erhalten Sie ...
- Eine Übersicht zu den ökonomischen Denkschulen klassischer und keynesianischer Wirtschafts-theorie;
- Eine Einführung in die Ableitung klassischer und keynesianischer Wirtschaftstheorie hin zu kon-kreter Wirtschaftspolitik angebots- und nachfrageseitiger Art;
- Eine Gegenüberstellung angebotsorientierter und nachfrageorientierter Wirtschaftspolitik als Op-tionen im Globalisierungsprozess;
- Eine Position, dass angebots- und nachfrageorientierte Wirtschaftspolitik weniger als Gegensätze und vielmehr als Komplementäre zu verstehen sind;

1.4.1 Theoretische Fundierung

Die konkrete Umsetzung der Entwicklungsziele eines Landes spiegelt sich in Form der Wirtschaftspolitik wider, die ein Land für einen längeren Zeitraum betreibt.

Dabei ist grob zwischen einer eher langfristig angelegten und einer eher kurzfris-tig angelegten Konzeption zu unterscheiden.
- Angebotsorientierte Wirtschaftspolitik
- Nachfrageorientierte Wirtschaftspolitik

Dabei stehen zum einen die Beseitigung struktureller Probleme im Mittelpunkt die die Angebotsseite einer Volkswirtschaft betreffen, zum andern werden konjunkturelle Probleme angegangen, die eher kurzfristiger und nachfrageseitiger Art sind.

Während die langfristige Konzeption vor allen Dingen auf Strukturveränderung, wie zum Beispiel der Verbesserung der Angebotsbedingungen einer Volkswirtschaft abstellen und das Wachstum in einer Volkswirtschaft langfristig sichern soll, orien-tiert sich die Belebung der Konjunktur eher an einer kurzfristigen Ausrichtung, bei der die Volkswirtschaft vorübergehend gestärkt werden soll. Dabei ist die konkrete Situation des Konjunkturverlaufs bedeutsam (vgl. Abb. 14).

Den Verlauf der Konjunktur teilt man in verschiedene Phasen ein, die über Jahre hinweg typische Charakteristika aufweisen: Konjunkturtief, Aufschwung, Konjunktur-hoch, Abschwung. Eine Verfestigung von Nullwachstum bzw. negative Wachstumsra-ten über mehrere Quartale hinweg unterhalb des Produktionspotentials einer Volks-wirtschaft wird als Rezession bezeichnet.[20]

---

20 Offiziell tritt eine sogenannte technische Rezession ein, wenn das BIP in zwei aufeinanderfolgenden Quartalen im Vergleich zu den jeweiligen Vorjahresquartalen nicht wächst, sondern zurückgeht.

https://doi.org/10.1515/9783110790245-004

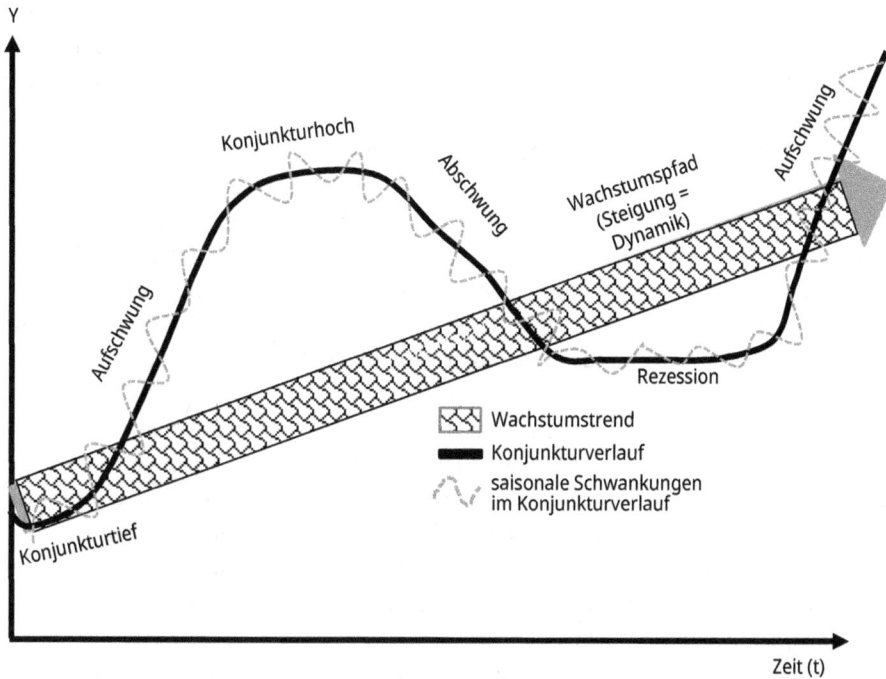

Abb. 12: Konjunkturverlauf in einem Industrieland unter der Prämisse anhaltenden Wirtschaftswachstumes
Quelle: Hamann, Halver et al. 2018, z. T. verändert, z. T. ergänzt

Um geeignete wirtschaftspolitische Maßnahmen zu ergreifen, ist deshalb die Analyse der Ursachen für auftretende Problemlagen oder Krisen entscheidend. Entsprechend haben beide auch eigene theoretische Grundlagen, die nachfolgend grob dargestellt werden.

Erst in den 30er Jahren des 20. Jh. kam es zur Titulierung der sog. klassischen Theorie. Dabei war es zu diesem Zeitpunkt eigentlich bereits die sog. Neoklassik, wie sie v. a. Alfred Marshall zugeschrieben wird, weil dieser die Konzepte des 18. und 19. Jh. von Adam Smith, David Ricardo, John Stuart Mill, Thomas Robert Malthus und Jean-Baptiste Say aufnahm und weiterentwickelte. Gleichwohl ist die Ideen- und Konzeptvielfalt, die sich hinter dieser Bezeichnung verbirgt, groß. Sie verbindet v. a. der gesamtwirtschaftliche Fokus auf das Funktionieren der makroökonomischen Anpassungsprozesse bezüglich der Preise, genauer die Bestimmung des Preisniveaus und des gesamtwirtschaftlichen Produktionsniveaus.

In den meisten Modellen gibt es eine scharfe Trennung zwischen dem realen Sektor und dem monetären Sektor:

–   Im erstgenannten Sektor werden die relativen Preise der Güter und Produktionsfaktoren, die Herstellungsmengen der verschiedenen Konsumgüter und die Verteilung (Allokation) der Produktionsfaktoren auf die Produktion verschiedener Güter bestimmt.
–   Im monetären Sektor werden nur die Güterpreise bestimmt.

Unterstellt wird in den Modellen, dass keine (längerfristigen) Wirkungen auf den realen Sektor ausgehen, wenngleich alle Preise als flexibel unterstellt werden, so dass die gesamtwirtschaftliche Angebotskurve (AD) als vollkommen unelastisch angenommen wird. Zwar unterstellen die Modelle, dass eine Veränderung des Geldangebotes nur das Preisniveau betrifft und das gesamtwirtschaftliche Produktionsniveau davon unbeeinflusst bleibt, dennoch waren sich die Ökonomen im ersten Drittel des 20. Jh. schon bewusst, dass Veränderungen der Geldmenge auch das Preisniveau beeinflussen. Sie hielten diesen Aspekt aber makroökonomisch nicht für relevant, weil er von kurzer Dauer sein würde und mittelfristig die Wirtschaft – eben aufgrund der Güterpreisflexibilität – wieder ins Gleichgewicht käme. Diese immer wiederkehrende Gleichgewichtssituation ist letztlich bedingt durch die Gültigkeit des sog. Sayschen Gesetzes, wonach sich das gesamtwirtschaftliche (nicht das einzelwirtschaftliche!) Angebot seine gesamtwirtschaftliche Nachfrage schafft.

Insbesondere die Arbeiten von John Maynard Keynes haben in der Nachkriegszeit eine große Bedeutung für die Konjunkturpolitik moderner Volkswirtschaften erlangt. Die zentrale These lautet, dass, auch wenn sich die Wirtschaft im Gleichgewicht befindet, es zu dauerhafter Unterbeschäftigung in einer Volkswirtschaft kommen kann. Dann entsteht unter bestimmten Bedingungen, nämlich in der sog. Rezession, die Notwendigkeit, ausgefallene private Nachfrage durch staatliche zu ersetzen (exogene Belebung) bis die Konjunktur wieder endogen belebt wird. Um die notwendigen Konjunkturprogramme aufzulegen, muss der Staat in aller Regel neue Schulden aufnehmen.

Keynes begründet, dass die Annahme der Klassiker, dass Löhne ebenso flexibel sind wie die Güterpreise, auf kurze bis mittlere Sicht unrealistisch ist. Mehr noch, auch (Nominal-)Lohnsenkungen brächten nicht den gewünschten Beschäftigungseffekt, da das Gütermarktgleichgewicht die Beschäftigungsmenge exogen bestimmt. Eine Lösung für das Dilemma sah Keynes nur darin, dass die Güternachfrage (künstlich) expandiert. Diese zusätzliche Nachfrage soll als Impuls vom Staat ausgehen. Nach Keynes kann es dazu auch zu einer begrenzten Ausweitung der Staatsverschuldung kommen (v. a. durch das sog. deficit spending).

Praktisch geschieht dies über eine Erhöhung der Staatsausgaben (sog. Konjunkturprogramme) oder die Zentralbank, was dann allerdings inflatorische Effekte zur Folge haben kann (Ausweitung der Geldmenge). Diese inflatorischen Effekte von der Nachfrageseite her (Yd oder AD-Kurvenverschiebung) treten aber nur dann auf, wenn sich die Volkswirtschaft bereits an ihrer Kapazitätsgrenze befindet, d. h. im preisunelastischen Bereich. Auch im Keynesianischen Modell kann die angebotsseitige Größe

(YS oder AS-Kurve) mittelfristig verschoben (via Kapazitätsausweitung) und so die inflationären Effekte reduziert werden. Keynes Theorie betont gleichsam die Notwendigkeit, nach erfolgtem Nachfrageimpuls die staatlichen Aktivitäten wieder zurückzufahren und durch die Steuermehreinnahmen die Schuldenlast wieder zu tilgen!

Die Keynesiansische Politik zielt ab auf die Beseitigung von Problemen, die sich durch einen anhaltenden gesamtwirtschaftlichen Nachfragerückgang ergeben, wenn also die Zuwachsraten des BIP in drei aufeinanderfolgenden Quartalen – je im Vergleich zum Vorquartal – negativ sind (Rezession). Bildlich gesprochen liegt die gesamtwirtschaftliche Nachfragekurve dann sehr weit weg von der Kapazitätsgrenze (vgl. Abb. 11). Nur in diesem Fall wirkt eine gezielte Politik nicht oder kaum inflationstreibend. Der Leser mag sich dies durch die Verschiebung der drei Nachfragekurven verdeutlichen (Verschiebung von links nach rechts). Im rechten Teil der AS Kurve wirkt eine Nachfragepolitik nur inflationstreibend und zieht zudem kaum Zuwächse beim BIP nach sich.

Vereinfacht ausgedrückt versucht der Staat hierbei, die Nachfrageausfälle nach Industrie- und Konsumgütern durch Abnehmer und Lieferanten durch eigene Nachfrage zu ersetzen. Meist geschieht dies durch die Vergabe von Aufträgen seitens des Staates an die Wirtschaft, wodurch in den Unternehmen die Auftragslage verbessert und somit auch die Beschäftigung gesichert wird. In der Regel sind solche Programme sehr teuer, so dass der Staat dafür (zusätzliche) Schulden aufnehmen muss und somit sein Haushaltsdefizit vergrößert. Ökonomen halten diese Maßnahmen bei entsprechender Problemlage für geeignet, sofern der Staat die Prämisse Keynes beachtet und die neuen Schulden bei verbesserter Konjunkturlage rasch wieder zurückzahlt. Grundsätzlich wäre er dazu in der Lage, da sich in dieser guten Konjunkturphase auch die Steuereinnahmen wieder verbessern.

1.4.2 Merkmale von angebots- und nachfrageseitiger Wirtschaftspolitik

Bedauerlicherweise hat sich die Wirtschaftspolitik vieler Staaten, die in Abhängigkeit von der konkreten Problemlage priorisiert die Angebots- oder Nachfrageseite einer Volkswirtschaft steuern kann, sich vielfach ideologisch vereinnahmen lassen. Wissenschaftlich als auch im politischen Markt gibt es eine harte Auseinandersetzung darüber, ob die Stärkung der Angebotsseite oder der Nachfrageseite grundsätzlich richtig oder falsch sein. Tatsächlich sind es zwei Seiten einer Medaille, wenn gleich an unterschiedliche theoretische Grundkonzeption geknüpft (vor allem: Klassische Theorie und Keynesianische Theorie).

Für den Bereich der Politik muss man konstatieren, dass die Steuerung der Konjunktur, beziehungsweise der Nachfrageseite einer Volkswirtschaft sich einer gewissen Beliebtheit erfreut, weil zu erwarten ist, dass positive wirtschaftliche Ergebnis haben noch innerhalb einer Legislaturperiode erwartet werden können. Angebotssei-

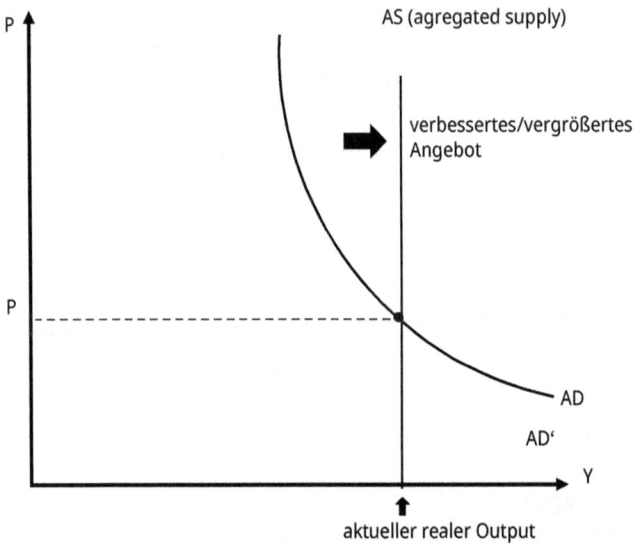

Abb. 13: Wirksamkeit von Angebotspolitik (ceteris paribus) im klassischen Modell

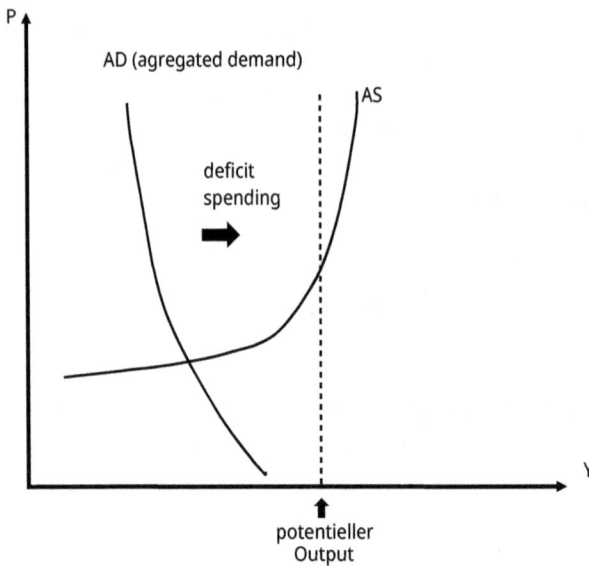

Abb. 14: Wirksamkeit von Nachfragepolitik (hier: deficit spending) im keynesianischen Modell

tige Veränderung brauchen für gewöhnlich länger, um einen gewünschten Erfolg nach sich zu ziehen. Sie sind im engeren Sinne auch nachhaltiger in ihrer Wirksamkeit.

Typische Probleme auf der Nachfrageseite können sein:
- Kaufzurückhaltung
- Investitionszurückhaltung
- Unsicherheiten (Kriegsangst, Staatsversagen)
- Konjunkturelle Arbeitslosigkeit
- Externe Schocks (plötzlicher nachfrageausfall aus dem Ausland)
- Nachfrageseitiger Inflationsdruck
- Naturkatastrophen
- Haushaltsprobleme

Typische Probleme auf der Angebotsseite können sein:
- Qualifizierungsdefizite
- Demographische Probleme
- Ökologische Probleme (Klimawandel)
- Infrastrukturdefizite
- Subventionen und Protektion
- Angebotsseitige Inflation (best. Zentralbankprobleme)
- Wettbewerbsdefizite (der Waren und Dienstleistungen)
- Strukturelle Verschuldungsprobleme (im Ausland)

Diese kurze, wenn auch unvollständige Auflistung zeigt den unterschiedlichen Charakter der Problemlagen hinsichtlich Art und Fristigkeit, und warum die Wirtschaftspolitik angebotszeitige Defizite lieber früh als spät angehen sollte. Aber, ein angebotsseitiges Problem lässt sich nachhaltig nicht mit einer nachfrageseitigen Steuerung der Wirtschaft beheben, bestenfalls kurzzeitig kaschieren. Genauso wird man einer konjunkturellen Problemlage nicht gerecht mit Maßnahmen der Angebotspolitik.[21]

Typische Maßnahmen einer nachfrageseitigen Wirtschaftspolitik können sein:
- Zusätzliche Staatsausgaben, z. B. durch Beschäftigungs- und Umweltschutzprogramme
- Lohnzuwächse über die Produktivitätsentwicklung hinaus (sog. Stärkung der Massenkaufkraft)
- Steuersatzvariationen oder Sonderabschreibungsmöglichkeiten zur Beeinflussung der Konsum- und Investitionsgüternachfrage

---

[21] Die katastrophalen Folgen der Weltwirtschaftskrise von 1929 versuchte man beizeiten in Deutschland mit angebotsseitigen Maßnahmen zu bekämpfen, was misslang. Die Finanzmarktkrise von 2008 versuchten die meisten Länder mit nachfrageseitigen Maßnahmen zu bekämpfen, mit Unterstützung der Zentralbanken (sog. Politik des leichten Geldes). Auch wenn die Forschung zu der letzten Krise noch nicht abgeschlossen ist, deutet vieles darauf hin, dass es sich hierbei eher um ein strukturelles und damit angebotsseitiges Problem der Märkte gehandelt ha.

- Zusätzliche stattliche Investitionshilfen und Subventionen für die Ansiedlung von Unternehmen oder die Ausrufung von Industriepolitik zur Förderung politisch gewünschter Branchen.
- In Ländern wo diese nicht unabhängig sind: Eine Politik des leichten Geldes durch die Zentralbank.

Da es sich um zusätzliche Ausgaben bzw. Mindereinnahmen handelt, müssen in der Regel zusätzliche Schulden aufgenommen werden (Keynes: deficit spending). Damit verschlechtert sich meist die Haushaltslage der staatlichen Haushalte. Grundsätzlich könnten bei nachfolgend dann wieder steigenden Steuereinnahmen, in Folge einer Belebung der Wirtschaft, die Haushalte wieder saniert werden. Dies geschieht aber eher selten, weil die Nachfragepolitik dann wie erwähnt gerne auch bei angebotspolitischen Problemen zum Einsatz kommt.

Nachfrageseitige Wirtschaftspolitik erscheint in der konkreten Wirtschaftspolitik unter recht unterschiedlichen Namen wie,
- Konjunkturbelebungsprogramm,
- Beschäftigungsprogramm,
- Abwrackprämie,
- Steuervergünstigung,
- Umweltschutzprogramm oder
- Technologieförderprogramm.

Typische Maßnahmen einer angebotsseitigen Wirtschaftspolitik können sein:
- Der Ausbau von Schulen und Hochschulen, verbunden mit entsprechenden Ausgaben für mehr Personal und mehr Forschungsaktivitäten.
- Die Bereitstellung moderner Infrastruktur in den Bereichen Verkehr, Verwaltung, Soziales sowie Verteidigung und Zivilschutz.
- In Ländern, wo diese noch nicht vorhanden sind: Der Aufbau unabhängiger Zentralbanken.
- Die Sanierung der Haushalte und der Abbau von Staatsschulden.
- Lohnzurückhaltung bei struktureller Arbeitslosigkeit.
- Die Sicherstellung einer geregelten Migration- und Eingliederungspolitik (in die Arbeitsmärkte).
- Der Aufbau nachhaltiger Wirtschaftsstrukturen zur Überwindung des Gegensatzes von Ökologie und Ökonomie (z. B. durch Umweltzertifikate oder Pigou-Abgaben).[22]

---

22 Tatsächlich sah Celtic Pigou primär ein Abgabensystem vor und nicht etwa ein Steuersystem. Damit wären die Einnahmen zweckgebunden gewesen (um der Verursachung von Umweltschäden gezielt zu begegnen). Die meisten Volkswirtschaften haben aber entsprechende Steuern (z. B. Ökosteuern) eingeführt, um mit den Einnahmen auch andere Probleme in der Volkswirtschaft symptomatisch

Nur sehr selten dürfen die Probleme einer Volkswirtschaft allein angebots- oder allein nachfrageseitiger Art sein. Um den permanenten Strukturwandel einer Volkswirtschaft zu gestalten, sollte ein gewisser Schwerpunkt auf die angebotsorientierte Wirtschaftspolitik gelegt werden. In den oben beschriebenen Situationen kann dies vorübergehend überlagert werden von konjunkturbelebenden Maßnahmen (Donges, Freytag 2012, 323–334). Dabei sind die konkreten Maßnahmen auch unterschiedlich zwischen Industrie- und Entwicklungsländern. Beide Typen von Volkswirtschaften haben meist unterschiedliche Problemfelder, in Abhängigkeit von ihrem jeweiligen Entwicklungsstand. Während es in Indien z. B. um den Aufbau der Schulpflicht im ganzen Land geht, müssen in Ländern wie den USA eher die qualitativen Unterschiede von staatlichen und privaten Schulen angegangen werden.

Kontrollfragen

A. Vergleichen Sie die konzeptionellen Ansätze der Klassischen und der Keynesianischen Theorie und bestimmen Sie die zeitliche Bezugsgrößen.
B. Wie unterscheiden sich Konjunkturzyklen und der Wachstumspfand einer Volkswirtschaft inhaltlich?
C. Welche Problemlage besteht meist in einer Volkswirtschaft, wenn eine nachfrageorientierte Wirtschaftspolitik notwendig wird?
D. Welche Problemlage besteht meist in einer Volkswirtschaft, wenn eine angebotsorientierte Wirtschaftspolitik notwendig wird?
E. Bestimmen Sie, warum eine nachfrageorientierte Wirtschaftspolitik bei Polikern meist beliebter ist als eine angebotsorientierte?
F. Was passiert, wenn mach auf eine angebotsseitige Störung einer Volkswirtschaft mit Instrumenten der Nachfrageorientierten Wirtschaftspolitik reagiert?

---

zu behandeln. In Deutschland werden die Einnahmen aus der Öko-Steuer meist zu Finanzierung des maroden Rentensystems genutzt.

1.5 Geldmärkte, Verschuldung und Wechselkurse

In diesem Kapitel erhalten Sie ...
– Eine Übersicht zu den Funktionen des Geldes und der Geldmärkte;
– Eine Einschätzung, warum Geldpolitik zentral ist für die nachhaltige Entwicklung von Volkswirtschaften;
– Eine Übersicht über das Funktionieren eines Zentralbanksystems am Beispiel der Europäischen Zentralbank
– Eine Darstellung der Schuldenproblematik;
– Eine Gegenüberstellung von Wechselkurssystemen (Handel mit Devisen);

1.5.1 Überblick

Um das nachhaltige Funktionieren makroökonomischer Größen eines Landes voranzutreiben, wie
– den Gütermärkten und
– den Faktormärkten,

bedarf es
– des Funktionierens eines Geldmarktes,
– der Wahrnehmung an der internationalen Arbeitsteilung (hier monetäre Außenwirtschaft) sowie
– einer fiskalischen Steuerung ohne übermäßige Verschuldung.

Auch wenn die drei genannten Größen nicht unmittelbar zusammenhängen, zeigen sich im Entwicklungsprozess doch erhebliche Interdependenzen.

Auf den Geldmärkten werden mit Hilfe einer Zentralbank und den nachgelagerten Geschäftsbanken das Angebot an Geld der Nachfrage nach Geld (durch die Wirtschaftssubjekte) sichergestellt.

Im Rahmen der monetären Außenwirtschaft eines Landes werden durch die Wahl eines Wechselkurssystems die Anpassung bei realwirtschaftlichen Veränderungen von zwei oder mehreren Wirtschaftsräumen mit den unterschiedlichen Währungen gesteuert bzw. deren Funktionieren sichergestellt.

Die Verschuldung eines Landes kann Ausdruck eines raschen Aufbaus einer soliden Wirtschaftsbasis sein, z. B. mithilfe des Kaufes von Maschinen und Anlagen für den eigenen Industrialisierungsprozess (investive Ausgaben), der kurzfristigen Bewältigung von sog. exogenen Schocks oder aber eines strukturellen Konsums einer Volkswirtschaft über die eigene Leistungsfähigkeit hinweg (konsumtive Ausgaben). Die Dynamik der Schuldenentwicklung und die erreichten Schuldenstände beeinträchtigen

https://doi.org/10.1515/9783110790245-005

dabei u. a. auch den Außenwert einer Währung im Güteraustausch und die Bonität des Landes bei der Gewährung von (weiteren Krediten).

1.5.2 Funktionen des Geldes

Aus makroökonomischer Sicht ist der Geldmarkt der Handelsplatz, auf dem Zentralbankgeld und Geldmarktpapiere gehandelt werden. Zum einen stellt sich die Frage, warum Haushalte und Unternehmen Geld halten. Zum anderen wird das Geldmarktangebot vom Bankensystem bereitgestellt. Dabei wird unterschieden zwischen
- der Ausgabe von Zentralbankgeld (in Europa durch die Europäische Zentralbank, kurz EZB; in den USA durch das Federal Reserve System, kurz FED; in China durch die People's Bank of China, kurz PBoC bzw. Zhōngguó Rénmín Yínháng) und
- dem Zusammenwirken der Zentralbank mit den Geschäftsbanken, ein zentrales Element der Entstehung eines Geldmarktangebots.[23]

Angebot und Nachfrage bilden sich über den Geldmarktzins.

Bedeutsam sind die Auswirkungen der sog. Geldpolitik auf das gesamtwirtschaftliche Geschehen. Unseriöse Geldmarktpolitik kann z. B.
- inflationäre Gefahren von der Nachfrage- oder der Angebotsseite hervorrufen,
- das Wachstum stören (temporäre und quantitative Liquiditätsmängel),
- die Schulden eines Landes herauffahren (Interventionen des Staates in die Geldmarktordung) und auf diesem Weg das Entwicklungspotential und das soziale Gleichgewicht eines Landes stören.

Was aber versteht der Ökonom unter dem Begriff Geld? Es handelt sich um ein spezielles Wirtschaftsgut, das
- allgemein als Tausch- bzw. Zahlungsmittel,
- als Recheneinheit und
- als Wertaufbewahrungsmittel

akzeptiert wird (vgl. Abb. 13).

Dabei stellt sich die Frage, warum Geld als Wirtschaftsgut gehandelt wird. Die Teilnahme am Geldmarkt beruht auf unterschiedlichen Motiven:

Während die Unternehmen und Geschäftsbanken den Geldmarkt nutzen, um kurzfristig größere Geldsummen anzulegen bzw. auszuleihen, versucht eine Zentral-

---

23 Vom Kapitalmarkt unterscheidet sich der Geldmarkt durch eine kürzere Fristigkeit der Kapitalüberlassung. Die Grenze zwischen beiden Märkten wird in der Regel bei Fristigkeiten von einem oder zwei Jahren gezogen.

Zahlungsmittel	Recheneinheit	Wertaufbe-wahrungsmittel
Geld erleichtert den Tausch von Waren	Güterwerte können in Bezugsgrößen ausgedrückt und verglichen werden	Erwerb und Ausgabe des Geldes können zeitlich divergieren
Finanztrans-aktionen, bspw. Kredit-vergaben sind möglich	Geld dient als Wertmaßstab	Möglichkeit des Sparens ist gegeben

Vorausgesetzt wird, dass der Gegenstand, welcher als Geld verwendet wird, **allgemein akzeptiert**, **gut teilbar** und **wertbeständig** ist

Abb. 15: Geldfunktionen im Überblick
Quelle: Eigene Darstellung nach Europäische Zentralbank (Hrsg.), versch. Jhg

bank, die Geldschöpfung und Kreditvergabe der Geschäftsbanken und durch sie die privaten Haushalte und den Staat zu beeinflussen. Sie möchte damit die definierten geldpolitischen Ziele erreichen und die Stabilität des Finanzsektors sichern. Der Staat gewährleistet durch die Existenz einer Zentralbank, dass der Wachstumsprozess in einer Volkswirtschaft von der Geldmarktseite her sichergestellt wird. Der Geldmarkt ist ein wichtiges Instrument zur Steuerung des Liquiditätsrisikos, wobei Geldmarktaktivitäten auch Liquiditätsrisiken begründen können. So sind Marktteilnehmer grundsätzlich immer einem Ausfallrisiko ausgesetzt. Außerdem resultiert aus Geldmarktaktivitäten ein Zinsänderungsrisiko.

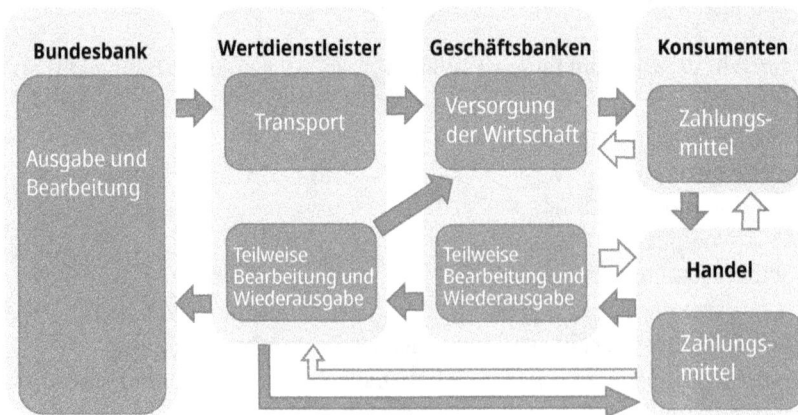

Abb. 16: Die Versorgung der Wirtschaft mit Geld
Quelle: Eigene Darstellung nach Deutsche Bundesbank 2010, S. 27

1.5.3 Der Geldmarktmechanismus

Die gesamtwirtschaftliche Geldnachfrage ist ein Spiegelbild der gesamtwirtschaftlichen Entwicklung eines Landes oder eines Währungsgebietes (z. B. Euro-Raum).

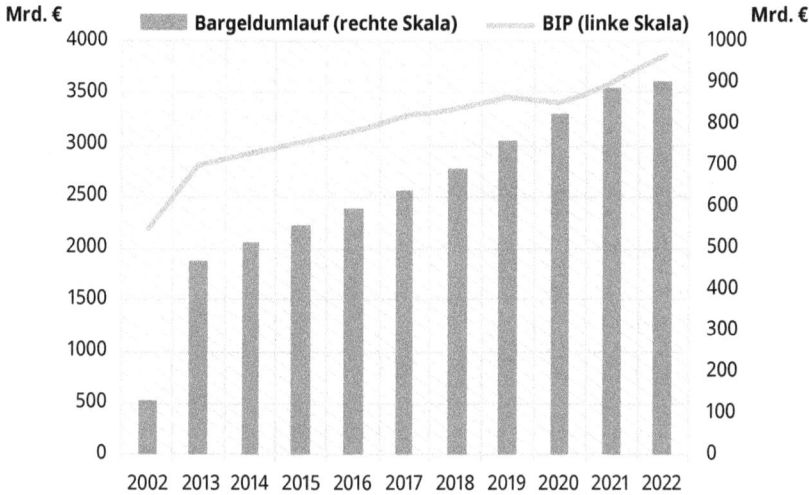

Abb. 17: Der Zusammenhang von Wirtschaftsleistung und Geldnachfrage am Beispiel des Bargeldumlaufs in Deutschland
Quelle: Vgl. Deutsche Bundesbank 2023, S. 4.; DESTATIS (HRSG.): Statistisches Jahrbuch, versch. Jhg

Technisch betrachtet unterscheidet man zwischen dem Transaktionsmotiv und dem Spekulationsmotiv.

Um die täglichen Transaktionen durchführen zu können, benötigen Haushalte, Unternehmen und der Staat Geld bzw. Zahlungsmittel. Der Umfang der Transaktionen ist aufs Jahr gerechnet höher als die Wirtschaftsleistung selbst, da auch für Vorprodukte und Halbwaren Zahlungsvorgänge anfallen. Wenn die Wirtschaftssubjekte für die Transaktionen Liquidität in Form von Bargeld oder Sichtguthaben (= Geld) vorhalten, entstehen ihnen Opportunitätskosten, da sie ihr Geld auch Ertrag bringend anlegen könnten.

Die Höhe des Einkommens der Marktteilnehmer bestimmt das Halten der Transaktionskasse.

$$L^d Tr = f(Y) \text{ (Verhaltensgleichung)}$$

In Abb. 18 wird die Nachfrage nach der Transaktionskasse verdeutlicht und zwar in Abhängigkeit vom Zins(i). Die Geldnachfrage aus dem Transaktionsmotiv bleibt für ein gegebenes Einkommen konstant. Die Zahlungsgewohnheiten selbst verändern sich mit der Einkommenshöhe in der Volkswirtschaft.

Ein anderes Motiv der Geldhaltung besteht in dem der Spekulation, wenn nämlich Vermögen in Form von Geld gehalten wird. Das Geld ist in diesem Kontext kein Bestandteil der gesamtwirtschaftlichen Zahlungsströme. Gründe für die Nachfrage nach Geld aus dem Spekulationsmotiv können sein:

- Preisveränderungen: In Erwartung von Preissenkungen für Anlagegüter (Gebäude, Maschinen) werden Investitionen in die Zukunft verschoben, da man dann mit höheren Erträgen rechnet. Es empfiehlt sich das Geld (in Termineinlagen) zu parken, z. B. in Erwartung sinkender Baupreise.
- Zinsveränderungen: Ist der Zins für kurzfristige Anlagen nur unwesentlich geringer als für langfristige oder sogar höher (sog. inverse Zinsstruktur[24]), dann nimmt die Geldhaltung aus dem Spekulationsmotiv zu.

Dabei ist zu beachten, dass L^d_{Spek} gehalten werden kann,

- wenn das Einkommen die regelmäßigen Ausgaben übersteigt,
- wenn die Marktteilnehmer künftige Preisentwicklungen als wesentliche Größe ihrer Entscheidungen mit einbeziehen.

Im Ergebnis ist das Halten von Geld aus dem Spekulationsmotiv, anders als das aus dem Transaktionsmotiv, abhängig vom Zins (i):

$$L^d_{Spek.} = f(i)$$

Die von einer Zentralbank zur Verfügung gestellte Zentralbankgeldmenge ist die monetäre Basis, manchmal auch M_0 genannt. Die Marktteilnehmer (hier sog. Nichtbanken) benötigen Zentralbankgeld aufgrund der Geldfunktionen.

Um die monetäre Basis bereitzustellen, stehen einer Zentralbank im Wesentlichen verschiedene Möglichkeiten zur Auswahl:

- Die Zentralbank wechselt ihre eigenen Bargeldbestände in ausländische Währungen. Beim Erwerb von Fremdwährungen gelangt das eigene Geld in Umlauf; beim Verkauf von Fremdwährungen fließt das Geld zurück in die Zentralbank und ist zunächst einmal dem Wirtschaftskreislauf entzogen.
- Die Zentralbank kauft oder verkauft inländische oder ausländische Wertpapiere. Beim Erwerb von Wertpapieren erhöht sich die monetäre Basis; beim Verkauf

---

24 Zum Beispiel rentieren sich festverzinsliche Wertpapiere mit langer Restlaufzeit in der Regel mehr als Papiere mit kürzerer Restlaufzeit. Ist das Gegenteil der Fall, spricht man von einer inversen Zinsstruktur. Dann werden für die Zukunft deutlich fallende Zinsen erwartet, weshalb die Anleger eher in langlaufende Papiere investieren, um sich die höheren Zinsen zu sichern. Dieser Fall gilt als Vorbote von Rezessionen, da sich dieser Zusammenhang empirisch häufig beobachten lässt.

verringert sich. Ein Handel mit Wertpapieren in fremden Währungen wird in Europa als Offenmarktpolitik bezeichnet.[25]

– Die Offenmarktgeschäfte des Eurosystems basieren besonders auf den sog. Wertpapierpensionsgeschäften (Repro-Geschäfte). Die Zentralbank nimmt Wertpapiere der Geschäftsbanken für eine befristete Zeit „in Pension" und vergibt den Geschäftsbanken im Gegenzug für die Zeit ein Darlehn, wofür diese einen Repro-Zins zahlen müssen. Diese befristeten Transaktionen sind das wichtigste Offenmarktinstrument des Eurosystems.

– Die Zentralbank leiht gegen Zins Geld an Banken aus. Bei einem niedrigen Zins fragen die Geschäftsbanken tendenziell mehr Zentralbankgeld nach als bei einem hohen Zinssatz. Draus folgt: Je höher der Zinssatz der Zentralbank, desto weniger Geld kommt in den Geldschöpfungsprozess der Geschäftsbanken.

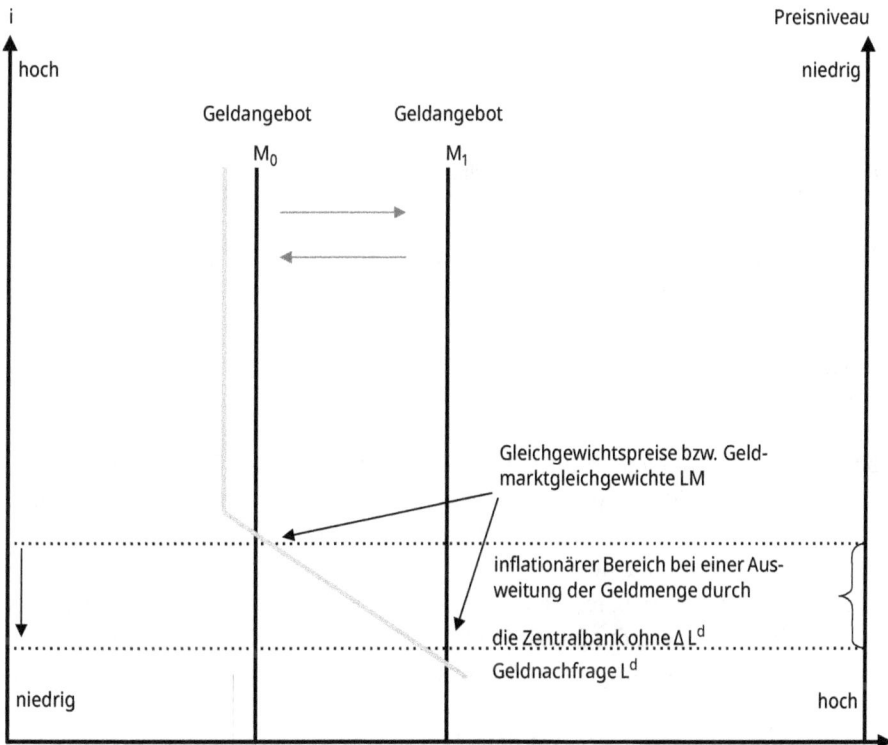

Abb. 18: Auswirkungen einer Änderung des Geldmengenangebots durch die Zentralbank bei gleichbleibender Geldnachfrage

---

25 Die technischen Details der Umsetzung der Offenmarktpolitik in sog. Tenderverfahren kann in der nachfolgend genannten Publikation der Bundesbank nachgelesen werden: http://www.bundesbank. de/download/ezb/publikationen/ezb_publication_geldpolitik_05.pdf.

Im Mittelpunkt der öffentlichen Wahrnehmung, bzw. an den Kapitalmärkten stehen die sog. Leitzinsen einer Zentralbank mit der das Geldangebot gesteuert wird.

Abb. 19 zeigt u. a. auch den potentiellen Einfluss des von Geldmarktes, eine Geldpolitische Maßnahme einer Zentralbank sowie Auswirkungen auf die Entwicklung des Preisniveaus in einer Volkswirtschaft.

Änderung der Leitzinsen durch die Zentralbank:	↓ Senkung	↑ Erhöhung
Refinanzierung der Banken:	↓ günstiger	↑ teurer
Zinsen für die Kunden:	↓ sinken	↑ steigen
Kreditnachfrage durch Nichtbanken:	↑ steigt	↓ sinkt
Investitions- und Konsumgüternachfrage im Inland: (Annahme: gleichbleibendes Angebot)	↑ steigt	↓ sinkt
Preise (Preisniveau):	↑ steigen	↓ sinken

Abb. 19: Auswirkungen von Leitzinsänderungen durch die Zentralbank
Quelle: Vgl. Deutsche Bundesbank 2010, S. 103

Abb. 20 zeigt die Situation im internationalen Vergleich, wobei für die Eurozone nur der besonders wichtige Hauptrefinanzierungszinssatz für Offenmarktgeschäfte dargestellt wird. In Tabelle 4-2 werden die EZB-Zinssätze differenziert aufgelistet.

Zinssätze der Zentralbanken

Nachdem die Zentralbank die monetäre Basis geschaffen hat, muss das Geld seiner eigentlichen Verwendung (vgl. Funktionen des Geldes) zugeführt werden, und zwar mit Hilfe des öffentlichen und privaten Systems an Kreditinstituten (Bankensystem).

Die Geldmenge ergibt sich aus dem Zentralbankgeld als Resultat des Geldschöpfungsprozesses. Die Schaffung neuer Bankeinlagen durch die Geschäftsbanken und damit die Vergrößerung der Geldmenge ist nur möglich, wenn diese über einen entsprechenden Bestand an Zentralbankgeld verfügen.

Das Geschäftsbankengeld: Mit Ausnahme des Bargeldes ist das von den inländischen Nicht-Banken gehaltene Geld Geschäftsbankengeld.

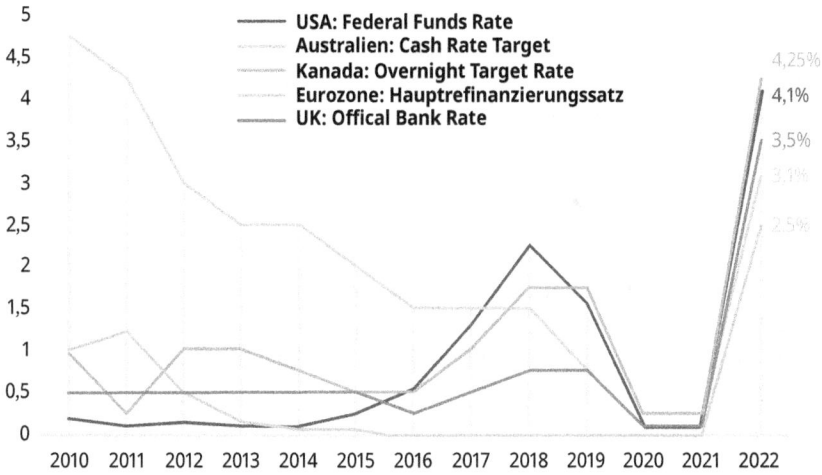

Abb. 20: Zinssatzveränderungen wichtiger Währungsräume durch die jeweiligen Zentralbanken
Quellen: Vgl. Zentralbanken; Stand Ende März 2023

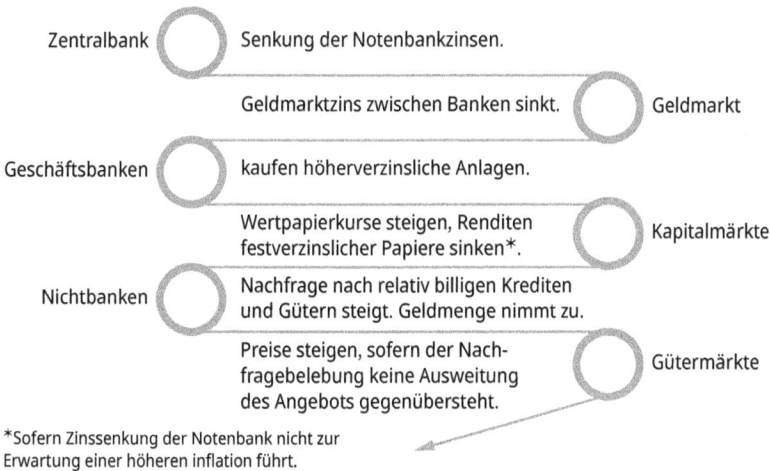

*Sofern Zinssenkung der Notenbank nicht zur
Erwartung einer höheren Inflation führt.

Abb. 21: Die Transmission geldpolitischer Impulse durch die Zentralbank
Quelle: Vgl. DEUTSCHE BUNDESBANK 2010

Im Verhältnis zwischen dem einzelnen Bankkunden und dem jeweiligen Kreditinstitut ist ein Bankguthaben eine Forderung des Kunden gegen die Bank. Der Inhalt dieser Forderung besteht darin,

- dem Kunden auf Wunsch Bargeld (Zentralbankgeld) zur Verfügung zu stellen oder
- die Forderung auf Aufforderung des Kunden ganz oder teilweise zu einer anderen Bank zu transferieren.

Guthaben bei den Kreditinstituten von Nichtbanken stellen einen Anspruch auf Auszahlung dar. Dennoch beträgt das Geschäftsbankengeld ein Vielfaches des von der Zentralbank in den Wirtschaftskreislauf eingespeisten Geldes.

Das Geldangebot wird annahmegemäß unabhängig vom herrschenden Zins festgelegt. Ein solches Verhalten der Zentralbank mag zunächst unrealistisch klingen, dabei ist aber zu berücksichtigen, dass der Zins am Geldmarkt erst das Ergebnis des Geldangebots der Zentralbank und der Geldnachfrage durch die sonstigen Marktteilnehmer darstellt. Der Hintergrund dafür ist, dass die Zentralbank ex ante den Zins am Markt nicht kennt und deshalb ihr Geldangebot nach bestimmten Kriterien oder Zielsetzungen aufstellt, um die Geldwertstabilität zu sichern. Eine Orientierungsgröße ist dabei die sog. Quantitätsgleichung oder Verkehrsgleichung, die besagt, dass das Produkt aus Geldmenge (M) und Geldumlaufgeschwindigkeit (V) gleich dem Produkt aus Handelsvolumen (T) und Preisniveau (P) ist.

Die linke Seite (M x V) dokumentiert die Geldzahlungen, die für den Kauf von Gütern und Dienstleistungen in einer Volkswirtschaft benötigt werden, der rechte Teil der Gleichung (P x Y) spiegelt den Wert der produzierten Güter respektive das nominale Bruttoinlandsprodukt wider.[26]

$$M * V = P * Y$$

M = Geldmenge (durchschnittlich umlaufende Menge an Geld innerhalb einer Periode)

V = Umlaufgeschwindigkeit oder Einkommenskreislaufgeschwindigkeit (gibt an, wie oft eine Geldeinheit in einer Periode im Durchschnitt zur Zahlung des Einkommens verwendet wird).

P = Preisniveau (stellt den Durchschnittspreis der Güter und Dienstleistungen dar)

Y = Gesamtproduktion (Output)

Für die Geldangebotsseite ist dabei die folgende Überlegung bedeutsam: Angenommen, die Geldmenge steigt bei konstanter Umlaufgeschwindigkeit, dann kann sich bei unterausgelasteten Kapazitäten die Menge der produzierten Güter erhöhen, weil die Nachfrage angeregt wurde. Sind die Kapazitäten bereits ausgelastet, dann folgt eine Preissteigerung, da die hohe Nachfrage auf ein konstantes Güterangebot trifft. Eine Geldmengeninflation tritt auf.

---

26 Eine Differenzierung stellt die sog. Cambridge-Gleichung dar. Danach entspricht das Geldangebot dem Produkt aus nominalem Volkseinkommen (P x Y) und durchschnittlicher Kassenhaltungsdauer (k): M = k x P x Y wobei V = 1/k ist. V entspricht dabei dem Kehrwert der hier verwendeten durchschnittlichen Kassenhaltungsdauer (k). V gibt die Umschlagshäufigkeit einer Geldeinheit innerhalb einer Periode an, k gibt die Dauer an, die eine Geldeinheit von einem Marktteilnehmer gehalten wird. Ersetzt man nun in der Cambridge-Gleichung die Kassenhaltungsdauer durch die Umlaufgeschwindigkeit, erhält man nach Umstellen die ursprüngliche Verkehrsgleichung.

Kernaussagen der Verkehrsgleichung sind,
- dass eine Veränderung des Geldangebots (M) eine proportionale Veränderung des Preises zur Folge hat,
- und dass die Geldmenge das nominale Einkommen (P x Y) determiniert.

Sinkt die Geldmenge bei konstanter Umlaufgeschwindigkeit, hat dies einen Nachfragerückgang zur Folge, was für die Unternehmen Umsatzrückgänge und Lagerbildung bedeutet und schließlich zu Preissenkungen führen kann.

1.5.4 Zentralbanken und Staatsschulden

Geoökonomisch betrachtet ist die Zentralbank nicht nur ein Regelwerk, das für den jeweiligen Währungsraum wirksam ist. Nach außen kann die Zentralbank von großen Wirtschaftsräumen einen indirekten Einfluss auf das Wirtschaftsgeschehen im Ausland nehmen.

Nach innen gerichtet war die Entscheidung der Gestaltung einer Zentralbank bzw. ihre Zuständigkeiten und Unabhängigkeit von Staat stets ein Politikum.

Während die Erfahrungen mit Deflation und Hyperinflationen in einigen Teilen der Welt dazu geführt haben, dass die Zentralbanken – meist nach erbitterten Auseinandersetzungen in Politik und Wissenschaft – unabhängig wurden (USA 1913, Deutschland 1957, Großbritannien 1992, Länder der europäischen Währungsunion 1998) und immer noch sind, geht man in anderen Ländern einen anderen Weg (China, Indien (mit Einschränkungen)) und unterstellt sich den Primat der Politik. Kritiker einer Unabhängigkeit führen an, dass regierungsunabhängige Zentralbanken keiner genügenden demokratischen Kontrolle unterliegen und die Wirtschaftspolitik einer Regierung auch konterkarieren könnte.

Sie haben zwar im Einzelnen sehr unterschiedliche Zusatzfunktionen; ihre Hauptfunktion ist aber stets die Versorgung der Wirtschaft mit Zahlungsmitteln und die Sicherung der Preisniveaustabilität. Was Preisniveaustabilität konkret bedeutet, d. h. welche Höhe an Inflation noch toleriert wird, unterliegt dabei ebenfalls unterschiedlichen Auffassungen und differiert auch zwischen den zugrundeliegenden Modellen.

Unabhängige Zentralbanken sollen vor allem eine Politik der Einflussnahme staatlicher Akteure und deren Politik auf eine Finanzierung von Ausgaben einer Volkswirtschaft, die über die derzeitige Leistungsfähigkeit dieser verhindern. Konkret meint dies, dass bei nicht-unabhängigen Zentralbanken:
- eine Regierung diese zu einer erhöhten Geldemission veranlassen könnte, um Staatsausgaben bzw. Staatsverschuldung, die aus ideologischen oder kurzfristig polit-strategischen Gründen getätigt werden sollen, zu finanzieren.

- eine Regierung versuchen kann, sich gezielt zu entschulden, wenn z. B. die Staatsverschuldung vorrangig auf langläufigen und festverzinslichen Wertpapieren beruht, welche durch dann durch eine Inflation real entwertet, werden würden.
- eine Regierung versucht, vorübergehend die realen Löhne durch einen Anstieg des Preisniveaus zu senken, um zu einer vermeintlichen Kostenentlastung für die Unternehmen zu gelangen, die z. B. vor Wahlen einen Boon am Arbeitsmarkt auslösen kann (sog. Philipskurven-Diskussion).

Diese Möglichkeiten entstammen gleichwohl nicht einer abstrakten theoretischen Diskussion, sondern basieren auf Erfahrungen des Verhältnisses von Zentralbanken und den Regierungen vieler Länder in den letzten 150 Jahren.

Beispielsweise war die Gründung der europäischen Zentralbank Ende der 90er Jahr des 20. Jh. mit dem Problem konfrontiert, dass die einzelnen Mitgliedsstaaten sehr unterschiedlichen Zentralbank-Historien aufwiesen. Während die südeuropäischen Staaten sowie Frankreich eher einer „Politik des leichten Geldes" zugeneigt waren, was sich in allgemein höheren Inflationsraten nach dem Zweiten Weltkrieg zeigte, waren Deutschland, Österreich, die Niederlande, Luxemburg und Schweden eher Vertreter einer restriktiven Geldmarktpolitik mit geringerer Inflation. Schwerer wog allerdings, dass die Staaten realwirtschaftlich teilweise ehebliche Unterschiede aufwiesen. Im Rahmen der sog. Griechenlandkrise (ab 2010) wurde dann auch bekannt, dass die Wirtschaftsdaten, welche Voraussetzung zur Aufnahme eines Landes zur Euro-Zone widerspiegeln, teilweise von staatlichen Akteuren manipuliert gewesen waren.

Neben der Wahrnehmung von Vorteilen für jedes einzelne Mitgliedland in einer Währungsunion, bei der Wechselkurse im Zahlungsverkehr keine Rolle mehr spielen würden, war die geopolitische Bedeutung recht groß:
- Die nach der Wiedervereinigung wirtschaftlich und demographisch erheblich gewachsene Bundesrepublik, gab mit der Aufgabe der Deutschen Bundesbank und der DM als de facto wichtigste Zentralbank und Leitwährung wirtschaftlichen Einfluss ab, um das politisch-ökonomische Gleichgewicht in der EU, welches nach dem 2. Weltkrieg entstanden war, nicht zu gefährden.
- Mit einem zweiten großen Währungsraum sollte der US-$ seine geopolitische Exklusivstellung auf den Währungsmärkten aufgeben, zumindest aber relativieren.
- Die osteuropäischen Staaten, die gerade erst aus der politischen Vereinnahmung der Sowjetunion entlassen worden waren, sollten eine politisch-ökonomische Anbindung an die EU erfahren, indem ihnen zunächst die EU-Mitgliedschaft und mittelfristig die Aufnahme in die

In der Eurozone hat man den Beitritt und den Verbleib im Euroraum 1997 an Kriterien geknüpft, deren Nichteinhaltung nach einer gewissen Zeit sanktioniert werden sollen, um ein nachhaltigeres Ausgabeverhalten der Mitgliedsstaaten, bzw. eine gemäßigtere Finanzpolitik zu erzwingen, um solide aufgestellte öffentliche Haushalte si-

cherzustellen. So wurden im Maastrichtvertrag u. a. Kriterien festgelegt, die dauerhaft erfüllt sein sollen, wenngleich bestimmte Krisen auch temporär begrenzte Ausgaben erlauben:
– Das öffentliche Defizit darf nicht mehr als 3 Prozent des BIP betragen.
– Der öffentliche Schuldenstand darf nicht mehr als 60 Prozent des BIP betragen.
– Die Inflationsrate darf maximal 1,5 Prozent über jener der drei preisstabilsten Mitgliedstaaten des Vorjahres liegen.

Die Hoffnungen, ein solches Regelwerk würde in Europa die Staatsverschuldung begrenzen, haben sich nur bedingt erfüllt, weil mögliche Sanktionen nicht durch die Zentralbank, selbst, sondern von der EU-Kommission, also von der politischen Ebene ausgesprochen werden müssten, die sich wiederum nicht primär der EZB verpflichtet sieht und eher politische Ziele der Mitgliedstaaten verfolgt.

Grundsätzlich steht dahinter die Überzeugung, dass Geld in der Zeit seine Funktionen nur erfüllen kann, wenn die Wirtschafts- und Finanzpolitik eines Landes nicht losgelöst von den Anforderungen an stabiles Geld betrieben werden kann. Es gibt auch in jüngster Zeit wenig Erfahrungen dazu aus Industrieländern (Griechenland, Argentinien), ab welchem konkreten Verschuldungsgrad ein Land „überschuldet" ist, so dass das heimische Währungssystem und damit die Geldversorgung Gefahr laufen würden, zusammenzubrechen. Ursächlich dafür ist,
– dass die Verwendung der Schulden variieren kann (konsumtive und investive Ausgaben) und
– dass die strukturellen Perspektiven von einzelnen Volkswirtschaften sehr unterschiedlich sein können für ein zukünftiges Wirtschaftswachstum (z. B. Teilnahme an der internationalen Arbeitsteilung oder Neo-merkantilistische Abschottung).

Entscheiden darüber, ob ein Land überschuldet ist und damit z. B. keine neuen internationalen Kreditlinien bereitgestellt bekommt, tun in letzter Instanz internationale Investoren und Kreditinstitute, also ein dezentrales System, auf das ein einzelner Staat naturgemäß nur wenig Einfluss haben kann. Genau dieser Kontext wird von Globalisierungs- und Kapitalismuskritikern häufig bemängelt, weil damit eine gewisse Handlungsunfähigkeit des Staates einhergehen würde. Allerdings darf man auch nicht außer Acht lassen, dass ein solches System eigentlich disziplinierend auf Staaten wirken müsste, es mit dem Schuldenmachen nicht zu übertreiben (Langhammer 1987, 105–117; Sinn 2020, 572–576).

2024 entschied der Ministerrat der EU eine Reform des Stabilitäts- und Wachstumspaketes von 1997. Die sogenannten Konvergenzkriterien, wie oben angeführt, grundsätzlich weiterhin Bestand haben, aber in Zukunft sollen die individuelle Lage von Ländern stärker berücksichtigt werden. Die für die Aufsicht zuständige EU-Kommission soll etwa bei einem Übergangszeitraum bei der Berechnung der Anpassungsanstrengungen den Anstieg der Zinszahlungen berücksichtigen können. Wenn zukünftig Migliedstaaten Reform- und Invesitionspläne vorlegen, wie die die Widerstandsfähigkeit der Länder und das Wachstumspotenzial verbessern sollen, kann auch der Zeitraum zur Schuldenverringerung verlängert werden. Damit sind nicht mehr die Schulden an sich entscheidend, wohl aber die Qualität und der Zweck der Verschuldung. Ferner sollen Länder mit einem Schuldenstand von über 90 % ihre Schuldenquote jährlich nur um 1 % senken müssen, Länder mit Schulden ständen zwischen 60 und 90 % sogar nur um 0,5 % Punkte. Problematisch. Bei diesem neuen Regelwerk eröffnet die so qualitative Betrachtung von Schulden allerdings kaum noch Möglichkeiten, Sanktionen glaubhaft auszusprechen. (Bundesministerium der Finanzen, Monatsbericht 5/2024)

Einige Staaten auf der Erde werden sich mit hoher Wahrscheinlichkeit ihren Schuldendienst nicht leisten können, weil die Belastung nachkommender Generationen zu hoch wäre. So hoffen einige von Ihnen auf einen Schuldenerlass, was in den Gläubigerländern natürlich die eigene Schuldenlast erhöht. Andere versuchen durch Steuererhöhungen die Lasten auf die jetzt Steuerpflichtigen Personen zu verlagern.

Von Zeit zu Zeit wird deshalb ein Schuldenerlass diskutiert und auch durchgeführt, wobei einige Länder sich schon mehrmals – trotz eines Schuldenerlasses in der Vergangenheit – neu hoch verschuldet haben. Entwicklungsökonomisch diskutiert dabei auch ein sog. moral hazard, also das bewusste Zulassen einer (Schulden-)Krise in der Gewissheit, dass die Weltgemeinschaft (also die Steuerzahler anderer Länder) die Schulden übernehmen werden. Gleichwohl kann man ein solches Verhalten nicht allen hoch verschuldeten Staaten unterstellen.

Einige Staaten versuchen auch seit längerem, Schulden systematisch zu sozialisieren und somit den Kreis der Schuldner zu vergrößern, um
– wieder kreditfähig am internationalen Kapitalmarkt zu werden oder
– bestehende Regelwerke zu unterwandern, weil man sie politisch nicht (mehr) mittragen will, die Vorteile aber weiterhin genießen möchte.

Ein Beispiel dafür die der Wunsch zu Ausgabe von sog. Eurobonds im Euroraum. Würden diese eingeführt, dann würden hochverschuldete Staaten mit schlechter Bonität, die eigentlich hohe Zinsen für neue Schulden zahlen mussten, entsprechend weniger zahlen. Länder, die geringer Schulden haben, mit entsprechend guter Bonität auf den Kapitalmärkten, müßten entsprechend höhere Kreditzinsen zahlen. Begründen könnte man dies mit einem allgemeinen Solidaritätsanspruch in einer Währungsunion, unterschiedlicher Resilienz auf Krisen der Konjunktur oder sog. exogenen Schocks.

1.5.5 Wechselkurssysteme

Ein Wechselkurssystem regelt, wie Währungen getauscht werden können. Dies kann notwendig werden, wenn der Güteraustausch zwischen Wirtschaftsräumen getätigt werden muss, die unterschiedliche Währungen hervorgebracht haben und die möglicherweise unterschiedliche wettbewerbsfähig sind.

Eine Voraussetzung dafür, dass ein Land uneingeschränkt an solchen Austausch-prozessen teilnehmen kann, ist die Konvertibilität der eigenen Währung, die wie-derum auch auf dem Funktionieren des Geldmarktsystems eines Landes beruht. Be-steht diese Konvertibilität nicht, muss das Land seine Zahlungen im Güterhandel meist mit Fremdwährungen zahlen (meist US- oder Euro). Unterschieden werden dabei:

- Innere Konvertibilität: Die eigene Währung kann nur bedingt gegen eine fremde Währung eingetauscht werden. Die Zentralbank stellt dann nur so viel Fremd-währungseinheiten für Auslandskäufe zur Verfügung, wie sie durch den Devisen-tausch einnimmt.
- Volle Konvertibilität: Geld bzw. Devisen können untereinander zum geltenden Kurs frei gehandelt werden. Jeder Besitzer von Devisen oder Zahlungsmitteln hat das Recht, diese unbeschränkt ohne Rücksicht auf den Verwendungszweck gegen andere in- oder ausländische Zahlungsmittel umtauschen zu können. Die Konver-tibilität kann beschränkt werden, z. B. zu Ungunsten des Inlands oder zu Unguns-ten des Auslands oder bzgl. des Verwendungszwecks.

Uneingeschränkte Konvertibilität haben nur wenige Staaten realisiert. Die meisten Entwicklungsländer sind dazu noch nicht in der Lage.

Hinsichtlich der Wechselkurse Es existieren zwei Hauptsysteme:
- Flexible Wechselkurse (*floating*):
  In diesem System bildet sich der Wechselkurs auf den sog. Devisenmärkten als Gleichgewichtspreis zwischen Devisenangebot und –nachfrage. Die Zentralbank kann dabei den Wechselkurs nicht steuern.
- Feste Wechselkurse:
  In diesem System wird der Kurs durch den Staat oder die Zentralbank festgelegt. Da sich kein freier Kurs bildet, ist die Zentralbank häufig gezwungen, eine (künst-liche) Auf- oder Abwertung vorzunehmen, weil die Notenbank de facto verpflich-tet wird, jedes Devisenangebot oder jede Devisennachfrage zu befriedigen.

Umstritten ist in der Politik wie in der Wissenschaft die Frage nach der zweckmäßigs-ten Form eines Wechselkurssystems. Die meisten Länder präferieren feste Wechsel-kurse, um den Einfluss des Staates auf die Währungspolitik möglichst groß zu halten und nicht an den Weltmarkt zu delegieren. Je nach politischer Zielsetzung und ökono-mischer Gegebenheit versuchen sie, den Wechselkurs der eigenen Währung einmal unter dem Marktkurs, einmal oberhalb des Marktkurses zu halten. Ein künstlich hoch gehaltener Wechselkurs gegenüber den Welthandelswährungen Dollar, Euro und Yen begünstigt den Einkauf von Waren auf den Weltmärkten, sofern in der Landeswährung fakturiert werden kann. Ein niedrig gehaltener Wechselkurs hilft hingegen dem Export.

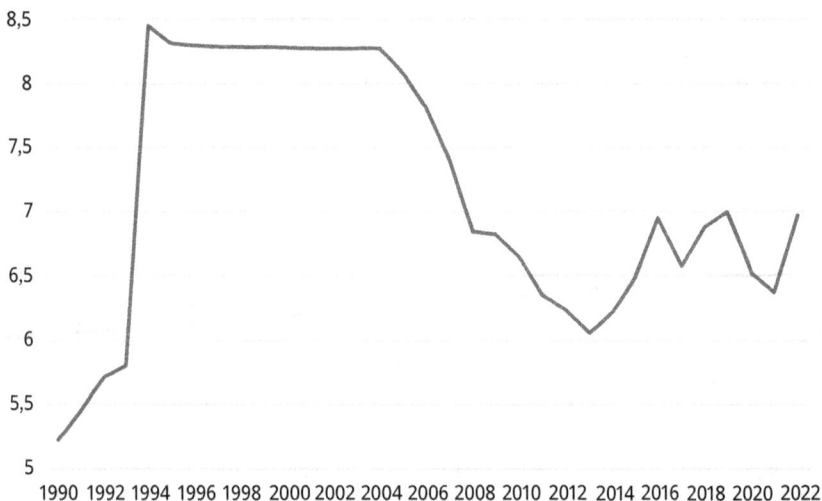

Abb. 22: Kursentwicklung des US-Dollar zum chinesischen Renminbi
Quelle: Vgl. IMF; Federal Reserve Bank of St. Louis

Flexible Wechselkurse gelten für die meisten liberalen Ökonomen als das beste Instrument, die komparativen Kostenvorteile bei der Produktion von Gütern und anschließendem Handel zur Geltung kommen zu lassen.

Auf- und Abwertungen der eigenen Währung sind dabei immer realer Ausdruck von wirtschaftlicher Gesundung oder Schwächung. Einflussfaktoren sind z. B.:
- Struktur und Menge der Warenimporte und –exporte eines Landes (Außenhandelsbilanz)
- Inflationsentwicklung
- politische Erwartungen
- Zinsniveauentwicklung
- Spekulationen.

Wichtige Modifikationen sind:
- quasi feste Wechselkurse: Hierbei werden Kursschwankungen in bestimmten Grenzen toleriert, ohne dass die Zentralbank einschreitet und die Währung auf- oder abwertet (z. B. ECU-System als Vorläufer der heutigen Euro-Währung)
- *currency boards*: Hierbei versucht ein (Entwicklungs-)Land, Währungsstabilität eines anderen Landes zu importieren. Es bindet die eigene Währung zu einem bestimmten Prozentsatz (idealerweise zu 100 %) an eine sog. Hart-Währung. Das Land verpflichtet sich dabei, inflationsunabhängig gegenüber jedem Bankkunden jederzeit die heimische Währung in Hart-Währung umzutauschen. Allerdings muss das Land dann auch alle Auf- und Abwertungen der Hart-Währung mitma-

chen. Dennoch schafft eine solche Währungspolitik Vertrauen für ausländische Investoren, im Land zu investieren (z. B. Währungen der baltischen Länder).

Außerhalb des Euro-Raums gilt für die teilnehmenden europäischen Volkswirtschaften das System der flexiblen Wechselkurse, indem sich die Gütermärkte behaupten müssen. Die Dynamik der Veränderung auf den Gütermärkten wird zunächst durch die Nachfrage belebt, der dann angebotsseitig immer neue Güter mit höherem Spezialisierungsgrad folgen müssen. Der hier beschriebene Mechanismus läuft auf den Devisenmärkten wie folgt ab:

Die Nachfrage nach Gütern aus dem Euro-Raum (z. B. Deutschland) entspricht einer Nachfrage nach Euro-Währung durch die Käufer (z. B. USA). Die Amerikaner müssen zunächst Euro erwerben, um anschließend das Gut auch in Euro kaufen zu können (Abb. 23 zeigt den umgekehrten Fall!). Tun dies viele Wirtschaftssubjekte, d. h. mehr als in der Vorperiode, steigt die Nachfrage nach Euro und löst neue Knappheiten auf den Devisenmärkten aus; der Euro ist jetzt begehrter geworden, weil die Nachfrage nach Gütern aus dem Euroraum gestiegen ist. Werden die exportfähigen Produkte aus Europa (hier Deutschland) für einen längeren Zeitraum nachgefragt, kann das produzierende Euro-Land jetzt nur noch zu einem ungünstigeren, d. h. teureren Kurs exportieren. Die Amerikaner müssen *ceteris paribus* mehr zahlen für deutsche Produkte als zuvor. Um die Wettbewerbsfähigkeit nicht zu verlieren, muss Deutschland deshalb fortwährend neue,

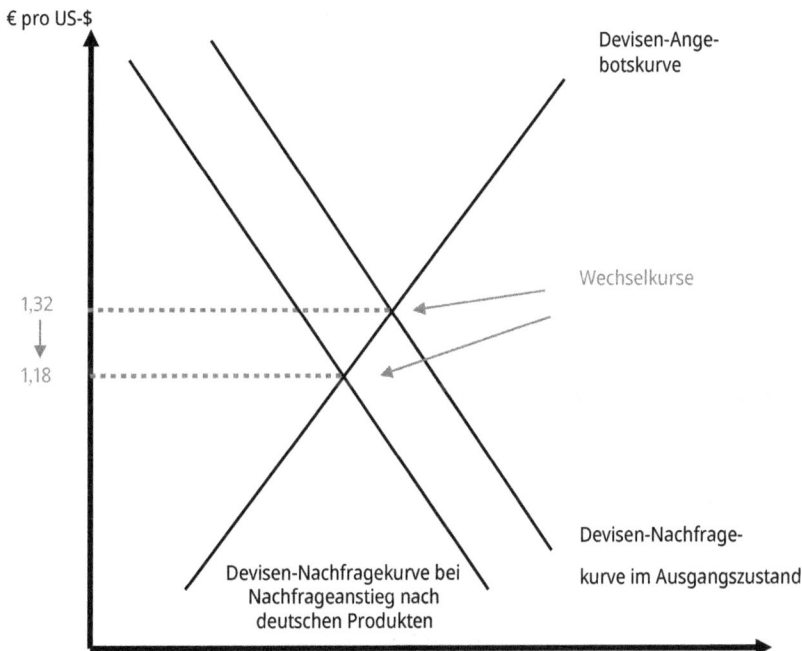

Abb. 23: Wechselkursmechanismus

hochwertige Produkte auf den Markt bringen, da die bisherigen Zug um Zug von Schwellenländern imitiert werden und zu günstigeren Konditionen angeboten werden können als aus Deutschland.

Nach der Aufgabe der Nachkriegsordnung bezüglich der Wechselkurse im sog. Bretton Woods System von 1944, bei dem die Wechselkurse bzw. Wechselkursrelationen der damals führenden Wirtschaftsnationen festgeschrieben worden waren und nur manchmal in sog. *realignments* (Neuausrichtungen) modifiziert wurden, bestehen spätestens seit 1973 zwischen den großen Wirtschaftsnationen des ausgehenden 20. Jh. flexible Wechselkurse.

In einem System flexibler Wechselkurse werden:
– Wechselkurse zwischen Währungen ständig über den Marktmechanismus angepasst (auf den Devisenmärkten);
– führen Aufwertungen der heimischen Währung zu Schwierigkeiten beim Export, weil sich der Außenwert erhöht (Verteuerung der Güter für das Ausland);
– führen Abwertungen der heimischen Währung zu Vorteilen beim Export (heimische Exportgüter werden für das Ausland erschwinglicher); das Ausland muss nun weniger zahlen für Güter aus dem Land mit dem gesunkenen Währungswert.

Im Ergebnis müssen diese Länder deren Wertung strukturell aufwertet, ihre Spezialisierung forciert vorantreiben, um nach Möglichkeit mehr preisunelastische Grüter auf den Märkten anbieten zu können, weil dadurch Preisschwankungen weniger bedeutsam werden. Umgekehrt erfolgt bei einer Abwertung der heimischen Währung eine Verminderung der Notwendigkeit zu Anpassung er Güter in der heimischen Exportwirtschaft.

Auch wenn für den Import die Vor- und Nachteile entsprechend umgekehrt existieren, so versuchen doch immer wieder Länder mit unterschiedlichen Maßnahmen (strategische Handels- und Währungspolitik) ihre Export mit einer Beeinflussung des Wechselkurses, mit dem Ziel einer künstlichen Verbilligung der heimischen Währung strategisch umzusetzen. Manchmal wird diese Politik auch begleitet durch eine strategische Industriepolitik mit dem Ziel, Importe zumindest teilweise zu substituieren (Importsubstitutionspolitik). Empirische Belege für die Nachhaltigkeit einer solchen Strategie fehlen allerdings.

Der Teil des Güterhandels, der nicht mehr unmittelbar über den Wechselkursmechanismus gesteuert wird, z. B. innerhalb der Euro-Zone, unterliegt etwas anderen Anpassungsprozessen. Hier stehen die Volkswirtschaften direkt mit den Kosten für die Produktionsfaktoren, der Inanspruchnahme für die Infrastruktur sowie ihrem Steuersystem für die Gütererzeugung im Standort-Wettbewerb. Manchmal führt das zu einem erheblichen Druck auf die Arbeitskosten eines einzelnen Unternehmens oder einer Branche sowie des herrschenden Steuersystems. Unternehmen und Politik müssen dann preisflexibel (kostenmindernd) auf eine verschärfte Wettbewerbssituation reagieren, bis ein erneuter Wettbewerbsvorteil im Strukturwandel erlangt werden kann.

Aufgrund dieser Anpassungsprobleme bei Volkswirtschaften in einem Währungsraum, die aber recht unterschiedliche Leitungsfähigkeiten aufweisen, ist als Lösung mitunter der vorübergehende Ausstieg aus dem Euroraum für das Krisenland Griechenland diskutiert worden. Mit Hilfe eines Wechselkurses hätte Griechenland theoretisch die Möglichkeit gehabt, über einer Abwertung der heimischen Währung (z. B. eine Neo-Drachme) sich wieder wirtschaftlich entwickeln und seinen Schuldenberg abbauen zu können (Sinn 2015). Aus politischen Gründen, aber auch weil die wirtschaftlichen Folgen kurzfristig unübersehbar waren, ist man diesen Weg nicht gegangen. Stattdessen haben der IWF und die EU Sonderregelungen für den Schuldendienst ermöglicht. Eine Politik, die bei Schuldenproblemen einer großen Volkswirtschaft wohl schnell an Grenzen stoßen dürfte.

Kontrollfragen

A. Bestimmen Sie die Funktionen des Geldes!
B. Wie funktioniert der Transmissionsmechanismus von einer Zinsenscheidung einer Zentralbank hin zu den Kredit- und Gütermärkten?
C. Warum sind hohe Inflationsraten (Geldentwertung) problematisch für die Entwicklung von Volkswirtschaften?
D. Warum belasten hohe Schulden(stände) infolge konsumtiver Mehrausgaben eine Volkswirtschaft mehr als investive Ausgaben?
E. Warum ist ein Schuldenerlass für arme Länder ein potenzielles Risiko für die nachhaltige Wirtschaftsentwicklung des Landes?
F. Warum könnte sich ein Land durch Abwertung der heimischen Währung wieder auf einen Entwicklungspfad hinbewegen?

1.6 Geopolitische Ansätze

In diesem Kapitel lernen Sie...
- das Konzept der Geopolitik und dessen zentrale Bestandteile – Macht, Raum und Interessen – zu verstehen;
- die Rolle geographischer Rahmenbedingungen bei der Analyse globaler politischer Ereignisse zu erkennen und diese zur Strukturierung geopolitischer Konstellationen zu nutzen;
- das Konzept der Machtpolitik und dessen Relevanz in aktuellen internationalen politischen Diskussionen einzuordnen;
- den Unterschied zwischen traditioneller und kritischer Geopolitik zu verstehen und die jeweiligen Methoden zur Analyse geopolitischer Phänomene den Unterschied zwischen traditioneller und kritischer Geopolitik zu verstehen.

In jüngerer Zeit hat der Begriff „Geopolitik" infolge der russischen Invasion der Ukraine wieder verstärkt an Bedeutung gewonnen, sowohl in wissenschaftlichen als auch in öffentlichen Diskursen. Der Terminus, lange Zeit marginalisiert, ist in seiner Bedeutung allerdings nicht eindeutig und bringt verwandte Konzepte wie Machtpolitik mit sich, die nach dem Ende des Kalten Krieges aus dem Diskurs weitgehend verschwunden waren. Die aktuelle Renaissance der Geopolitik und von Termini wie Machtpolitik erfordert eine präzise Auseinandersetzung mit diesen Schlüsselbegriffen, um ein korrektes Verständnis von Macht, Machtpolitik und geopolitischer Analyse zu fördern.

1.6.1 Das Konzept der Geopolitik: Macht und Interessen

Geopolitik, wie von Dodds (2019, 3) konzipiert, lässt sich in drei zentrale Bestandteile gliedern:
- Einfluss und Macht über Raum und Territorium: Dieser Aspekt behandelt die Frage, wie Staaten und andere Akteure Einfluss und Kontrolle über geografische Räume und Territorien ausüben.
- Verwendung geographischer Rahmen zur Einordnung globaler Ereignisse: Einsatz von Begriffen wie Einflusssphären, Blöcke, Hinterhöfe, Nachbarschaften zur Beschreibung und Analyse geopolitischer Konstellationen. Derartige Terminologien helfen dabei, die komplexe Dynamik der Weltordnung zu strukturieren und zu interpretieren.
- Zukunftsorientierung der Geopolitik: Geopolitik zielt darauf ab, Einblicke in das wahrscheinliche Verhalten von Staaten auf Grundlage ihrer beständigen Interessen zu gewähren. Die Antizipation zukünftiger Entwicklungen basiert auf einer tiefgehenden Analyse der gegenwärtigen geopolitischen Gegebenheiten.

Diese konzeptuelle Darstellung der Geopolitik unterstreicht die Notwendigkeit eines grundlegenden Verständnisses der (politischen) Geographie der Welt. Dies beinhaltet

https://doi.org/10.1515/9783110790245-006

ein Bewusstsein für die Antriebskräfte und das Verhalten von Staaten. Zur Vertiefung dieses Verständnisses kann das Konzept der Machtpolitik herangezogen werden.

Machtpolitik, als eine einseitig auf Machtentfaltung und -behauptung ausgerichtete Politik, ist in jüngster Zeit im Rahmen der äußerst aktiven Interessenpolitik z. B. der USA unter Präsident Trump wieder ins Zentrum der öffentlichen Aufmerksamkeit gerückt (Inacker 2020, o.S.). Der Begriff bzw. das Konzept der Machtpolitik ist ambivalent. Einerseits beschreibt der Begriff ein politisches Konzept, das in den Theorien der internationalen Politik verankert ist, andererseits ist er in die Sprache von Politikern und Journalisten diffundiert, wobei Machtpolitik mit negativen Konnotationen in einem stark normativ aufgeladenen Kontext verbunden ist (Etzoldan/Messer 2021, o.S.). Im Rahmen dieses Kapitels soll zunächst eine Vorstellung davon vermittelt werden, was mit dem Begriff Machtpolitik gemeint ist, wobei die Wertediskussion außen vorgelassen wird.

> **Realismus (Schimmelfennig 2017, 66)**
> Der Realismus ist eine der Theorien der internationalen Politik. Im Zentrum des theoretischen Ansatzes steht die Annahme, dass das internationale System anarchisch ist. Die wichtigste Konsequenz dieser Annahme ist, dass die Staaten unter existenzieller Unsicherheit leiden, die sie durch eine hohe Machtkonzentration zu verringern versuchen. Staaten stehen in Machtkonkurrenz zueinander.

Im theoretischen Rahmen lässt sich das Konzept der Machtpolitik in den Theorietraditionen des klassischen Realismus und des Neorealismus verorten, aber ein allgemeiner Überblick über das Konzept ist nur schwer möglich. Im Wesentlichen stellt sich Machtpolitik wie folgt dar (James 1964, 307 f., Etzoldan/Messer 2021, o.S.):

- Machtpolitik beschreibt die Merkmale des Verhaltens von Staaten in der internationalen Politik.
- Staaten versuchen, ihre eigenen Interessen in der internationalen politischen Arena durchzusetzen, weil sie in erster Linie an ihrer eigenen Sicherheit interessiert sind.
- Um ihre (Sicherheits-)Interessen durchzusetzen, benötigen Staaten Macht (-Ressourcen).
- Kein Staat hat absolute Macht, Macht ist immer relativ, also ist auch die Sicherheit eines Staates nur relativ.
- Deshalb müssen Staaten immer mit feindlichen Handlungen anderer Staaten rechnen.

Da Macht die Voraussetzung für die möglichst weitgehende Durchsetzung der eigenen Interessen ist, haben Staaten ein grundsätzliches Interesse daran, ihre eigene Macht zu steigern. Dies führt jedoch zu der Frage, was konkret unter Macht zu verstehen ist, bzw. wie Staaten ihre Macht vergrößern können. Zentral ist in diesem Kontext auch die Frage nach dem zur Verfügung stehenden Machtmitteln.

Machtpolitik (Maull 2014, o.S.; Nye 1990, 156, 166)
Machtpolitik wird durch den Einsatz von Machtmitteln gestaltet. Grundsätzlich können harte (*hard power: harte Macht*) und weiche (*soft power: weiche Macht*) Machtmittel unterschieden werden. Mit harter Macht sind gut messbare Ressourcen, vor allem Militärischer Art gemeint. Weiche Macht wird in Abgrenzung zur harten Macht als Macht definiert, die es Staaten ermöglicht, globale Politik auf der Basis der eigenen Vorbildfunktion, Attraktivität und der Vermittlung eigener Normen und Werte zu gestalten. Beide Arten von Macht werden als Machtmittel zu einem Machtmix kombiniert, mit dem die eigene Machtpolitik durchgesetzt werden soll. In diesem Zusammenhang wurde der Begriff der „smart power" eingeführt, der sich auf das Geschick derjenigen bezieht, die die Machtmittel im Rahmen der Machtpolitik einsetzen.

Der Begriff der Machtpolitik ist im akademischen Diskurs spätestens mit dem Ende des Kalten Krieges aus der Mode gekommen und wird häufig zur Zielscheibe normativer Kritik. Diesen Status teilt der Begriff der Machtpolitik mit dem Begriff der Geopolitik, der (in der BR Deutschland) ebenfalls seit dem Ende des Zweiten Weltkriegs seinen Platz im wissenschaftlichen Diskurs weitgehend verloren hatte. Geopolitik lässt sich nicht eindeutig als wissenschaftliches Konzept definieren. Im Folgenden werden mögliche Ansätze vorgestellt.

Die klassische Geopolitik, die auf Theoretiker aus der Zeit vor dem Zweiten Weltkrieg zurückgeht, weist einige spezifische Merkmale auf (Flint 2006, 13–17)

Tabelle 1: Merkmale der traditionellen Geopolitik

Klassifizierung des Raums	Zuschreiben von Wertigkeiten und spezifischen Bedeutungen
Berufung auf das Attribut der Objektivität	Rechtfertigung spezifischer Materieller Politiken der Außenpolitik
Starke (modellhafte) Vereinfachung	Sicherung der empirischen Darstellbarkeit
Staatszentrismus	Fokussierung auf souveräne Territorialstaaten als Akteure

Die klassische Geopolitik gründet sich auf einen Kanon von Theorien, der auch heute noch sowohl im wissenschaftlichen Kontext als auch für populärwissenschaftliche geopolitische Analysen von zentraler Bedeutung ist.

Friedrich Ratzel und Alexander Georg Supan gelten als Schlüsselfiguren in der Entstehung der Geopolitik. Ratzel, bekannt für seine prägende Rolle in diesem Bereich, entwickelte das Konzept des „Lebensraums". Dieses Konzept versteht menschliche Gruppen im Kontext der räumlichen Einheiten ihrer Entwicklung. Ein weiteres zentrales Element in Ratzels Arbeit ist seine politische Geographie, in der er Staaten als dynamische Organismen darstellt, die einem natürlichen Wachstums- und Expansionsdrang folgen (Ratzel 1923, 8–9).

Rudolf Kjellén, ein Schüler Ratzels, erweiterte und vertiefte dessen Ansätze. Er prägte den Begriff „Geopolitik" und entwickelte ein systematisches Analysemodell für

Staaten. Kjellén verfolgte dabei einen organischen Ansatz, der die Evolution und Macht von Staaten sowie deren Einfluss auf internationale Beziehungen untersucht. Besonders hervorzuheben sind seine Theorien über die Bedeutung der geographischen Lage und der natürlichen Ressourcen für die politische und wirtschaftliche Macht sowie strategische Entscheidungen von Staaten (Holdar 1992).

Die Betrachtung des Machtbegriffs im geopolitischen Rahmen erfordert ein Verständnis der Akteure, die Macht innehaben, insbesondere der Staaten. Supan definiert den Staat als Grundlage von Zivilisation und Kultur und charakterisiert ihn durch vier Kernmerkmale (1) Form, (2) Größe, (3) Ort und (4) Struktur (Supan 1922, 1–13).

Im Gegensatz dazu konzentriert sich Ratzel auf die interne Dynamik des Staates. Er sieht den Staat als einen arbeitsteiligen Organismus, in dem die Organisation des Raumes durch die Verkehrsinfrastruktur eine entscheidende Rolle für die kulturelle und wirtschaftliche Entwicklung spielt. Dies betont Ratzel als einen wesentlichen Aspekt der staatlichen Raumpolitik (Ratzel 1923, 261–262).

Ratzel stellt einen Zusammenhang zwischen der Bevölkerungsdichte und dem kulturellen Niveau eines Staates her. Er argumentiert, dass eine hohe Bevölkerungsdichte die Akkumulation von Wissen und Kapital fördert (Ratzel 1923, 47–48, 238). Supan ergänzt diese Perspektive, indem er die Homogenität der Bevölkerung als Faktor für den nationalen Zusammenhalt hervorhebt. Zusätzlich betont Supan die Bedeutung der Intelligenz der Bevölkerung im Kontext der Raumorganisation (Supan 1922, 98–101, 171).

In der politischen Geographie Ratzels wird der Begriff der Organisation hauptsächlich im Hinblick auf die staatliche Raumpolitik behandelt. Ratzel betrachtet eine effektive Organisation des Raumes als wesentlich für die Unterscheidung zwischen Zivilisation und Barbarei. Er interpretiert kulturelle Überlegenheit dabei primär als technologische und organisatorische Überlegenheit (Höhn 2011, 18–20).

Vor allem Friedrich Ratzel und Rudolf Kjellén haben als Pioniere der Geopolitik grundlegende Konzepte entwickelt, die die geopolitische Forschung nachhaltig beeinflusst haben. Ratzel brachte biologische Theorien in die politische Geographie ein und betonte die Bedeutung der physischen Umwelt für die politische und kulturelle Entwicklung von Staaten. Kjellén hingegen erweiterte Ratzels Theorien und prägte den Begriff „Geopolitik" als eigenständige Wissenschaft, die geografische Aspekte in die Analyse von Staaten integriert. Obwohl ihre Ideen im frühen 20. Jahrhundert von deutschen Geopolitikern übernommen und zur Rechtfertigung von Expansionspolitiken genutzt wurden, bleibt ihr Einfluss auf die moderne Geopolitik und die Entwicklung von Konzepten der modernen Geopolitik unbestreitbar

Alfred Thayer Mahan hat mit seinen Schriften die Denkweise über die Bedeutung der Seemacht maßgeblich geprägt. Mahan betonte, dass Seemacht stets einflussreicher als Landmacht war und immer sein würde. Er argumentierte, dass der Besitz von strategischen Marinestützpunkten, Kolonien und der Seehandel für die nationale Prosperität unverzichtbar seien. Diese Ansichten fanden weltweit Anklang und prägten die maritime Strategie vieler Staaten nachhaltig.

So spiegelt beispielsweise der Ansatz der Vereinigten Staaten zur Sicherung der maritimen Vorherrschaft, insbesondere im Pazifik und im Indischen Ozean, Mahans Grundsätze wider

Fast zeitgleich entwickelte Halford Mackinder seine Theorie des „Geographical Pivot of History". Mackinder erkannte, dass die Ära der Übersee-Expansion zu Ende ging und eine neue Ära bevorstand, in der Effizienz und interne Entwicklung die Expansion als Hauptziel der Staaten ablösen würden. Er hob die Bedeutung des „Heartland", des zentralen asiatischen Raums, hervor, dessen Kontrolle entscheidend für die globale Machtverteilung sein würde. Mackinder betonte, dass Seemacht allein, ohne eine starke industrielle Basis, zu schwach für eine dauerhafte weltweite Dominanz sei. In dieser neuen Ära würden nicht nur die Meere, sondern auch Eisenbahnen und später die Luftfahrt als Transportmittel an Bedeutung gewinnen.

Mackinders Ideen finden sich in den geopolitischen Strategien von Großmächten wie China und Russland wieder. Chinas Neue Seidenstraße, die darauf abzielt, Infrastrukturen aufzubauen und wirtschaftliche Verbindungen in ganz Eurasien herzustellen, kann als Versuch gesehen werden, in Mackinders Kernland Einfluss zu gewinnen

Neben den bereits vorgestellten Theoretikern der traditionellen Geopolitik lässt sich mit Nicholas J. Spykman und Daniel H. Deudney auch eine amerikanische Schule beschreiben (Höhn 2011, 27–31). Spykmans zentrale Annahme ist, dass das internationale System keine zentrale Autorität hat, d. h. anarchisch ist (vgl. Realismus) und die Staaten daher ihre Machtposition erhalten und ausbauen müssen, was den Willen der Staaten zu offensivem Handeln bedingt. Die geopolitische Analyse nach Spykman konzentriert sich auf die Machtpolitik in geografischen Kontexten, die durch technologische Entwicklungen beeinflusst werden. Macht ist also immer relativ und beruht im Wesentlichen auf elf Faktoren.

Tabelle 2: Faktoren nach Spykman, Kategorien nach Höhn

Geografie	Demographie	Militär	Wirtschaft	Psychologie
Größe des Territoriums	Größe der Bevölkerung	Militärische Kraft	Ökonomische und Technologische Entwicklung	Effektive soziale Integration
Naturräumliche Gegebenheiten von Grenzgebieten	Ethnische Homogenität		Finanzielle Stärke	Politische Stabilität
(Nicht) Vorhandensein von Rohstoffen				Nationalgeist

Deudney ist einer der aktuellste Vertreter der traditionellen Geopolitik. In Übereinstimmung mit Spykman betont er die besondere Rolle von Technologie, welche die Bedeutung der geografischen Faktoren verändern kann. Deudneys zentrale Annahme ist, dass der Mensch als verletzliches Wesen mit einer materiellen Welt interagiert, die zu erheblichen Teilen aus Geografie und Technologie besteht. Sicherheitspolitik wird daher immer von diesem materiellen Umfeld geprägt (Deudney 2000, 78 f.). Geopolitik kann somit als materialistische Denkweise (ähnlich dem Marxismus) gesehen werden, Geopolitik lässt sich daher auch als „historischer Sicherheitsmaterialismus" beschreiben, der sich auf Zerstörungskapazitäten und Sicherheitsimplikationen konzentriert (Höhn 2011, 30).

Nach dem Zweiten Weltkrieg entwickelte sich die Politische Geografie (siehe Kapitel 1.6.2) in Abgrenzung zur traditionellen Geopolitik, die ein neues Machtverständnis einführte, z. B. mit der Kritischen Geopolitik. Der Fokus des akademischen Diskurses richtete sich auf die linguistischen Modelle der Macht. Raum und Macht werden nach bestimmten Modellen sprachlich formuliert, die die Handlungsgrundlage für geopolitische Akteure bilden. So werden aus den sprachlich strukturierten Leitbildern Strategien und Praktiken abgeleitet, die sich im konkreten Handeln manifestieren. Das Ziel dieser neuen politisch-geografischen oder geopolitischen Ansätze ist die Dekonstruktion der beschriebenen Leitbilder (Reuber 2012, 159).

Als Beispiele können die Machtkonzeptionen der Kritischen Geografie und der poststrukturalistischen Politischen Geografie angeführt werden. Die Kritische Geografie versteht die territorial organisierte Ordnung der Moderne als Instrument der Macht. Die territoriale Ordnung beschreibt dabei die lückenlose Aufteilung der Welt in Nationalstaaten. Der Fokus liegt auf den räumlichen Dimensionen gesellschaftlicher Prozesse, die durch die hierarchische Analyse der räumlichen Ordnung gesellschaftliche Machtasymmetrien bedingen (Reuber 2012, 103 f.). Die poststrukturalistische Politische Geografie fokussiert sich auf die Konstruktion von Hegemonie und Macht durch Diskurse und nimmt dabei Anleihen bei Diskurstheoretikern wie Foucault.

Diskurstheorie (Hofmann et al. 2015, 108)
Diskurstheoretische Ansätze bieten eine Möglichkeit der theoriegeleiteten Beobachtung von Diskursen, d. h. der reflexiven verständigungs- und konsensorientierten (sozialen) Kommunikation.

Zentral ist die Untersuchung der diskursiven Entstehung politischer Sprechertypen und ihrer Positionen. Im Rahmen der poststrukturalistischen Politischen Geografie stehen Diskurse, die sich auf Identität, Gesellschaft und Raum beziehen, im Vordergrund des Interesses. Die bestehende Territorialisierung der Welt wird nicht als gegeben betrachtet, sondern als Manifestation laufender politischer Aushandlungen (Reuber 2012, 193 f.).

Der Machtbegriff der modernen Geopolitik unterscheidet sich von dem der traditionellen Geopolitik dadurch, dass Macht nicht nur als die relative Macht von Staaten in der internationalen Politik gesehen wird, die es ihnen ermöglicht, ihre eigenen Interessen (militärisch) durch Industriemacht, Bildung, Bevölkerungsgröße usw. durchzusetzen, sondern dass auch andere Formen der Macht in den Blick genommen werden, wie etwa geschlechtsspezifische oder ethnische Spannungen. Dies führt zu neuen theoretischen Ansätzen. Die feministische Theorie zum Beispiel bietet eine alternative geopolitische Perspektive, die die Geschlechterstruktur der beteiligten Akteure berücksichtigt (Flint 2006, 28).

1.6.2 Politische Geografie

Die Politische Geografie entwickelte sich in Deutschland nach dem Zweiten Weltkrieg und ist klar von der traditionellen Geopolitik abzugrenzen, auch wenn Vertreter der letzteren, z. B. Ratzel, ebenfalls den Begriff Politische Geografie verwendeten. Heute ist die Politische Geografie eine wissenschaftliche Teildisziplin der Humangeografie und umfasst ein immer breiteres Spektrum an Themen, was eine Definition erschwert. Grundsätzlich lässt sich festhalten, dass sich die moderne politische Geografie mit politischen (Rahmen-)Bedingungen beschäftigt (Reuber 2012, 22). Die Begriffe Raum und Macht stehen im Zentrum des wissenschaftlichen Interesses, was die Politische Geografie z. B. von der Kulturgeografie unterscheidet (Reuber 2012, 23).

Die moderne Politische Geografie hat den Raumbezug zunehmend ausgeweitet und trägt der scheinbar zunehmenden Komplexität des Politischen durch eine stetige theoretische, methodische und inhaltliche Pluralisierung Rechnung (Reuber 2012, 29). In der deutschen Politischen Geografie haben sich vier unterscheidbare Forschungsperspektiven etabliert, von denen im Kontext dieses Lehrbuches drei relevant sind (Reuber 2012, 29 f.):

- Die Kritische Geografie, die ebenfalls auf politökonomischen Ansätzen beruht und sich durch ihre neomarxistische Ausrichtung von der traditionellen staatszentrierten Geopolitik unterscheidet.
- Geografische Konfliktforschung, die sich vor allem auf handlungs- und konflikttheoretische Ansätze stützt und sich mit der Rolle von Akteuren im Kontext von Macht- und Raumkonflikten auf lokaler und globaler Ebene beschäftigt.
- Kritische Geopolitik, die auf einer Kombination von Handlungstheorie und konstruktivistischer Raumtheorie beruht und sich mit der Analyse geopolitischer Modelle beschäftigt.

Obwohl der Begriff der kritischen Geografie nicht eindeutig definiert ist (Belina 2006, 341), kann festgehalten werden, dass das Adjektiv „kritisch" in diesem Zusammenhang vor allem so zu verstehen ist, dass es hier über die bestehende liberal-demokratische und marktwirtschaftliche Ordnung hinaus auffächern soll. Die räumliche Ordnung wird als Ausdruck kapitalistischer Machtausübung verstanden (Reuber 2012, 103), und der Raum wird im Anschluss an Marx als sozial konstruiert verstanden. Der zentrale

Beitrag der Kritischen Geografie ist hier die Scalendebatte. Scalen werden als sozial produzierte Maßstäbe verstanden, die soziales Handeln in geografisch differenzierte Einheiten wie Städte, Regionen, Nationen, Staaten etc. einteilen. (Smith 2001, 14). Scalen können soziales Handeln entweder kontrollieren (vgl. Kontrolle des Handelns der Bürger in einem Territorium durch den Staat) oder ermächtigen (vgl. gezielte Förderung des sozialen Handelns in einem Territorium durch die Regierung). Aus dem Zusammenspiel wirtschaftlicher, politischer, sozialer und kultureller Interaktionen bilden sich temporär stabile Größenordnungen, die einen Rahmen für die Machtausübung bieten. Dies lässt sich beispielsweise daran verdeutlichen, dass Außenpolitik im 20. Jahrhundert mit nationalen Scalen (Staaten) assoziiert wird, im europäischen Mittelalter aber viele (freie) Städte eine eigene Außenpolitik hatten (städtischer Maßstab). Die zentrale Frage der kritischen Geografie ist daher die strategische Zuordnung von Problemen zu Scalenebenen (Smith 2001, 14 ff.).

Die Scalendebatte hilfreich sein, um beispielsweise zu bestimmen, welche Skalenebene für welches Problem zuständig ist. So kann die Verantwortung für die Handelspolitik der nationalen Ebene liegen (USA) oder an eine supranationale Ebene delegiert werden (Europäische Union).

Geografische Konfliktforschung bezieht sich auf die Analyse von Konflikten, die entweder bereits die Schwelle zur physischen Gewalt überschritten haben oder das Potenzial dazu haben. Dabei wird ein Spektrum möglicher Konfliktursachen betrachtet, darunter ethnische Herkunft, Religionszugehörigkeit, Ressourcen- und Landnutzung, Außenhandelsbeziehungen und Stadtentwicklungsprozesse (Rotfuß 2011, 37 f.).

Epistemologie
Unter Epistemologie versteht man die Erkenntnis- oder Wissenschaftstheorie, die sich mit den Voraussetzungen für Erkenntnis beschäftigt. Eine epistemologische Kluft symbolisiert eine Divergenz zwischen zwei Ansätzen zur Erkenntnisgewinnung.

Dabei wird die Perspektive der Akteure als entscheidend angesehen (Handlungstheorie), aber auch die Konstitution der Wahrnehmungsmuster, die für die Entstehung von Konflikten ausschlaggebend sind, wird berücksichtigt. Damit wird eine „epistemologische Kluft" zwischen den handlungstheoretischen und den dikrustheoretischen Ansätzen deutlich. Im Rahmen dieses Lehrbuchs sind vor allem handlungstheoretische Ansätze relevant, die das Handeln der Akteure aus den folgenden Punkten ableiten (Rotfuß 2011, 38 ff.):

–   Individuelle Biographien: Merkmale des Individuums, wie Normen, Ziele und Fähigkeiten.
–   Soziopolitische Institutionen: Gesellschaftliche Spielregeln, z. B. Normen, Zwänge und Fähigkeiten.
–   Räumliche Strukturen

Auch die kritische Geopolitik ist kein klar abgegrenztes Forschungsfeld, sondern bündelt verschiedene wissenschaftliche Arbeiten, die sich mit Prozessen befassen, durch die politische Praxis mit territorialen Definitionen verknüpft wird (Reuber 2012, 163 ff.). Ziel der kritischen Geopolitik ist es, die geografischen Annahmen und Beziehungen zu untersuchen, die die internationale Politik prägen (Agnew 2003, 2). Der Fokus der Analyse liegt jedoch nicht auf den konkreten geografischen Bedingungen, sondern auf den Praktiken, mit denen internationale Politik verräumlicht, d. h. an bestimmte Orte gekoppelt wird (Ó Tuathail/Agnew 1992, 190). Damit stellt sich die kritische Geopolitik als eine grundsätzlich ideologiebeladene und politisierte Form der Analyse dar. Im Gegensatz zur klassischen Geopolitik, die untersucht, wie die Geografie die Politik beeinflusst, untersucht die kritische Geopolitik, wie geographische Ansprüche und Annahmen politische Debatten und Praktiken beeinflussen (Dalby 1991, 274).

Kontrollfragen

A. Welche drei zentralen Bestandteile umfasst das Konzept der Geopolitik laut Dodds?
B. Was versteht man unter dem Begriff Machtpolitik?
C. Wer prägte den Begriff Geopolitik und entwickelte ein systematisches Analysemodell für Staaten?
D. Welche Theorie entwickelte Halford Mackinder, und welche Bedeutung hat das „Heartland"?

1.7 Entwicklung: arme und reiche Regionen

In diesem Kapitel ...
- lernen Sie Konzepte der Wohlstandsmessung kennen;
- verstehen Sie die Voraussetzungen und Faktoren, die Entwicklung begünstigen und Unterentwicklung erklären;
- können Sie die Bedeutung politischer Institutionen für die Entwicklungswege unterschiedlicher Volkswirtschaften nachvollziehen;
- lernen Sie, weshalb Unterentwicklung noch nicht in allen Ländern überwunden ist und welche Entwicklungshemmnisse dem Phänomen zugrunde liegen.

Die Entwicklung von Volkswirtschaften und Regionen als Prozess darf in einem globalen Maßstab nicht als ein zwangsläufiger und linearer Prozess betrachtet werden. Zahlreiche historische Beispiele zeigen ein global differenziertes Bild auf von Ländern, die ihre Unterentwicklung überwunden und sich zu Industrienationen entwickelt haben (z. B. Schweiz), solchen, die in ihrer Entwicklung Rückschritte gemacht haben (z. B. Argentinien) oder trotz Ressourcenreichtum aufgrund vielschichtiger Umstände bis heute als unterentwickelt und arm gelten (z. B. Venezuela, Kongo). Grundlegende kategorische Unterscheidungen und Einordnungen der Länder und Regionen in Konzepte, wie der klassischen Dreiteilung in **Entwicklungs-, Schwellen- und Industrieländer** oder eine Unterscheidung von Wirtschaftsregionen in Begriffe, wie „Zentrum" und „Peripherie" zeigen, dass im globalen Maßstab die Länder der Erde einen höchst unterschiedlichen Entwicklungsstand aufweisen. Insgesamt stellt sich die Frage, wie die unterschiedlichen Entwicklungswege und -stände der o. g. Beispiele zu erklären sind.

Entwicklungsökonomische Theorien und Argumentationslinien versuchen, die Ursachen von Wohlstand und Reichtum, aber insbesondere auch Armut und Unterentwicklung anhand der historischen Beobachtung der Entwicklungswege von Volkswirtschaften zu untersuchen und dabei Faktoren zu identifizieren, die eine Entwicklung behindert haben oder bis heute ursächlich für die Unterentwicklung von Staaten sind. In den folgenden Unterkapiteln werden kompakt unterschiedliche Konzepte der Wohlstandsmessung und Wachstumstheorie vorgestellt, wobei das Hauptaugenmerk auf die dafür notwendigen Faktoren, bzw. Determinanten gelegt wird. Ergänzend hierzu werden entsprechend Entwicklungshemmnisse thematisiert, die helfen sollen, die Unterentwicklung von Volkswirtschaften zu erklären.

1.7.1 Ursachen von Wohlstand und Reichtum

Um die Ursachen von Wohlstand und Reichtum beurteilen zu können, ist zunächst eine Definition des Wohlstandsbegriffs, sowie seiner Messung notwendig. Während Reichtum leicht mit einem hohen individuellen Einkommen als monetäre Größe oder

https://doi.org/10.1515/9783110790245-007

dem materiellen Besitz assoziiert werden kann, weist die Definition von Wohlstand zunächst eine definitorische Herausforderung auf: Wohlstand kann als subjektives Empfinden und ohne weitere Systematisierung vielschichtig ausgedrückt und beurteilt werden: Beispielsweise neben der reinen materiellen Versorgung mit Konsumgütern als ein Empfinden hoher Lebensqualität, gesellschaftlicher Partizipation und sozialen Aufstiegschancen, oder dem Zugang zu Bildung, Technologie etc.

Die genannten Beispiele bilden hier schon eine Schnittmenge zwischen volkswirtschaftlichen Größen (Einkommen), sowie sozialen Ausdrucks- und Verständnisformen von Wohlstand (gesellschaftliche Partizipation, Bildungszugang, Lebensqualität usw.). Es bedarf daher zunächst einer Definition und Eingrenzung dessen, was unter Wohlstand zu verstehen ist und welche Konzepte seiner Messung zugrunde liegen. Hierzu zeigt die **Entwicklungsökonomik** unterschiedliche, wie auch zahlreiche Ansätze auf, die sich als gängige Messgrößen von Wohlstand etabliert haben und als sog. **Wohlstandsindikatoren** dienen. Im Folgenden werden einige gängige Indikatoren, sowie deren Eignung zur Beurteilung von Wohlstand vorgestellt, die erste Ansatzpunkte für die Beurteilung von Wohlstand und Reichtum einer Volkswirtschaft darstellen. Eine vollständige Aufzählung aller Ansätze von Wohlstandsmessung und Diskussion ihrer jeweiligen Schwachpunkte wird aus Gründen der Übersichtlichkeit und dem Zweck ihrer Betrachtung hier nicht weiterverfolgt. Für eine solche Auseinandersetzung sei auf weiterführende Literatur der Indikatorenforschung und Entwicklungsökonomie verwiesen, insb. Hemmer (2002).

Zumeist wird das Bruttoinlandsprodukt (BIP) in absoluter Größe, wie auch relativ zur Bevölkerungszahl (BIP pro Kopf) herangezogen, um eine grundsätzliche Beurteilung und Einordnung volkswirtschaftlicher Entwicklung vornehmen zu können.

> **Das Bruttoinlandsprodukt**
> Das Bruttoinlandsprodukt misst alle in einem bestimmten Jahr hergestellten Güter und Dienstleistungen einer Volkswirtschaft. Es setzt sich in der grundlegendsten Form zusammen aus:
> - dem Konsum der privaten Haushalte (C)
> - den Investitionen der Unternehmen (I)
> - den Staatsausgaben (G)
> - den Nettoexporten (NX), die sich aus der Differenz zwischen Exporten und Importen zusammensetzen

Als Outputgröße einer Volkswirtschaft setzt sich das BIP somit aus den o. g. Komponenten zusammen, die die sog. **Identitätsgleichung des BIP** bilden:

$$BIP = C + I + G + NX$$

Abb. 24: Identitätsgleichung des BIP

Das Bruttoinlandsprodukt ist hierbei eine rein ökonomische Kennzahl. Sie misst mit der Herstellung von Gütern und Dienstleistungen in einer Zeitperiode lediglich den Output, beinhaltet aber keinerlei Informationen zu sozialen oder demographischen

Größen, wie bspw. Lebenserwartung, Sterblichkeit, Gesundheitszustand, Schulabschlüssen, Alphabetisierungsgrad usw.

Hier setzt im entwicklungsökonomischen Sinne auch einer der Kernkritikpunkte am Konzept des Bruttoinlandsproduktes zur Wohlstandsmessung an: Es misst zwar die volkswirtschaftliche Performance, zur Beurteilung von Wohlstand und Reichtum allein ist es jedoch nicht ausreichend:

Legt man die Idee zugrunde, dass Wohlstand (ausschließlich) mit einem Wachstum des BIP gleichzusetzen ist, könnte das alleinige Augenmerk auf diese Wachstumskennzahl Fehlinterpretationen hervorrufen.

So wies Deutschland beispielsweise zwischen 2010–2020 ein durchschnittliches jährliches Wachstum des BIP von 1,3% auf, während Bangladesch im gleichen Zeitraum ein durchschnittliches Wachstum von 6,3% aufwies. Unter diesen Umständen ließe sich die Vermutung aufstellen, dass Bangladesch wohlhabender sein könnte, als Deutschland, weil das Wachstum des BIP stärker ausfiel. Beim hinzuziehen weiterer Indikatoren, die über das BIP hinausgehen, wie eben die o. g. Aspekte wie Lebenserwartung, Sterblichkeit, Alphabetisierungsgrad, zeigt sich jedoch ein vollkommen anderes Bild, was den Wohlstand in Bangladesch stark relativiert. Daher ist die Betrachtung des Bruttoinlandsproduktes zur Beurteilung von Wirtschaftswachstum zwar die zentrale ökonomische Kennzahl, für den Vergleich des Entwicklungsstandes einer Volkswirtschaft im weiteren Sinne einer politischen, demographischen und sozialen Entwicklung erweist es sich jedoch alleine als ungeeignet, weshalb alternative Konzepte der Beurteilung von Wohlstand und Reichtum hinzugezogen werden müssen.

Die Betrachtung des Einkommens dient als weitere Beurteilungsgröße von Wohlstand. So unterteilt beispielsweise die Weltbank Länder in Kategorien von Einkommensgruppen (vgl. Weltbank):

– **High-income countries**
  Länder mit einem Pro-Kopf-Einkommen von 14.005 US-Dollar oder höher
– **Upper-middle-income countries**
  Länder mit einem Pro-Kopf-Einkommen zwischen 4.516-14.005 US-Dollar
– **Lower-middle-income countries**
  Länder mit einem Pro-Kopf-Einkommen zwischen 1.146-4.515 US-Dollar
– **Low-income countries**
  Länder mit einem Pro-Kopf-Einkommen von 1.145 US-Dollar oder niedriger

Einkommen als Ressource für die Versorgung mit Gütern, wie auch als Grundlage für die Bildung von Vermögen durch Sparen erweist sich im weiteren Sinne als durchaus wohlstandsrelevant und muss daher im Vergleich der Länder mitberücksichtigt werden, dient ein hohes individuelles Einkommen durch den Konsum von Gütern und Dienstleistungen dem volkswirtschaftlichen Wachstum als Teil des Bruttoinlandsproduktes.

Wie auch das Bruttoinlandsprodukt selbst unterliegt auch diese Gruppierung jedoch dem Nachteil, dass sie keinen Aufschluss über die Einkommensverteilung einer

Gesellschaft gibt, die für die Beurteilung von Wohlstand durchaus Relevanz hat. Ferner ergibt sich aus der bloßen Betrachtung von Einkommen ebenfalls kein Rückschluss auf Bildung, Technologie, Lebenserwartung, Alphabetisierungsgrad oder andere Faktoren menschlicher Entwicklung. Daher müssen neben der Betrachtung von Einzelindikatoren auch kombinierte Indikatoren betrachtet werden.

Alternativ zur reinen ökonomischen Wohlstandsbeurteilung anhand des volkswirtschaftlichen Outputs oder Höhe des Pro-Kopf-Einkommens bezieht beispielsweise der Human Development Index (HDI) als ein kombinierter Indikator die Aspekte Lebenserwartung und Bildung mit ein.

Human Development Index
Der Human Development Index (HDI) ist ein vom United Nations Development Programme, dem Entwicklungsprogramm der Vereinten Nationen, entwickelter Indikator, der die menschliche Entwicklung anhand folgender Indikatoren misst und in einem Gesamtranking (HDI Rank) abbildet:
- Lebenserwartung bei Geburt
- Erwartete Anzahl an Schuljahren
- Durchschnittliche Anzahl an Schuljahren
- Bruttonationaleinkommen pro Kopf

Die oben genannten Komponenten, die als Dimensionen von Bildung, Lebenserwartung und Bruttonationaleinkommen jeweilige Teilindizes und zusammen den Human Development Index bilden, ergeben einen numerischen Wert zwischen 0 und 1. Je näher der HDI bei 1 liegt, desto höher gilt laut dem Konzept die menschliche Entwicklung in einem Land. Die UNDP gruppiert Länder dabei in drei Kategorien (vgl. UNDP):
- **Very High Human Development**
  Hierzu zählen Länder mit einem HDI-Wert ab 0,800 aufwärts
- **High Human Development**
  Länder mit einem HDI-Wert zwischen 0,700–0,799
- **Medium Human Development**
  Länder mit einem HDI-Wert zwischen 0,550–0,699
- **Low Human Development**
  Länder mit einem HDI-Wert von weniger, als 0,550

Bei der genaueren Auseinandersetzung mit Einflussfaktoren, wie der im HDI herangezogenen Lebenserwartung, dem Bereich der Bildung oder dem Erzielen eines mehr oder weniger hohen Einkommens als Grundlage der Länderklassifikation, zeigen sich zahlreiche vor- und nachgelagerte Größen, die den Ausdruck von Wohlstand im Sinne menschlicher Entwicklung mitbedingen. Daher muss für das Zustandekommen von Wohlstand ausgedrückt durch quantitative Indikatoren und ihren Werten auch betrachtet werden, welche Determinanten Wachstum, Einkommen, Bildung und Lebenserwartung zugrundeliegen. Wachstum und Einkommen als Maßstab von Entwicklung, sowie Bildung, Lebenserwartung und viele weitere soziale Indikatoren als Ausdruck von Lebensstandard und Wohlstand hängen kausal miteinander zusammen und bedingen daher eine Auseinandersetzung mit Wachstumsmodellen und Wachstumstheorien, welche Aufschluss über eben jene Ausprägungen geben, die ursächlich für den Wohlstand eines Landes sind.

1.7.2 Die Bewältigung des permanenten Strukturwandels

Wohlstand als Ausdruck einer mengenmäßig hohen Produktion von Gütern und Dienstleistungen (Produktionspotenzial), dem erwirtschaften von individuellen Einkommen, sowie der Akkumulation von Kapital basiert auf der Notwendigkeit mehrerer Faktoren, sog. **Wachstumsdeterminanten**. Intern, d. h. innerhalb eines Landes bestimmt sich das realwirtschaftliche Einkommen als ein Aggregat von Angebot und Nachfrage an Investitions- und Konsumgütern. Für das Zustandekommen eines Angebots an nachgefragten Gütern und Dienstleistungen bedarf es der Produktionsfaktoren Arbeit, Boden und Kapital, die eine Funktion des Angebotes sind und selbst von weiteren internen Determinanten abhängig sind:

Faktoren des ökonomischen Outputs
Das Zustandekommen eines ökonomischen Outputs ist eine Funktion von Arbeit, Boden und Kapital. Das ausreichende Vorhandensein dieser Produktionsfaktoren ist dabei von weiteren Faktoren abhängig. Intern sind dies:
- Technischer Fortschritt
- Raumstruktur
- Sektoralstruktur
- Infrastruktursystem
- Politisches System
- Soziales System
(Liefner/Schätzl 2012, 57 f)

Zu beachten sind hier insbesondere die Einflüsse des technischen Fortschritts, sowie des politischen und sozialen Systems. So ist beispielsweise im **Solow-Modell,** welches langfristiges Wirtschaftswachstum erklärt, der Output einer Volkswirtschaft ebenfalls definiert als eine Funktion von Arbeit, Kapital und Technologie. Die Produktivität von Arbeit und Kapital hängt dabei wesentlich vom Vorhandsein von Technologien ab (Günther/Hartggen/Michaelowa 2021, 87 f.).: Entwicklungsökonomische Defizite resultieren oftmals aus einer Unterausstattung mit Technologie, die auf einem mangelhaften Zugang zu solchen Technologien beruht. Ferner hängt auch die qualitative Verbesserung des Produktionsfaktors Arbeit von der Aus- und Fortbildung der Arbeitskräfte ab, da die Produktivität in unmittelbaren Zusammenhang mit der Ausbildung und dem technologischen Fortschritt eines Landes steht (Liefner/Schätzl 2012, 58; Günther/Hartggen/Michaelowa 2021, 85).

Andere Ansätze erklären die langfristige wirtschaftliche Entwicklung im Zusammenhang mit der sektoralen Zusammensetzung und Veränderung einer Volkswirtschaft: So zeichnen sich unterentwickelte Volkswirtschaften durch eine vorwiegend agrarisch geprägte Sektoralstruktur aus: Walt Whitman Rostow definierte in seinem Wachstumsmodell der Stadien des wirtschaftlichen Wachstums z. B. die sog. **traditionelle Gesellschaft** als das Ausgangsstadium einer Volkswirtschaft, die sich strukturell durch Subsistenzlandwirtschaft mit geringer technologischer Entwicklung und Produktivität auszeichnet. Erst durch Investitionen in Infrastruktur und Bildung (als Vorbedingungen zum sog. **ökonomischen take-off**) und daraus resultierendem technologischen Fortschritt erfolgt eine Diversifizierung der Volkswirtschaft im Sinne einer Industrialisierung (sog. take-off). Mit fortschreitendem Wachstum im sekundären Sektor erreicht eine Volkswirtschaft ein technologisches Reifestadium mit breiter industrieller Basis, bis zum Erreichen eines Zeitalters des Massenkonsums an Gütern und Dienstleistungen (Rostow 1960).

Eine solche sektorale Veränderung wird ebenfalls durch die **Drei-Sektoren-Hypothese** nach Jean de Fourastié beschrieben: So geht die Entwicklung von Ländern mit einer Veränderung der Beschäftigungs- und/oder Outputanteilen im primären, sekundären und tertiären Sektor einer Volkswirtschaft einher:

In einem vorindustriellen Entwicklungsstadium sind Volkswirtschaften demnach zunächst durch einen hohen Beschäftigungsanteil im primären Sektor geprägt. Im Zuge der Industrialisierung verschieben sich die Beschäftigungsanteile zunehmend in den sekundären Sektor, da in der Landwirtschaft durch den technologischen Fortschritt und Einsatz landwirtschaftlicher Gerätschaften und Maschinen menschliche Arbeitskraft schnell durch maschinelle Arbeit ersetzt werden kann. Mit dem Aufkommen industrieller Manufakturen und ausdifferenzierter Berufsbilder und -tätigkeiten steigt auch die Nachfrage nach Arbeitskräften im sekundären Sektor. Erst in einem späten Entwicklungsstadium bildet sich anteilsmäßig eine größere Beschäftigung, bzw. Output im tertiären Sektor heraus, was mit der Auslagerung ehemals selbst erbrachter Tätigkeiten an spezialisierte Dienstleister (**Outsourcing**), der durch einen Einkommenszuwachs entstandenen Nachfrage nach höherwertigeren Dienstleistungen (z. B. Freizeitökonomie), sowie wissensintensiven Dienstleistungen (z. B. Forschung und Entwicklung, Wirtschaftsberatung etc). zusammenhängt (Kulke 2017, 25–33).

Die Raumstruktur als weitere interne Wachstumsdeterminante beschreibt in einem (wirtschafts-)geographischen Kontext Standortvorteile, die auf der Lage, sowie der Raumausstattung basieren. Im Zusammenhang mit der sektoralen Entwicklung einer Volkswirtschaft bildet beispielsweise die Ausbeutung und Verarbeitung natürlicher Ressourcen zunächst den Ausgangspunkt für die Ausdifferenzierung von Wirtschaftszweigen. Wichtig ist hierbei die regionale Spezialisierung auf die Produktion von Waren, die einen komparativen Kostenvorteil bieten. Unterstützt wird eine günstige Raumstruktur dabei durch die räumliche Nähe und Netzwerkbildung von Unternehmen eines ähnlichen oder unterstützenden Wirtschaftszweiges (sog. **Agglomerationen**). Den unmittelbaren Zusammenhang zwischen Raumstruktur, Infrastruktursystem und technologischem Fortschritt zeigt dabei z. B. die Industriestandorttheorie nach

Alfred Weber auf (vgl. Kapitel Standorttheorien): Die Wahl eines industriellen Produktionsstandortes ist dabei zunächst abhängig von:
- dem Materialstandort/-fundort
- dem Vorhandensein einer Nachfrage im Sinne eines Marktortes
- den daraus resultierenden Transportkosten (Kulke 2017, 86–89)

Eine gut ausgebaute Infrastruktur unterstützt dabei die Verringerung von Transportkosten (z. B. Verzicht auf LKW-Transporte bei gut ausgebauter Schieneninfrastruktur für Gütertransporte). Im Kontext der Raumstruktur sind hierbei die sog. **Deviationen** als Abweichungen vom optimalen Standort entlang der o. g. Kriterien wichtig, die im entwicklungsökonomischen Sinne als industrialisierungsfördernd betrachtet werden können:
- Arbeitskosten
- Agglomerationsvorteile

So können niedrigere Arbeitskosten eine Abweichung vom optimalen Industriestandort ergeben, wenn die Arbeitskostenersparnis höher ausfällt, als die zusätzlichen Transportkosten (weg vom Materialort und entfernt vom vorgesehenen Marktort). Dies ist gut an der heutigen Organisationsform der Textilindustrie erkennbar:

Verlagerung der Textilindustrie

Im 19. Jahrhundert war die Textilindustrie in Europa ein wichtiger Industriezweig und Arbeitgeber. Ausgehend von den Innovationen aus Großbritannien (z. B. der Erfindung des mechanischen Webstuhls) übertrugen sich die Produktionsweisen auf Länder, wie Deutschland, wo in Sachsen und dem Niederrhein wichtige Zentren der deutschen Textilindustrie entstanden, die durch die gute Wasserqualität der anliegenden Flüsse profitiert haben.

Ab dem 20. Jahrhundert erlebten beide Länder einen starken Rückgang der Textilindustrie. Heutige konventionelle Textilien stammen zum Großteil aus Süd-, Südost- und Ostasien, wo gezielt für den Export produziert wird. Im Sinne der Industriestandorttheorie werden somit Textilien weder am Materialfundort (Baumwolle), noch am vorgesehenen Marktort (Europa) produziert. Die Zentren der Textilindustrie haben sich im 20. Jahrhundert abweichend davon zu denjenigen Standorten verlagert, die geringe Arbeitskosten bieten, wie sie für die Textilindustrie z. B. in Asien bestehen. Dies scheint auch trotz zusätzlicher Transportkosten lohnend zu sein, was durch die Entwicklungsfortschritte im Schiffsbau und der Luftfahrt (Containerschiffe mit großzügigen Kapazitäten / turbinenbetriebene Flugzeuge) Transporte umfassend vergünstigt und verkürzt hat, sodass lange Logistikketten ökonomisch tragfähig sind und diese Kostenvorteile ausgenutzt werden können.

Agglomerationsvorteile ergeben sich durch die räumliche Nähe und den Zugang von Unternehmen zu z. B. Zulieferbetrieben, Hochschulen und Universitäten, Forschungseinrichtungen und Kunden, was beispielsweise in einer räumlich stärkeren Konzentration qualifizierter Arbeitskräfte, sowie einem Wissens- und Technologietransfer resultiert. Dies spielt beispielsweise beim Silicon Valley eine große Rolle, wo trotz der höheren Standortkosten und dort nicht vorhandenen Produktionsmaterialien die Entwicklung und Produktion von Prozessoren der Halbleiterindustrie stattfindet.

Das Fallbeispiel Silicon Valley

Das Silicon Valley, welches sich im kalifornischen Längstal in den USA befindet, erhielt seinen Namen in Anspielung auf das für die Halbleiterproduktion verwendete Silizium (engl. Silicon). Zwar ist das Silicon Valley nicht für den Abbau von Silizium bekannt, es ist jedoch bis heute eines der bedeutendsten Zentren der Entwicklung von Halbleitern (Prozessoren) und der IT-Industrie und Sitz führender Computerhersteller und Internet-Unternehmen.

Seine Entwicklung nahm das Silicon Valley bereits in den 1930er-Jahren ein. Eine wichtige Rolle spielte dabei die Stanford University, an der technologische Forschung und Innovation, sowie die Ausgründung von Unternehmen durch Studierende stark gefördert wurde. Dies führte zu frühen Gründungen von Garagenunternehmen, die sich später zu erfolgreichen Computer- und Prozessorherstellern entwickelten. Heute werden zahlreiche Internetfirmen als Start Ups gegründet und durch Risikokapitalgeber (sog. Venture Capital-Gesellschaften) finanziell und mit know how unterstützt und gewähren im Gegenzug Firmenanteile.

Entscheidend für den bis heute anhaltenden Erfolg ist jenes Zusammenspiel zwischen Universitäten, lokal ansässigen Venture Capital-Unternehmen, Forschungsinstituten und Unternehmen, die in vielseitigen Weisen in Verbindungen zueinanderstehen, sei es durch die Rekrutierung von Fachkräften der lokalen Universitäten, der Beteiligung an Start Ups, der Vernetzung von Menschen oder der Kooperation in Forschung und Entwicklung. Das Silicon Valley ist ein klassisches Beispiel für Agglomerationseffekte.

Ähnliche Agglomerationseffekte lassen sich auch häufig durch die räumliche Nähe von Unternehmen des Maschinen- und Anlagenbaus, oder der Automobilindustrie zu (technischen) Universitäten erkennen, die ein entsprechend ausgerichtetes Lehr- und Forschungsprofil aufweisen, oder Zulieferbetriebe, die in räumlicher Nähe zu Automobilherstellern angesiedelt sind.

Die Sektoralstruktur beschreibt die Anteile des primären, sekundären und tertiären Sektors einer Volkswirtschaft, wie auch die Vielfalt an Branchen innerhalb der Wirtschaftssektoren. Entwickelte Volkswirtschaften zeichnen sich durch eine hohe Branchenvielfalt aus, während Entwicklungsländer häufig das strukturelle Problem einer sehr einseitig ausgerichteten industriellen Produktion vorweisen, die zumeist auf einer arbeitsintensiven Weiterverarbeitung von Rohstoffen oder Agrarerzeugnissen basiert. Der sekundäre Sektor (verarbeitendes Gewerbe) ist in Industrieländern durch vielschichtige Strukturen an Zulieferindustrien mit hoher Spezialisierung auf einzelne Bauteile oder Komponenten gekennzeichnet (z. B. Getriebeteile, Reifen, Kunststoffarmaturen in der Automobilindustrie), die in Form kapitalintensiver Produktion mit hohem Automatisierungsgrad und Technologieeinsatz Wertschöpfung erbringen. Industrielle Strukturen der Entwicklungsländer sind dagegen zumeist nur rudimentär ausgebildet, haben einen sehr geringen Anteil an volkswirtschaftlichem Output und Beschäftigung, sowie eine nur geringe Wertschöpfungstiefe. Hier fehlt es häufig an Sachkapital, welches die Produktivität durch die Substitution menschlicher Arbeitskraft durch Maschinen steigern kann. Neben Sachkapital mangelt es Entwicklungsländern auch an Kapital in Form von Geld, welches als Investition in neue Maschinen und Anlagen genutzt werden könnte, um die Produktivität zu erhöhen. Neben mangelhafter Finanzinfrastruktur (so fehlen insb. im ländlichen Raum Geldinstitute zum Verleihen und Anlegen von Geld) ist es in Entwicklungsländern häufig auch eine Investitionsunfähigkeit aufgrund der Lebensumstände, die ein Sparen von Geld aufgrund der Notwendigkeit für das Befriedigen der Grundbedürfnisse unmöglich macht. So entsteht ein „Teufelskreis", der ohne externe Hilfe nur schwer zu durchbrechen ist: Geringe Produktivität führt zu geringen Löhnen, diese erlauben kein Sparen, kein Sparen erlaubt wiederum keine Investitionen, durch ausbleibende Investitionen bleiben Produktivität und Löhne weiterhin gering (Hemmer 2002, 178–180). Hier kommt der Entwicklungshilfe in Form finanzieller Förderung eine entsprechende Rolle zu. Mangelhafte Finanzinfrastruktur ist sektoral ebenfalls Ausdruck eines nur gering entwickelten tertiären Sektors (Dienstleistungen). Sie beschränken sich in Entwicklungsländern häufig auf einfache, arbeitsintensive Dienstleistungen, die wenig Qualifikation und Fachkenntnisse erfordern, was die Entstehung eines sog. **informellen Sektors** begünstigt:

Informeller Sektor

Der informelle Sektor umfasst alle Tätigkeiten, die kaum reguliert oder erfasst sind, d. h. sie unterliegen keinen Arbeitsverträgen, Steuern, Sozialversicherungsbeiträgen oder geregelten Arbeitszeiten. Oftmals handelt es sich dabei um arbeitsintensive, gering entlohnte Berufe, die kaum Qualifikationen oder Kapitaleinsatz erfordern, wie z. B.
- Müllsammler
- Schuhputzer
- Lastenträger
- Fliegende Händler
- Prostitution
- Tagelöhner

Tätigkeiten im informellen Sektor sind in Entwicklungsländern stark ausgeprägt, lassen sich teilweise aber auch noch in den Schwellenländern erkennen. Sie sind Ausdruck einer Überlebensökonomie, d. h. Tätigkeiten, die nicht dazu dienen, Kapital und Ersparnisse aufzubauen, sondern die grundlegendsten Bedürfnisse zu stillen. Der informelle Sektor ist deswegen so ausgeprägt, da es nur geringe Hürden für die Aufnahme der Arbeit gibt. Sie setzt keine besonderen Fertigkeiten oder Qualifikationen oder Kapital (Maschinen, Anlagen als Produktionsmittel) voraus.

In den Schwellenländern ist der informelle Sektor stark in den Städten und Agglomerationen ausgeprägt, was mit der Binnenmigration, insb. der Landflucht zusammenhängt. Menschen verlassen aufgrund schlechter Beschäftigungsaussichten den ländlichen Raum in großer Zahl, der städtische Arbeitsmarkt kann den Zuzug jedoch nicht adäquat aufnehmen, sodass zahlreiche Menschen auf Arbeit im informellen Sektor angewiesen sind.

Das Infrastruktursystem hängt dabei eng mit der Strukturschwäche zusammen. Kosteneffiziente Produktionsstrukturen erfordern einerseits eine funktionierende und belastbare Verkehrsinfrastruktur. Aufgrund Kapitalmangel haben Entwicklungsländer häufig das Problem, dass eine verlässliche Güterverkehrsanbindung fehlt, was somit die wirtschaftliche Erschließung des Landes selbst, als auch die Anbindung an die internationalen Absatzmärkte behindert. Überregionale Wertschöpfungsketten können so nur mit wenig effizienten Prozessen aufgebaut werden oder kommen gar nicht erst zustande. Dies betrifft insbesondere den ländlichen Raum, wo Agrarerzeugnisse zwar weiterverarbeitet werden können, die dafür benötigte Arbeitskraft in

Form von Humankapital aber nicht ausreichend groß ist, da industrielle Entwicklungspole eher in den bevölkerungsstärkeren Städten liegen. Die schlechte Transportinfrastruktur macht entsprechende Transportprozesse lang und die Produktion teuer. Zum Infrastruktursystem gehört ferner auch die Ausstattung einer Region, bzw. eines Landes mit Bildungseinrichtungen, insb. Hochschulen und Universitäten. Bildung dient hierbei insbesondere der Verbesserung des Inputfaktors Kapital in Form von Humankapital. Ein höherer Bildungsstand der Bevölkerung ist wichtige Voraussetzung für höhere Produktivität, Innovationsfähigkeit und Effizienzgewinne. Sie trägt entscheidend dazu bei, dass Menschen mit besserer Ausbildung ein beruflicher Aufstieg ermöglicht wird und damit die Aussicht auf höhere Einkommen und der Reduktion von Armut. Entwicklungsländer haben in diesem Bereich häufig das Problem, das finanzielle Mittel zur Bereitstellung und Aufrechterhaltung eines Bildungswesens fehlen, was sich in einem Mangel an Lehr- und Lernmitteln, unregelmäßigem Unterricht mit häufigen Ausfällen und unterbezahlten Lehrkräften äußert (Hemmer 2002, 213). Soziale Strukturen im ländlichen Raum, wo auf Kinder oftmals noch die Rolle einer unentbehrlichen Arbeitskraft im familiären Agrarbetrieb entfällt, führen dazu, dass zu Gunsten der Arbeit auf den Schulbesuch verzichtet wird, sodass Kinder gerade im ländlichen Raum oftmals keinen Schulabschluss erreichen.

Die **strukturalistische Entwicklungstheorie** als Denkrichtung erklärt Unterentwicklung als Ergebnis solcher strukturellen Defizite zwischen primärem, sekundärem und tertiärem Sektor, wie auch einem strukturellen Gefälle zwischen Stadt und Land, sowie ebenfalls mangelhaften Institutionen (Hemmer 2002, 150 f.). Solche strukturellen Gefälle bestehen hierbei in regionalem Maßstab zwischen den Industrie- und Entwicklungsländern und ihrer darauf aufgebauten Handelsbeziehungen.

Das sog. **Zentrum-Peripherie-Modell** nach Raúl Prebisch beschreibt ein ungleiches Handelsverhältnis zwischen den entwickelten Ländern (Zentrum), sowie den Entwicklungsländern (Peripherie) (vgl. Kapitel 1.2.9). Da die Länder der Peripherie aufgrund ihrer vorwiegend agrarisch oder rohstoffbasierten Wirtschaftsstruktur entsprechend Rohstoffe exportieren, sind sie stark abhängig vom Import verarbeiteter, industrieller Güter aus den Zentrumsländern. Langfristig führt die Preisentwicklung an den Märkten zu sinkenden Preisen für die exportierten Rohstoffe und Agrarerzeugnisse, das Angebot steigt und wird gemäß des Preis-Mengen-Mechanismus günstiger, während die Preise für industriell gefertigte Güter im Zeitablauf tendenziell steigen, weil technologische Güter an Komplexität und Funktionsfähigkeit gewinnen und durch Innovationen ihre Preise aufrechterhalten können. Es kommt zu einer Verschlechterung des Austauschverhältnisses im Güterhandel, dem sog. **Terms of Trade-Problem.**

Das Terms-of-Trade Problem

Das Terms of Trade-Problem (auch bekannt als die „Theorie der säkularen Verschlechterung der Terms of Trade", bzw. Prebisch-Singer-These) besagt, dass das Austauschverhältnis zweier Güter sich zu Lasten der Entwicklungsländer laufend verschlechtert:

Im Zentrum-Peripherie-Modell handeln Industrieländer mit industriell gefertigten Gütern, während die Entwicklungsländer aufgrund ihrer Wirtschaftsstruktur mit nur geringem Diversifizierungsgrad vorwiegend agrarische Güter oder Rohstoffe exportieren (sog. **Primärgüter**).

Agrarische Güter, bzw. Primärgüter sind sog. **inferiore Güter**: Geht man davon aus, dass mit höher Entwicklung einer Volkswirtschaft auch die Einkommen steigen, wirkt sich dies auf die Nachfrage nach agrarischen Erzeugnissen nur wenig aus: Höhere Einkommen führen nicht zwangsläufig zu einer höheren Nachfrage nach agrarischen Erzeugnissen, die zusätzliche Nachfrage steigt nur unterproportional zum zusätzlich verfügbaren Einkommen, die Nachfrage ist somit einkommensunelastisch. Gleichzeitig ist der Wettbewerb bei Primärgütern sehr stark, da es sich um weitgehend homogene Güter handelt, die leicht substituierbar sind und in ähnlicher Form ebenfalls von zahlreichen anderen Entwicklungsländern exportiert werden.

Industriell gefertigte Güter, wie z. B. Unterhaltungselektronik oder Fahrzeuge, sind dagegen sog. **superiore Güter**: Mit steigenden Einkommen steigt die Nachfrage nach solchen Gütern (wie z. B. auch bei Freizeitdienstleistungen) überproportional, da sie erst bei einem bestimmten Einkommensniveau konsumiert, bzw. beansprucht werden können. Der Wettbewerb fällt dabei weniger intensiv aus, da industriell gefertigte Güter – wie die beispielhaft genannten Automobile – eine stärkere Produktdifferenzierung aufweisen und schwieriger zu substituieren sind.

Primärgüter fallen langfristig im Preis, da Produktivitätsfortschritte dazu führen, dass in erster Linie keine *qualitative* Produktivitätssteigerung erfolgt, sondern nur eine *quantitative* (erhöhte Produktionsmenge durch bessere Anbauverfahren, erhöhten Düngemitteleinsatz etc.). Eine größere Angebotsmenge bei nur geringem Anstieg der Nachfrage (s. o.) resultiert somit in fallenden Preisen. Niedrige Preise werden auch deswegen aufrechterhalten, weil sie den einzig möglichen Wettbewerbsvorteil gegenüber konkurrierenden Anbietern aus anderen Entwicklungsländern bilden. Industriell gefertigte Güter unterliegen aufgrund *qualitativer* Fortschritte (Innovation und Produktverbesserung) einer Preiserhöhung. Die Nachfrage sinkt bei Preiserhöhungen aufgrund der starken Produktdifferenzierung und schlechten Substituierbarkeit industrieller Güter kaum.

Dies führt langfristig zu einer Verschlechterung der Terms of Trade: Für dieselbe Menge industriell gefertigter Importgüter müssen die Entwicklungsländer langfristig mehr Primärgüter exportieren.

Einer sehr großen Rolle kommt in der Bewältigung des permanenten Strukturwandels und vor allem der Unterentwicklung dem **politischen** und **sozialen** System zu.

Unterentwicklung zeigt sich auf der ökonomischen Ebene zunächst am Problem einer strukturschwachen Volkswirtschaft, d. h. schlecht oder kaum entwickelten Branchen entlang des primären, sekundären und tertiären Sektors einerseits, sowie einer oftmals stark einseitig ausgerichteten Branchenstruktur andererseits. Sie ist jedoch das Ergebnis unbeseitigter schwacher Faktorausstattung, sowie politischer Fehlallokation, bzw. nicht wirksamer oder sogar nicht vorhandener Wirtschafts- und Gesellschaftspolitik, wie auch schwacher staatlicher Institutionen. So wird beispielsweise argumentiert, dass diejenigen Länder, denen der ökonomische Aufstieg zu Industrienationen gelungen ist, **inklusive Institutionen** geschaffen haben, während unterentwickelte Länder häufig durch sog. **extraktive Institutionen** geprägt sind (Acemoglu/Robinson 2020, 111–115) (vgl. Kapitel 1.3.5):

Inklusive Institutionen sind solche, die es den Menschen in einem Land ermöglichen, am wirtschaftlichen und politischen Leben zu partizipieren. Sie ermöglichen aufgrund des Regierungssystems und des herrschenden Wirtschaftsregimes einen Zugang zu politischen Entscheidungsprozessen und ökonomischer Teilhabe. Dies sind in der Regel beispielsweise Länder, die

– Eigentumsrechte schaffen und schützen
– Zugang zu Bildung und Versorgung schaffen
– Politische Partizipation ermöglichen
– Politische Transparenz und Verantwortung aufrechterhalten
– Marktwirtschaftliche Strukturen aufbauen

Inklusive Institutionen schaffen einen rechtssicheren und verlässlichen Rahmen, damit Menschen Ideen und unternehmerische Tätigkeit entfalten können. Es gibt für die Menschen Anreize, innovativ und erfinderisch tätig zu sein, da ihr Eigentum durch entsprechende Eigentumsrechte und Ideenschutz (z. B. durch ein funktionierendes Patentwesen und Markenrechte) geschützt werden. Der freie Zugang zu den Märkten, mit der Chance, ein Angebot zu schaffen und Umsätze zu erwirtschaften, gibt den Menschen hier ebenfalls Anreize, produktiver zu werden, in neue Maschinen, Anlagen und Produktionsverfahren zu investieren, sowie Leute zu beschäftigen, da ihre Investitionen geschützt sind und die Einstellung von Arbeitskräften eine höhere Produktivität und damit das Erweitern des Produktionspotenzials ermöglicht.

Extraktive Institutionen sind dagegen durch eine Ausbeutung der Ressourcen und Bevölkerung eines Landes durch eine kleine herrschende Gruppe gekennzeichnet. Sie schafft keine abgesicherten Eigentumsrechte, gleichen Marktzugang und politische Teilhabe, sondern beansprucht diese exklusiv für sich. Dies führt zu sehr ungleichen Machtverhältnissen, begünstigt Korruption, Misswirtschaft und führt oftmals zu politischer Instabilität. Im Gegensatz zu inklusiven Institutionen haben Menschen in einem solchen Umfeld kaum Anreize, innovativ und unternehmerisch tätig zu werden, da nicht absehbar ist, ob ihre technischen Errungenschaften und Besitztümer an Kapital von der herrschenden Gruppe enteignet werden, da es an Eigentumsrechten und einer Gleichbehandlung fehlt.

Insbesondere in Ländern, deren Wachstumsmodell hauptsächlich auf der Ausbeutung natürlicher Ressourcen basiert und die durch extraktive Institutionen regiert werden, wird eine wirtschaftliche Entwicklung entlang einer breiten Industrialisierung auch deswegen behindert, da die herrschenden Eliten ihre Einkommen aus den Staatseinnahmen beziehen, die ihnen persönlich aufgrund der Eigentumsverhältnisse an Unternehmen oftmals direkt oder indirekt zufließen. Da ein Einkommenszufluss über Steuereinnahmen nicht stattfindet (wie es in Ländern mit breiten Eigentumsrechten üblich ist) und die Einkommenshöhe davon unabhängig ist, gibt es dementsprechend wenig Interesse, eine breite Wirtschaftsstruktur durch Industrialisierung zu fördern. Dies wird als Ressourcenfluch bezeichnet (Kurer 2017, 151–155).

Unterentwicklung äußert sich im erweiterten Sinne somit auch an einem Mangel an selbstentwickelten Institutionen, die über das Regierungs- und Wirtschaftssystem hinausgehen: Wo formelle und informelle Anreizstrukturen, wie Regeln und Normen,

Sitten und Gebräuche und Unternehmensleitsätze fehlen, entstehen endogene Entwicklungshemmnisse. Fehlen beispielsweise Institutionen, die das Geldwesen und den Wettbewerb regelbasiert steuern, entsteht Marktversagen. Die Schaffung und Erhaltung von Wettbewerbsmärkten gilt als wichtige wirtschaftspolitische Voraussetzung für Entwicklung (Kurer 2017, 143–145).

Hier geht insb. die **neoklassische Entwicklungstheorie** davon aus, dass die Funktionsfähigkeit des Marktes durch staatliches Handeln gewährleistet sein sollte: Funktionierende Märkte bieten demnach verbesserten Zugang zu Informationen und weisen und sichern Eigentums- und Nutzungsrechte zu. Sektorale Ungleichgewichte werden durch den Marktmechanismus ausgeglichen, die Verteilungsresultate sind durch ihre Ausrichtung nach Leistung derjenigen, die sich am Markt betätigen und daraus Umsätze erwirtschaften, im Ergebnis gerecht, Außenhandel wird als Mittel der Wohlfahrtssteigerung befürwortet (Hemmer 2002, 150 f).

Die **Integration in den Freihandel** gilt als wichtiger Bestandteil des Entwicklungsprozesses. Handel ermöglicht die Spezialisierung auf die Produktion derjenigen Güter, die ein Land mit seiner Faktor- und Ressourcenausstattung verhältnismäßig günstig herstellen kann, d. h. den jeweiligen komparativen Kostenvorteil (vgl. Kapitel 1.2).

Die Integration in den Außenhandel bringt weiterhin den Vorteil einer Markterweiterung, da Produkte über den eigenen Binnenmarkt hinaus angeboten werden können, was das Potenzial größerer Produktionsmengen birgt. Größere Produktionsmengen wiederum führen zum betriebswirtschaftlichen Effekt einer Kostendegression, da mit steigenden Stückzahlen die Produktionskosten tendenziell sinken. Somit können Güter kostengünstiger produziert werden. Ferner führt die Einbindung in den internationalen Wettbewerb zu Produktivitätssteigerungen und verbesserter Innovationsfähigkeit (Kurer 2017, 132–135).

Jedoch führt auch der Außenhandel nicht immer zu entwicklungsgünstigen Ergebnissen: So rückt die **Dependenztheorie** im Zusammenhang mit dem Zentrum-Peripherie-Modell das Abhängigkeitsproblem der Entwicklungsländer von den Industrieländern des Zentrums nochmals in den Vordergrund: Ehemalige koloniale Handelsstrukturen, die nach dem Prinzip funktionierten, dass Rohstoffe im Austausch mit verarbeiteten Gütern gehandelt wurden, konnten im Zuge weiterer Handelsintegration in der postkolonialen Phase nicht vollständig überwunden werden: Entwicklungsländern gelingt es häufig nicht, die eigene Wertschöpfungstiefe zu erhöhen, sodass zwar weiterhin Rohstoffe exportiert werden, die Rohstoffveredelung jedoch findet hauptsächlich in den Industrieländern statt. In der Peripherie erzeugte Konsumgüter wiederum werden in Industrieländern wenig nachgefragt, wenn diese z. B. Importsubstitution betreiben (d. h. ein Verzicht auf importierte Fertigerzeugnisse zugunsten eigener Produktion) oder protektionistische Maßnahmen ergreifen. Hierdurch werden die Entwicklungsländer kaum in internationale Wertschöpfungsketten eingebunden und bleiben als Peripherie weiterhin von den Industrieländern abhängig (Dependenz). Diese Dependenz äußert sich dabei z. B. auch in einer Abhängigkeit von Kapital- und Konsumgütern: Für die lokale Produktion werden Kapitalgüter benötigt, die letztlich ebenfalls von den Industrieländern importiert / gekauft werden müssen, ferner werden häufig die Konsummuster von den Industrieländern übernommen, sodass auch eine Abhängigkeit von ihren Konsumgütern besteht. In Fällen, wo kein Import von Konsumgütern stattfindet, bleibt die Abhängigkeit dennoch erhalten durch multinationale Konzerne, die Kapital ins Land bringen, aufgrund kapitalintensiver Produktion jedoch wenig Arbeitsplätze schaffen und dabei große Konkurrenz zu den nicht wettbewerbsfähigen inländischen Unternehmen schaffen (Franke/Kumitz, in: Fischer et al. 2023, 47).

Argumente gegen die Beteiligung am Freihandel thematisieren ferner auch die mangelnde Wettbewerbsfähigkeit einzelner Unternehmen der Entwicklungsländer gegenüber der Konkurrenz auf dem globalen Markt: Während Unternehmen in Industrieländern eingebettet sind in Strukturen, die ihre eigene Wettbewerbsfähigkeit fördern, wie z. B. die Nähe zu Zulieferbetrieben und Dienstleistern, mit denen ein Informationsfluss und -austausch stattfindet, der Innovation vorantreibt (sog. Cluster), fehlen diese in Entwicklungsländern. Dies kann dazu führen, dass diese Industrien vor dem Freihandel abgeschottet werden, um die eigene Industrie zu schützen (Kurer 2017, 135–136).

Protektionismus zum Schutz von Infant Industries
Protektionismus kann u. a. gezielt zum Schutz sog. **Infant Industries** praktiziert werden. Als solche werden Industriezweige benannt, die in einem Land noch nicht weit entwickelt sind und daher international noch nicht wettbewerbsfähig sind.

So wird versucht, mit Zöllen oder Importmengenbeschränkungen, die jungen Unternehmen vor den Produkten wettbewerbsfähiger ausländischer Konkurrenz zu schützen.

Problematisch ist der Schutz von Infant Industries dann, wenn protektionistische Maßnahmen nicht aufgehoben werden können, weil nicht erkennbar ist, ob der Zeitpunkt der Wettbewerbsfähigkeit erreicht ist. Fraglich bleibt in den Entwicklungsländern insbesondere, ob ein konkurrenzfähiges Niveau erreicht werden kann. Dies setzt Innovationsfähigkeit und Produktivitätsfortschritte, sowie Forschung und Entwicklung voraus, die in Entwicklungsländern häufig fehlen oder unterentwickelt sind.

Die Anhänger der Dependenztheorie befürworteten daher temporäre Zölle oder gar eine Abkopplung vom Weltmarkt und die Strategie einer importsubstituierenden Industrialisierung (Franke/Kumitz, in: Fischer et al. 2023, 50).

Importsubstituierende Industrialisierung
Die importsubstituierende Industrialisierung ist eine Wirtschafts- und Außenhandelspolitik, die daraufsetzt, Importe von Fertigerzeugnissen weitgehend durch eine eigene, inländische Produktion zu ersetzen (Importsubstitution) und damit industrielle Strukturen zu fördern.

Eine solche Strategie wurde insbesondere im Zusammenhang der Entstehung der Dependenztheorie in Lateinamerika nach dem Zweiten Weltkrieg verfolgt (Kurer 2017, 137), sowie nach der Unabhängigkeit Indiens und der südostasiatischen Länder vom Kolonialismus der europäischen Länder. In den meisten Schwellenländern wurde diese Strategie jedoch zugunsten einer **Exportorientierung** aufgegeben: Eine import-substituierende Industrialisierung setzt zunächst voraus, dass die Länder auch tatsächlich in der Lage sind, sich weitgehend selbst zu versorgen. Häufig ist dies jedoch in einem Stadium der Unterentwicklung aufgrund Kapitalmangel und technologischer Rückständigkeit nicht möglich.

Die Beseitigung **exogener Entwicklungshemmnisse**, die z. B. die Handelsstruktur betreffen, setzt dabei vielmehr an der Idee an, den Strukturwandel voranzutreiben und sich gegenüber Handel und Investoren zu öffnen: Wie in den obigen Ausführungen bereits thematisiert wurde, ist die mangelnde sektorale Diversifizierung hier das strukturelle Ausgangsproblem: Zwar bildet die Ausbeutung von Rohstoffen zunächst eine Basis für wirtschaftliche Entwicklung, oftmals erweist sich eine auf Rohstoffen basierte Wirtschaftsentwicklung jedoch langfristig nicht als alleiniger Wachstumsgarant. So kann ein Reichtum an Rohstoffen mehrere Nachteile schaffen, u. a. solchen, die zur Entstehung der sog. **Dutch Disease** führen:

- Ein Ressourcenreichtum kann zur Entstehung einer sog. **Enklavenwirtschaft** führen: Da die Ressourcen häufig weit außerhalb der Wirtschaftszentren liegen, gibt es wenig Verbindungen zu anderen Wirtschaftszweigen
- Der Ressourcenabbau schafft Abhängigkeiten zu ausländischen Unternehmen und bringt nur wenig Wertschöpfung: der Abbau ist kapitalintensiv, weshalb Produktionsmittel häufig von ausländischen Unternehmen selbst ins Land gebracht werden, häufig ausländisches Personal eingesetzt wird und die Rohstoffe ohne weitere Verarbeitung exportiert werden, was in einer geringen inländischen Wertschöpfung resultiert
- Hohe Exportmengen an Rohstoffen führen zu einer Währungsaufwertung, was die Exporte anderer Wirtschaftszweige verteuert
- Die Nachfrage nach Arbeitskräften im Rohstoffabbau führt zu Lohnerhöhungen. Andere Wirtschaftszweige reagieren darauf ebenfalls mit Lohnerhöhungen, was jedoch zu abnehmender Wettbewerbsfähigkeit führt (Kurer 2017, 123–126)
- Schwankungen der Rohstoffpreise an den Weltmärkten führen zu volkswirtschaftlichen Krisenlagen, sobald diese an den Weltmärkten sinken. So führte z. B. 2020 der Ölpreisverfall im Zuge der Corona-Pandemie in Russland zu einer Rezession
- Rohstoffexporte bringen zwar schnelle Exportgewinne, führen aber häufig dazu, dass andere Wirtschaftssektoren vernachlässigt werden und eine monostrukturierte Wirtschaftsstruktur entsteht. Das Wirtschaftswachstum ist dann stark von Rohstoffexporten und ihrer Preisentwicklung abhängig

Dutch Disease

Die Dutch Disease („holländische Krankheit") hat als Bezeichnung ihren Ursprung in den Erdgasfunden in den Niederlanden 1959, welche das Land zu einem der größten Erdgasproduzenten machten. Die hohen Exportmengen an Erdgas führten jedoch zu einer starken Aufwertung der niederländischen

Währung, was Exporte anderer industrieller Zweige verteuerte, gleichzeitig Importe billiger machte und zu einer Deindustrialisierung führte.

Die Öffnung der Volkswirtschaft für Investoren und Außenhandel, sowie wirtschaftspolitische Reformprozesse unterstützen somit maßgeblich die Entwicklung. So entkräften die Beispiele des Aufstiegs der südostasiatischen Tigerstaaten (Taiwan, Südkorea, Singapur, Hongkong), wie auch die ökonomische Entwicklung Japans das Argument einer vollständigen Abschottung gegenüber dem Außenhandel, wie auch dem Aufbau einer rohstoffbasierten Volkswirtschaft:

So war die bewusste Zuwendung der Länder zu einer **exportorientierten Industrialisierung** ein wichtiger Faktor für den ökonomischen Aufholprozess. Begünstigt wurde das Vermeiden eines Ressourcenfluchs dadurch, dass Länder wie Japan, Südkorea, Taiwan und Singapur grundsätzlich ressourcenarm und flächenknapp sind, sodass eine Importabhängigkeit bei z. B. Kohle, Energierohstoffen und seltenen Erden besteht. Gerade dies konnte jedoch durch Struktur- und Prozesspolitik seitens der staatlichen Institutionen nutzbar gemacht werden. Sie zeichnete sich aus durch:

- Gezielte exportorientierte Produktion von Konsumgütern, wie Bekleidung und Unterhaltungselektronik für nachfragestarke Märkte (USA & Europa)
- Staatlich gesteuerte Industriepolitik mit festgelegten Entwicklungsprioritäten für bestimmte Wirtschaftszweige
- Eine enge Verzahnung von Unternehmen, Staat und Ministerien
- Eine tragende Rolle der Wirtschaftsministerien als Planungs- und Umsetzungsorgane
- Einem erfolgreichen Übergang von der Produktion von arbeitsintensiven hin zu kapitalintensiven Produkten (z. B. Textilien zu High Tech-Produkten und Fahrzeugen) durch ausländische Investitionen und Spill over-Effekten an Wissen
- Erfolgreiche Prozesse des knowhow-Transfers durch Lizenzfertigung (z. B. Herstellung lizensierter Originalbauteile für die Automobilindustrie als sog. OEM-Hersteller (Original Equipment-Manufacturer)
- Staatliche Investitionen in Bildung und Sozialwesen

Entwicklungshemmnisse lassen sich somit in vielen Fällen auf das Agieren staatlicher Institutionen zurückführen. Zwar schreiben weitere Theorien, wie die **Geodeterminismus-Hypothese** oder die **Klima-Hypothese** geographische Nachteile oder klimatische Zusammenhänge den Entwicklungsländern als weitere endogene Entwicklungshemmnisse zu, lassen sich jedoch durch zahlreiche Gegenbeispiele als wenig haltbar entkräften.

Geodeterminismus und Klimahypothese

Die Geodeterminismus-Hypothese geht davon aus, dass sich einige Länder aufgrund einer schicksalhaften ungünstigen geographischen Lage nicht entwickeln können und daher dauerhaft in der Unterentwicklung verurteilt sind. Dies wird durch vermeintliche geographische Nachteile erklärt, wie:

– Fehlender Zugang zu schiffbaren Flüssen oder Weltmeeren
– Ungünstige topographische Gegebenheiten, wie Gebirgszüge, die eine Raumüberwindung und Flächennutzung erschweren
– Flächenknappheit
– Schlechte Bodenbeschaffenheit, die wenig agrarisches Ertragspotenzial aufweist

Die Klima-Hypothese schreibt wiederum den klimatischen Verhältnissen eine Rolle für die Unterentwicklung zu. Sie beruht auf der Feststellung, dass die hochentwickelten Industrieländer sich vorwiegend in den gemäßigten Breiten der Nordhalbkugel befinden, während die meisten Länder in den subtropischen und tropischen Regionen des Äquators und der südlichen Halbkugel unterentwickelt sind. Die Argumentation lautet hier zumeist, dass tropische Klimate aufgrund körperlich anstrengender Temperaturen und hoher Luftfeuchtigkeit die Arbeitsproduktivität des Menschen mindern, den Ausbruch von Krankheiten begünstigen und die hohen Niederschläge im Zusammenhang mit der Bodenbeschaffenheit der Tropen durch Auswaschung der Nährstoffe schlechte landwirtschaftliche Voraussetzungen bieten.

Unterentwicklung aus klimatischen und geographischen Zusammenhängen heraus zu begründen, ignoriert die Tatsachen, wie z. B. die unterschiedliche Entwicklung der USA und Mexiko entlang der Grenzlinie (Acemoglu/Robinson, 2020, 27 -30, 75–84) trotz der klimatisch-geographisch homogenen Verhältnisse oder den Entwicklungsunterschied zwischen Finnland, Norwegen und Russland, obwohl diese ebenfalls in der gleichen Klimazone liegen. Länder, wie Singapur oder Australien konnten trotz ihrer klimatischen Lage ebenfalls einen hohen Entwicklungsstand erreichen, was die Klima-Hypothese, wie auch die Geodeterminismus-These als widersprüchlich erscheinen lässt.

So zeigen gerade die Beispiele der Entwicklungswege der Schweiz, Japans oder Singapurs auf, dass eine erfolgreiche Entwicklung trotz topographischer Nachteile oder klimatischer Bedingungen möglich ist. Entscheidend ist hier die Umgehung vermeintlicher Entwicklungshemmnisse durch wirtschaftspolitische oder technologische Reformen und Maßnahmen. Beispielhaft seien hierfür folgende Strategien genannt:

– **Vorantreiben der Spezialisierung**
   Im Zuge der Erschließung von Verkehrswegen durch die Gebirgsmassive entwickelte sich in der Schweiz der Maschinenbau auf Basis von Bergbaumaschinen, der sich später auf die Feinmechanik hin weiterentwickelte. Für die Finanzierung von Infrastrukturvorhaben entwickelte sich in der Schweiz früh ein funktionierendes Finanzwesen, welches bis heute neben der Feinmechanik den wichtigsten Wirtschaftszweig darstellt

- **Ausbau der Wertschöpfungsketten**
  Die Rodung von tropischen Hölzern in Indonesien, Thailand und Malaysia für den Export in die Nachfragemärkte luxuriöser Holzarten wurde weiterentwickelt, indem eine eigene Möbelindustrie aufgebaut wurde, die die Hölzer zu Möbeln und Terrassenhölzern weiterverarbeitet und veredelt und die dann erst exportiert werden
- **Vorantreiben gesellschaftlicher, politischer und ökonomischer Partizipation und Weiterentwicklung staatlicher Institutionen**
  England und die USA schufen im Zuge industrieller Revolution und Entwicklung früh Eigentumsrechte, einen großzügigen Marktzugang, die Möglichkeit, Privatunternehmen zu gründen, und einen funktionierenden Patent- und Markenschutz. Entstehende Monopolerscheinungen im Manchesterliberalismus (England) und der Entstehung von Trusts (USA) wurden durch die Einführung von Kartell- und Antimonopolgesetzten reguliert
- **Modernisierung der Wirtschaftspolitik**
  Die Volksrepublik China führte 1979 durch Deng Xiaoping umfassende Reform- und Öffnungspolitiken ein, die es ausländischen Investoren ermöglichten, im Land zu investieren, Produktionsstätten zu eröffnen und Handel zu treiben. Damit integrierte sich das Land in die internationale Arbeitsteilung.

Die Bewältigung des permanenten Strukturwandels im Sinne einer volkswirtschaftlichen Entwicklung setzt somit in einem starken Maße das Vorhandensein funktionierender staatlicher Institutionen und einem Policy Mix aus Struktur- und Prozesspolitik, Handelspolitik, Innenpolitik, Bildungs- und Innovationspolitik und staatlicher Stabilität voraus.

Kontrollfragen

A. Wie lässt sich Wohlstand messen? Welche Konzepte liegen der Wohlstandsmessung zugrunde?
B. Was sind die zentralen Voraussetzungen für wirtschaftliche Entwicklung?
C. Was sind endogene und exogene Entwicklungshemmnisse?
D. Welche Rolle spielen politische Institutionen bei der Entwicklung und Unterentwicklung von Regionen?
E. Was besagt die Dependenztheorie?
F. Welches Problem wird durch die Prebisch-Singer-These beschrieben?
G. Was ist unter inklusiven und extraktiven Institutionen zu verstehen?
H. Inwiefern begünstigt die Integration in den Außenhandel Entwicklung?

2 Regionale Analyse: Entwicklungspfade und Strukturen

2.1 China (Gesellschaft und Wirtschaft im Wandel; China als neue Weltmacht)

In diesem Kapitel ...
- Lernen Sie die wichtigsten Raumpotenziale und Standortfaktoren Chinas kennen
- Erhalten Sie einen Überblick der ökonomischen und politischen Genese des Landes
- Verstehen Sie die geopolitischen Spannungen
- Erhalten Sie einen Überblick über die größten Herausforderungen der weiteren (ökonomischen) Entwicklung

Die Volksrepublik China ist mit einer Fläche von 9,6 Millionen km^2 das viertgrößte Land der Erde. Die Bevölkerungsgröße betrug im Jahr 2022 insgesamt 1,41 Milliarden Menschen. Damit wurde China nach den Daten der Weltbank (World Development Indicators 2023) in diesem Jahr durch Indien (mit 1,42 Milliarden) als das bevölkerungsreichste Land überholt. Das Staatsgebiet erstreckt sich über den östlichen Teil des asiatischen Kontinents. Das Territorium reicht von 18°N (Insel Hainan) bis 53,31°N Breitengrad und von 74,40°E bis 135,5°E Längengrad. Nach den chinesischen Gebietsansprüchen im südchinesischen Meer reicht die geographische Breite sogar weit nach Süden bis 5,52°N mit einer Gesamtentfernung von 5500 km. Die größte Entfernung zwischen den westlichen und östlichen Endpunkten beträgt ca. 5200 km. Die Küstenlinie hat eine Länge von mehr als 14000 km (Lü 2012, 12 f). China grenzt im Norden an die Mongolei, Russland und Nordkorea, im Westen an die zentralasiatischen Länder Kasachstan, Kirgisistan, Tadschikistan sowie Afghanistan und Pakistan, im Süden an die Länder Indien, Nepal, Bhutan und die südostasiatischen Länder Myanmar, Laos und Vietnam. Im Osten ist das Land durch das Gelbe Meer, das Ostchinesische und das Südchinesische Meer begrenzt. Nicht direkt angrenzend, aber unweit entfernt liegen in der östlichen Richtung die Länder Japan und Südkorea sowie die von China beanspruchte Insel Taiwan (Republik China).

Topografisch ist das Land durch ein besonderes Merkmal geprägt, welches als die Treppenlandschaft bezeichnet wird (Lü 2012, 52), mit abnehmender Höhe vom Tibetischen Hochplateau im Süd-Westen, über die Mittelgebirge und Plateauregionen hin zu den Tiefebenen und Küstenregionen im östlichen Teil des Landes. Von den Gebirgen im Tibetischen Hochplateau entspringen u. a. die wichtigsten Flüsse Chinas: Huanghe (der Gelbe Fluss), Changjiang (der Yangtze Fluss) sowie Süd- und Südostasiens: Yarlu Tsanpo (Brahmaputra) und Lancang (Mekong). Klimatisch lassen sich drei bis vier Großregionen unterscheiden. Im Südwesten herrscht ein arides bis semiarides Hochkontinentalklima, im Nordwesten ein arides bis semiarides Kontinentalklima, im Nordosten ein humides bis semihumides Monsunklima sowie im Südosten ein tropisches und subtropisches Monsunklima. Die Niederschlagsmenge ist je nach geografischer Lage sehr unterschiedlich. Während der östliche, insbesondere der südöstliche Teil des Landes aufgrund des Sommermonsuns hohe Niederschlagsmenge

https://doi.org/10.1515/9783110790245-008

aufweist, ist diese im Westen und Nordwesten gering. Diese naturräumlichen Verhältnisse bedingen die Landnutzung und damit die Bevölkerungsverteilung in China. So befinden sich die landwirtschaftlichen Gunsträume überwiegend im östlichen Teil des Landes. Der Südosten des Landes weist neben dem günstigen Monsunklima ebenfalls relativ fruchtbare Böden auf, welche intensive Landwirtschaft ermöglichen. Im Westen ist aufgrund der klimatischen Bedingungen und der Bodenbeschaffenheit landwirtschaftlicher Anbau kaum möglich. Zieht man die sogenannte Geodemografische Linie (nach dem chinesischen Geograf Hu 1901–1998) von dem Ort Aihui im Nordosten zu Tengchong im Südwesten durch China, so lebten 1935 etwa 95,4% der Bevölkerung östlich und nur 5,6% westlich dieser imaginären Linie. Diese Situation der Bevölkerungsverteilung hat sich bis heute nicht grundlegend verändert (Lü 2012, 168 ff). Dementsprechend ist die infrastrukturelle Entwicklung und die wirtschaftliche Leistung im Osten des Landes, insbesondere in den Küstenregionen deutlich stärker als im Westen.

China verfügt über zahlreiche Bodenschätze, die für die wirtschaftliche Entwicklung von Bedeutung sind. Insbesondere gehört das Land mit 114 500 Millionen Tonnen zu den Ländern mit den größten Kohlereserven (World Energy Council 2013, 1.17). Im Öl- und Gasvorkommen steht das Land dagegen weit hinter den großen ölproduzierenden Ländern (ebd. 2.17, 3.37). Bekannt ist China auch durch das Vorkommen wichtiger Metalle und seltener Erde. Insgesamt kann China sich zum großen Teil mit Rohstoffen aus eigenen Quellen versorgen (Hilpert/Mildner, 2013, 50).

Zusammenfassend ist der chinesische Naturraum geprägt durch ...
– Große geografische Ausdehnung und große Bevölkerungszahl
– Vielfältige Naturlandschaften mit dem besonderen Merkmal einer „Treppenlandschaft"
– Heterogene klimatische Verhältnisse vom ariden Kontinentalklima bis zum humiden tropischen und subtropischen Klima
– Lange Küstenlinie und große Flüsse
– Ungleiche Verteilung der landwirtschaftlichen Gunsträume und der Bevölkerung

Die Siedlungsgeschichte wird durch archäologische Befunde auf etwa 600.000 Jahre datiert (Schmidt-Glintzer 2014, 148). Als Ursprünge der chinesischen Zivilisation werden im Norden die Gebiete entlang des Huanghe Flusses (Der Gelbe Fluss) sowie im Süden das Einzugsgebiet des Changjiang Flusses (Der Yangtse Fluss) betrachtet. Generell wird von einer 5000 Jahre alte Geschichte Chinas gesprochen, die durch schriftliche Denkmäler belegt ist. Die als das älteste staatliche Gebilde geltende Xia-Dynastie reichte ins dritte Jahrtausend vor Chr. zurück. Die Dynastien Xia, Shang (16.-11. Jh. v. Chr.) und Zhou (11. Jh.-222 v. Chr.) gelten als die Hauptlinie der chinesischen Geschichte neben weiteren Herrschaftsverbänden. Die Herrschaftsform in der Zhou-Zeit wird als Feudalismus betrachtet. Die späte Phase der Zhou bis zur Vereinigung des chinesischen Kaiserreichs (221 v. Chr.) spielt in der chinesischen Geschichte insofern eine besondere Rolle, als dass hier wichtige geistige Strömungen entstanden sind. Die wichtigsten philosophischen Schulen, u. a. die im Westen allgemein bekannten philosophischen Traditionen des Konfuzianismus und Daoismus, haben z. B. ihren Ursprung in der Zeit vom 6. bis 5. Jahrhundert v. Chr.

Mit der Qin-Dynastie (221–206 v. Chr.) entstand zum ersten Mal ein chinesisches Einheitsreich. Die wichtigsten Veränderungen in dieser Zeit waren der Aufbau einer hierarchischen Verwaltungsstruktur, die Etablierung eines verschriftlichten Rechtskodex, die Vereinheitlichung der chinesischen Schrift, der Gewichten und Maßen sowie die Einführung einer einheitlichen Währung. Berüchtigt ist auch die Bekämpfung des Konfuzianismus zugunsten der Lehre der Legalisten, die die absolute Macht des Herrschers begründeten (Qi, 2010, 340–344). Die Qin-Dynastie war zwar nur von kurzer Dauer, sie hat aber eine absolutistische Herrschaftsform und die Idee eines zentralistischen Einheitsstaates eingeführt, die bis heute in China prägend bleibt.

Die geografische Ausdehnung des chinesischen Kaiserreichs war bis auf einige Ausnahmen wesentlich kleiner als das heutige Staatsgebiet. Die Dynastien nach der Qin wechselten sich ab, territoriale Veränderungen hat es immer wieder gegeben. Als staatliche Gebilde blieben sie aber im Wesentlichen unverändert. Aus diesem Grund ist von der einzigen alten Zivilisation die Rede, die seit ihrer Entstehung ununterbrochen fortbesteht.

Ethnisch ist China heute ein Vielvölkerstaat mit 56 Nationalitäten. Der überwiegende Teil (91%) der Bevölkerung gehört aber der Han-Nationalität an, die unterschiedliche regionale Varianten des Chinesischen spricht, jedoch seit der Qin-Zeit mit einer einheitlichen Schrift. Die als nationale Minderheiten bezeichneten Bevölkerungsgruppen haben jeweils eigene Sprachen und Schriften. Dazu gehören u. a. die Mongolen, Tibeter und Uiguren. Insgesamt kann aufgrund der zahlenmäßigen Dominanz der Han-Chinesen von einer relativen Homogenität der Bevölkerung gesprochen werden, auch wenn Konflikte in diesem Kontext bestehen.

Die meist am Rande des chinesischen Territoriums lebenden Minderheiten widerspiegeln die Kontaktgeschichte Chinas mit den fremden Völkern. Sowohl Eroberungen von chinesischer Seite aus (gen Westen) als auch fremde Herrschaften im chinesischen Territorium hat es im Laufe der Geschichte gegeben. Zu den letzteren gehören die beiden Dynastien Yuan (1271–1368) und Qing (1644–1911), über die jeweils die Mongolen und die Mandschuren herrschten.

Bekannt aus der Han-Zeit (206–220) ist die Seidenstraße, die mit verschiedenen Handelsrouten von der damaligen Hauptstadt Changan über Zentralasien bis ins Römische Reich reichte. Gehandelt wurden Seide, Tee, Porzellan aus China sowie Gewürze und Glasprodukte aus anderen Ländern. Neben dem Handel fand kultureller Austausch ebenso statt. So gelangte z. B. der Buddhismus auf diesem Weg nach China. Zusammen mit dem Konfuzianismus und dem Daoismus zählt der Buddhismus auch heute zu den drei wichtigsten geistigen Traditionen Chinas.

Mit der Industrialisierung in den europäischen Ländern und dem darauffolgenden Zeitalter der Kolonialisierung erfuhr die Geschichte Chinas im 19. Jahrhundert eine gravierende Wende. Die beiden Opiumkriege (1840 und 1860) leiteten den Niedergang des chinesischen Kaiserreichs ein. Als Reaktion darauf setzte sich eine Reihe von Modernisierungsversuchen ein, von der Einführung der westlichen Waffentechnik über die Erneuerung der Kultur bis zur politischen Reform. Die erste Hälfte des 20. Jahrhunderts war neben der Invasion Japans (1931–1945) geprägt durch politische Unruhen und den Bürgerkrieg zwischen der Kommunistischen Partei Chinas (fortan KPCh) und der Nationalen Volkspartei GMD (1945–1949). Die beiden heute existierenden chinesischen Staaten (die Volksrepublik China und die Republik China in Taiwan) können in diesem Zusammenhang als die Ergebnisse des Ringens unterschiedlicher politischer Kräfte um die Zukunft des Landes betrachtet werden.

Dieses Kapitel beschreibt die bisherigen wirtschaftlichen und gesellschaftlichen Entwicklungen in der Volksrepublik China und gibt einen Überblick über die wesentlichen Faktoren, die diese Entwicklungen beeinflusst haben. Die Schwerpunkte der Analyse liegen in der Betrachtung der Herausforderungen für die weiteren Entwicklungen des Landes. Insgesamt wird der aktuelle Stand der Entwicklungen sowie die Entwicklungsansätze untersucht, um die Herausforderungen des Landes zu beleuchten.

Im Einzelnen werden folgende Themen behandelt:
- Die wirtschaftlichen und gesellschaftlichen Entwicklungen
- Das politische System und die Weiterentwicklung Chinas
- Die Nachhaltigkeit der wirtschaftlichen Entwicklungen
- Die geopolitischen Konflikte

Die wirtschaftlichen Entwicklungen Chinas insbesondere in den letzten Jahrzehnten werden generell als ein Wirtschaftswunder (Lin 2003; Naughton 2018, 178) beschrieben. Tatsächlich hat ein solcher Aufstieg in einem Land mit 1,4 Milliarden Menschen in der Geschichte noch nie gegeben. Lag die Pro-Kopf-Wirtschaftsleistung (GDP per capita) im Jahr 1978 noch bei 156,4 USD, so erreichte diese 2022 rund 12.720 USD. China überholte 2010 Japan als die zweitgrößte Volkswirtschaft der Welt. Kaufkraftbereinigt ist China sogar seit 2016 mit 18,7 Billionen USD (GDP PPP) die größte Volkswirtschaft (World Development Indicators). Im Human Development Index der Vereinten Nationen wird Chinas Wert mit 0,768 (2021) als hoch eingestuft und nimmt im Ranking die Position 79 von insgesamt 191 Ländern ein (UNDP 2022, 300).

Die Geschichte der Volksrepublik China ist durch ordnungspolitische Paradigmenwechsel (Taube 2014, 645) geprägt, die sich aus ideologischen und machtpolitischen Auseinandersetzungen sowie aktuellen wirtschaftlichen Problemen resultieren, so wie sie auch in den ehemaligen sozialistischen Staaten der Fall war (hierzu Wu 1999, 31–53). Auch die seit der zweiten Amtszeit (2017–2022) des jetzigen Partei- und Staatschefs Xi Jinping von der Außenwelt wahrgenommenen ideologischen und machtpolitischen Veränderungen (Heilmann 2016, 169) deuten darauf hin.

Die KPCh verfolgte bei der Gründung der Volksrepublik China zuerst das Ziel, eine „Neue Demokratische Staatliche Ordnung" mit einer Mischform der Wirtschaftsordnung zu etablieren, in der staatliche, private und genossenschaftliche Akteure nebeneinander stehen sollten (Wen, 2021, 21; Wu 1999, 45). In diesem Zug fand auch die Umverteilung von Ackerland auf die Bauernhaushalte in Form von Bodenreform (1947–1952) statt, wodurch landwirtschaftliche Produktion durch private Bauernhaushalte möglich wurde, die bisher keinen Landbesitz gehabt hatten. Nach einer kurzen Phase der wirtschaftlichen und gesellschaftlichen Konsolidierung (Bekämpfung der Inflation, Aufbau von Infrastruktur) in den Anfangsjahren nach der Staatsgründung erfolgte 1953 die erste ordnungspolitische Wende von einem „national kapitalistischen zum sozialistischen System" (Wen 2021, 17). Es begann die sogenannte sozialistische Umgestaltung, die die Verstaatlichung der städtischen Wirtschaft sowie die Kollektivierung der landwirtschaftlichen Produktion beinhaltete. Mit dem ersten Fünfjahresplan (1953–1957) wurde dann offiziell die Zentralverwaltungswirtschaft nach sowjetischem Vorbild etabliert. Getrieben wurde dies durch die strategische Fokussierung auf eine schnelle Industrialisierung und damit die Ressourcenallokation zugunsten des Aufbaus der Schwerindustrie (Wu 1999, 48; Wen 2021, 19). Diese Entwicklung ist aber auch als Folge der damaligen geopolitischen Entwicklungen zu betrachten. Nach dem Ausbruch des Koreakrieges im Jahr 1950 ging China eine strategische Allianz mit der Sowjetunion ein und sendete eine „Freiwillige Armee" nach Korea. Im Gegenzug lieferte die Sowjetunion von 1950 bis 1959 Hilfeleistungen in Form von Industriegütern und Technologien im Wert von 5,4 Milliarden USD (Wen 2021, 164 ff), was als „der bis dahin größte Technologientransfer in der Menschheitsgeschichte" bezeichnet wird (Brandt et al. 2017, 201). Somit konnte China seine Industriebasis (u. a. Energie-, Rohstoff-, zivile und Rüstungsindustrien) wesentlich erweitern. Als die Kooperation mit der Sowjetunion bereits ab 1958 aufgrund ideologischer und sicherheitspolitischer Differenzen zu Bruch zu gehen drohte, setzte die chinesische Regierung unter dem Partei- und Staatschef Mao, Zedong (1893–1976) auf die eigene Leistungsfähigkeit und brachte durch politische Mobilisierungen die Kampagne des „Großen Sprungs nach Vorn" (1958–1960) in Bewegung, um die Industrialisierung rasch voranzutreiben. Die staatlichen Ausgaben für Anlageninvestition nahm 1958 massiv zu. Gleichzeitig wurden Arbeitskräfte aus der landwirtschaftlichen Produktion abgezogen. Dies führte letztendlich zu einer großen Wirtschaftskrise und einer Hungerkatastrophe, der etwa 30 Millionen Menschen zum Opfer fielen (Taube 2014, 651; Chow 2015, 23). Die Beschäftigung in der städtischen Wirtschaft ging 1960 von 130 auf 45,37 Millionen zurück (Wen 2021, 182). Die Wirtschaftsleistung verzeichnete 1961 einen Rückgang von − 27% (World Development Indicators 2023).

Die folgende Phase bis Ende der siebziger Jahre war innenpolitisch gekennzeichnet durch machtpolitische Auseinandersetzungen, außenpolitisch war das Land nach dem endgültigen Abbruch der Beziehung mit der Sowjetunion weitgehend isoliert. Nach einer kurzen Erholung der Wirtschaft in den Jahren 1963–1965, die einer gewissen Liberalisierung und Dezentralisierung in der Wirtschaftspolitik zu verdanken war, brach 1966 die Kulturrevolution aus, die erst mit dem Tod von Mao, Zedong zehn Jahre später als beendet erklärt wurde. Diese Massenkampagne mit zum Teil bürgerkriegerischem

Zustand verursachte weitere Wirtschaftskrisen. Die Wirtschaftsleistung ging z. B. in den Jahren 1967 und 1968 jeweils um − 5,77% und − 4,1% zurück (World Development Indicators). Weit gravierendere negative Auswirkungen für die Entwicklung des Landes verursachte das Außerkraftsetzen des Bildungswesens, insbesondere des Hochschulbetriebs bis 1977/78. Die industriepolitischen Entscheidungen waren auch in dieser Phase durch die geopolitische Situation und das Bestreben nach der Modernisierung der Industriestruktur geprägt. Aus der Befürchtung möglicher militärischer Angriffe seitens der USA und Sowjetunion wurden ab 1965 Teile der bis dahin vor allem an der Ostküste und im Nordosten des Landes vorhandenen Industriebetriebe im Rahmen der sogenannten „Dritte-Front-Strategie" ins westliche Hinterland verlagert, um dort sichere Industriebasen aufzubauen. Volkswirtschaftlich führte dies unter erheblichem Kapital- und Arbeitseinsatz zu einer suboptimalen Allokation von Ressourcen (Taube 2014, 656), was aber auf der anderen Seite eine regionale Verbreitung der industriellen Infrastruktur bewirkte (Brandt et al. 2017, 213). Mit der Annäherung an die USA ab 1972 versuchte das Land durch den Import von Industrieanalgen die eigene Industriestruktur zu modernisieren. In den Jahren 1972 und 1978 wurden jeweils Verträge im Wert von 4,3 und 7,8 Milliarden USD mit dem westlichen Ausland unterzeichnet, wodurch der Staatshaushalt überstrapaziert wurde (Wen 2021, 194–195).

Gesellschaftspolitisch soll in dieser Phase entsprechend den sozialistischen Vorstellungen das Prinzip des Egalitarismus angestrebt werden. Der nationale Gini-Koeffizient zur Messung von Einkommensunterschieden lag 1981 insgesamt bei einem relativ moderaten Wert von 30,98, wobei die jeweiligen Werte in den ländlichen (24,73) und städtischen Räumen (18,46) noch deutlich niedriger waren (Ravallion/Chen 2004). Diese Daten deuten aber eine deutliche Disparität in der Einkommensverteilung zwischen Stadt und Land an. Das nach der Dualismustheorie (Lews 1954; Hemmer, 2002, 579 ff) in den Entwicklungsländern existierende Phänomen der unterschiedlichen sektoralen Entwicklungen jeweils in einem traditionellen (Landwirtschaft) und einem modernen Bereich (Industrie) trifft zwar auch im Falle Chinas zu, die Besonderheit besteht aber darin, dass die Unterscheidung zwischen Stadt und Land auf bewussten politischen Entscheidungen basierte und damit institutionell zu einer Spaltung der chinesischen Gesellschaft führte, die bis heute andauert. Im Kern steht die Einführung eines Haushaltsregistrierungssystems (Hukou) im Jahre 1958. Im Zuge der Kollektivierung der landwirtschaftlichen Produktion und als Folge des „Großen Sprungs nach vorne" (siehe oben) wanderten immer mehr Menschen aus den ländlichen Räumen in die Städte ab, was die Versorgung der Bevölkerung in den Städten zunehmend vor Herausforderungen stellte (Gong, 2023). Das Haushaltsregistrierungssystem unterscheidet die Bevölkerung in einen landwirtschaftlichen und nicht-landwirtschaftlichen Teil und untersagt die räumliche Mobilität zwischen den ländlichen und städtischen Bereichen. Darüber hinaus wird die staatliche Versorgung mit öffentlichen Ressourcen wie Nahrungsmitteln, materieller und sozialer Infrastruktur (Bildungswesen, Sozialversicherungen) ausschließlich der städtischen Bevölkerung vorbehalten (Gong, ebd.). Dadurch wurden gravierende soziale Gegensätze zwischen Stadt und Land verursacht. Das später ab 90er Jahre weltweit bekannte Phänomen der Wanderarbeiter sowie die massiven sozioökonomischen Disparitäten haben ihren Ursprung in dieser institutionell verankerten gesellschaftlichen Spaltung.

Der Dualismus

Unter Dualismus versteht man eine Konstellation, bei der sich eine (als staatlich-politische Einheit verstandene) Gesellschaft im Zuge ihres historischen Entwicklungsablaufs in einen „primitiven" und einen „modernen" Bereich aufteilt. Der „primitive" oder „traditionelle" Bereich ist endogener Natur und über einen langen Zeitraum hinweg gewachsen. Der „moderne" oder „fortschrittliche" Bereich ist hingegen weitgehend importiert.

Je nachdem, welchen Entwicklungsaspekt man herausgreift, kann zwischen gesellschaftliche, wirtschaftliche und politische Dualismen unterschieden werden. Wirtschaftlich zeigt sich die dualistische Struktur z. B. in einer traditionellen Landwirtschaft und der modernen verarbeitenden Industrie. Die entsprechende gesellschaftliche Struktur zeigt sich in der Spaltung einer ländlichen Agrargesellschaft und einer urbanen Gesellschaft.

(Nach Hemmer 2010)

Die Ergebnisse der Entwicklungen Chinas in der Zeit vor der Reform und Öffnung 1978 können in folgenden Punkten zusammengefasst werden:

– Der Aufbau eines sozialistischen Systems nach sowjetischem Vorbild veränderte grundlegend den ordnungspolitischen Rahmen hin zu einer Zentralverwaltungswirtschaft mit Gemeinschaftseigentum an Produktionsmitteln. Die Unterschiede zum sowjetischen Modell bestanden allenfalls in der zeitweisen Dezentralisierung der staatlichen Planung mit Entscheidungsbefugnis für lokale Regierungen.

– Die wirtschaftlichen Aktivitäten konzentrierten sich vor allem im Aufbau einer eigenen Industrie, insbesondere der Schwerindustrie sowie in der Versorgung der Bevölkerung mit grundlegenden Gütern. Der Anteil der Industrie an der Bruttowertschöpfung erhöhte sich von 8,3% im Jahre 1952 schnell auf 33,5% in 1978 (Maddison 2007, 60). Die durchschnittliche Wachstumsrate der Wirtschaftsleistung in diesem Zeitraum betrug allerdings nur 4,4 %. Chinas Anteil an der Weltwirtschaft veränderte sich nur minimal von 4,6% auf 4,9%. Die totale Faktorproduktivität nahm sogar ab (−1,37%, ebd., 68).

– Außenwirtschaftlich war China nach dem Abbruch der Beziehung zur Sowjetunion weitgehend abgeschottet. Der Export von 1960 bis 1978 in Relation zu BIP betrug nach den Daten der Weltbank durchschnittlich bei 3,8%. Daten zur ausländischen Direktinvestition liegen für diesem Zeitraum nicht vor (World Development Indicators 2023).

– Die Einführung des Haushaltsregistrierungssystems führte zu einer gesellschaftlichen Spaltung zwischen Stadt und Land, die sich in eine diskriminierende Behandlung der ländlichen Bevölkerung in der Versorgung mit öffentlichen Ressourcen resultierte.

Vor dem Hintergrund dieser desaströsen Entwicklungen setzte sich Ende der siebziger Jahre ein Umdenken in der Partei- und Staatsführung um Deng Xiaoping (1904–1997) und der Bevölkerung durch. Der Ruf nach der Verbesserung der Lebensverhältnisse der Menschen wurde laut. Auf der dritten Plenarsitzung des 11. Parteitags der KPCh in 1978 wurde schließlich die Fokussierung auf den wirtschaftlichen Aufbau und die Öffnung gegenüber der Weltwirtschaft beschlossen (CPC 1978). Damit begann die Ära der Reform- und Öffnungspolitik, die das Land von einem planwirtschaftlichen hin zu einem marktwirtschaftlich orientierten Wirtschaftssystem, von einem Agrarstaat zu einem aufstrebenden Industrieland und von einer Autarkie zu einem der wichtigsten Player in der Weltwirtschaft transformiert hat. Kennzeichnend für diesen Transformationsprozess Chinas ist außerdem die experimentelle, graduelle Vorgehensweise des Reformprozesses (World Bank 2012, 4).

Die Reform begann zuerst in den Bereichen „außerhalb des etablierten Systems" (Wu 1999, 76) der staatlich kontrollierten städtischen Wirtschaft (Staatsunternehmen). Ausgehend von den Initiativen durch die Bauern wurde im Zeitraum 1979–1980 mit der Einführung des sogenannten „Verantwortungssystems auf Haushaltsbasis" die landwirtschaftliche Produktion de facto wieder privatisiert. Zwar herrscht weiterhin kollektives Eigentum an Grund und Boden in den Dörfern, das Ackerland wurde an die Bauernhaushalte verpachtet, die ab jetzt selbst die Verantwortung für die Bewirtschaftung tragen. Diese Reform brachte eine erhebliche Steigerung der landwirtschaftlichen Produktion und des Einkommensniveaus der ländlichen Bevölkerung (Wu 1999, 123; Naughton 2018, 101, 239). Der dadurch entstandene Bedarf an Konsumgütern und die daraus ergebene Freiheit der ländlichen Bevölkerung schaffte die Voraussetzungen für die industriellen Entwicklungen in den ländlichen Regionen: Die Gründung von ländlichen Industrieunternehmen (Dorf- und Gemeindeunternehmen), die vor allem in den Küstenregionen von den ländlichen Gemeinden betrieben werden. Diese kollektiven Unternehmen außerhalb der staatlichen Planung haben insgesamt einen wichtigen Beitrag zur Industrialisierung des Landes geleistet. Dadurch wurde der Grundstein für die Konsumgüteindustrie gelegt und die Verlagerung von ländlichen Arbeitskräften in die industrielle Produktion eingeleitet (Kroeber 2020, 52). Die Zahl der Beschäftigten in den Dorf- und Gemeindeunternehmen wächst von 28,26 Millionen im Jahre 1978 auf 92,64 Millionen in 1988 (Wu, 1999, 127;). Die Entwicklungen der ländlichen Kollektiv-Unternehmen führten letztlich zur Zulassung von nichtstaatlichen Unternehmen insgesamt, zu denen auch private und ausländische Unternehmen gehören. Das Koexistieren eines staatlich kontrollierten planwirtschaftlichen und eines marktorientierten Preissystems prägte die Reformphase bis Ende der 1980er Jahre.

Die ersten Reformmaßnahmen, die letztlich auch die Staatsunternehmen erreichten (indem diesen z. B. Aktivitäten außerhalb der staatlichen Planung erlaubt wurden) brachten ihrerseits auch negative soziale Effekte wie zunehmende Einkommensunterschiede, Inflation, und Korruption mit sich. Die Unzufriedenheit der Bevölkerung damit führte schließlich zu den politischen Unruhen auf dem Tiananmen-Platz in Beijing im

Jahre 1989, die militärisch niedergeschlagen wurden. Der Reformprozess stoppte danach, bis Deng Xiaoping 1992 diesen durch sein Eingreifen wieder in Gang setzte. Im Jahre 1993 beschloss die KPCh offiziell die Etablierung einer sozialistischen Marktwirtschaft. Die Zielvorgaben umfassten eine Reihe von institutionellen Veränderungen, die vom Schaffen eines wettbewerborientierten Marktumfeldes, der Einführung eines makroökonomischen Managementsystems, der Reduzierung des Anteils der staatlichen Unternehmen bis hin zum Aufbau eines Sozialversicherungssystems reichten (Wu 1999, 98 f, Aoki/Wu 2012, 23; Naughton 2018 104). Damit wurde das politische Fundament für die marktwirtschaftliche Transformation geschaffen.

Mit der Erlassung des Firmengesetztes wurde im Jahre 1993 zum ersten Mal in der VR China die Rechtsgrundlage für alle Unternehmensformen geschaffen. Die staatlichen Unternehmen, die in der Planwirtschaft als Produktionsstätten praktisch Teil der staatlichen Bürokratie waren, sollten in moderne gewinnorientierte Aktiengesellschaften umgewandelt werden. Statt direkter Kontrolle durch den Staat soll nun die Unternehmensführung in den Händen unabhängigerer Vorstände liegen. Privatisierung von kleineren Staatsunternehmen wurde möglich. Unrentable Unternehmen wurden geschlossen. In diesem Zuge sank die Zahl der staatlichen Unternehmen bis 2003 von 120.000 auf 34.000 (Naughton 2018, 344). Die Zahl der Beschäftigten in staatlichen und städtischen Kollektivunternehmen sank von 1995 bis 2000 um 48 Millionen (Wen 2021, 268). Die Rentabilität verbesserte sich kontinuierlich. Bis zur Weltwirtschaftskrise 2008 zeigten die staatlichen Unternehmen vergleichbare positive Entwicklungen wie der private Sektor. Die schlechtere Situation der Kapitalrendite danach ist durch die staatlichen Konjunkturprogramme zu erklären, zu deren Umsetzung die staatlichen Unternehmen aufgeforderten waren (Naughton 2018, 353–354). Die politischen Verpflichtungen gegenüber dem Staat bleiben auch nach den Reformen weiterhin bestehen. Die Rolle der Staatsunternehmen in der VR China ist somit ein kompliziertes und immer wieder kontrovers diskutiertes Thema. Nach Zhang (2019) trugen die staatlichen Unternehmen im Jahr 2017 je nach Datenquellen 23,1% bzw. 27,5% zur Gesamtwirtschaftsleitung und 4,5% zur Beschäftigung bei, während die Anteile der privaten Unternehmen (ohne ausländische Unternehmen und ländliche Haushalte) hierfür jeweils bei 60% und 43,9% lagen.

Mit dem Beginn der Reform- und Öffnungspolitik fand auch eine außenwirtschaftliche Öffnung gegenüber der Weltwirtschaft statt. Der Zeitpunkt dafür war vor dem Hintergrund der andauernden Globalisierung der Weltwirtschaft nach dem Zweiten Weltkrieg günstig. Dabei galten die Erfahrungen Japans und weiterer asiatischer Nachbarn wie Südkorea, Taiwan und Singapur als Vorbild (Wu, 1999, 335). Diese Volkswirtschaften haben zuvor nacheinander die Vorteile der nachholenden Entwicklung gegenüber den Industrieländern genutzt und mithilfe der Exportorientierung jeweils eine wirtschaftliche Aufschwungphase realisiert. Chinas Wettbewerbsvorteile lagen zu dieser Zeit vor allem in der Faktorausstattung Arbeit, die sich aus der Bevölkerungsgröße und der Freisetzung der Arbeitskräfte aus der landwirtschaftlichen Produktion resultierten. Die Verlagerung der Produktion von arbeitsintensiven Produkten aus den ostasiatischen Nachbarländern, so wie dies im Fluggänsemodell beschrieben wird (Akamatsu 1962; Kasahara 2013), bot die Chance für die Nutzung dieser komparativen Vorteile

Das Fluggänsemodell

Kaname Akamatsu (1896–1974) untersucht am Beispiel Japans die wirtschaftliche Interaktion zwischen den Industrie- und Entwicklungsländern sowie deren Auswirkungen auf Letztere in ihrem Aufholprozess. Er stellt dabei ein bestimmtes Handelsmuster fest, welches in der Reihenfolge Import-Produktion-Export verläuft. Volkswirtschaftlich betrachtet bewegt sich die Produktion/Export der Güter in den betreffenden Entwicklungsländern von niedriger zu höherer Wertschöpfung. In diesem Interaktionsprozess ergreift das Entwicklungsland die Initiative, wobei der technologische Transfer von Industrieländern in Richtung Entwicklungsländer verläuft.

Das ursprüngliche Modell wird seit den 1980ger Jahre herangezogen, um die wirtschaftlichen Entwicklungen in Ostasien insgesamt zu erklären. Dabei wird neben dem branchenspezifischen Entwicklungsmuster von Produktion/Export auch ein zeitversetztes Entwicklungsmuster der nachfolgenden Länder in der Region beschrieben. Die graphischen Darstellungen dieser Muster verleihen dem Modell den Namen.

Akamatsu 1962; Kasahara 2013.

Die dafür ergriffenen Maßnahmen zeigten auch hier die experimentelle Vorgehensweise. Während China in den 1980er Jahren das Außenhandelssystem sukzessiv liberalisierte, wurde insgesamt aber mit tarifären und nicht-tarifären Handelshemmnissen noch die Strategie der Importsubstitution verfolgt. Der Außenhandel war vor allem geprägt durch die Exportproduktion zuerst nur in den Küstenprovinzen Guangdong und Fujian in der Nachbarschaft zu Hongkong und Taiwan. Bekannt ist in diesem Kontext die Einrichtung der ersten Sonderwirtschaftszonen, die später aber für weitere Regionen als Vorbild galten. Die Steuerbegünstigungen für die Exportproduktion förderten in erheblichem Maße ausländische Direktinvestitionen und damit die Ansiedlung von ausländischen Unternehmen, die seitdem einen zunehmenden Anteil am Gesamtexport Chinas haben (von 1% in 1985 bis 58% in 2005; dazu Naughton 2018, 408). Der Eintritt in die Welthandelsorganisation im Jahre 2001 markierte ohne Zweifel den wichtigsten Meilenstein im Prozess der Integration in die Weltwirtschaft. Bis dahin wurden weitere institutionelle Reformen vollzogen, u. a. die Reform des Handelssystems durch die Gewährung von Außenhandelsrecht für alle chinesischen und ausländischen Unternehmen sowie die Senkung von Importzöllen. Der WTO-Beitritt sowie die Öffnung Chinas insgesamt haben China von einem von der Weltwirtschaft abgeschotteten Land zu einem der wichtigsten Global Layer gemacht. Die Bedeutung des Außenhandels nimmt seit der Öffnung dramatisch zu (Siehe unten Tabelle 3). Seit 1994 weist China einen Handelsbilanzüberschuss auf. Der Export wird eine der wichtigsten Säulen des wirtschaftlichen Wachstums. China ist derzeit die größte Exportnation. Die ausländische Direktinvestition (FDI) in China, die bis 1978 kaum

Tabelle 3: Chinas Außenhandelsquote (1980–2020, in %)

	1980	1985	1990	1995	2000	2005	2010	2015	2020
Export	5,9	8,3	12,5	17,9	20,9	33,8	27,2	21,4	18,6
Import	6,5	12,4	9,7	16,3	18,1	28,4	23,5	18,1	16,1

Quelle: World Development Indicators.

existierte, erreichte 2013 den bis dahin höchsten Wert von 291 Milliarden USD (World Development Indicators 2023). Seit 2005 tritt China seinerseits mit FDI im Ausland in Erscheinung. Die ausländischen FDI ermöglichen gleichzeitig den für das Land wichtigen Transfer von Technologien und Management-Know-how.

Die Auswirkungen der wirtschaftlichen Entwicklungen im Zuge der Reform- und Öffnungspolitik sind gravierend. Die gesellschaftliche Struktur verändert sich dramatisch. Die durch das Haushaltsregistrierungssystem verfestigte dualistische Struktur der Stadt-Land-Spaltung (siehe oben) wurde zum Teil gelockert. Vor allem ist die räumliche Mobilität der Arbeit de facto wieder möglich. Aufgrund der besseren Beschäftigungs- und Einkommensmöglichkeiten in den Städten insbesondere in den Küstenregionen kommt es zu einer massiven Binnenmigration in die städtischen Räume. Die Zahl der ländlichen Arbeitskräfte in den Städten liegt seit der statistischen Erfassung ab 2008 jährlich bei deutlich über 200 Millionen Menschen (nach Daten der chinesischen statistischen Behörde aus verschiedenen Jahren). Da eine Niederlassung in den Städten aufgrund des Haushaltsregistrierungssystems weiterhin eingeschränkt ist, bewegen sich diese als sogenannte Wanderarbeiter zirkulär zwischen den Städten und ihrer ländlichen Heimat. Dennoch hat die Verteilung der ländlichen und städtischen Bevölkerung stark verändert. Die offiziellen Angaben gehen anhand der Anzahl der permanent in den Städten lebenden Menschen von einem Urbanisierungsgrad von über 63,89% aus (Daten nach Volkszählung 2020). Dabei gelten 45,4% der Menschen im Rahmen der Haushaltsregistrierung rechtlich als städtische Bewohner. Im Jahre 1978 lag die Zahl der städtischen Bewohner noch bei 17,92% (National Bureau of Statistics 2023). In diesem Zusammenhang ist auch der beindruckende Erfolg Chinas in der Armutsbekämpfung zu sehen. Der Anteil der Menschen unterhalb der Armutsgrenze ($1,25 pro Tag nach Weltbank-Definition) lag im Jahr 1981 bei 40%. Heute gilt die Armut als weitgehend beseitigt (World Development Indicators).

Ein weiterer Aspekt der gesellschaftlichen Entwicklung ist die soziale Schichtung im Zuge der wirtschaftlichen Entwicklungen. Insgesamt findet eine Differenzierung der sozialen Schichten statt (Li et al. 2004) und damit auch die Herausbildung einer Mittelschicht. Aufgrund des staatskapitalistischen Systems stellt die Bestimmung der sozialen Schichten in China eine andere Situation dar. Neben den ökonomischen Ressourcen spielt die Verfügungsmacht über öffentliche Ressourcen in der chinesischen Gesellschaft eine bedeutende Rolle. Liu 2020 unterscheidet nach diesen beiden Kriterien anhand der Daten aus 2010 insgesamt 16 gesellschaftlichen Positionen, die in sieben soziale Schichten kategorisiert werden (Liu 2020, 11), welche auch mit der Einkommensverteilung korrespondieren. Während der Anteil der Mittelschicht (24,6 %) an der Gesamtbevölkerung mit den Industrieländern vergleichbar ist, zeigen die Daten charakteristischerweise einen relativ großen Anteil der Machtschicht im öffentlichen Sektor und insbesondere eine breite Unterschicht von ländlichen Arbeitern (39,9%, Liu ebd. 17,19).

Trotz des zunehmenden Wohlstands für die meisten Bevölkerungsteile im Zuge des wirtschaftlichen Aufschwungs ist China weiterhin mit gravierenden sozioökonomischen Disparitäten konfrontiert, die im Sinne der dualistischen Struktur zwischen Stadt und Land, aber auch zwischen unterschiedlichen Regionen bestehen. Das Festhalten an der Spaltung zwischen städtischen und ländlichen Bevölkerungen führen nach wie vor zu großen Einkommensunterschieden und Ungleichheit im Zugang zu öffentlichen Ressourcen. Das Verhältnis des städtischen und ländlichen Einkommens bleibt seit langer Zeit bei 3:1 (National Bureau of Statistics, The Word Bank 2015).

Die Ergebnisse der Entwicklungen seit der Reform- und Öffnungspolitik können zusammenfasst werden:

- Die Reformpolitik brachte eine erneute ordnungspolitische Wende, die sich in der Etablierung der sozialistischen Marktwirtschaft manifestiert. In diesem Zuge fand eine Liberalisierung der chinesischen Wirtschaft statt.
- Die chinesische Wirtschaft erfuhr eine lange Phase des schnellen wirtschaftlichen Wachstums. In den 45 Jahren von 1978–2022 wuchs die Wirtschaftsleistung jährlich durchschnittlich um 9,1%. In diesem Zuge fand eine enorme Wohlstandsentwicklung statt. Das Pro-Kopf-Einkommen steigt von $190 im Jahre 1978 auf $11.437 im Jahre 2022 (World Development Indicators). Die Armut gilt inzwischen als beseitigt.
- China erlebt einen Industrialisierungsprozess. Die sektorale Struktur weist den Charakter einer modernen Volkswirtschaft auf. Die Beschäftigung in den Industrie- und Dienstleistungssektoren wuchs von 40% (1991) auf 75,6% (2021). China ist inzwischen der größte Exporteur von Industrieprodukten. Deren Anteil am Gesamtwarenexport hat sich von 1984 (48%) bis 2015 (94%) fast verdoppelt. Der Anteil der Landwirtschaft an der Gesamtwertschöpfung sank von 28% im Jahr 1978 auf 7,3% in 2022 (The World Development Indicators 2023).
- Außenwirtschaftlich ist China in die Weltwirtschaft integriert. Der Außenhandelsquote erhöht sich von 9,7% im Jahre 1978 zwischenzeitlich auf 38,5% in 2001 (WTO-Beitritt) und erreichte im Jahre 2006 den höchsten Wert von 64,5% (World Development Indicators 2023). China ist inzwischen die größte Handelsnation der Welt und der größte Handelspartner der meisten Länder.
- Die gesellschaftliche Struktur verändert sich dahingehend, dass ein Urbanisierungsprozess stattfindet, auch wenn die institutionelle Spaltung des Landes zwischen Stadt und Land weiterhin besteht. Die soziale Schichtung ist weit differenzierter geworden, mit der Herausbildung einer Mittelschicht. Die Sozioökonomische Disparität insbesondere zwischen Stadt und Land nahm in diesem Zeitraum zu.

Allerdings hat sich das Wachstumstempo nach der Weltwirtschaftskrise 2008 deutlich verringert. Während das Wachstum im Jahr 2010 noch 10,6 % erreichte, sank es bis 2019 auf knapp 6 %. (Vgl. Tabelle 4). Nach der Corona-Pandemie lag der Wert nur bei rund 3% (2022). Für das Jahr 2023 wird ein Wachstum von 5,2 % prognostiziert (World Development Indicators 2023). Generell zeigt das bisherige chinesische Wachstumsmodell Schwächen, welche sich im makroökonomischen Ungleichgewicht manifestieren. Zum einen ist das Wirtschaftswachstum stark exportabhängig. Zum anderen spielen Investitionen eine dominierende Rolle in der wirtschaftlichen Entwicklung (The World Bank 2012; 2023). Der durchschnittliche Beitrag der Investition zur Gesamtwirtschaftsleistung im Zeitraum von 2009–2019 betrug 45% (The World Bank 2023, 33). Die weltweite Corona-Pandemie und die geopolitischen Entwicklungen seit dem russischen Angriffskrieg gegen die Ukraine stellen das Land zudem vor große Herausforderungen.

Eine Untersuchung der wirtschaftlichen Entwicklungen Chinas und der damit verbundenen geopolitischen Spannungen setzt die Betrachtung des politischen Systems des Landes und der Rolle der KPCh als grundlegenden Einflussfaktors voraus. Die Herrschaftsform der Volksrepublik China unterscheidet sich fundamental von den westlichen Demokratien. Die aktuelle chinesische Verfassung aus dem Jahr 2018 definiert das Land als einen sozialistischen Staat mit dem „wesentlichen Merkmal der Führung durch die KPCh" (Artikel 1). Nach der Typologie von Wolfgang Merkel handelt es sich damit um ein kommunistisch-autoritäres Parteiregime (Merkel 2000, 43). Aufgrund ihrer Orientierung nach der leninistischen Partei- und Staatstheorie wird dieser Typ von Regimen auch als leninistischer Parteistaat bezeichnet. Die grundlegenden Merkmale sind eine den Staat führende Partei unter Ausschluss anderer mit Führungsanspruch, eine exklusive kommunistisch-leninistische Ideologie sowie die Verflechtung der Partei- und Staatsapparate (Kirchberger 2014, 252). Des Weiteren definiert die Verfassung das Gemeinschaftseigentum an Produktionsmitteln als die Grundlage der chinesischen Wirtschaftsordnung. In der Anfangsphase des Sozialismus (in der sich China aktuell befinden soll) „wird an einer Wirtschaftsordnung festgehalten, in der das Gemeinschaftseigentum dominiert, aber verschiedene Eigentumsformen sich gemeinsam entwickeln" (Artikel 6). Die Formulierung einer Anfangsphase des Sozialismus in der Verfassung (ab 1993) verschafft der Einführung markwirtschaftlicher Mechanismen im Rahmen der Reformpolitik seit Ende der siebziger Jahre die rechtliche Legitimierung. China selbst bezeichnet diese Mischform des Wirtschaftssystems als die Sozialistische Markwirtschaft. In der Literatur wird auch vom Staatskapitalismus die Rede (Ten Brink/Nölke 2013).

Die Liberalisierung der chinesischen Wirtschaft und die zunehmende Verflechtung Chinas mit der Weltwirtschaft in den letzten Jahrzenten erweckte im In- und Ausland die Hoffnung auf eine politische Liberalisierung des Landes. Die erneute Betonung des Führungsanspruchs der KPCh sowie die Machtkonzentration auf den Partei- und Staatschef Xi Jinping seit seiner Amtsübernahme im Jahr 2012/13 rückt diese Hoffnung weit in die Ferne. Der Report „Freedom in The World 2023" stuft China zu den unfreiesten Ländern der Welt (Freedom House 2023, 31). Im „Bertelmann Transformationsindex 2022" nimmt China die Rankingposition 78 von insgesamt 137 Ländern im Gesamtstatus ein.

In der politischen Transformation erhält China die Position 116 (Bertelmann Stiftung, 2022).

Die Entwicklungen Chinas seit der Reform- und Öffnungspolitik stellen in der Tat einen Versuch dar, unter einer leninistischen Einparteienherrschaft marktwirtschaftliche Mechanismen in das sozialistische System einzuführen. In diesem Prozess einer partiellen Transformation des Wirtschaftssystems erwies sich das Regime als ausgesprochen lernfähig und pragmatisch, was sich in der internen Restrukturierung und der Integration in das Weltwirtschaftssystem ihren Ausdruck findet. Die dadurch erfolgte Teil-Liberalisierung und die Öffnung der chinesischen Wirtschaft brachte zwar enorme wirtschaftliche Entwicklungen mit sich, der grundlegende Konflikt zwischen einer totalitären Einparteienherrschaft und der Rechtstaatlichkeit sowie individueller Freiheit, die eine freie Markwirtschaft voraussetzt, scheint auch im Falle Chinas kaum überwindbar zu sein. Im Zuge der Transformation erlitt die Parteiorganisation eine zunehmende Erosion (Heilmann 2016), die in der Fachliteratur als ein Fragmentierungsprozess oder ein fragmentierter Autoritarismus bezeichnet wird (Derichs/Heberer 2013, Heilmann 2016). Der Kontrollverlust der Partei und der zentralen staatlichen Ebene manifestieren sich in der Verselbstständigung von staatlichen Akteuren auf unterschiedlichen administrativen Ebenen und in der Bildung eines Beziehungsgeflechtes zwischen Politik und der privaten Wirtschaft mit der Folge einer grassierenden Korruption. Sinnbildlich ist von der Amtsperiode unter dem Parteichef Hu, Jintao und Ministerpräsidenten Wen, Jiabao (2003–2013) die Rede, dass die politischen Anweisungen kaum außerhalb von Zhongnanhai (dem Partei- und Regierungssitz in Beijing) Geltung fanden. Die vehemente Antikorruptionskampagne und die Machkonzentration wieder auf die Parteispitze, die Xi seit seiner Amtsübernahme 2012/13 durchgesetzt hat, kann vor diesem Hintergrund als der Versuch gesehen werden, die Herrschaft der Partei wieder zu konsolidieren. Eine Rückkehr in die Zeit der totalitären Herrschaft wird attestiert. Tatsächlich haben alle bisherigen Partei- und Staatsführungen seit der Staatsgründung die Alleinherrschaft der KPCh als die wichtigste Zielvorgabe verfolgt. Das bestehende politische System wurde zu keiner Zeit infrage gestellt. Nach den offiziellen Verlautbarungen auf allen Parteitagungen wird stets an den Grundprinzipien des Systems festgehalten. Deng Xiaoping formulierte 1979 diese als den sozialistischen Weg, die Diktatur der Volksdemokratie, die Führung durch die Kommunistische Partei Chinas und die marxistisch-leninistische Ideologie. Eine Liberalisierung des politischen Systems oder gar eine Demokratisierung Chinas unter der Herrschaft der KPCh wurde bisher nie angestrebt.

Auf der anderen Seite sind autoritäre Regime aufgrund von Legitimationsdefizit zur wirtschaftlichen Modernisierung gezwungen (Merkel 2010, 98). In der Tat ist die Modernisierung des Landes das erklärte Ziel im politischen Diskurs der neueren chinesischen Geschichte seit dem Niedergang des chinesischen Kaiserreichs nach dem Opiumkrieg. Auch die KPCh hat sich diesem Ziel verschrieben. Der Aufbau einer industriellen Infrastruktur mit der Unterstützung der Sowjetunion in den 50er Jahren, die seitdem verfolgte Ziel der sogenannten Vier-Modernisierungen (Modernisierung der

Landwirtschaft, der Industrie, der Verteidigung sowie der Wissenschaft und Technologien) und die Reform- und Öffnungspolitik seit 1978 zeigen eine deutliche Kontinuität in der Bestrebung nach materiellen Entwicklungen des Landes. Die jetzige Partei- und Staatsführung verfolgt als politisches Ziel weiterhin die Modernisierung und Aufbau eines wohlhabenden und prosperierenden Landes. Wirtschaftspolitisch verhält sie sich jedoch letztendlich widersprüchlich. Bei ihrer Amtsübernahme 2012/13 wurde zwar die „entscheidende Rolle des Marktes" (CPC, 2013) beschlossen. Tatsächlich hat die staatliche Intervention in das wirtschaftliche Geschehen seitdem jedoch zugenommen. Beispiele hierfür sind u. a. die Betonung der „binnenwirtschaftlichen Zirkulation" zur Reduzierung externer Abhängigkeit, die Einführung des Social Credit Systems zur Kontrolle von Unternehmen und der Bevölkerung, die Regulierung der privaten Tech-Unternehmen wie Alibaba und Tencent, sowie die Abschaffung der außerschulischen Weiterbildungsbranche. Auch die versprochene Verbesserung des Marktzugangs für ausländische Unternehmen in Investition wurde kaum umgesetzt. Diese Entwicklungen deuten auf den Zielkonflikt zwischen der wirtschaftlichen Weiterentwicklung und dem Aufrechterhalten der absoluten Herrschaft der KPCh hin. Trotzdem erweist sich das politische System Chinas jedoch zumindest bisher als resilient. Die Zufriedenheit der Bevölkerungen mit den Entwicklungen des Landes und der Arbeit der zentralen Regierung bleibt laut Studien auf einem hohen Niveau und ist im Zeitraum von 2003 bis 2016 gestiegen (Cunningham et al., 2020; The Pew Institute 2008). Die Frage ist aber, ob die vorhandene Unterstützung der Bevölkerung bei einer Verschlechterung der wirtschaftlichen Situation bestehen bleibt. Die Herausforderung für das autoritäre System besteht darin, ob es seine Legitimation weiterhin durch wirtschaftliche Erfolge und die Verbesserung des Lebensstandards der Menschen aufrechterhalten kann.

Die aktuellen Daten der wirtschaftlichen Entwicklungen in China zeigen eine fragile Situation. Die Wachstumsrate der chinesischen Wirtschaft ist seit 2010 insgesamt kontinuierlich gesunken (Siehe Tabelle 4). Abgesehen von den Schwankungen während der Corona-Pandemie in den Jahren 2020–2022 hat sich die wirtschaftliche Erholung im Jahre 2023 mit einer Wachstumsrate von 5,2% (bei einem niedrigen Stand von 3% in 2022) weniger gut erholt als erwartet. Die Jugendarbeitslosigkeit erreichte im Juni 2023 den bisherigen Rekord von 21,3% (Trading Economics 2023), so dass seitdem diese Daten nicht weiter veröffentlicht werden. Die Inflationsrate bleibt seit Jahren auf sehr niedrigem Niveau. Im Jahre 2023 betrug diese 0,2% (National Bureau of Statistics of China). Der Export schrumpft im Jahr 2023 um 4,6% (Trading Economics ebd.). Die ausländischen Direktinvestitionen gehen seit 2021 zurück (World Development Indicators). In der Immo-

Tabelle 4: Chinas Wirtschaftswachstum in Prozent von 2010 bis 2019

2010	2011	2012	2013	2014	2015	2016	2017	2018	2019
10,6	9,6	7,9	7,8	7,4	7,0	6,8	6,9	6,7	5,9

Quelle: World Development Indicators.

bilienbranche bahnt sich eine Krise an, die sich in den sinkenden Nachfragen und den Schuldenproblemen großer Immobilienentwickler manifestieren (The World Bank 2023).

Der wirtschaftliche Aufschwung Chinas in den letzten Jahrzenten basiert neben der Reform- und Öffnungspolitik im Wesentlichen auf die erfolgreiche Allokation der Produktionsfaktoren und damit der Ausschöpfung der komparativen Kostenvorteile. Insbesondere die Freisetzung der ländlichen Arbeitskräfte, die ausländischen Investitionen und später auch die staatlichen Investitionen in die Infrastruktur gelten als die Erfolgsfaktoren. Die Vorteile einer nachholenden Entwicklung scheinen aber sukzessiv an ihre Grenzen zu stoßen. Die Herausforderungen für die Weiterentwicklung der chinesischen Wirtschaft bestehen nun darin, ob es gelingen wird, das bisherige Wachstumsmuster des hohen Faktoreinsatzes anzupassen und neue Wachstumsfelder zu erschließen, um die häufig in diesem Zusammenhang diskutierte Mitteleinkommensfalle (Middle Income Trap, Im/Rosenblatt 2013) zu vermeiden.

> **Middle Income Trap**
> Middle Income Trap beschreibt das Phänomen, dass nur wenige Länder der mittleren Einkommensklasse in einem bestimmten Zeitraum das Niveau der Hocheinkommensländer erreichen. Insbesondere ist das Phänomen bei den lateinamerikanischen Ländern auffallend. Dabei betrachtet man das Einkommensniveau der betroffenen Länder relativ zum Einkommen der USA oder OECD-Länder. Als Erklärung für dieses Phänomen wird häufig angeführt, dass sich die Mitteleinkommensländer in einer Situation befinden, in der sie einerseits den Wettbewerbsvorteil durch niedrige Arbeitskosten verlieren, aber andererseits das technologische Niveau der Industrieländer noch nicht erreicht haben.
> (Im/Rosenblatt 2013; The World Bank 2012)

Zum einen wird das steigende Durchschnitteinkommen auch das Lohnniveau der ländlichen Arbeitskräfte weiter erhöhen. Die Arbeitskosten sind von 2010 bis 2021 um 37,9% gestiegen (Global Data 2023), was den Wettbewerbsvorteil langfristig abschwächen wird. Die Auswanderung der industriellen Produktion in andere asiatische Niedriglohnländer hat bereits begonnen. Langfristig wird auch der demographische Wandel Auswirkungen auf den Arbeitsmarkt haben. Der Anteil der arbeitsfähigen Bevölkerung sinkt erstmals seit 2010 von 73% auf 69% im Jahr 2022 (World Development Indicators). Es ist daher entscheidend wichtig, eine innovationsgetriebene Entwicklung zu realisieren (The World Bank 2012). Hier scheint das Land aber durchaus Erfolge zu verzeichnen. Bemühungen um Forschung und Entwicklung sind seit längerer Zeit erkennbar, auch wenn im chinesischen Innovationssystem der Staat die weit wichtigere Rolle spielt als die Privatwirtschaft (OECD 2009). Generell gelten Wissenschaft und Technologien als eine der Säulen der Modernisierungsbestrebung. Die staatlichen Ausgaben und die zur Verfügung stehenden Fachkräfte für Forschung und Entwicklung steigen im Zuge der wirtschaftlichen Entwicklung. Im Ranking des Global Innovation Index verbessert China seine Position von 43 im Jahre 2009/2010 auf 12 im Jahre 2023 (Global Innovation Index 2023). Beispielhaft ist in diesem Kontext auch das staatliche Programm „Made in China 2025", welches den Aufbau einer High-Tech-Industrie zum Ziel hatte. Das aufgrund der Kritik aus den westlichen Industrieländern (Wübbeke et al. 2016) inzwischen aus der öffentlichen Kommunikation verschwundene Programm zeigt die konsequente strategische Zielsetzung Chinas in dieser Hinsicht. In der Verfügbarkeit von finanziellen, personellen, aber auch den inzwischen wichtigen Datenressourcen weist China für die technologische Innovation einen nicht zu unterschätzenden Vorteil der Marktgrößeneffekte.

Zum anderen bleibt die chinesische Wirtschaft in erheblichem Maße vom Export abhängig. Der Export in Relation zum Bruttoinlandsprodukt lag 2022 trotz der kontinuierlichen Abnahme in den letzten Jahren weiterhin bei über 20%. China verzeichnet seit 1994 einen Handelsbilanzüberschuss (vgl. Tabelle 5). Die starke Exportorientierung führt einerseits zu einem Ungleichgewicht zwischen Export und Binnennachfrage (The World Bank, 2012), andererseits zu außenhandelspolitischen Konflikten. Mit dem größten Handelspartner USA besteht seit der Amtszeit von Donald Trump (2017–2021) ein Handelskrieg. Eine Schwächung der externen Nachfrage würde das Wirtschaftswachstum stark beeinträchtigen. Die insbesondere seit dem russischen Angriffskrieg gegen die Ukraine eingeleitete Diskussion in den westlichen Industrieländern zum Abbau von Abhängigkeit von der chinesischen Wirtschaft (De-Coupling bzw. De-Risking) wird den genannten Konflikt weiter verschärfen und zumindest zu einem teilweisen Rückzug der ausländischen Wirtschaft aus China führen und die Verflechtungen Chinas mit der Weltwirtschaft verringern. Ob die Binnennachfrage ein neuer Wachstumsmotor sein kann, bleibt angesichts der aktuellen Situation abzuwarten.

Die wohl größten Herausforderungen für Chinas Weiterentwicklung bestehen derzeit in den geopolitischen Spannungen zwischen China und der westlichen Welt, die sich inzwischen dramatisch verschärft haben. Tatsächlich hat sich das internationale Klima für China bereits seit längerer Zeit verschlechtert. Während China lange Zeit nach Beginn der Reform und Öffnungspolitik generell als strategischer Partner betrachtet wurde (European Commission 2013), wird das Land spätestens ab der zweiten Amtszeit von Xi Jinping (2017–2022) immer mehr als Bedrohung wahrgenommen (Hildebrandt/Tang/Halver 2024).

Auf die mögliche Konkurrenz, die durch den Handel mit China insbesondere für die gering qualifizierten Arbeiter in den USA entstehen kann, wurde bereits früh hingewiesen (Samuelson 2004). Der unter der Präsidentschaft von Donald Trump (2017–2021) gestartete Handelskrieg gegen China wird von der jetzigen US-Administration unter Präsidenten Biden de facto weitergeführt. Für die USA gilt China als der größte Konkurrent (The White House, 2022, 23). Die deutsche Industrie betont seit vielen Jahren den Aspekt des Wettbewerbs mit China „auf einem Level Playing Field" (BDI, 2019). Mit der zunehmenden Wahrnehmung Chinas als Konkurrenz tritt auch der systemische Wettbewerb zwischen einem autoritären System und der Demokratie in den Vordergrund. Die China-Strategie der EU von 2019 definiert nun China gleichzeitig als Kooperationspartner, Wettbewerber und systemischen Rivalen (European Commission, 2019), was insgesamt die Haltung der westlichen Welt zutreffend verdeutlicht.

Auch von der chinesischen Seite ist seit der Amtszeit von Xi Jinping eine deutliche Wende in der Außenpolitik zu beobachten. Korrespondierend mit der zunehmenden innenpolitischen Repression zeigt das Land außenpolitisch ein konfrontatives Auftreten, welches die bis dahin geltende pragmatische Zurückhaltung in den internationalen Beziehungen abgelöst hat. In diesem Kontext ist das aggressivere Verhalten in den territorialen Konflikten um die Inselgruppen im Ost- und Südchinesischen Meer sowie die Grenzstreitigkeiten an der chinesischen-indischen Grenze zu sehen. In der Taiwanfrage verschiebt sich das Anstreben einer friedlichen Wiedervereinigung hin zu der Diskussion einer militärischen Lösung. Vor diesem Hintergrund werden die anfangs als außenwirtschaftspolitische Initiativen dargestellten Projekte, u. a. die Seidenstraße-Initiative, die Erweiterung der Organisation der BRICS-Staaten, zunehmend als geopolitische Strategien und der Versuch Chinas wahrgenommen, die bestehende internationale Ordnung infrage zu stellen (Hanemann/Huotari, 2015; Schiek 2017).

Insgesamt stellen die veränderten Beziehungen zwischen China und den westlichen Ländern ein vielschichtiges geopolitisches Problem dar. Systemische Rivalität vermischt sich mit macht- und sicherheitspolitischen Motiven (Maull 2023) sowie wirtschaftlichen Interessenkonflikten. Entscheidend in dieser Konstellation ist die Frage, in welche Richtung sich die Beziehungen zwischen China und den USA entwickeln werden, ob die Konflikte weiter eskalieren, oder beide Seiten in der Lage sind, ihre Differenzen unter Kontrolle zu bringen. Von großer Bedeutung wird auch generell die Frage sein, ob eine friedliche Koexistenz unterschiedlicher Gesellschaftsmodelle (Demokratie vs. Autokratie) trotz ihrer Rivalität möglich wäre.

Tabelle 5: Chinas Warenhandel mit den USA 2017–2023 (in Millionen USD)

	2017	2018	2019	2020	2021	2022	2023
Export	505.165,1	538.514,2	449.110,7	432.548,0	504.286,2	536.307,1	427.229,2
Import	129.997,2	120.281,2	106.481,2	124.581,5	151.431,9	154.012,1	147.805,6
Bilanz	375.167,9	418.232,9	342.629,5	307.966,5	352.854,3	382.295,0	279.423,6

Daten nach United States Census Bureau https://www.census.gov/foreign-trade/balance/c5700.html#2022

Hoffnung für ein solches Szenarium bieten möglicherweise die nach wie vor starken wirtschaftlichen Verflechtungen und die gegenseitige Abhängigkeit zwischen China und den westlichen Industrieländern. Das Handelsvolumen zwischen den beiden größten Volkswirtschaften ist beispielsweise seit dem Beginn des Handelskriegs trotzdem stabil geblieben (siehe Tabelle 5). Beide Seiten sind als Handelspartner und auch in der Entwicklung von neuen Technologien aufeinander angewiesen. Darüber hinaus scheint es Konsens zu sein, dass die Bewältigung der gemeinsamen Herausforderungen der Menschheit wie die des Klimawandels und die Lösung von Sicherheitskonflikten (Russlands Krieg gegen die Ukraine sowie die Konflikte im Nahen Ost) eine kooperative Rolle Chinas erwartet.

Insgesamt kann konstatiert werden, dass der wirtschaftliche Aufschwung Chinas in den letzten Jahrzenten durch die wirtschaftspolitische Transformation und die Integration Chinas in die Weltwirtschaft bewirkt wurde. Die Weiterentwicklung der chinesischen Wirtschaft steht aber vor Herausforderungen, die innenpolitisch durch die die Frage der Vereinbarkeit zwischen einer autoritären Einparteienherrschaft und der frei Markwirtschaft, außenpolitisch durch die vielschichtigen geopolitischen Konflikte bedingt sind. Die Ergebnisse der Analyse oben können wie folgt zusammengefasst werden:

- Das politische System Chinas bleibt für die Weiterentwicklung des Landes der entscheidende Faktor. Die einseitige Transformation des Wirtschaftssystems hat zwar einen enormen wirtschaftlichen Aufschwung des Landes ermöglicht, bringt jedoch grundlegende Herausforderungen hinsichtlich der Kompatibilität zwischen der freien Markwirtschaft auf der einen und der autoritären Einparteienherrschaft auf der anderen Seite.
- Die Herausforderungen für eine nachhaltige Entwicklung der chinesischen Wirtschaft bestehen neben den politischen Faktoren vor allem darin, ob beim Verlust der bisherigen komparativen Vorteile alternative Wachstumspotenziale erschlossen werden können. Dabei spielt insbesondere die Innovation eine entscheidende Rolle.
- Geopolitisch ist das Land mit Konflikten mit der westlichen Welt auf unterschiedlichen Ebenen konfrontiert. China wird dort zunehmend als Bedrohung wahrgenommen, sowohl als wirtschaftliche und technologische Konkurrenz als auch als systemischer Rivale.
- Die Chancen für eine nachhaltige Entwicklung Chinas kann darin bestehen, dass das Land sich aufgrund seiner bestehenden wirtschaftlichen Verflechtung mit der Weltwirtschaft und in der Bewältigung von globalen Herausforderungen stärker als Partner hervortritt, um so eine langfristige friedliche Koexistenz mit der westlichen Welt und das eigene Ziel der Modernisierung zu erreichen.

Kontrollfragen

A. Welche naturräumlichen Merkmale weist das Land China auf?
B. Wie kann das politische System Chinas charakterisiert werden?
C. Wie kann die wirtschaftspolitische Transformation Chinas seit Ende der 1970er Jahre beschrieben werden?
D. Welche Erfolge und Probleme haben die wirtschaftlichen Entwicklungen seit der Reform- und Öffnungspolitik mit sich gebracht und wie lassen sich diese erklären?
E. Wie können die aktuellen Herausforderungen des Landes in den wirtschaftlichen und gesellschaftlichen Entwicklungen beschrieben werden?

2.2 Südostasien (vom Armenhaus Asiens zu vielversprechenden Entwicklungsansätzen)

In diesem Kapitel ...
- Lernen Sie die wichtigsten Raumpotenziale und Standortfaktoren Südostasiens kennen
- Erhalten Sie einen Überblick der ökonomischen und politischen Genese der Region
- Verstehen Sie die geopolitischen Spannungen der Region
- Erhalten Sie einen Überblick über die größten Herausforderungen der weiteren (ökonomischen) Entwicklung

Südostasien grenzt im Westen an Indien, im Norden an China und im Osten an den Pazifik. Die Region besteht aus zehn Staaten, darunter Myanmar, Thailand, Laos, Kambodscha und Vietnam, die das südostasiatische Festland, auch bekannt als Indochina, bilden. Myanmar grenzt im Westen an Bangladesch und Indien. Im Norden grenzen Myanmar, Laos und Vietnam an die chinesische Provinz Yunnan, wo das Yunnan-Guizhou-Plateau im Süden in eine tropische Landschaft übergeht. Die Malaiische Halbinsel, wo der südlichste Teil von Myanmar an Thailand und Thailand an Malaysia grenzen, wird im Westen von der Andamanensee und im Osten vom Golf von Thailand eingerahmt. Auch Kambodscha und Vietnam grenzen im Süden an den Golf von Thailand. Vietnam umgibt das südostasiatische Festland mit über 3.000 Kilometern Küstenlinie am Südchinesischen Meer, während Laos der einzige Staat in Südostasien ohne Zugang zum Meer ist. Zwei große Flüsse durchqueren das südostasiatische Festland: der (Mae Nam) Chao Phraya, der seine Nebenflüsse in Nordthailand hat und südlich von Bangkok in den Golf von Thailand mündet, und der Mekong, der aus mehreren Nebenflüssen im Hochland von Tibet entspringt, durch Yunnan fließt, die Grenze zwischen Myanmar und Laos bildet, bevor er Laos, Kambodscha und Südvietnam durchquert und in der Nähe von Ho-Chi-Minh-Stadt in das Südchinesische Meer mündet. Am südlichen Ende der Straße von Malakka, die zwischen der malaiischen Halbinsel und Sumatra liegt, befindet sich der Stadtstaat Singapur. Malaysia erstreckt sich von der malaiischen Halbinsel bis zu den nordwestlichen Teilen der Insel Borneo und umschließt den kleinen Staat Brunei auf Borneo vollständig. Malaysia hat auch eine gemeinsame Grenze mit Indonesien auf Borneo, das den südlichen und östlichen Teil der Insel sowie die Inseln Sumatra, Java, Sulawesi, West-Neuguinea und etwa 17 000 weitere Inseln umfasst. Östlich von Vietnam und nordöstlich von Borneo liegt eine Inselgruppe mit über 7.000 weiteren Inseln, die Philippinen, die Südostasien im Nordosten vom Pazifik trennt (Vorläufer 2011, 16–44).

Der Naturraum Südostasiens (Vorläufer 2011,16–44).
Der südostasiatische Naturraum ist geprägt durch ...
- Tropisches Klima mit Durchschnittstemperaturen über 18 Grad
- Jährlichen Regenzeiten mit starken Niederschlägen von April bis Oktober
- Zahlreiche Flüsse, Gebirge, Inseln und dichte Regenwälder

https://doi.org/10.1515/9783110790245-009

In den 1960er und 1970er Jahren galt Südostasien als das „Armenhaus" des asiatischen Kontinents. In den 1980er Jahren begann die wirtschaftliche Entwicklung der Region. Dieser Wandel wurde nicht nur durch die Wirtschafts- und Sozialgeografie der Region beeinflusst, sondern auch durch die politische Lage. Sowohl nationale wie auch weltpolitische Entwicklungen haben den Entwicklungspfad der Staaten Südostasiens immer wieder beeinflusst. Länder wie Singapur, Thailand, Malaysia, Indonesien, die Philippinen und Vietnam wurden in der öffentlichen Wahrnehmung seit den 1980er Jahren schrittweise von rückständigen Entwicklungsländern zu Tiergestalten, deren hohe Wachstumsraten das Interesse internationaler Investoren auf sich zogen (Henke 2005, o.S.).

Trotzdem steht Südostasien heute vor großen Herausforderungen. Weltpolitische Spannungen, Einkommensdisparitäten und der Klimawandel bedrohen das erarbeitete Entwicklungsniveau akut.

Das Problem der sozialen Disparitäten stellt für die Länder Südostasiens eine große Herausforderung dar. Obwohl die extreme Armut seit Beginn des neuen Jahrtausends beseitigt wurde, sind die Staaten, insbesondere die mit einer fortgeschrittenen Wirtschaft, immer noch mit erheblichen Einkommens- und Vermögensunterschieden konfrontiert. Darüber hinaus bestehen erhebliche Unterschiede in der Lebensqualität von Menschen, die in städtischen und ländlichen Gebieten leben. Dies zeigt sich im ungleichen Zugang zu öffentlichen Gütern wie Infrastruktur, Bildung und Gesundheitsversorgung, die der armen und ländlichen Bevölkerung nicht in gleichem Maße zur Verfügung stehen. Darüber hinaus gibt es bemerkenswerte Diskrepanzen in der Entwicklung einzelner Staaten innerhalb der Region. So erfreut sich die Bevölkerung Singapurs eines hohen Lebensstandards und qualitativ hochwertiger staatlicher Dienstleistungen, während Malaysia, Thailand und die Philippinen sich noch im Übergang zu einer stärker entwickelten Wirtschaft befinden. Vietnam, Kambodscha und Laos befinden sich dagegen noch in der Anfangsphase ihrer wirtschaftlichen Entwicklung (Vorläufer 2011, 224–232).

In Südostasien gibt nicht nur große soziale Disparitäten, sondern auch ethnische Spannungen und religiöse Konflikte, die sowohl zu internen als auch zu zwischenstaatlichen Streitigkeiten führen. In vielen Staaten der Region leben ethnische und religiöse Minderheiten, darunter Gruppen wie die muslimischen Rohingya im überwiegend buddhistischen Myanmar und die chinesische Minderheit in Malaysia. In der Vergangenheit kam es mehrfach zu ethnischen Säuberungen in Ländern wie Kambodscha und Malaysia sowie zu religiösen Spannungen zwischen Christen und Muslimen, z. B. auf den Philippinen (Croissant/Trinn 2009, Vorläufer 2011, 45–80).

In den letzten Jahrzehnten hat die Bevölkerung Südostasiens stark zugenommen. Während die Fruchtbarkeitsrate in den meisten Ländern auf oder unter die Ersatzrate von durchschnittlich 2,1 Kindern pro Frau gefallen ist, ist die Bevölkerung mit einem Durchschnittsalter von 30,2 Jahren jung. Aufgrund der steigenden Lebenserwartung und der rückläufigen Geburtenraten wird sich die demografische Zusammensetzung der Region in den kommenden Jahren jedoch erheblich verändern (United Nations Economic and Social Commission for Asia and the Pacific 2023, o.S.).

> **Veränderung der Demographie in Südoastasien (United Nations Economic and Social Commission for Asia and the Pacific 2023, o.S)**
> Von 2022 bis 2050 wird das Durchschnittsalter der Menschen in Südostasien voraussichtlich drastisch ansteigen – von 30,2 Jahren auf 38,4 Jahre. Diese Verschiebung wird die Region in Bezug auf das Alter näher an viele Industrienationen bringen.

Neben der jungen Bevölkerung, welche ein großes Arbeitskräftepotenzial spießt, hat vor allem die geographische Lage Südostasien zu einem ökonomisch und politisch interessanten Gebiet gemacht.

Südostasien liegt auf einem globalen Verkehrsknotenpunkt. Das Verkehrsnetz der Region wird geprägt von ...
- Den Häfen Singapur, Port Lang (Malaysia) und Laem Chabang (Thailand)
- Dem Changi Airport in Singapur als internationales Drehkreuz

Die Straße von Malakka ist eine wichtige Passage für Containerschiffverkehr zwischen dem Indischen und dem Pazifischen Ozean, insbesondere zwischen Japan, Südkorea, China, Indien, den Staaten des Persischen Golf und Europa. Es wird geschätzt, dass etwa ein Viertel des Welthandels durch diese Meerenge fließt. Während chinesische Exportgüter hauptsächlich von Ost nach West gehen, fließt ein erheblicher Teil der chinesischen Energie- und Rohstoffimporte von West nach Ost durch diese Region (U. S. Energy Information Administration 2017, o.S.; Paszak 2021, o.S.). Aus diesem Grund haben sowohl China als auch die Vereinigten Staaten (USA) geopolitische Interessen in Südostasien, was zu einer Großmachtrivalität führt. Der Streit um das Südchinesische Meer ist ein deutliches Beispiel dafür: China hat auf international umstrittenen und teilweise künstlichen Inseln Militärstützpunkte errichtet, und die USA führen in der Region Patrouillen zur Wahrung der „Freiheit der Schifffahrt" durch, um Chinas Ansprüche anzufechten. Darüber hinaus konkurrieren beide Länder um regionalen Handel und Investitionen, indem sie Abkommen mit südostasiatischen Ländern anstreben (Maduz/Stocker 2021; Lieberthal 2011, o.S.):
- Chinas Belt and Road Initiative als umfassendes Infrastrukturinvestitionsprogramm (Frankopan 2018)
- Die Trans-Pacific Partnership, aus welcher die USA unter Präsident Trump 2017 ausgedreht sind (Hilpert 2015)

China als auch die USA konkurrieren auch um militärische Partnerschaften in der Region. Die USA unterhalten eine starke militärische Präsenz auf den Philippinen, während China seine militärische Zusammenarbeit mit Ländern wie Thailand, Kambodscha und Indonesien ausbaut (Myers 2022, o.S.).

Angesichts der zunehmenden politischen Bedeutung Südostasiens ist es von entscheidender Bedeutung, den aktuellen Entwicklungsstand der Region und die Ansätze zu untersuchen, mit denen dieser Stand erreicht wurde. Welche Entwicklungsstrategien haben sich in der Vergangenheit bewährt, und wie können diese angepasst werden, um den aktuellen und künftigen Herausforderungen zu begegnen?

Dieses Kapitel soll einen Überblick über die Faktoren geben, die zur Entwicklung Südostasiens beigetragen haben, wobei der Schwerpunkt sowohl auf dem wirtschaftlichen und sozial-geografischen Potenzial, sowie auf den politischen Veränderungen in der Region liegt. Es wird den aktuellen Entwicklungsstand der Region und die bestehenden Entwicklungsansätze untersuchen, die zur Bewältigung aktueller und zukünftiger Herausforderungen genutzt werden können.

Im Einzelnen wird das Kapitel folgende Themen behandeln:
- Der historische Kontext der Entwicklung Südostasiens, einschließlich der Auswirkungen des Kalten Krieges
- Das wirtschaftliche und sozial-geografische Potenzial der Region, einschließlich ihrer natürlichen Ressourcen und ihres Humankapitals
- Die in Südostasien angewandten Entwicklungsansätze, einschließlich der Rolle der Wirtschaftspolitik und ausländischer Investitionen
- Die politische und ökonomische regionale Integration
- Die Herausforderungen, denen sich Südostasien in Zukunft stellen muss, einschließlich der Notwendigkeit einer nachhaltigen Entwicklung und der Auswirkungen der Globalisierung

Myanmar

Die ehemalige britische Kolonie Burma wurde 1948 unabhängig. Bereits nach einem Staatsstreich 1962 wurde eine Militärherrschaft etabliert. Dies war ein Grund dafür, dass das Land bereits in den späten 1960er Jahren gegenüber seinen Nachbarn, vor allem Thailand ökonomisch zurückfiel.

Zwischen der Öffnung des Landes 2011 und dem Militärputsch 2021 hatte sich Myanmar verstärkt um ausländische Direktinvestitionen aus seiner direkten Nachbarschaft, China, Südkorea und dem Westen bemüht, um seine Wirtschaft und Infrastruktur zu entwickeln. Myanmar wurde von der Weltbank als Lower-Middle-Income Land eingestuft (Hundt 2021; Hamadeh et al. 2022, o.S.). Eine Analyse der Außenhandelsstatistik verdeutlicht jedoch den geringen Entwicklungsstand Myanmars, insbesondere hinsichtlich der Exportgüter (v. a. Rohstoffe) und der Importgüter (v. a. Investitionsgüter). Auch eine starke Abhängigkeit von China für Exporte, Importe und ausländische Direktinvestitionen (FDI) ist auffällig (Statista 2019; World Integrated Trade Solution 2022).

Das Bild der politischen Verflechtungen Myanmars ergänzt die bereits identifizierten ökonomischen Verflechtungen. Auf politischer Ebene hat Myanmar aufgrund der schlechten Menschenrechtslage und dem Fehlen einer demokratischen Regierung ein angespanntes Verhältnis zu vielen westlichen Ländern, insbesondere den Vereinigten Staaten. Vor dem Militärputsch 2021 befand sich Myanmar in einem Transformationsprozess hin zu einer halbzivilen Regierung nach über 50 Jahren Militärherrschaft. Dieser Prozess wurde jedoch durch den Putsch beendet und hat zu einer Verschlechterung des Verhältnisses zum Westen sowie zu den Association of Southeast Asian Nations (ASEAN)-Staaten geführt. Die Unterstützung der Militärregierung in der Hauptstadt Naypyidaw kommt hauptsächlich aus China und Russland (Bertelsmann Stiftung 2022; Rogers 2023, o.S.).

Eckdaten Myanmar (Statista 2023; World Integrated Trade Solution 2022)
- Die wichtigsten Investoren in Myanmar nach Anteil an den FDI 2018 sind: ASEAN (59%), China (13%), Hongkong (10%)
- Die wichtigsten Exportzielländer nach Anteil am Volumen (2020) sind: China (31,75%), Thailand (17,77%), Japan (7,33%)
- Die wichtigsten Importquellländer nach Anteil am Volumen (2020) sind: China (36,34%), Singapur (13,66%), Thailand (19,73%)

Thailand

Thailand, ein Land, das nie kolonialisiert war, ist seit dem Ende des Zweiten Weltkriegs von politischer Instabilität und Militärputschen geprägt (Glass 2019, 34–108). Dies hat die Beziehungen des Landes zu den westlichen Nationen erschwert. Trotzdem ist es Thailand gelungen, im Vergleich zu seinen Nachbarn ein hohes Maß an wirtschaftlicher Entwicklung zu erreichen und verarbeitete Waren und Investitionsgüter zu exportieren. Dies zeigt sich auch an seinem Status als Higher-Middle-Income Land (Organisation für wirtschaftliche Zusammenarbeit und Entwicklung 2021, 51–66; World Integrated Trade Solution 2022; Hamadeh et al. 2022, o.S.).

Bereits Mitte des 18. Jahrhunderts begann Thailand, seine Wirtschaft für den internationalen Handel zu öffnen und gleichzeitig staatliche Unternehmen aufzubauen, die sich jedoch als ineffizient herausstellten. Die Privatisierung mit westlicher Unterstützung begann in den 1950er Jahren und führte in den 1960er Jahren zu einem starken Wirtschaftswachstum. In den 1970er Jahren erlebte Thailand jedoch eine schwere Wirtschaftskrise infolge des weltweiten Abschwungs, die 1984/1985 ihren Höhepunkt erreichte (Vichit-Vadakan 1985). Infolgedessen änderte Thailand seine Wirtschaftspolitik, indem es die Importsubstitution beendete und eine exportorientierte Wirtschaftspolitik einleitete. In der zweiten Hälfte der 1980er Jahre wurde Thailand dank eines erheblichen Zustroms ausländischer Direktinvestitionen (zunächst vor allem aus Japan, später auch aus den USA und Europa) zu einer der am schnellsten wachsenden Volkswirtschaften der Welt (Warr 1997). Diese Entwicklung wurde durch die Asienkrise, die vor allem durch die Abwertung des Baht ausgelöst wurde, unterbrochen. Es dauerte bis 2005, bis das Pro-Kopf-BIP von 1996 wieder erreicht wurde (Kittiprapas 2000).

The Asienkrise (International Monetary Fund 1998, o.S.)
Die Asienkrise 1997 betraf, insbesondere Thailand, Indonesien, Südkorea, Malaysia und die Philippinen.
Ursachen:
- Überinvestitionen in die Immobilien- und Aktienmärkte und hohe Auslandsverschuldung machten anfällig für externe Schocks.
- Kopplung der Währungen an den US-Dollar führte zu einer Überbewertung der Währungen, was die Wettbewerbsfähigkeit der Exporte beeinträchtigte.
- Der Zusammenbruch des thailändischen Baht im Juli 1997 löste einen Vertrauensverlust in andere asiatische Währungen aus.

Auswirkungen:
- Abwertung der Währungen, der Aktienmärkte und der Immobilienpreise, Schließungen von Unternehmen, steigende Arbeitslosigkeit, Armut und politische Unruhen.
- Inanspruchnahme von Krediten des Internationalen Währungsfonds (IWF), Strukturreformen

Seit Ende der 1990er Jahre ist das Wirtschaftswachstum Thailands zwar positiv, aber unregelmäßig. Das Land unterhält heute enge (ökonomische) Beziehungen zu den Vereinigten Staaten und anderen Demokratien wie Japan sowie intensive Handelsbeziehungen zu China (World Integrated Trade Solution 2022).

Politisch hat Thailand in der Vergangenheit eine enge Beziehung zu den Vereinigten Staaten gepflegt und sowohl militärische als auch wirtschaftliche Unterstützung erhalten. Allerdings haben vor allem die Militärputsche von 2006 und 2014 die Beziehungen belastet. Thailand hat in letzter Zeit versucht, seine Beziehungen zu diversifizieren und ein Gleichgewicht zwischen den Vereinigten Staaten und China herzustellen, während es gleichzeitig seine Rolle in der Region ausbaut.

Eckdaten Thailand (Organisation für wirtschaftliche Zusammenarbeit und Entwicklung 2021, 51–66; World Integrated Trade Solution 2022)
- Die wichtigsten Investoren in Thailand nach Anteil an den FDI 2010–2017 sind: Japan (41%), USA (14%), ASEAN (9%)
- Die wichtigsten Exportzielländer nach Anteil am Volumen (2020) sind: USA (14,87%), China (12,86%), Japan (9,89%)
- Die wichtigsten Importquellländer nach Anteil am Volumen (2020) sind: China (24%), Japan (13,34%), USA (7,92%)

Kambodscha

Kambodscha erlangte 1948 unter der Herrschaft von König Norodom Sihanouk seine Unabhängigkeit von der Kolonialmacht Frankreich. Sihanouk verfolgte eine Politik der Modernisierung, führte aber auch repressive innenpolitische Maßnahmen durch. Außenpolitisch strebte Sihanouk die Annäherung an Frankreich an, um im Vietnamkrieg neutral zu bleiben. 1970 wurde Regierung Sihanouk von Marschall Lon Nol gestürzt, der den USA die Bombardierung der Vietcong-Soldaten und der als Rote Khmer bekannten kambodschanischen kommunistischen/maoistischen Rebellen unter der Führung von Paul Pot im Grenzgebiet zu Vietnam erlaubte (Uhlig 1975, 226–232).

Kommunismus und Maoismus
- Kommunismus: Eine politische Ideologie, die für eine klassenlose Gesellschaft steht, in der das gesamte Eigentum und alle Ressourcen in kollektivem Besitz sind und von der Gemeinschaft als Ganzes verwaltet werden.
- Maoismus: Eine Form des Kommunismus, die in China von Mao Zedong entwickelt wurde.

Diese Bombardierungen verholfen den Roten Khmer zu großem Zulauf seitens der Zivilbevölkerung. Die Roten Khmer gewannen 1975 den Bürgerkrieg gegen die Regierung von Lon Nol. Die Herrschaft Paul Pots führte zu einem Völkermord, bei dem etwa ein Viertel der Bevölkerung ausgelöscht wurde. Die Herrschaft der Roten Khmer endete 1979 mit der Invasion Vietnams, dennoch konnte das Land erst Anfang der 1990er Jahre mit Hilfe der UN befriedend werden (Uhlig 1975, 226–232; Schier 1994, 420–422).

Nach mehr als 20 Jahren Krieg und Tyrannei war Kambodscha Mitte der 1990er Jahre eines der ärmsten Länder der Welt. In den letzten Jahren hat das Land jedoch Fortschritte bei der Industrialisierung gemacht, die vor allem durch Investitionen in die Textilproduktion vorangetrieben wurden. Das Land ist aufgrund seiner jungen Bevölkerung und der geringen Lohnkosten ein attraktiver Produktionsstandort für arbeitsintensive Produkte. Dies spiegelt sich in den Außenhandelsstatistiken wider, die die bedeutende Rolle von Bekleidung und Schuhen bei den kambodschanischen Ausfuhren zeigen. Mit zunehmenden Investitionen in Industrie und Tourismus verbessert sich der Lebensstandard der Bevölkerung langsam und Kambodscha wird von der Weltbank inzwischen als Lower-Middle-Income Land eingestuft (Rastogi 2018, o.S.; Hamadeh et al. 2022, o.S.).

Die Fortschritte Kambodschas sind zum Teil auf die guten Beziehungen zu China zurückzuführen, dass eine wichtige Quelle für ausländische Direktinvestitionen und Entwicklungshilfe für das Land ist. Darüber hinaus unterhält Kambodscha enge Beziehungen zu Vietnam, das ebenfalls wirtschaftliche Hilfe und Unterstützung geleistet hat. Aufgrund der Unterdrückung der politischen Opposition durch die Regierung ist das Verhältnismit dem Westen angespannt. So hat die EU beispielsweise den zollfreien Zugang Kambodschas zu ihrem Binnenmarkt aufgrund von Menschenrechtsverletzungen eingeschränkt (Phea 2020; European Commission 2020, o.S.).

Eckdaten Kambodscha (Statista 2023, o.S., World Integrated Trade Solution 2022)
- Die wichtigsten Investoren in Kambodscha nach Anteil an den FDI 2010–2017 sind: China (26%), ASEAN (25%), Andere (23%)
- Die wichtigsten Exportzielländer nach Anteil am Volumen (2020) sind: USA (30%), Singapur (14,9%), China (6,15%)
- Die wichtigsten Importquellländer nach Anteil am Volumen (2020) sind: China (31,74%), Thailand (15%), Vietnam (13,9%)

Laos

Laos wurde 1954 von Frankreich unabhängig, allerdings brach bereits 1959 ein Bürgerkrieg zwischen den kommunistischen Pathet Lao-Rebellen und der Regierung aus. Trotz aller Friedensversuche flammte der Konflikt in den 1960er Jahren immer wieder auf. Wie Kambodscha war auch Laos in den Vietnamkrieg verwickelt. 1975 übernahmen die kommunistischen Pathet Lao die Macht in Laos (Uhlig 1975, 205–210; Luther 1994, 442–444).

Trotz Bemühungen, ab Mitte der 1980er Jahre marktwirtschaftliche Ansätze umzusetzen, ist die Wirtschaft von Laos bis heute nicht industrialisiert. Dies zeigt eine Analyse der Außenhandelsstatistiken und die starke Abhängigkeit des Landes von Rohstoffexporten. Die Weltbank stuft Laos als Lower-Middle-Income Land ein. Das Land ist wirtschaftlich von der Volksrepublik China abhängig, die für fast 80 % der ausländischen Direktinvestitionen in viele Infrastrukturprojekte verantwortlich ist (Luther 1994, 444–449; Statista 2019b, Hamadeh et al. 2022, o.S.).

Laos unterhält enge Beziehungen mit Vietnam, die bis in die 1950er Jahre zurückreichen, als beide Länder um die Unabhängigkeit von der Kolonialherrschaft Frankreichs kämpften. Die kommunistischen Parteien von Laos und Vietnam pflegen seither eine enge Partnerschaft, wobei China in letzter Zeit zunehmend als engster Partner Laos auftritt. Laos ist für seine wirtschaftliche Entwicklung in hohem Maße von ausländischer Hilfe, insbesondere von China, abhängig. China ist einer der wichtigsten Handelspartner von Laos und hat stark in Infrastrukturprojekte investiert. Vietnam ist zwar auch ein relevanter Wirtschaftspartner für Laos, doch China Dominiert zunehmend (Luther 1994, 452–454; Stuart-Fox 1980; Macan-Markar 2021, o.S.).

Eckdaten Laos (Statista 2023, o.S.; World Integrated Trade Solution 2022)
- Die wichtigsten Investoren in Laos nach Anteil an den FDI 2018 sind: China (79%), ASEAN (15%), Japan (4%)
- Die wichtigsten Exportzielländer nach Anteil am Volumen (2020) sind: Thailand (34,7%), China (28,82%), Vietnam (19,63%)
- Die wichtigsten Importquellländer nach Anteil am Volumen (2020) sind: Thailand (49,59%), China (25,83%), Vietnam (8,02%)

Vietnam

Während des Zweiten Weltkriegs geriet die französische Kolonie Vietnam unter den Einfluss Japans. Als Frankreich 1945 versuchte, sein Kolonialregime wiederherzustellen, war dies nur in der südlichen Region des Landes erfolgreich. Die nördliche Region, die von nationalistischen und kommunistischen Vietminh-Gruppen kontrolliert wurde, widersetzte sich diesem Versuch. 1954 besiegten die Viet Minh erfolgreich die französischen Streitkräfte und beendeten die französische Kolonialherrschaft in Indochina. Auf einer sich anschließenden Friedenskonferenz in Genf wurde Vietnam am 17. Breitengrad in zwei Staaten geteilt wurde: die Volksrepublik Vietnam im Norden und die Republik Vietnam im Süden (Uhlig 1975, 251–257; Weggel 1994, 569–574). Die Konferenz konnte den Frieden jedoch nicht nachhaltig sichern. Kurze Zeit später begannen erneut Auseinandersetzungen, welche zum Vietnamkrieg führten.

> **Der Vietnamkrieg (Hirshman et al. 1995, 791, 809; Schneider/Toyka-Seid 2023, o.S.)**
> Der Vietnamkrieg dauerte von 1955 bis 1975 und erstreckte sich neben Vietnam auch auf Kambodscha und Laos.
> Beteiligte Parteien:
> - Nordvietnam und Vietcong (kommunistische Kräfte)
> - Südvietnam (unterstützt von den Vereinigten Staaten und anderen antikommunistischen Verbündeten)
>
> Ursachen:
> - Spannungen im Kalten Krieg zwischen den Vereinigten Staaten und der Sowjetunion (UdSSR)
> - Furcht vor einer kommunistischen Expansion in Südostasien (Dominotheorie)
> - Bestreben, die Ausbreitung des Kommunismus einzudämmen (Containment-Politik)
>
> Auswirkungen:
> - Über 3 Millionen Vietnamesen und 58.000 US-Soldaten starben
> - Politische und soziale Spaltung in den Vereinigten Staaten
> - Verwüstung Vietnams (Infrastruktur, Wirtschaft, etc.)

Nach dem Ende des Vietnamkriegs vereinigten sich Nord- und Südvietnam zur heutigen Sozialistischen Republik Vietnam. In den 1970er Jahren kam es zu militärischen Konflikten mit Kambodscha und China, die dazu führten, dass Vietnam Kambodscha bis 1989 besetzte. Ab 1986 führte die Kommunistische Partei Vietnams im Rahmen einer Doi moi (Erneuerung) genannten Politik Wirtschaftsreformen durch. Diese Politik ähnelte der neuen Ökonomischen Politik der Sowjetunion, war also nicht so umfassend wie die in China durchgeführten Reformen. Infolge dieser Veränderungen verzeichnete die vietnamesische Wirtschaft in den 1990er Jahren ein erhebliches Wachstum. Mitte der 1990er Jahre begann Vietnam, sich dem Westen zu öffnen und nahm die diplomatischen Beziehungen zu den Vereinigten Staaten auf (Fforde 2018, 235–258, Glewwe/Hoang Dang 2011).

Gegenwärtig befindet sich Vietnam im Prozess der Industrialisierung, was sich in den Außenhandelsstatistiken und der Exportstruktur des Landes widerspiegelt. Die erste Phase dieses Prozesses, die den Aufbau von arbeitsintensiven Branchen wie die Textilindustrie umfasste, ist bereits abgeschlossen. Die Elektrotechnik spielt nun eine größere Rolle bei den vietnamesischen Exporten. Der Zufluss von ausländischem Kapital, der für die anfängliche Industrialisierung und den Ausbau der Wertschöpfung Vietnams erforderlich ist, kommt vor allem aus den entwickelten Ländern Asiens. Unter diesen Ländern sind Südkorea, Japan undChina. Neben diesen Stellen auch die USA einen besonders wichtigen Handelspartner da. Die Weltbank stuft Vietnam als Lower-Middle-Income Land ein (World Integrated Trade Solution 2022; Hamadeh et al. 2022, o.S.).

In politischer Hinsicht unterhält Vietnam traditionell enge Beziehungen zu Russland. Der Ukraine Konflikt hat die Beziehungen zwischen Hanoi und Moskau allerdings erheblich belastet. Bereits in den letzten Jahren hat sich Vietnam bemüht, seine diplomatischen Beziehungen zu diversifizieren und Beziehungen zu Ländern wie den Vereinigten Staaten, Japan und Indien zu stärken. Vietnam bemüht sich auch um den Ausbau seiner Beziehungen zu anderen Ländern in der Region, darunter Laos und Kambodscha. So versucht die Regierung in Hanoi ein Gleichgewicht zwischen den Großmächten China und USA, regionalen Partnern in Süd- und Südostasien sowie anderen westliche Partnern, z. B. in Europa, zu finden.

Eckdaten Vietnam (Ministry of Planning and Investment of the Socialist Republic of Vietnam 2021, o.S.; World Integrated Trade Solution 2022)
- Die wichtigsten Investoren in Vietnam nach Anteil an den FDI 2021 sind: Singapur (19,1%), Südkorea (15,9%), Japan (12,5%)
- Die wichtigsten Exportzielländer nach Anteil am Volumen (2020) sind: USA (27,38%), China (17,37%), Japan (6,85%)
- Die wichtigsten Importquellländer nach Anteil am Volumen (2020) sind: China (32,22%), Südkorea (17,93%), Japan (%)

Malaysia

Malaysia erlangte 1957 nach einem langwierigen antikolonialen Kampf die Unabhängigkeit von Großbritannien, unterhielt aber weiterhin enge Beziehungen zu seiner ehemaligen Kolonialmacht. Allerdings war Malaysia in dieser Zeit mit erheblichen politischen, ethnischen und wirtschaftlichen Unruhen konfrontiert, die in den 1960er Jahren in einem ethnischen Konflikt zwischen Malaien und Chinesen gipfelten. Ethnische und religiöse Unterschiede sind nach wie vor ein wesentlicher Faktor für die Entwicklung Malaysias, wobei nur etwa die Hälfte der Bevölkerung aus muslimischen Malaien besteht. Wichtige Minderheiten sind (23,6%) Chinesen, (11%) Indigene (7,1%).

Darüber hinaus gibt es eine erhebliche südasiatische Minderheit in Malaysia (Uhlig 1975, 264–269; Sieleff 1994, 458–460; Central Itelligence Agency 2019, o.S.).

Eine der größten Herausforderungen für Malaysia besteht darin, die politische und wirtschaftliche Macht der verschiedenen ethnischen Gruppen auszugleichen. Malaysia verfügt über ein parlamentarisches System, das dem Großbritanniens ähnelt, gilt aber noch nicht als vollständige Demokratie. Das Land verfügt über eine gut entwickelte Wirtschaft und wird dank seiner reichhaltigen natürlichen Ressourcen, insbesondere Öl und Palmöl, die zu den wichtigsten Exportgütern des Landes gehören von der Weltbank als Higher-Middle-Income Land eingestuft. Malaysia unterhält wirtschaftliche Beziehungen sowohl zu China als auch zu westlichen Ländern und ist damit ein wichtiger Akteur in der Region (Franke 1998, o.S.; Hamadeh et al. 2022, o.S.; World Integrated Trade Solution 2022)

In den frühen 1990er Jahren begann Malaysia, sich für ausländische Investoren zu öffnen und seine Wirtschaft zu liberalisieren, was zu einem erheblichen Wirtschaftswachstum führte. Die Regierung spielt jedoch immer noch eine wichtige Rolle bei der Regulierung der Wirtschaft, insbesondere durch den staatlichen Fonds Khazanah Nasional. Malaysia unterhält enge Beziehungen zu anderen südostasiatischen Ländern und hat in den letzten Jahren es seine Beziehungen zu Australien und Neuseeland verstärkt (Sieleff 1994, 464–466; Lai 2012).

Darüber hinaus ist Malaysia bestrebt, eine wichtige Rolle in der globalen muslimischen Gemeinschaft zu spielen, insbesondere durch die Vermittlung im Nahen Osten. Das Land hat sich in letzter Zeit auf die Stärkung der wirtschaftlichen Beziehungen zu den Golfstaaten, insbesondere zu Saudi-Arabien, konzentriert. Insgesamt steht Malaysia vor zahlreichen Herausforderungen, hat aber seine Position als bedeutender Akteur in der Region und auf globaler Ebene behauptet (Delfolie 2012).

> **Eckdaten Malaysia (Malaysian Investment Development Authority 2023, o.S.; World Integrated Trade Solution 2022)**
> – Die wichtigsten Investoren in Malaysia nach Anteil an den FDI 2021 sind: China (25,2%), USA (10,3%), Niederlande (8,5%)
> – Die wichtigsten Exportzielländer nach Anteil am Volumen (2020) sind: China (16,18%), Singapur (14,45%), USA (11,1%)
> – Die wichtigsten Importquellländer nach Anteil am Volumen (2020) sind: China (21,51%), Singapur (9,2%), USA (8,72%)

Singapur

Singapur, eine ehemalige britische Kolonie, wurde 1962 nach einem Referendum Teil einer Föderation mit Malaysia. Nach schweren Unruhen in der überwiegend von Chinesen bewohnten Stadt wurde diese jedoch 1965 aus der Föderation ausgeschlossen. Die Regierungspartei Singapurs, die People's Action Party unter Premierminister Lee

Kuan Yew, errichtete einen Einparteienstaat (Erziehungsdiktatur), der sich in den 1990er Jahren langsam zu liberalisieren begann. Trotz dieser Fortschritte gilt Singapur bis heute als unvollständige Demokratie (Reddis 1994, 505–510; Brendel 2017, o.S.).

Erziehungsdiktatur
Eine Erziehungsdiktatur liegt vor, wenn eine Gruppe ohne demokratische Legitimation der Mehrheit ihre Ideologie und ihre Interessen mit Gewalt diktatorisch aufzwingt. Die Gewalt wird als vorübergehend angesehen, da man glaubt, dass die Diktatur durch eine formale Demokratie ersetzt werden kann, sobald die Mehrheit die von den Machthabern vertretenen Ideen versteht und akzeptiert.

Nach Erlangung der Unabhängigkeit stand Singapur vor großen wirtschaftlichen Herausforderungen. Premierminister Lee Kuan Yew, der bis 1990 amtierte, bekämpfte erfolgreich die Massenarbeitslosigkeit und schuf die Rahmenbedingungen für FDIs, welche zu Wirtschaftswachstum führten. Derzeit wird Singapur von der Weltbank als High-Income Land eingestuft. Dank einer jahrzehntelangen marktorientierten Politik hat Singapur eine stark diversifizierte und exportorientierte Wirtschaft entwickelt. Das Land hat verschiedene wirtschaftliche und politische Allianzen geschmiedet, um seine wirtschaftliche Entwicklung zu fördern und seine Sicherheit zu gewährleisten. Heute liegt der Schwerpunkt der Wirtschaft Singapurs auf Dienstleistungen und High-Tech-Industrien. Es verfügt über eine gut ausgebaute Hafeninfrastruktur und hat zahlreiche multinationale Unternehmen angezogen, was es zu einem der wirtschaftlich wohlhabendsten Länder Südostasiens macht. Singapurs strategische Lage an der Straße von Malakka hat zu seiner Entwicklung beigetragen. China, die Vereinigten Staaten, Japan, Malaysia, Hongkong und Südkorea sind die wichtigsten Handelspartner Singapurs. Darüber hinaus ist Singapur bestrebt, seine wirtschaftlichen Beziehungen zu anderen Nationen in der Region, wie Indien, Indonesien und den Philippinen, auszubauen (Reddis 1994, 511–526; World Integrated Trade Solution 2022; Hamadeh et al. 2022).

Eckdaten Singapur (Lyttle 2022, o.S.; World Integrated Trade Solution 2022)
- Die wichtigsten Investoren in Singapur nach Anteil an den FDI 2021 sind: USA (26%), ASEAN (25%), Andere (23%)
- Die wichtigsten Exportzielländer nach Anteil am Volumen (2020) sind: China (13,74%), Hong Kong (12,36%), USA (10,76%)
- Die wichtigsten Importquellländer nach Anteil am Volumen (2020) sind: China (14,41%), Malaysia (12,69%), USA (10,7%)

Indonesien

Indonesien erlangte 1949 nach Beendigung des Niederländisch-Indonesischen Krieges, der durch die diplomatische Intervention der Vereinigten Staaten beigelegt wurde, seine Unabhängigkeit. Im Jahr 1968 kam Suharto durch einen Militärputsch an die

Macht und setzte eine strikte antikommunistische Politik um. Im Rahmen von Suhartos Politik der New Order/Neuen Ordnung konzentrierte sich der Staat auf die wirtschaftliche Entwicklung (Developmental State), und die Regierung schuf Unternehmensgruppen, die als „corps" bekannt waren, um verschiedene Interessengruppen mit den Entwicklungszielen der Regierung in Einklang zu bringen. Das Corps-System wurde jedoch von Korruption und Ineffizienz geplagt. Nach der Wirtschaftskrise von 1998 kam es zu politischer Liberalisierung und wirtschaftlichen Unruhen. Infolgedessen wurde das Korps-System schrittweise zugunsten einer marktorientierten Politik abgebaut, wodurch das Pro-Kopf-BIP Indonesiens deutlich anstieg. Indonesien gilt als Lower-Middle-Income Land und als unvollständige Demokratie. Darüber hinaus hängt die Wirtschaft des Landes stark von Rohstoffexporten wie Palmöl, Kohle und Eisenerz ab. Zu den wichtigsten Handelspartnern des Landes gehören China, Japan, die Vereinigten Staaten, Singapur, Australien und die Europäische Union. Indonesien ist auch bestrebt, seine wirtschaftlichen Beziehungen zu anderen Ländern in der Region auszubauen (Fremerey 1994, 385–414).

Developmental State (Hagggard 2018)
Der Developmental State/ Entwicklungsstaat ist eine Regierungsform, bei der die wirtschaftliche Entwicklung als vorrangiges Ziel gilt. In diesem System spielt der Staat eine aktive Rolle bei der Steuerung und Förderung des Wirtschaftswachstums. Die Entpolitisierung ist zentral für die Funktion des Entwicklungsstaates. Sie zielt darauf ab, die Politik aus dem wirtschaftlichen Bereich zu entfernen. Indem er den Einfluss politischer Akteure und Interessengruppen auf die wirtschaftspolitische Entscheidungsfindung reduziert, kann der Staat die Wirtschaftstätigkeit besser kontrollieren und auf Entwicklungsziele ausrichten. Dies kann die Gründung von Konzernen oder andere Formen von öffentlich-privaten Partnerschaften beinhalten, um die Interessen der verschiedenen Wirtschaftsakteure mit den Entwicklungszielen des Staates in Einklang zu bringen.

Indonesien unterhält enge Beziehungen zu anderen Ländern Südostasiens und ist ein langjähriger Verbündeter der USA. Die Beziehungen zu China haben jedoch in letzter Zeit an Bedeutung gewonnen. Als weltweit größtes Land mit muslimischer Bevölkerungsmehrheit sind Indonesiens politische und wirtschaftliche Beziehungen zu den Ländern des Nahen Ostens ebenfalls wichtig.

Indonesien (World Integrated Trade Solution 2022; Ministry of Investment/KKPM 2023, o.S.)
- Die wichtigsten Investoren in Singapur nach Anteil an den FDI 2020 sind: Singapur (23%), China (11%), Hong Kong (10%)
- Die wichtigsten Exportzielländer nach Anteil am Volumen (2020) sind: China (19,48%), USA (11,44%), Japan (8,37%)
- Die wichtigsten Importquellländer nach Anteil am Volumen (2020) sind: Singapur (28%), Singapur (8,72%), Japan (7,54%)

Philippinen

Die Philippinen waren eine spanische Kolonie und wurden später eine Kolonie der Vereinigten Staaten. Nach der Befreiung von der japanischen Besatzung während des Zweiten Weltkriegs, erlangten sie 1946 ihre Unabhängigkeit. Konflikte mit muslimischen Minderheiten führten jedoch zu einer Krise, die von Präsident Marcos, der 1965 an die Macht kam, genutzt wurde, um das Kriegsrecht ausgerufen. Dieser Zustand wurde von Marcos genutzt, um seine Macht zu festigen und das Land diktatorisch zu regieren, indem er ein auf Ämterpatronage beruhendes System zum Machterhalt einführte (Müller 2020, 74–129).

Ämterpatronage (Machura 2021, o.S.)
Ämterpatronage bezeichnet die Praxis der Vergabe von Stellen oder Ämter an Personen, die dem Patron persönlich nahestehen, ohne dass dabei die Qualifikation oder Leistung der Bewerber berücksichtigt wird. Dies kann zur Besetzung von Schlüsselpositionen mit unqualifizierten Personen führen, die der „Patron" aufgrund persönlicher Beziehungen oder Loyalität ausgewählt hat.

Anfang der 1980er Jahre zwangen die zunehmenden sozialen Unruhen und die Befehlsverweigerung des Militärs Marcos zur Flucht aus dem Land, was zu einem Prozess der politischen Liberalisierung führte. Seitdem gelten die Philippinen als Demokratie, doch die Qualität der Demokratie hat zuletzt erheblich abgenommen. Ethnische und religiöse Konflikte plagen das Land weiterhin und verschlechtern die Situation bzgl. Menschenrechten und die Pressefreiheit (Müller 2020, 74–129).

Trotz dieser instabilen Lage ist es den Philippinen gelungen, sich wirtschaftlich zu entwickeln. Die aus der US-Kolonialzeit stammenden guten Englischkenntnisse der Bevölkerung haben dazu beigetragen, einen bedeutenden Dienstleistungssektor mit vielen Callcentern für die englischsprachige Welt aufzubauen. Sie exportieren Nutzpflanzen wie Tabak und Industrieprodukte wie Maschinen. Die wirtschaftliche Ungleichheit zwischen der Hauptstadt Manila und den ländlichen Provinzen sowie zwischen den ethnischen Gruppen bleibt jedoch eine zentrale Herausforderung (Müller 2020, 74–129).

Die Philippinen werden von der Weltbank als Lower-Middle-Income Land eingestuft und unterhalten gute wirtschaftliche Beziehungen zu China, dem sie auch, trotz des Konfliktes im Südchinesischen Meer politisch verbunden sind. Die USA sind ebenfalls ein wichtiger Handelspartner und ein traditionell politischer und militärischer Verbündeter, der Militärstützpunkte auf den Philippinen unterhält.

Eckdaten Philippinen (World Integrated Trade Solution 2022)
- Die wichtigsten Investoren in Philippinen nach Anteil an den FDI 2020 sind: xxx
- Die wichtigsten Exportzielländer nach Anteil am Volumen (2020) sind: Japan (15,39%), USA (15,37%), China (15,07%)
- Die wichtigsten Importquellländer nach Anteil am Volumen (2020) sind: China (23,15%), Japan (9,7%), USA (7,79%)

Südostasien arbeitet seit Jahrzehnten auf eine engere Regionale Integration hin. Diese Bemühungen werden von dem Wunsch angetrieben, die wirtschaftliche Zusammenarbeit zu fördern, die politische Stabilität zu erhöhen und das kulturelle Verständnis zu verbessern.

Regionale Integration/Regionalismus (Jakobeit 2015)
Regionale Integration ist ein Prozess, bei dem benachbarte Länder zusammenkommen und engere wirtschaftliche, politische und soziale Bindungen eingehen, um eine größere Zusammenarbeit, Stabilität und Wohlstand in einer bestimmten Region zu erreichen. Das bekannteste Beispiel hierfür ist die Europäische Integration, die nach einem Jahrzehntelangen graduellen Integrationsprozess zur Europäischen Union geführt hat. Regional Integration kann den Abbau von Handelsschranken, die Einführung gemeinsamer Normen und Vorschriften, die Koordinierung der Politik und die Schaffung von Institutionen zur Erleichterung der Zusammenarbeit und Entscheidungsfindung beinhalten. Beispiele dafür sind der Schengenraum, der Euroraum, der europäische Binnenmarkt, die Europäische Kommission usw. Dabei kann regionale Integration verschiedene Formen und Grade der Tiefe annehmen, von informeller Zusammenarbeit bis hin zu formellen Zusammenschlüssen und Integrationsprogrammen.

Die politische Integration in Südostasien manifestiert sich maßgeblich durch die 1967 gegründete ASEAN. Die ASEAN ist eine regionale Organisation, die sich um die Förderung der Zusammenarbeit und Stabilität unter ihren Mitgliedern bemüht. Ihr gehören derzeit zehn Staaten an: Brunei, Kambodscha, Indonesien, Laos, Malaysia, Myanmar, die Philippinen, Singapur, Thailand und Vietnam. Die ASEAN arbeitet nach dem Grundsatz der Nichteinmischung in die inneren Angelegenheiten der Mitgliedsstaaten, was bedeutet, dass jeder Mitgliedsstaat seine Souveränität und Unabhängigkeit behält. Dieser intergouvernementale Ansatz wird als ASEAN-Way bezeichnet (Karns et al. 2015, 209–217).

Intergouvernementalismus und Neofunktionalismus (Jonas 2020, o.S.; Hüttmann 2020, o.S.)
Der Intergouvernementalismus ist ursprünglich eine Theorie der europäischen Integration, die die anhaltende Bedeutung nationaler Interessen betont und die EU maßgeblich als Forum für die Zusammenarbeit zwischen Nationalstaaten sieht. Im Gegensatz dazu ist der Neofunktionalismus als Theorie der europäischen Integration, die die Bedeutung supranationaler Institutionen wie der Europäischen Kommission und des Europäischen Parlaments im Prozess der europäischen Integration betont. Der Hauptunterschied zwischen Intergouvernementalismus und Neofunktionalismus in der Sichtweise auf die Rolle der nationalen Regierungen und der supranationalen Institutionen

Die wichtigste Institution der ASEAN ist der ASEAN-Gipfel als Treffen der Staats- und Regierungschefs. Die wirtschaftliche Integration in Südostasien stützt sich ebenfalls auf die ASEAN, die sich das Ziel gesetzt hat, bis 2025 eine ASEAN-Wirtschaftsgemeinschaft (AEC) zu gründen. Die AEC soll einen einheitlichen Markt und eine einheitliche Produktionsbasis in Südostasien schaffen, was die Region wettbewerbsfähiger und attraktiver für ausländische Investoren machen würde (Karns et al. 2015, 209–217). Die Konzentration der ASEAN auf Diplomatie, Konsensbildung und Konfliktlösung hat erheblich zur Sicherheit und Stabilität in der Region beigetragen und trägt das Potenzial in sich, die wirtschaftliche Entwicklung durch vertiefte regionale Integration zu Fördern. Darüber hinaus hat die ASEAN das Potenzial, den Staaten Südostasiens mehr Gewicht in den sich in Südostasien abspielenden geopolitischen Konflikten und Rivalitäten zu verleihen.

Wie die Analyse gezeigt hat, hat Südostasien seit den 1980er Jahren einen bemerkenswerten Wandel vollzogen und sich von Armenhaus Asiens zu einer Region mit vielversprechenden Entwicklungsansätzen entwickelt. Dieser Wandel wurde sowohl durch innenpolitische Faktoren (politische Entwicklung) als auch durch externe geopolitische Kräfte beeinflusst.

Nach der Erlangung der Unabhängigkeit sahen sich die südostasiatischen Staaten mit zahlreichen Herausforderungen konfrontiert, wie z. B. dem Aufbau der Staatlichkeit, der Förderung der wirtschaftlichen Entwicklung und der Bekämpfung der Armut. Einige Länder wie Singapur, Malaysia und Thailand waren dabei in den letzten Jahren erfolgreicher, da es ihnen gelungen ist, vergleichsweise stabile politische Verhältnisse aufrechtzuerhalten, territoriale Streitigkeiten zu begrenzen und politische Lösungen für wirtschaftliche Herausforderungen zu finden. Im Gegensatz dazu hatten andere Länder der Region, wie Kambodscha, Vietnam und Myanmar, mit internen Problemen wie ethnischen, ideologischen oder religiösen Spannungen zu kämpfen, die ihre Entwicklung behinderten.

Die Beispiele Vietnam und Kambodscha verdeutlichen, wie geopolitische Zusammenhänge die Entwicklung erheblich beeinflussen können. Vietnams Bürgerkrieg wurde durch die Einmischung von Großmächten wie den USA und der UdSSR (Kalter Krieg) in die Länge gezogen, was seine Entwicklung im Vergleich zu anderen Staaten der Region verzögerte. Kambodscha hingegen strebte nach Neutralität, wurde aber in den geopolitischen Konflikt der Großmächte hineingezogen, was zu neuen internen Konflikten führte (Rote Khmer, Bürgerkrieg), die das Land noch weiter zurückwarfen.

Gegenwärtig herrscht in allen südostasiatischen Staaten mit Ausnahme von Myanmar Frieden, wenn auch in einzelnen Gebieten erhebliche Spannungen bestehen. Des Weiteren hat in der gesamten Region ein wirtschaftlicher Entwicklungsprozess eingesetzt und die Staaten befinden sich in unterschiedlichen Stadien dieses Prozesses. So hat Singapur bereits ein hohes Einkommensniveau erreicht während bspw. Laos gerade erst ein mittleres Einkommensniveau erreicht hat.

Bei Fortsetzung dieser Entwicklung und kluger Politik haben die meisten südostasiatischen Länder das Potenzial, im 21. Jahrhundert zu Ländern mit hohem Einkommen zu werden.

Südostasien steht vor großen Herausforderungen, um weitere Entwicklungserfolge zu erzielen und sein Potenzial zu realisieren. In der Vergangenheit wurde die Entwicklung der Region durch ausländische Direktinvestitionen und die Ausbeutung natürlicher Ressourcen vorangetrieben, aber dieser Ansatz ist nicht mehr nachhaltig. Um sich weiterzuentwickeln, muss Südostasien seine Wertschöpfung erhöhen und seine Humankapitalausstattung verbessern, um ausländische Investitionen in kapitalintensivere Sektoren anzuziehen. Der auf niedrigen Arbeitskosten beruhende Standortvorteil der Region wird im Laufe der weiteren Entwicklung verschwinden. Angesichts der sich wandelnden demographischen Situation in der Region müssen Investitionen in Bildung und Technologie erhört werden, um die Arbeitsproduktivität zu steigern und die Volkswirtschaften der Region wettbewerbsfähig zu halten.

Außerdem müssen die ethnischen Konflikte in Ländern wie den Philippinen, Myanmar und Thailand gelöst werden, um die Stabilität der Länder zu gewährleisten und die Attraktivität der Region als Investitionsstandort zu erhalten. Politische Stabilität, der Zustand der Demokratie sowie die Entwicklung der Menschenrechte und der Pressefreiheit sind ebenfalls aktuelle Probleme, die das Image der Region, insbesondere im Westen, verschlechtern. Die Qualität der Demokratie in Südostasien hat sich besonders in letzter Zeit deutlich verschlechtert. Ob mit einer höheren ökonomischen Entwicklung auch politische Reformen einhergehen, werden die nächsten Jahrzehnte zeigen.

Eine weitere zentrale Herausforderung ist die Positionierung der Region im Kontext der Rivalität zwischen den Vereinigten Staaten und China. China versucht, seine alte hegemoniale Position in der Region wiederherzustellen, während die USA ihre hegemoniale Position zu verteidigen versuchen.

Um die Interessen Südostasiens im Kontext geopolitischer Konflikte zu schützen, könnte die Förderung der regionalen Integration durch den Verband Südostasiatischer Nationen (ASEAN) ein Weg sein, der es den Staaten ermöglicht, ihre Interessen gemeinsam als unabhängiger Block zu vertreten, der nicht unter dem Einfluss einer Großmacht steht.

Kontrollfragen

A. Welches Lagemerkmal Südostasiens hat seine Entwicklung entscheidend geprägt?
B. Welche Rolle haben FDIs für die Entwicklung Südostasiens gespielt?
C. Welcher Umbruch in den 1980er Jahren hat das Entwicklungsstand der Staaten Südostasiens verändert?
D. Was ist die ASEAN?
E. Warum hat Kambodscha ein in regionalen vergleich niedriges Pro- Kopf Einkommen?
F. Welche entscheidende Entwicklung setzte in Südostasiens nach dem Ende des zweiten Weltkrieges ein?

2.3 Indien (Regionalentwicklung und Atommacht)

In diesem Kapitel ...
- Lernen Sie die wichtigsten Raumpotenziale und Standortfaktoren Südasiens kennen
- Erhalten Sie einen Überblick der ökonomischen und politischen Genese der Region
- Verstehen Sie die atomar aufgeladenen geopolitischen Spannungen zwischen Indien, Pakistan und China
- Erhalten Sie einen Überblick über die größten Herausforderungen der weiteren (ökonomischen) Entwicklung

Die im südlichen Teil Asiens gelegene Landmasse, welche Südasien oder auch indischer Subkontinent genannt wird, hat sich vor über 300 Millionen Jahren vom afrikanischen Kontinent entfernt und drängt derzeit auf den asiatischen Kontinent. Diese Bewegung hat zur Bildung des Himalaya Gebirges geführt, welches die Geografie und das Klima Zentralasiens maßgeblich beeinflusst hat.

Der indische Subkontinent, genauer Pakistan, grenzt im Westen and den Mittleren Osten und Zentralasien. Westlich von Pakistan liegt der Iran, nordwestlich Afghanistan und nördlich China. Das Arabische Meer im Südwesten und das Sulaiman-Gebirge im Nordwesten Rahmen den Subkontinent ein. Der Himalaya grenzt den nördlichen Teil des Subkontinents ab, wo Indien und China aufeinandertreffen. Nepal und Bhutan, zwei Binnenstaaten, liegen fast vollständig im Himalaya und sind von Indien und China umgeben. Indiens ca. 7.000 Kilometer lange Küstenlinie verläuft durch den Golf von Bengalen, die Lakkadivensee und das Arabische Meer. Im Osten grenzt Indien an Myanmar und den Golf von Bengalen. Ebenfalls im Osten Indiens liegt auch Bangladesch, das mit Ausnahme seiner Küste am Golf von Bengalen von Indien umschlossen wird. Südlich von Indien, in der Lakkadivensee, liegt der Inselstaat Sri Lanka.

Die geografischen Gegebenheiten Indiens spielten eine entscheidende Rolle bei der Gestaltung der frühen Entwicklung des Landes und beeinflussten letztlich die Entstehung der Staatlichkeit auf dem Subkontinent. In der nördlichen Region Indiens gibt es mehrere Flüsse, darunter den Ganges, Yamuna, Sarawati, Godavari, Krishna, Brahmaputra und Narmada. Diese Flüsse werden hauptsächlich aus dem Himalaya bzw. von der jährlichen Regenzeit, dem Monsun, gespeist (Blenck et al. 1977, 47–78; Rothermund 1994, 205–207).

Naturraum Südasiens (Blenck et al. 1977, 47–78)
Der südasiatische Naturraum ist geprägt durch ...
- Tropisches Klima im Südasien, subtropisches Klima im Zentral- und Nordindien und gemäßigtes Klima in nördlichen Teilen des Subkontinents
- Jährliche Regenzeiten (Monsun) mit starken Niederschlägen von Juni bis September
- Zahlreiche Flüsse sowie die Ausläufer des Himalaya Gebirges im Norden, das Dekkan-Plateau bzw. Bergland (trockenes Binnenland) im Zentrum

https://doi.org/10.1515/9783110790245-010

Das von Flüssen gespeiste Tiefland im Norden des Subkontinents war ideal die Entstehung früherer Hochkulturen, z. B. die Indus-Kultur. Entlang des Flussufers entstanden kleine Königreiche, die um die Macht konkurrierten und den Grundstein für eine politische, soziale und kulturelle Zersplitterung legten, die die Regionalentwicklung bis heute stark beeinflusst hat. Um die Entwicklung des indischen Subkontinents zu verstehen, der heute in mehrere Staaten aufgeteilt ist und von geopolitischen Spannungen zwischen drei Atommächten (Indien, Pakistan und China) und Indiens Status als aufstrebende Wirtschaftsmacht geprägt ist, muss man die Rolle der Geografie und der Geschichte berücksichtigen. Diese Faktoren haben die politische Landschaft und die Spannungen nicht nur in Indien, sondern auch in anderen Staaten des Subkontinents, insbesondere in Pakistan, maßgeblich geprägt (Rothermund 1994, 210–213).

Im Kontext der britischen Herrschaft über Indien legten Investitionen in die Infrastruktur, der Aufbau eines modernen Staates und die Entwicklung des Humankapitals den Grundstein für die beginnende Industrialisierung des Subkontinents. Andererseits gab es unter der britischen Herrschaft auch Unterdrückung, Ausbeutung und Katastrophen, wie die große indische Hungersnot von 1876–1878 und die Hungersnot in Bengalen von 1943–1944. Außerdem wurden die nach der britischen Herrschaft neu geschaffenen politischen Grenzen zu wirtschaftlichen Grenzen, was die Regionalentwicklung erschwerte. Die ethnische, religiöse und sprachliche Zersplitterung, die ihren Ursprung in den früheren Königreichen hatte, ist noch heute in den Staatsgrenzen und der föderalen Struktur Indiens sichtbar (Rothermund 1994, 210–213; Imhasly 2017, 14–27).

Britisch Indien (Rothermund 1999)

Britisch Indien bezeichnet die Zeit der britischen Kolonialherrschaft von 1858 bis 1947. Sie wurde nach den Aufständen von 1857 errichtet und dauerte bis zur Unabhängigkeit 1947. Die Britische Ostindien-Kompanie war bereits seit dem 17. Jahrhundert in Indien aktiv, doch erst ab 1857 übernahm die britische Regierung die direkte Kontrolle über die Region. Britisch Indien war durch ein komplexes Regierungssystem gekennzeichnet, in dem verschiedene Regionen und Gemeinschaften unterschiedlichen Gesetzen und Vorschriften unterlagen. Die britische Kolonialherrschaft hatte tiefgreifende Auswirkungen. Einerseits brachte es sie Region Modernisierung und Entwicklung, andererseits war sie von Ausbeutung und Unterdrückung geprägt.

Die Republik Indien steht als Vereiniger (großer Teile) des Subkontinents in einer langen Tradition von Vereinigung und Zersplitterung. Im Laufe seiner Geschichte gab es sechs Vereiniger des Subkontinents, von denen drei intern (Maurya-Reich, Gupta-Reich und Indische Republik) und drei extern (Sultanat von Delhi, Großmogul und Britisch-Indien) waren. Nach einem langen politischen Kampf kam es 1947 zur Teilung des Subkontinents in Indien und Pakistan (Rothermund 1994, 210–213; Imhasly 2017, 14–27).

Die Teilung führte zu religiösen und ethnischen Verschiebungen, die zusammen mit der Grenzziehung viele Herausforderungen für den Subkontinent mit sich brachten. Die Teilung basierte auf der von Muhammad Iqbal, dem Führer der Allindischen

Muslimliga, vorgeschlagenen Zwei-Nationen-Theorie. Diese Theorie basierte auf religiösem Nationalismus und besagte, dass die auf dem indischen Subkontinent lebenden Hindus und Muslime gesellschaftlich unterschiedliche Gruppen seien, die im Rahmen der Dekolonialisierung eigene Staaten erhalten sollten. Somit wurde die Religion zum wichtigsten Faktor für die Bestimmung der Nationalität, insbesondere für die indischen Muslime. Während sich Pakistan in den Jahrzehnten nach seiner Gründung zu einem vom politischen Islam geprägten Staat entwickelte, lehnte der indische Staat diese Ideologie ab und nahm das Konzept des religiösen Pluralismus in seine Verfassung auf. Während Pakistan spätestens nach dem Militärputsch und der sich anschließenden Militärdiktatur unter Mohammed Zia-ul-Haq und der Einführung der Scharia als Rechtsgrundlage dem religiösen Extremismus verfiel, konnte Indien dem Grundsatz der religiösen Pluralität lange treu blieben, allerdings sind in den letzten Jahrzehnten Hindunationalistische Kräfte zu einem bedeutenden Faktor in der indischen Politik geworden. So prägen religiöse Gegensätze Vergangenheit und Gegenwart der moderneren Staaten auf dem Subkontinent (Mann 2014, o.S.; Rothermund 1994, 210–213; Imhasly 2017, 14–27).

Auch die geopolitische Lage des Subkontinents wird vor religiösen Bruchlinien beeinflusst. So fand der Kaschmir-Konflikt, welcher einer der Krisenherde an der Peripherie des Subkontinents ist, seinen Ausgang in religiösen Differenzen zwischen Herrscher und Beherrschten. Er lässt sich auf den Teilungsprozess zurückführen, der zu Spannungen in den Dreiecksbeziehungen zwischen Indien, Pakistan und China beigetragen hat. Der Kaschmir-Konflikt ist nur einer von vielen Konfliktherden an der Peripherie des Subkontinents. Da Indien, Pakistan und China alle über Atomwaffen verfügen, stellen die immer wiederkehrenden Grenzstreitigkeiten im Dreieck Indien-Pakistan-China eine ernsthafte Bedrohung dar, die im Westen oft unterschätzt wird (Destradi et al. 2021, o.S.).

Dieses Kapitel gibt einen Überblick über die Faktoren, die die Regionalentwicklung Südasiens beeinflusst haben, wobei der Schwerpunkt sowohl auf den sozialgeographischen Gegebenheiten, geopolitischen Spannungen, als auch der politischen Steuerung des Entwicklungsprozesses liegen wird. Der aktuelle Stand der Entwicklung in der Region und die bestehenden Entwicklungsansätze werden untersucht, um die aktuellen und zukünftigen Herausforderungen des Subkontinents zu beleuchten und mögliche Lösungsansätze aufzuzeigen.

Im Einzelnen wird das Kapitel folgende Themen behandeln:

- Den historischen Kontext der Entwicklung Südasiens, unter besonderer Berücksichtigung der Teilung des Subkontinents am Ende der Kolonialzeit
- Die sozial- und religionsgeographischen Konfliktpotenziale
- Die Entwicklungsansätze in Südasien, einschließlich der Rolle der Wirtschaftspolitik und ausländischer Investitionen
- Die Herausforderungen, vor denen Südasien in Zukunft stehen wird, einschließlich der weltpolitischen Auswirkungen auf die Regionalentwicklung

Der Entkolonialisierungsprozess, der auf das Ende der britischen Herrschaft im Jahr 1947 folgte, führte zur Teilung des indischen Subkontinents in zwei separate Staaten, Indien und Pakistan, das aus einem West- und einem Ostteil bestand. Diese Teilung beruhte auf der Zwei-Nationen-Theorie. Die von der britischen Regierung eingesetzte Radcliffe-Kommission hatte die Aufgabe, den genauen Verlauf der Grenze zwischen den beiden Ländern festzulegen (Mann 2014, o.S.; Phillips 2023, o.S.).

Die Radcliffe-Linie verläuft vom Arabischen Meer südlich von Hyderabad und Karatschi, nördlich des indischen Bundesstaates Gujarat, wendet sich dann nach Osten, bevor sie nach Nordwesten und schließlich nach Nordosten um die indischen Bundesstaaten Rajasthan und Punjab herum verläuft. Diese Grenze ist umstritten, insbesondere in den nördlichen Regionen Jammu und Kaschmir, wo Pakistan, Indien und China jeweils Teile des Gebiets beanspruchen und besetzen. Im Osten Indiens teilt die Radcliffe-Linie Bengalen und verläuft vom Golf von Bengalen und östlich von Kalkutta in nördlicher Richtung bis zur indischen Stadt Shiliguri im Bundesstaat Westbengalen. Die Grenze verläuft dann in südöstlicher Richtung zum Golf von Bengalen westlich der Bundesstaaten Tripura und Mizoram und südlich des Bundesstaates Meghalaya (Fisher/Read 1999; Mann 2014, o.S).

Die Radcliffe-Kommission zog die Grenze unter extremem Zeitdruck, mit wenig Kenntnis der örtlichen Geografie und im Geheimen. Infolgedessen hatte die Radcliffe-Linie, wie andere von Kolonialbeamten gezogene Grenzen auch, tragische Folgen:

- Die Teilung führte zu einer Massenmigration von 14 bis 18 Millionen Menschen, hauptsächlich Hindus und Moslems.
- Hundertausende Menschen starben im Zusammenbruch mit lokal aufflammender Gewalt.
- Die Radcliffe-Linie teilte die wichtigsten Wirtschaftszentren und unterbrach die Handels- und Transportwege, was zu einem Rückgang der Wirtschaftätigkeit und des Wirtschaftswachstums beitrug. Dies führte besonders in der ehemaligen Hauptstadt von Britisch Indien, Kalkutta, welche von ihrem wirtschaftlichen Hinterland abgeschnitten wurde, und die tausenden Flüchtlinge aufnehmen musste, zu einer Verschlechterung der Lebensbedingungen.
- Die Aufteilung bzw. die gemeinsame Nutzung natürlicher Ressourcen induziert bis heute politische Spannungen.
- Der komplexe Grenzverlauf, vor allem zwischen Indien und (vormals) Ostpakistan schnitt tausende Menschen in Enklaven vom Zugang zu staatlichen Dienstleistungen ab.
- Die maßgeblichen geopolitischen Konflikte und ethnischen Spannungen der Region gehen auf die Radcliffe-Linie zurück.

Die Teilung des indischen Subkontinents hatte erhebliche Auswirkungen auf die Wirtschaft in der Region. Die Grenzziehung bevorteilte Indien. Dieses verfügte über einen Großteil der landwirtschaftlichen Nutzflächen, kontrolliert die Mehrheit der natürlichen Ressourcen und erbte große Teile der unter britischer Herrschaft aufgebauten

Transport- und Kommunikationssysteme. Pakistan wurde dahingegen in zwei auf dem Landweg nicht miteinander verbundene Teile, Westpakistan und Ostpakistan (heute Bangladesch) geteilt, was mit erheblichen wirtschaftlichen Herausforderungen verbunden war.

In den 1950er Jahren war das Wirtschaftswachstum in Indien wie in Pakistan unregelmäßig und verbesserte die Lebensbedingungen der Bevölkerung nicht sichtbar. Am Anfang wie am Ende der Dekade lag das BIP pro Kopf ca. auf dem gleichen Niveau. Die Volkswirtschaften beider Länder waren durch große Armut, Ungleichheit und Unterentwicklung gekennzeichnet. Die indische Regierung setzte nach der Unabhängigkeit eine Reihe von Strategien ein, um das Land wirtschaftlich zu entwickeln (Blenck 1977, 164–239; Rothermund 1994, 214–232):

- Importsubstitution
- Geplante wirtschaftliche Entwicklung durch politisch festgelegte Ziele für das industrielle und landwirtschaftliche Wachstum. Lenkung von Investitionen, Regulierung von Preisen und der Kontrolle des Handels
- Einführung ertragreicher Pflanzenarten, Einsatz von chemischen Düngemitteln und Pestiziden sowie die Ausweitung der Bewässerung zwecks Steigerung der landwirtschaftlichen Produktion (Grüne-Revolution)
- Hohe Investitionen in den öffentlichen Sektor, einschließlich Infrastruktur, Bildung, Gesundheitswesen und Gründung von Staatsunternehmen in Schlüsselindustrien

Trotz wirtschaftspolitischer Bemühungen blieb die Wachstumsrate in Indien zu niedrig, um zur entwickelten Welt aufzuschließen. Dieser Trend sollte bis in die frühen 1990er Jahre andauern und wird als „Hinduistische Wachstumsrate" bezeichnet, was das geringe Wirtschaftswachstum auf den Hinduismus zurückführt. Es ist allerdings plausibler, die geringen Wachstumsraten auf den der Wirtschaftspolitik jener Jahre intrinsischen Dirigismus zurückzuführen (India Today News Desk 2023, o.S.).

Dirigismus (Bundeszentrale für politische Bildung 2016, o.S.)
Dirigismus beschreibt die zentrale Lenkung der Volkswirtschaft durch den Staat. Dies geschieht durch die Implementation einer Zentralverwaltungswirtschaft.

Von 1947 bis 1990 unterlag die indische Wirtschaft überwiegend einem System, das als „Licence Raj" bekannt ist. Dieses System zeichnete sich durch eine komplizierte Reihe von Vorschriften, Lizenzen und eine von der Regierung kontrollierte Bürokratie aus, die sich auf die gesamte Wirtschaftsleben Indiens auswirkte. Der Staat kontrollierte in erheblichem Maße alle wirtschaftlichen Aktivitäten im Land, wobei zahlreiche Behörden eine Genehmigung einholen mussten, bevor Unternehmen mit der Produktion beginnen konnten. Für Einfuhren waren Lizenzen erforderlich und es fielen hohe Zölle an. Die Korruption war weit verbreitet und das Land war mehrfach vom Staatsbankrott bedroht (Blenck 1977, 164–239; Rothermund 1994, 214–232).

Trotz der langsamen Entwicklung hatte Indien in diesen vier Jahrzehnten der Unabhängigkeit bedeutende Entwicklungsfortschritte gemacht. Diese Fortschritte legten den Grundstein für künftige Erfolge in den 1990er Jahren und darüber hinaus.

Eckdaten Südasien 1990
Indien im Vergleich mit Pakistan und Bangladesch 1990:
- BIP pro Kopf in USD: Indien 369, Pakistan 348, Bangladesch 295
- Anteil des sekundären Sektors am BIP: Indien 27,5%, Pakistan 22,3%, Bangladesch 20,1%

In Indien setzte sich der unter britischer Herrschaft begonnenen Prozess der Industrialisierung Mitte des zwanzigsten Jahrhunderts fort, aber da diese Bemühungen staatlich gelenkt waren, kam es zu erheblichen Ineffizienzen. Pakistan erlebte in diesem Zeitraum eine ähnliche Industrialisierung, wobei es Bangladesch gelang, den Anteil des sekundären Sektors am BIP um mehr als dreizehn Prozent zu erhöhen, was trotz schlechterer Ausgangsposition auf einen schnelleren Fortschritt hinweist. Ausländische Direktinvestitionen spielten bei der Industrialisierung Indiens nur eine minimale Rolle, da die indische Wirtschafts- und Außenhandelspolitik ihnen gegenüber oft feindselig war.

Nachdem Indien 1947 die Unabhängigkeit von der britischen Kolonialherrschaft erlangt hatte, etablierte es sich unter der Führung von Jawaharlal Nehru als demokratische Republik. Nehru, ein Mitglied des Indischen Nationalkongresses (NIC), wurde 1950 Indiens erster Premierminister und unter seiner Führung wurde die indische Verfassung verabschiedet. Nehrus Vision für Indien sah eine sozialistische, säkulare und demokratische Republik vor. Er betonte die wirtschaftliche und soziale Entwicklung durch einen sozialistischen Ansatz und seine Führung war entscheidend für den Aufbau und die Stärkung demokratischer Institutionen. Nach seinem Tod im Jahr 1964 trat seine Tochter Indira Gandhi die Nachfolge als Premierministerin an. Unter ihrer Führung vollzog sich ein Wandel hin zu einem eher zentralistischen und autokratischen Regierungsansatz. Indira Gandhis Regierung initiierte mehrere Verfassungsänderungen, die die Qualität der indischen Demokratie erheblich einschränkten, was zu Massenprotesten und der Verhängung des Ausnahmezustands im Jahr 1975 führte. In dieser Zeit regierte sie per Dekret und unter Umgehung des Parlaments, was zu ausländischer Kritik führte. Der Indische Nationalkongress verlor die Parlamentswahlen 1977 gegen die oppositionelle Janata-Partei, aber Indira Gandhi kehrte 1980 an die Macht zurück und setzte ihre sozialistische Wirtschaftspolitik fort. Ihre Amtszeit war jedoch von politischen Skandalen und wirtschaftlichen Turbulenzen geprägt. Sie wurde 1984 ermordet. Ihr Sohn, Rajiv Gandhi, folgte ihr als Premierminister, doch auch seine Amtszeit war von wirtschaftlichen und politischen Problemen geprägt, so dass er 1991 abgewählt wurde (Rothermund 1998, 86–107; Rothermund 1994, 238–243).

Die ersten Jahre der indischen Demokratie waren von großen Herausforderungen geprägt, darunter drei indisch-pakistanische Kriege und ein Grenzkrieg mit China. Unmittelbar nach der Unabhängigkeit 1947 wurden Streitigkeiten zwischen Indien und Pakistan durch eine Reihe von Faktoren ausgelöst. Der Auslöser des ersten Indisch-pakistanischen Krieges war ein Streit um die Region Kaschmir, die von beiden Ländern beansprucht wurde. Pakistan marschierte in Kaschmir ein, woraufhin Indien Truppen zur Verteidigung des Gebiets entsandte. Der Krieg dauerte mehrere Monate und endete mit einem Waffenstillstand im Januar 1949. Die Waffenstillstandslinie wurde zur De-facto-Grenze zwischen Indien und Pakistan, und der Streit um Kaschmir ist bis heute ungelöst (Rothermund 1998, 86–107; Rothermund 1994, 238–243).

Auslöser des Kaschmirkonfliktes (Schofield 2000)

Das Fürstentum Jammu und Kaschmir mit einer überwiegend muslimischen Bevölkerung hatte einen hinduistischen Herrscher, Maharaja Hari Singh. Singh wollte unabhängig bleiben, schloss sich aber schließlich im Oktober 1947 Indien an. Pakistan erhob Einspruch gegen den Beitritt und argumentierte gemäß der Zwei-Nationen-Theorie, dass der mehrheitlich muslimische Staat Pakistan hätte beitreten sollen.

Bereits 1962 wurde Indien erneut in einen Krieg verwickelt. Indien und China führten einen Grenzkrieg um ihre umstrittene Grenze im Himalaya. Der Krieg dauerte mehrere Wochen und endete mit einem entscheidenden chinesischen Sieg. Der Krieg hatte erhebliche Auswirkungen auf die indische Außenpolitik und veranlasste das Land, engere Beziehungen zur Sowjetunion als Gegengewicht zu China zu suchen. Nur drei Jahre später kam es 1965 zum zweiten indisch-pakistanische Krieg, wiederum wegen des umstrittenen Gebiets von Kaschmir. Pakistan startete einen Überraschungsangriff auf indische Stellungen und der Konflikt eskalierte schnell. Der Krieg dauerte mehrere Wochen und endete mit einem Waffenstillstand, wobei beide Seiten den Sieg für sich beanspruchten (Schofield 2000).

Ursachen des dritten indisch-pakistanischen Krieges (Schofield 2000, 1–26; Blenck et al. 1977, 240–249)

Muhammad Ali Jinnah, der Gründer Pakistans, wollte ein separates muslimisches Heimatland schaffen, das schließlich zu Pakistan wurde. Jinnahs Idee, eine nationale Identität für Pakistan zu schaffen, basierte jedoch ausschließlich auf der Religion und ignorierte die verschiedenen ethnischen und sprachlichen Identitäten der Menschen in Pakistan. Dies führte zur Unterdrückung der bengalischen Sprache und Kultur in Ostpakistan (dem heutigen Bangladesch) durch die herrschende westpakistanische Elite. 1971 forderte die bengalische Nationalbewegung in Ostpakistan unter der Führung von Sheikh Mujibur Rahman eine größere Autonomie und die Anerkennung der bengalischen Sprache und Kultur. Die westpakistanische Regierung weigerte sich jedoch, diese Forderungen zu erfüllen, und leitete stattdessen ein brutales militärisches Vorgehen ein (Genozid).

Der dritte indisch-pakistanische Krieg fand 1971 im Zusammenhang mit dem Befreiungskrieg von Bangladesch statt. Bangladesch war damals Teil Pakistans, aber in dem Land gab es eine wachsende Unabhängigkeitsbewegung. Indien unterstützte die Unabhängigkeitsbewegung und startete eine Militärintervention zur Unterstützung der bengalischen Rebellen. Pakistan reagierte daraufhin mit einer umfassenden Invasion Indiens. Der Krieg dauerte mehrere Wochen und endete mit einem entscheidenden indischen Sieg. Bangladesch wurde ein unabhängiges Land.

Die Konflikte zwischen Indien und Pakistan hatten erhebliche Auswirkungen auf die indische Außenpolitik, insbesondere während des Kalten Krieges. Indiens Streitigkeiten mit Pakistan führten dazu, dass das Land engere Beziehungen zur Sowjetunion anstrebte, um ein Gegengewicht zu Pakistans engen Beziehungen zu China und den USA zu schaffen. Trotzdem betonte die indische Außenpolitik fortlaufend die Blockfreiheit des Landes (Raghavan 2013).

> **Blockfreiheit**
> Blockfreiheit beschreibt, dass sich ein Land während des Kalten Krieges weder dem Westblock (USA) noch dem Ostblock (UdSSR) angeschlossen hat. Diese Länder verfolgten eine Politik der Neutralität und Unabhängigkeit, um ihre Souveränität zu wahren.

Die Entwicklung von Atomwaffen durch Indien und Pakistan ist im Kontext der Rivalität der beiden Staaten bzw. im Dreiecksverhältnis mit China zu sehen. Indien führte 1974 seinen ersten Atomtest mit dem Codenamen „Smiling Buddha" durch. Die Entwicklung des indischen Atomprogramms wurde in erster Linie durch die wahrgenommene Sicherheitsbedrohung durch China (das bereits seit 1964 über Atomwaffen verfügte) und Pakistan vorangetrieben. Das pakistanische Atomprogramm wurde als Reaktion auf den indischen Atomtest von 1974 initiiert. Das pakistanische Atomprogramm hatte das Ziel, bereits 1976 einsatzfähige Waffen vorzustellen, dies glückte jedoch erst 1998 unter mutmaßlicher Unterstützung Nordkoreas und Chinas. Indien hat sein Atomprogramm weitgehend selbst entwickelt (Markey 2023, o.S.; Bashir 2022).

Mitte der 1980er Jahre befand sich Indien in einer Krise, die schwerwiegende politische und wirtschaftliche Folgen hatte. Die Situation wurde durch ein wachsendes Haushaltsdefizit verschärft, das auf erhöhte Staatsausgaben für Subventionen und geringere Staatseinnahmen zurückzuführen war. Dies führte zu einer Inflationsspirale, einer erhöhten Staatsverschuldung und einem Abzug von ausländischem Kapital, was zu einem Devisenmangel führte. Infolgedessen verschlechterte sich die Kreditwürdigkeit Indiens und die Zinssätze stiegen. Im Kontext des ersten Golfkrieges verschlechterte die Handelsbilanz zusätzlich durch den Anstieg der Ölpreise.

Die Krise war nur der Gipfel einer jahrelangen problematischen Entwicklung mit hoher Inflation und geringen Wachstumsraten. 1991 trat eine neue Regierung an, die grundlegende Änderungen in der Wirtschaftspolitik durchführte. Der Finanzminister und spätere Premierminister Manmohan Singh spielte dabei eine wichtige Rolle. Die indische Regierung gab ihre frühere Politik des Dirigismus auf und wandte sich stärker dem Markt zu. Das Land führte Reformen durch, die darauf abzielten, die Wirtschaft zu liberalisieren und ausländische Investoren anzulocken. Im Rahmen dieser Politik senkte die Regierung die Einfuhrzölle, schaffte das Lizenzsystem für die Industrie ab und liberalisierte den Wechselkurs der Rupie (marktbestimmter Wechselkurs/Floating). Diese Änderungen führten zu einem deutlichen Anstieg der ausländi-

schen Direktinvestitionen und des Wirtschaftswachstums. Die Reformen waren jedoch mit erheblichen sozialen Kosten verbunden. Nach den Reformen begann Mitte
der 1990er Jahre der wirtschaftliche Aufschwung Indiens. Dies steht in engem Zusammenhang mit den Entwicklungen in der Informations- und Kommunikationstechnolo-
gie zu dieser Zeit (Imhasly 2017, 117–132, Panagariya 2004).

Tabelle 6: Entwicklung der Struktur des indischen BIP

Anteil am BIP in Prozent	Primärer Sektor	Sekundärer Sektor	Tertiärer Sektor
1960	41,7%	20,8%	35,8%
1980	34,4%	25,3%	33,8%
2000	21,6%	27,3%	42,7%
2020	18,2%	24,5%	48,4%

Eine Analyse der Struktur der Wertschöpfung in Indien zeigt, dass die indische Wirtschaft im Verhältnis zu ihrem Entwicklungsstand einen deutlich erhöhten Anteil an
Dienstleistungen aufweist, als dies die Drei-Sektoren-Hypothese vermuten lässt. Dieser
Trend hat sich im Laufe der wirtschaftlichen Entwicklung fortgesetzt und deutet auf ein
überproportionales Wachstum des tertiären Sektors hin. Dieses Wachstum kann in erheblichem Ausmaß auf die die Auslagerung von Dienstleistungen der Informationstechnologie (IT) zurückgeführt werden, die zu einem immer wichtigeren Aspekt der indischen Wirtschaft geworden ist. Die Bedeutung Indiens als Standort für Callcenter wurde
2008 durch den Film Slumdog Millionaire hervorgehoben. Der Film lenkte die Aufmerksamkeit auf die Auswirkungen der Globalisierung auf die indische Wirtschaft sowie auf
die sozialen Herausforderungen und Chancen, die mit Outsourcing und dem Wachstum
des Dienstleistungssektors verbunden sind (Imhasly 2017, 117–132, Panagariya 2004).

Ein entscheidender Standortfaktor für die Ansiedelung von Callcentern in Indien
waren die guten Englischkenntnisse der Bevölkerung, welche auf die britische Kolonialherrschaft zurückgeführt werden können. Dieser sprachliche Vorteil hat Indien zu
einem attraktiven Standort für Callcenter gemacht, die englischsprachige Märkte bedienen. Seit den 1990er Jahren haben große Unternehmen aus den Vereinigten Staaten und dem Vereinigten Königreich damit begonnen, ihren Kundenservice nach Indien auszulagern. Zusätzlich zu den Call-Center-Diensten hat sich Indien zu einem
begehrten Ziel für Software-Lebenszyklusdienste, einschließlich Programmierung
und Wartung, entwickelt. Dies wurde durch Indiens Kombination aus niedrigen Arbeitskosten und vergleichsweise guter Humankapitalausstattung begünstigt, was das
Land zu einer attraktiven Wahl für internationale Investoren macht. Diese von ausländischen Direktinvestitionen getriebene Entwicklung steht im Gegensatz zu der

eher ablehnenden Wirtschaftspolitik gegenüber ausländischen Direktinvestitionen bis in die 1990er Jahre. Die FDI-Zuflüsse sind zwischen 1990 und 2020 um mehrere hundert Prozent gestiegen. Die Investitionen kamen hauptsächlich (2021/2022) aus Singapur (27,1%), den USA (17,94%), Mauritius (15,98%), den Niederlanden (7,86%) und der Schweiz (7,31%) (The World Bank, 2023 d).

Die von den Dienstleistungen getriebene wirtschaftliche Entwicklung hat einige erhebliche Nachteile mit sich gebracht. Erstens kann eine große Zahl der nach Indien ausgelagerten Dienstleistungen im tertiären Sektor verortet werden, aber sie sind nicht so (human)kapitalintensiv wie andere Branchen des tertiären Sektors. Darüber hinaus fehlt es Indien an der notwendigen industriellen Infrastruktur für die Umstellung auf kapitalintensivere Industrien, die in Zukunft höherwertige unternehmensbezogene Dienstleistungen ermöglichen würden. Das Wachstum der Beschäftigungsmöglichkeiten in diesem Sektor bleibt hinter dem Wachstum der Wertschöpfung zurück, was auf die strukturelle Zusammensetzung der Wertschöpfung zurückzuführen ist (Ministry of Commerce and Industry 2022, o.S.; Imhasly 2017, 117–132; Panagariya 2004).

Um dieses Problem anzugehen, hat die indische Regierung die Initiative „Make in India" ins Leben gerufen, die Unternehmen dazu ermutigen soll, Produkte in Indien zu entwickeln und zu fertigen. Es werden gezielt Anreize für Investitionen in das verarbeitende Gewerbe geschaffen. Das Ziel dieser Initiative ist es, den Anteil des sekundären Sektors an der Wertschöpfung zu erhöhen (Department for Promotion of Industry and International Trade 2023, o.S.).

Im Zuge der ökonomischen Entwicklung hat Indien ab den 1990er Jahren bedeutende soziale Entwicklungen durchlaufen. Dazu gehört eine Vergrößerung der Mittelschicht, der verbesserte Zugang zu Bildung und steigende Konsumausgaben, vor allem für Produkte wie Autos, Elektronik und Luxusgüter. Darüber hinaus sind Fortschritte bei der Armutsbekämpfung und der Verbesserung der Gesundheitsversorgung zu verzeichnen. Es wurden erhebliche Bemühungen zur Verbesserung des Zugangs zu Gesundheitsversorgung und zu Sozialleistungen, insbesondere für benachteiligte Gruppen wie Frauen und Kinder, unternommen. Diese Bemühungen haben dazu beigetragen, das Auftreten von Krankheiten wie Malaria und Tuberkulose zu verringern und die Kindersterblichkeitsrate zu senken. Der Human Development Index ist von 0,434 (1990) auf 0,663 (2021) angestiegen (United Nations Development Programm 2022, o.S.).

Dennoch steht Indien im Bereich der sozialen Entwicklung noch vor großen Herausforderungen. Dazu gehören große ökonomische und soziale Disparitäten zwischen Stadt und Land sowie zwischen den verschiedenen ethnischen und religiösen Gruppen des Landes. Diese induzieren immer wieder politische Spannungen.

Eine der größten politischen Herausforderungen der indischen Republik ist der Ausgleich zwischen den verschiedenen ethnischen und religiösen Gruppen des Landes. Eine weitere Besonderheit bildet die soziale Gliederung des indischen Kastensystems unter den indischen Hindus (Imhasly 2017, 28–86).

Religiöse Gruppen und Kasten in Indien (Imhasly 2017, 58–72)
Das indische Kastensystem ist eine hierarchische Sozialstruktur, die die Menschen aufgrund ihrer Geburt in verschiedene Gruppen einteilt. Die Kaste wird traditionell durch den Beruf bestimmt und wird von den Eltern vererbt.

In Indien wird die soziale Hierarchie traditionell durch die Kaste definiert, die den sozialen Status einer Person bestimmt und in der Vergangenheit einen signifikanten Einfluss auf das Wahlverhalten der Inder hatten. Politische Bruchlinien verliefen oft an den Kastengrenzen. Um der historischen Ungleichheit entgegenzuwirken, hat Indien ein Quotensystem eingeführt, das Mitgliedern niedrigerer Kasten unter anderem den Zugang zu Positionen im öffentlichen Dienst ermöglicht. In den letzten Jahren ist jedoch ein Wandel im Wahlverhalten zu beobachten, der religiöse Diversität als Fundament der Republik in Frage stellt. Seit er 2014 Premierminister wurde, verfolgt Narendra Modi von der rechtskonservativen Bharatiya Janata Party (BJP) eine hindu-nationalistische Agenda, die den Hinduismus mit einer politischen Ideologie verbindet. Unter Modis Führung ist die BJP-Regierung zunehmend autoritär und antidemokratisch geworden, mit einer Politik, die Muslime ausschließt und die Religionszugehörigkeit als Wahlfaktor betont. Dies hat zur Bildung einer kastenübergreifenden Allianz geführt (Imhasly 2017, 28–86).

Außenpolitisch bemüht sich die Regierung Modi, Indien als regionale Macht in Asien zu etablieren. Dies hat zu verstärkten Spannungen mit den Nachbarländern Pakistan und China geführt, wobei Indien engere Beziehungen zu den Vereinigten Staaten und Japan anstrebt, um ein Gegengewicht zu der chinesisch-pakistanischen Allianz zu schaffen. Noch ist Indien der Volksrepublik China sowohl ökonomisch als auch militärisch unterlegen. Allerdings beginnt sich das Kräfteverhältnis, teilweise getrieben von demographischen Faktoren, zu verändern.

In diesem dynamischen Umfeld sind die immer wieder auftretenden Konflikte zwischen Indien und China zu sehen, wie z. B. der chinesischen Grenzverletzung 2013 und den militärischen Zusammenstößen im Jahr 2020.

Der indische Subkontinent hat seit dem Ende der Kolonialherrschaft und der anschließenden Grenzziehung in den späten 1940er Jahren erhebliche Veränderungen durchlaufen. Vor allem Indien hat seit der Liberalisierung seiner Wirtschaftspolitik und der Öffnung für ausländische Investitionen in den 1990er Jahren einen ökonomischen take-off erlebt. Dieses Wirtschaftswachstum hat die negativen ökonomischen Nachwirkungen des Kolonialismus auf die Region verringert, auch wenn aus ihm resultierenden politische Konflikte weiterhin eine große Herausforderung darstellen.

Die wirtschaftliche Entwicklung Indiens wurde durch die Teilung des einst homogenen Wirtschaftsraums nicht nachhaltig behindert. Heute ist Indien ein gefragter Standort für IT-Dienstleistungen und das Land hat sich zum Ziel gesetzt, seine Industrialisierung fortzusetzen und seinen Anteil an der globalen Wertschöpfung in Zukunft zu erhöhen.

Trotz der Fortschritte gibt es weiterhin politische Konflikte. Der indisch-pakistanische Konflikt, der seine Wurzeln in der Teilung des Subkontinents hat, ist nach wie vor eine Quelle von Spannungen. Die Einmischung Chinas hat die Situation weiter verkompliziert, und der Kaschmirkonflikt bleibt ungelöst. Im Gegensatz zu Indien hat Pakistan, das um die Schaffung einer nationalen Identität gerungen hat, weniger Erfolge verzeichnen können. So ist der ehemalige Ostteil des Landes heute mit Bangladesch ein unabhängiger Staat.

Indiens politische Macht hat sich in den letzten Jahrzehnten vergrößert, aber signifikante Herausforderungen bleiben bestehen. Das Erstarken des Hindu-Nationalismus hat das Potenzial, Indiens Demokratie zu schwächen und ethnische und religiöse Spannungen weiter zu verschärfen. Darüber hinaus könnte Indiens Streben nach einer eigenen Einflusssphäre und seine Blockfreiheit zu einem eigenen, von den Vereinigten Staaten unabhängigen indischen Weg führen. Dies könnte die Situation im benachbarten Südostasien, wo China und die USA um Einfluss buhlen, verkomplizieren.

Die Zukunft Indiens ist ungewiss, aber wenn das Wirtschaftswachstum anhält und die demokratischen Traditionen aufrechterhalten werden, hat Indien das Potenzial, im 21. Jahrhundert zu einem wichtigen globalen Akteur zu werden, sowohl in wirtschaftlicher als auch in politischer Hinsicht.

Die Republik Indien und der gesamte indische Subkontinent haben in den letzten 30 Jahren erhebliche Fortschritte gemacht, stehen aber immer noch vor großen Herausforderungen, die eine weitere Entwicklung behindern könnten. Indiens wirtschaftliche Entwicklungsstrategie, die sich in erster Linie auf die Entwicklung von IT-Dienstleistungen konzentriert hat, wird in den nächsten Jahrzehnten an ihre Grenzen stoßen. Wenn Indien das Einkommensniveau und den Lebensstandard der Bevölkerung auf das Niveau der Industrieländer bringen will, muss es den Anteil des sekundären Sektors am BIP erhöhen. Dies erfordert eine Aufwertung der Industrie, vorzugsweise durch Ansiedelung kapital- oder humankapitalintensiver Brachen. Dies wird nicht nur genügend Arbeitsplätze für die wachsende Bevölkerung schaffen, sondern auch genügend Steuereinnahmen zur Verbesserung der staatlichen Dienstleistungen generieren. Dafür müssen allerdings die notwendigen Standortvoraussetzungen geschaffen werden. Am wichtigsten ist es, das Potenzial der großen Bevölkerung durch Bildung zu einem Standortfaktor zu machen.

Die „Make in India" Initiative der indischen Regierung, ist ein Schritt in die richtige Richtung, steht aber vor Herausforderungen. Die Attraktivität Indiens als Wirtschaftsstandort könnte durch innen- und außenpolitische Probleme gefährdet werden. Die Innenpolitik der Regierung Modi, insbesondere ihre Religionspolitik, hat das Potenzial, religiöse und ethnische Konflikte zu verschärfen. Dies könnte zu Instabilität in einigen Teilen des Landes führen und das Image Indiens in der Welt verschlechtern, wenn der Staat repressive Maßnahmen ergreift. Darüber hinaus könnten innenpolitische Konflikte zu außenpolitischen Herausforderungen führen, z. B. zu einer weiteren Intensivierung bzw. einer akuten Eskalation des Konflikts mit Pakistan und China. Die Bemühungen Chinas, seinen Einfluss im Indischen Ozean auszuweiten, einschließlich Investitionen in Pakistan und Sri Lanka, stellen Indien vor weitere Herausforderungen. Die Fähigkeit Indiens, seinen Einfluss im eigenen Hinterhof aufrechtzuerhalten und seine politischen und wirtschaftlichen Interessen zu schützen, ist die entscheidende Frage der Zukunft.

Kontrollfragen

A. Wie hat sich das Ende der Kolonialzeit auf die Regionalentwicklung in Südasien ausgewirkt?

B. Welche Rolle haben FDIs für die Entwicklung Indiens gespielt?

C. Welcher Umbruch in den 1990er Jahren hat den ökonomischen take-off Indiens begünstigt?

D. Welche Ursachen hat der Kaschmir-Konflikt?

E. Welche Branchen haben die ökonomische Entwicklung Indiens seit den 1990er Jahren maßgeblich getragen?

2.4 Die EU (Europa als global player?)

In diesem Kapitel ...
- Lernen Sie die wichtigsten Raumpotenziale und Standortfaktoren der Europäischen Union kennen
- Erhalten Sie einen Überblick der ökonomischen und politischen Genese der Union
- Verstehen die Probleme der regionalen Integration
- Erhalten anhand der europäischen Außen- und Sicherheitspolitiken einen Ausblick auf die größten strukturellen Herausforderungen

Der europäische Kontinent nimmt im Kontext des im Westen dominierenden Anglo-Europäischen Gesichtsverständnisses eine zentrale historische Rolle ein. Trotz seiner Bedeutung auf der Weltbühne ist festzuhalten, dass Europa nach Australien der zweitkleinste Kontinent ist, was seine Landmasse angeht. Die nördliche Grenze Europas ist die skandinavische Halbinsel und das europäische Nordmeer. Die nordwestliche Grenze Europas wird durch den Inselstaat Island gebildet, der zwischen dem europäischen Nordmeer und dem Nordatlantik liegt. Im Westen bildet der Atlantische Ozean eine natürliche Grenze, an der Irland, das Vereinigten Königreich, Frankreich, Spanien und Portugal liegen. Die südliche Grenze Europas wird durch das Mittelmeer und seine Anrainerstaaten gebildet. Die Festlegung der Ostgrenze Europas ist jedoch eine komplexe Aufgabe (Sperling/Karger 1989, 13–55; Statista Research Department 2022, o.S.).

Es gibt verschiedene Interpretationen des Grenzverlaufs, und die genaue Lage der Grenze ist immer noch Gegenstand von Diskussionen unter Geographen. Eine der gängigsten Interpretationen der Grenze zwischen Europa und Asien ist der Verlauf des Uralgebirges, das sich in Nord-Süd-Richtung über eine Länge von etwa 2.500 Kilometern vom Arktischen Ozean bis zum Fluss Ural, der in das Kaspische Meer mündet, erstreckt (Finlayson 2019, o.S.). Für seine kleine Größe beherbergt Europa mit 44 Staaten und 740 Millionen Einwohnern (ohne Türkei und Kasachstan, aber mit Russland) eine große sozialgeographische Vielfalt (Deutsche Stiftung Weltbevölkerung 2019, 10–11). Üblicherweise wird Europa in vier Regionen unterteilt: Westeuropa, Osteuropa, Nordeuropa und Südeuropa. Diese Regionen werden durch ihre Geografie, ihr Klima und ihre Kultur definiert, wobei auch hier die Definition strittig ist. Teilweise sind auch weitere Bezeichnung wie Zentraleuropa oder Südwesteuropa gebräuchlich.

Naturraum Europas (Sperling/Karger 1989, 13–55/ Statista Research Department 2022, o.S.)
Der europäische Naturraum ist geprägt durch ...
- Weitgehend warmgemäßigtes Klima mit Ausnahme der kalten Klimazonen im Norden, vor allem auf der skandinavischen Halbinsel
- Das nordeuropäische Tiefland im Norden, die Pyrenäen, die Alpen und die Karpaten im Süden sowie die großen Flüsse Rhein und Donau

https://doi.org/10.1515/9783110790245-011

Europa beheimatet eine große dichte kultureller Vielfalt, die sich bspw. in verschiedenen Sprach- und Religionsräume gliedern lässt. Grob lassen sich drei europäische Sprachfamilien unterscheiden. In Westen und Südwesten, genauer in Frankreich, Spanien, Portugal, Italien aber auch Rumänien werden romanische Sprachen gesprochen, welche sich aus dem lateinischen entwickelt haben. So kann am Verlauf der Sprachgrenzen noch heute das römische Reich nachvollzogen werden. Im Zentral- und Nordeuropa, genauer in Deutschland, der Schweiz, Österreich, Großbritannien und den nordischen Staaten werden germanische Sprachen gesprochen. Im Osten und Südosten Europas werden hingegen weitgehend slawische Sprachen gesprochen. Anhand dieser Sprachfamilien lassen sich auch grob drei Kulturräume (Romanisch, Germanisch, Slawisch) unterscheiden (Sperling/Karger 1989, 86–89).

Eine weitere wichtige sozialgeographische Kategorie, die zur kulturräumlichen Gliederung Europas beitragen kann, sind die unterschiedlichen auf dem Kontinent vorfindbaren Religionen. Insgesamt dominieren die verschiedenen Spielarten des Christentums Europa. Während im Westen bzw. in den westlichen Teilen des Südes und im Nordosten der Katholizismus dominiert haben sich im Zentrum und im Norden verschiedene Ausprägungen des Protestantismus (Lutheraner, Calvinismus etc.) verbreitet. Der südlichere Osten und der Südosten sind orthodox geprägt. Eine wichtige Ausnahme bildet hier die signifikante muslimische Population auf dem Balkan, welche auf die Besetzung der Region durch das Osmanische Reiche zurückgeht (Sperling/Karger 1989, 86–89; Haarmann 2011, o.S.).

Eine Art, auf welche die religiösen Bruchlinien den Kontinent geprägt haben, ist bspw. die Tatsache, dass protestantisch geprägte Gebiete sich im Schnitt früher industrialisiert haben als katholisch geprägte Gebiete. Die genaue Ursache dafür ist schwer bestimmbar. Angeführt werden aus der Reformation resultierende divergierende Werte (Protestantische Ethik). Auch durch Religiöse Vertreibungen ausgelöste Migrationsbewegungen (Hugenotten) könnten eine Rolle gespielt haben. Die religiösen Bruchlinien haben, vor allem ab Beginn der Reformation ab dem frühen 16. Jahrhundert, zunehmend politische Spannungen induziert (Bauernaufstände, dreißigjähriger Krieg etc.), wobei die Religion häufig nur als Deckmantel zur Verschleierung geopolitischer Ambitionen bzw. von Machtpolitik diente. Heute ist Europa neben einem kulturellen und geographischen Begriff vor allem ein politischer Terminus (European Commission 2019, 493; Cohen 2002).

Europa als Idee (Boer 2009, 395–401)
Europa als politische Idee und Identität bezieht sich auf das Konzept eines geeinten europäischen Kontinents, der auf gemeinsamen Werten, einer gemeinsamen Geschichte und der gegenseitigen Zusammenarbeit seiner Mitgliedsstaaten beruht. Diese Idee manifestiert sich in der europäischen Union und ihren Institutionen, sowie in der Bedeutung von Demokratie, Menschenrechten, sozialer Wohlfahrt und wirtschaftlichem Wohlstand als wesentliche Bestandteile eines friedlichen und stabilen Europas. Dabei bietet Sie im Rahmen einer europäischen Identität ein Zugehörigkeitsgefühl und eine gemeinsame Kultur unter den Europäern.

Unter Europa wird oft assoziativ die Europäische Union als Verbund unabhängiger Staaten verstanden. Die EU mit ihren 27 Mitgliedstaaten und ihre zahlreichen Abkommen decken heute weite Teile des Kontinents ab. Viele Politikbereiche sind integriert, das heißt sie werden zu einem gewissen Grad auf einer europäischen Ebene koordiniert. Durch politische Programme auf europäische Ebene (z. B. Strukturpolitik) konvergieren die Verhältnisse (Lebensstandard, Qualität staatlicher Dienstleistungen etc.) in den Staaten der Union tendenziell (Lynch 2010, o.S.; Widuto 2019, 1–8).

Doch die Europäische Union sieht sich zunehmend von Problemen bedroht, welche auch die erreichte regionale Integration bedrohen und Divergenzen innerhalb Europas offenbaren. Die Wirtschafts- und Finanzkrise in den späten 2000er Jahren löste vor allem in Südeuropa eine Schuldenkrise aus. Dies führte zu erheblichen Problemen in dem Kontext mit der Gemeinsamen Währung vieler Europäischer Staaten, dem Euro. In Kontext der Bewältigung der Schuldenkrise traten innereuropäische Spannungen, vor allem zwischen dem ärmeren Süden und dem reicheren Norden des Kontinents hervor (Collignon 2012).

Erheblich Bruchlinien in Europa wurden bspw. Im Kontext der Flüchtlingskrise ab 2015 offenbar. In der EU rang man um einen gemeinsamen Ansatz zur Bewältigung der Krise, wobei die südlichen Staaten und Deutschland für eine Verteilung von Geflüchteten in Europa eintraten, während vor allem die Staaten des Ostens keine Bereitschaft signalisierten, signifikante Kontingente aufzunehmen. Die Krise prägt nach wie vor die europäische Politik und ist nicht abschließend gelöst. Vielmehr haben die Staaten Ost- und Südosteuropas ihre Grenzen weitgehend geschlossen und so die Fluchtrouten nach Europa abgeschnitten (Zanfrini 2023, o.S.).

Dieses Kapitel gibt einen Überblick über die Faktoren, welche die politische und ökonomische Integration Europas seit dem zweiten Weltkrieg geprägt haben. Dabei soll das Spannungsverhältnis zwischen den aus der Ausgangssituation der regionalen Integration gegebene Charakteristika der Europäischen Union und der Frage wie und in welchem Umfang sich die EU als globale Player betätigt bzw. betätigen soll, im Zentrum stehen.

Im Einzelnen wird das Kapitel folgende Themen behandeln:
– Die Entstehung der Europäischen Union
– Die multiplen Krisen der Union seit 2008, insb. die Schuldenkriese, Populismus, und die Frage nach der Harmonisierung verschiedener Politikfeldern
– Die EU als Regionalen Akteur, vor allem hinsichtlich der Grundlagen europäischer Außenpolitik, der europäischen Nachbarschaftspolitik und der Nachfrage nach europäischer Einflussnahme über die (geografischen) Grenzen Europas hinaus.

Die Gründung der Europäischen Union hat ihre Wurzeln in den Nachwehen des Zweiten Weltkriegs. Die verheerenden Zerstörungen und der Terror, die der europäischen Bevölkerung während des Krieges zugefügt wurden, hatten einen tiefgreifenden Einfluss auf das Denken in Europa und führten zur grundlegenden Veränderung vor

Strukturen, die den Kontinent über Jahrhunderte geprägt hatten (Cini/Pérez-Solórzano Borragan 2017, 9–27).

Vor dem Ersten Weltkrieg waren die europäischen Staaten, die politisch, wirtschaftlich und militärisch um Macht und Einfluss rangen, gemeinsam als „Europäisches Konzert" bekannt. Dabei handelte es sich um eine politische Ordnung, die auf dem Wiener Kongress unter der Leitung des österreichischen Außenministers von Metternich geschaffen worden war. Das Konzert zielte darauf ab, ein Gleichgewicht zwischen den Mächten des Kontinents herzustellen, um große Kriege zu verhindern. Außerdem bestand das Konzert von Europa aus einem System regelmäßiger Konferenzen und diplomatischer Kontakte zwischen den europäischen Großmächten (Jeannesson 2020, o.S.).

Wiener Kongress (Jeannesson 2020, o.S.)
Der Wiener Kongress war eine Reihe von Treffen im Jahr 1815, um nach der Niederlage von Napoleon Bonaparte ein neues Gleichgewicht der Kräfte in Europa herzustellen. Der Kongress zeichnete die Karte Europas neu, stellte die von Napoleon gestürzten Monarchien wieder her und schuf den Deutschen Bund, welcher dem von Napoleon aufgelöste Heiligen Römischen Reich folgte.

Zwar war die Zeit des Konzerts in Europa durch relative Stabilität geprägt, jedoch beruhte diese zu erheblichen Teilen innerer Repression. Die Völker Europas lehnten sich aber immer wieder gegen die reaktionären Verhältnisse auf. Zu erwähnen sind die liberalen Revolutionen in Italien in den 1820er Jahren oder die Revolutionen von 1848. Auch der Krimkrieg verdeutlicht die Fragilität der Ordnung des Konzerts. Schließlich mündete das Konzert in den Ersten Weltkrieg, der von den Mittelmächten um das Deutsche Reich verloren wurde. Die Siegermächte des Ersten Weltkriegs versuchten, die Nachkriegsordnung so zu gestalten, dass ein dauerhaftes Ungleichgewicht der Kräfte zu ungunsten des Deutsche Reiches erreicht würde. Die Nachkriegsordnung war grundlegend vom Vorkriegsdenken geprägt und der Vertrag von Versailles bereitete den Boden für den Zweiten Weltkrieg (Jeannesson 2020, o.S.).

Der erste Schritt der europäischen Einigung war die Gründung der Europäischen Gemeinschaft für Kohle und Stahl (EGKS) 1951 von sechs Gründungsmitgliedern: Belgien, Frankreich, BR Deutschland (Westdeutschland), Italien, Luxemburg und die Niederlande. Ziel der EGKS war die Integration der kriegswichtigen Kohle- und Stahlindustrie dieser Länder, um die wirtschaftliche Zusammenarbeit zu fördern und einen weiteren Krieg durch gegenseitige Kontrolle in Europa zu verhindern (Cini/Pérez-Solórzano Borragan 2016, 9–27). Der Grundgedanke hinter der EGKS war, dass diese Länder durch die Integration der Kohle- und Stahlproduktion wirtschaftlich voneinander abhängig würden, denn in der Vergangenheit waren Kohle und Stahl wesentliche Ressourcen für die militärische Produktion, und die Kontrolle des Zugangs zu ihnen war oft ein Grund für Konflikte zwischen Nationen. Anstelle des politischen Mittels Krieg sollte die EGKS einen Mechanismus zur friedlichen Beilegung von Streitigkeiten durch einen gemeinsamen Entscheidungsprozess bieten. Der Erfolg der

EGKS führte zur Unterzeichnung der Römischen Verträge im Jahr 1957, mit denen die Europäische Wirtschaftsgemeinschaft (EWG) und die Europäische Atomgemeinschaft (Euratom) gegründet wurden. Die EWG sollte die wirtschaftliche Integration zwischen den Mitgliedstaaten fördern, während Euratom zur Förderung der Zusammenarbeit im Bereich der Kernenergie gegründet wurde (European Commission 2020, o.S.; Cini/ Pérez-Solórzano Borragan 2016, 9–27). In den folgenden Jahrzehnten wurde der Prozess der regionalen Integration Europas schrittweise durch die Unterzeichnung verschiedener Verträge, welche die Verhältnisse zwischen den Staaten harmonierten, sowie die Aufnahme neuer Mitglieder vertieft.

Tabelle 7: Schritte der Integration Europas

Name	Unterzeichnung	Ziel
Vertrag über die Gründung der Europäischen Gemeinschaft für Kohle und Stahl	1951	eine wechselseitige Abhängigkeit von Kohle- und Stahlindustrie zu schaffen, damit ein Land nicht mehr ohne das Wissen der anderen seine Streitkräfte mobilisieren kann; dies wirkte nach dem Zweiten Weltkrieg dem gegenseitigen Misstrauen und Spannungen entgegen. Der EGKS-Vertrag lief 2002 aus.
Römische Verträge	1957	die Europäische Wirtschaftsgemeinschaft (EWG) und die Europäische Atomgemeinschaft (Euratom) zu gründen. Ausweitung der europäischen Integration, indem auch eine allgemeine wirtschaftliche Zusammenarbeit einbezogen wird.
Brüsseler Vertrag	1965	die europäischen Institutionen zu modernisieren. Einrichtung einer gemeinsamen Kommission und eines gemeinsamen Rates für die damaligen drei Europäischen Gemeinschaften (EWG, Euratom und EGKS); aufgehoben durch den Vertrag von Amsterdam
Einheitliche Europäische Akte	1986	die Institutionen zur Vorbereitung des Beitritts Portugals und Spaniens zu reformieren und den Entscheidungsprozess bei der Verwirklichung des Binnenmarkts zu beschleunigen. Ausweitung der Beschlussfassung mit qualifizierter Mehrheit im Rat (erschwert es einem einzelnen Land, einen Gesetzgebungsvorschlag mit einem Veto zu blockieren), Einführung von Zusammenarbeits- und Zustimmungsverfahren, die den Einfluss des Parlaments stärken.

Tabelle 7 (fortgesetzt)

Name	Unterzeichnung	Ziel
Vertrag von Maastricht		die Europäische Währungsunion vorzubereiten und Elemente einer politischen Union (Bürgerschaft, gemeinsame Außen- und Innenpolitik) einzuführen. Gründung der Europäischen Union und Einführung des Mitentscheidungsverfahrens, das dem Parlament im Entscheidungsprozess eine stärkere Stimme verleiht; neue Formen der Zusammenarbeit zwischen den Regierungen der EU-Länder, z. B. in den Bereichen Verteidigung, Justiz und Inneres.
Vertrag von Amsterdam	1997	die EU-Institutionen zu reformieren, um den Beitritt neuer Mitgliedstaaten vorzubereiten. Änderungen, Umnummerierung und Konsolidierung der EU- und EWG-Verträge sowie ein transparenterer Entscheidungsprozess (vermehrte Anwendung des ordentlichen Gesetzgebungsverfahrens).
Vertrag von Nizza	2001	die EU-Institutionen zu reformieren, damit die EU auch nach ihrer Erweiterung auf 25 Mitgliedstaaten effizient arbeiten konnte. Bestimmungen über eine geänderte Zusammensetzung der Kommission und eine neue Stimmengewichtung im Rat.
Vertrag von Lissabon	2007	die EU demokratischer und effizienter zu gestalten und in die Lage zu versetzen, globale Probleme wie den Klimawandel besser und geschlossener anzugehen. Mehr Befugnisse für das Europäische Parlament, ein geändertes Abstimmungsverfahren im Rat, die Europäische Bürgerinitiative, ein ständiger Präsident des Europäischen Rates, ein neuer Hoher Vertreter für Außen- und Sicherheitspolitik, ein neuer diplomatischer Dienst der EU. Der Vertrag von Lissabon legt klar fest, welche Befugnisse die EU hat, die EU-Mitgliedstaaten haben, beide haben. Die EU baut auf den Zielen und Werten auf, die im Vertrag von Lissabon und in der Charta der Grundrechte der Europäischen Union festgeschrieben sind. Der Vertrag über eine Verfassung für Europa (2004) – der ähnliche Ziele verfolgt wie der Vertrag von Lissabon – wurde zwar unterzeichnet, aber nie ratifiziert.

Im Laufe der europäischen Integration haben sich im westlichen fünf supranationale, also überstaatliche Institutionen entwickelt:

- Europäische Gerichtshof (EuGH): Oberstes Gericht der EU und dafür zuständig, das EU-Recht auszulegen und dessen Anwendung in der EU zu gewährleisten. Der EuGH entscheidet auch über Streitigkeiten zwischen den EU-Institutionen und den Mitgliedstaaten (Kapis 2016, 167–176).
- Europäische Kommission: Exekutivorgan der EU und für die Vorlage von Gesetzesvorschlägen, die Umsetzung von EU-Politiken und -Programmen sowie die Durchsetzung des EU-Rechts zuständig. Sie besteht aus einem Kommissar pro Mitgliedsstaat (Egeberg 2016, 125–136).
- Europäische Rat: Wird gebildet aus den Staats- und Regierungschefs der Mitgliedstaaten und dem Präsidenten des Europäischen Rates. Er gibt die strategische Richtung der EU vor und legt ihre allgemeinen politischen Prioritäten fest (Lewis 2016, 139–162).
- Rat der Europäischen Union (Ministerrat): Vertritt die Regierungen der Mitgliedstaaten und ist für die Aushandlung und Verabschiedung von EU-Rechtsvorschriften zuständig. Er setzt sich aus je einem Minister pro Mitgliedstaat zusammen, je nach Thema (Lewis 2016, 139–162).
- Europäisches Parlament: Direkt gewählte Legislative der EU und vertritt die Bürger der EU. Es ist zuständig für die Verabschiedung von EU-Gesetzen, die Genehmigung des EU-Haushalts und die Kontrolle der Europäischen Kommission, es besitzt jedoch kein Initiativrecht (Burns 2016, 155–165).

Eine im Verlauf des Integrationsprozesses und im Zusammenhang mit der Etablierung der supranationalen Institutionen der EU zunehmend akuter gewordenen Fragestellung ist die des Verhältnisses zwischen supranationalen Institutionen und nationalen Regierungen. Im Laufe der Zeit wurden die Aufgabenbereiche der europäischen Institutionen ausgeweitet (vertiefte Integration). Die EU-Institutionen, wie die Europäische Kommission, das Europäische Parlament und der Europäische Rat, sind befugt, Gesetze und Verordnungen zu erlassen, die für die Mitgliedstaaten verbindlich sind (Jensen 2016, 55–60).

Wenn die Kompetenzen der europäischen Institutionen ausgeweitet werden, erhöht dies den Grad der regionalen Integration und macht diese Institutionen mächtiger. Diese Kompetenzen werden allerdings im Gegenzug den Mitgliedsstaaten entzogen, diese verlieren an Souveränität. Somit ergibt sich ein Balanceakt zwischen europäischer und nationaler Ebene. Aktuell behalten die nationalen Regierungen jedoch ein erhebliches Maß an Souveränität und dominieren de facto die europäischen Institutionen. Die EU-Mitgliedstaaten üben beispielsweise die Kontrolle über ihre nationalen Haushalte, ihre Steuerpolitik und ihre Sozialpolitik aus. Sie behalten auch ihre eigenen Rechtssysteme und ihre eigenen diplomatischen Dienste.

Der europäische Binnenmarkt ist ein gemeinsamer Markt, der den freien Verkehr von Waren, Dienstleistungen, Kapital und Personen innerhalb der Mitgliedstaaten der Europäischen Union (EU) ermöglicht (vier Freiheiten). Das Ziel des Binnenmarktes ist es, gleiche Wettbewerbsbedingungen für Unternehmen und Verbraucher zu schaffen und das Wirtschaftswachstum und die Wohlfahrt zu fördern (European Commission 2022, o.S.).

Der Binnenmarkt geht auf die Verträge von Rom zurück, mit denen unter anderem die EWG gegründet wurde. Im Laufe der Zeit wurden Handelshemmnisse wie Zölle und Quoten progressiv abgebaut, aus der EWG wurde die EU, und der Binnenmarkt wurde zu einer der zentralen Säulen der wirtschaftlichen Integration Europas (Egan 2016, 256–262). Heute umfasst der europäische Binnenmarkt 27 Mitgliedsstaaten mit einer Gesamtbevölkerung von über 446 Millionen Menschen. Somit kann die EU als de facto drittgrößte Volkswirtschaft nach BIP in USD hinter den USA und der VR China gesehen werden.

Der Binnenmarkt, EWR und die Schweiz (Europäisches Parlament 2023, o.S.)
Der europäische Binnenmarkt besteht heute aus den 27 Mitgliedsstaaten der Europäischen Union. Hinzu kommen Island, Lichtenstein und Norwegen, mit denen die EU ein Abkommen über den Europäischen Wirtschaftsraum (EWR) unterhält. Sowie die Schweiz, welche ein komplexes Geflecht aus bilateralen Verträgen mit der EU unterhält, welche die Schweiz faktisch in den Binnenmarkt integrieren.

Im Vergleich zu anderen Wirtschaftsräumen ist der EU-Binnenmarkt einzigartig in seinem hohen Integrationsgrad (Egan 2017, 265–267) was ihn von anderen regionalen Wirtschaftsblöcken wie dem Nordamerikanischen Freihandelsabkommen (NAFTA) oder dem Verband Südostasiatischer Nationen (ASEAN) unterscheidet. Die Blockweite Harmonisierung von Vorschriften und Standards haben eine Wirkung über die Grenzen des Binnenmarkts hinaus. So kann die europäische Union durch ihre Handelspolitik eigene Standards auch in außereuropäischen Staaten durchsetzen, bzw. diese zur Voraussetzung zum Zugang für den Binnenmarkt machen. Daher ist es eher angebracht den europäischen Binnenmarkt als eine Volkswirtschaft mit anderen großen Volkswirtschaften anstelle anderer Handelsblöcke zu vergleichen.

Tabelle 8: Die EU im Vergleich mit den USA und der VR China, 2021

Land	EU	USA	VR China
BIP in Trillionen USD	17,18	23,32	17,73
BIP pro Kopf in USD	38411	70248	12556
Bevölkerung	447,199 Mio.	331,398 Mio.	1,41 Mrd.
Anteil primärer Sektor/BIP	1,6%	1%	7,3%
Anteil sekundärer Sektor/BIP	22,8%	17,9%	39,4%
Anteil tertiärer Sektor/BIP	65%	77,6%	53,3%

Der Vergleich der wirtschaftlichen Entwicklung zwischen der Europäischen Union, den Vereinigten Staaten von Amerika und der Volksrepublik China lässt sich in erster Linie anhand des jeweiligen Pro-Kopf-BIP ableiten. Im Durchschnitt ist das wirtschaftliche Entwicklungsniveau der EU deutlich niedriger als das der USA, wenn auch immer noch deutlich höher als das der VR China. Diese Entwicklungsunterschiede spiegeln sich auch in den jeweiligen Wertschöpfungsstrukturen wider. So weisen die USA einen deutlich höheren Anteil des tertiären Sektors auf, was auf einen stärker entwickelten Dienstleistungssektor schließen lässt. Umgekehrt liegt die VR China in der strukturellen Entwicklung hinter der EU und den USA zurück, wie der höhere Anteil des sekundären Sektors zeigt.

Dabei gilt es zu beachten, dass es innerhalb des Binnenmarktes erheblich ökonomische und soziale Disparitäten gibt. Die östlichen und südlichen EU-Mitgliedstaaten haben einen niedrigeren wirtschaftlichen Entwicklungsstand als ihre westlichen und nördlichen Pendants, was zu Ungleichheiten bei Einkommen und Vermögen führt. So reicht die Spanne beim BIP pro Kopf 2022 von 114.370 Euro in Lichtenstein und 84.940 Euro in Irland bis 9.850 Euro in Bulgarien. Auch die durchschnittlichen Arbeitskosten unterscheiden sich erheblich und reichen von 48,30 Euro pro Stunde in Dänemark bis 6,8 Euro pro Stunde in Bulgarien. Diese Unterschiede sind auf Diskrepanzen im Entwicklungsgrad und unterschiedlichen Ausrichtungen der Volkswirtschaften zurückzuführen. Länder wie die BR Deutschland haben große exportorientierte Industrien, andere wie Irland fokussieren sich auf unternehmensnahe Dienstleistung oder Tourismus (z. B. in Griechenland). Diese Unterschiede bedingen verschiedene Anforderungen an Politikbereiche wie Wirtschafts- und Fiskalpolitik, aber auch an die Geldpolitik. Dies weist auf ein fundamentales Problem der Europäischen Integration hin, wenn versucht wird sehr unterschiedliche Staaten in spezifischen Politikfeldern zu harmonisieren (Statista 2023a, o.S.).

Die Finanzkrise von 2008 (Weinberg 2013, o.S.)
Ursachen:
- Immobilienblase vor allem in USA, UK und Spanien, verursacht zu einfachen Zugang zu Krediten.
- Banken und andere Kreditgeber vergaben Kredite an Menschen mit schlechter Bonität. Diese Kredite wurden in komplexen Finanzinstrumenten gebündelt und an Investoren verkauft, wodurch das Risiko auf das gesamte Finanzsystem verteilt wurde.
- In vielen Ländern wurden die Finanzvorschriften gelockert, so dass Banken und andere Finanzinstitute risikoreiche Praktiken anwenden konnten.

Auswirkungen:
- Viele Banken und Finanzinstitute erlitten enorme Verluste nach dem Platzten der Blase. Einige Banken gingen bankrott, während andere von den Regierungen gerettet wurden.
- Die Krise löste eine weltweite Rezession aus.
- Regierungen in aller Welt griffen ein, um das Finanzsystem zu stabilisieren und einen völligen Zusammenbruch zu verhindern.
- Die Krise hatte erhebliche Auswirkungen auf das Leben der Menschen, viele verloren ihren Arbeitsplatz, ihr Zuhause und ihre Ersparnisse.

Seit 2008 ist die EU mit einer Vielzahl von Krisen konfrontiert, die von Wirtschafts- und Finanzkrisen bis hin zu Migrations- und geopolitischen Krisen reichen. Diese Krisen haben die Stabilität der EU erheblich beeinträchtigt und ihre Institutionen und

Mitgliedsstaaten vor große Herausforderungen gestellt. Sie haben allerdings auch die Weiterentwicklung der europäischen Institutionen maßgeblich beeinflusst.

Die Finanzkrise von 2008, die ihren Ursprung in den Vereinigten Staaten hatte, griff schnell auf die EU über und führte zu einem erheblichen wirtschaftlichen Abschwung. Das gesamteuropäische BIP sank 2009 um über 4 Prozent (Weltbank 2023, o.S.). Das Bankensystem der EU stand unter erheblichem Druck, da mehreren Instituten die Zahlungsunfähigkeit drohte. So war die EU bzw. die Mitgliedsstaaten gezwungen, erhebliche finanzielle Unterstützung zu leisten, um einen systemischen Zusammenbruch zu verhindern. Die EU führte eine Reihe von Maßnahmen ein, um die Wirtschaft zu stabilisieren und eine Wiederholung der Krise zu verhindern (Eubanks 2010, 1–7). Dazu gehörten die Einrichtung des Europäischen Stabilitätsmechanismus (ESM), der den krisengeschüttelten Mitgliedstaaten finanzielle Unterstützung gewährte (Europäische Kommission 2012, o.S.), und die Einführung neuer Haushaltsregeln im Rahmen des Stabilitäts- und Wachstumspakts (Bundesministerium der Finanzen 2022, o.S.).

Der ESM (Europäische Kommission 2012, o.S.)
Der Europäische Stabilitätsmechanismus ist ein permanenter Krisenbewältigungsmechanismus für die Länder der Eurozone, der 2012 eingerichtet wurde. Er bietet Finanzhilfen für Mitgliedstaaten, die Unterstützung benötigen, um die Stabilität des Euroraums zu gewährleisten. Der ESM wird von den Mitgliedstaaten des Euroraums finanziert und verfügt über eine Darlehenskapazität von bis zu 500 Mrd. EUR.

Die Krise hatte in Europa langfristige Auswirkungen, was sich an einem geringen Wirtschaftswachstum in den Folgejahren ablesen lässt (Weltbank 2023, o.S.) Zudem erhöhte sich die Verschuldung vieler EU-Mitgliedstaaten deutlich (Eurostat 2023, o.S.). Vor allem Länder wie Griechenland, Spanien und Portugal waren betroffen, was zu einer Staatsschuldenkrise in der Eurozone führte. Neben der Finanzkrise von 2008 als externen Auslöser hat die europäische Schuldenkrise weitere Ursachen:
– Viele europäische Länder hatten bereits vor der Finanzkrise eine hohe Verschuldung, die weiter anstieg, als sie versuchten, ihre Wirtschaft anzukurbeln und einen weiteren wirtschaftlichen Niedergang zu verhindern (Szczepanski 2019, o.S.).
– Die Länder der Eurozone hatten Währungspolitische Probleme, konnten also nicht mehr eine auf nationale Bedürfnisse ausgerichtete Geldpolitik betreiben, um ihre Wirtschaft zu stabilisieren.

Die Krise manifestierte sich in Europa unter anderem durch:
– Mehrere Länder, darunter Griechenland, Irland, Portugal und Spanien, benötigten finanzielle Unterstützung von der Europäischen Union und dem Internationalen Währungsfonds, um einen Zahlungsausfall zu vermeiden und ihre Wirtschaft zu stabilisieren.

- Die Krise führte zu einem Anstieg der Arbeitslosenzahlen, insbesondere in den Ländern, die Rettungsmaßnahmen in Anspruch nehmen mussten (Weltbank 2023, o.S.).
- Die Regierungen verhängten Sparmaßnahmen wie Steuererhöhungen und Ausgabenkürzungen, um den Schuldenstand zu senken und die Bedingungen für die Rettungsmaßnahmen zu erfüllen (Proebsting et al. 2017, o.S.).

Im Kontext der Krise kam eine Debatte bzgl. der sogenannten Maastricht-Kriterien auf. Die Kriterien legten Grenzen fest, die die Länder einhalten mussten, um der Eurozone beizutreten:
- Die Staatsverschuldung sollte 60 % des BIP nicht überschreiten.
- Das jährliche Haushaltsdefizit sollte 3% des BIP nicht überschreiten.
- Die Inflation sollte 1,5 % des Durchschnitts der drei niedrigsten Inflationsraten in der EU nicht überschreiten.

Vor der Finanzkrise 2008 hielten sich jedoch viele Länder nicht an die Maastricht-Kriterien. Es gab keinen wirksamen Durchsetzungsmechanismus für die Kriterien. Länder, die die Kriterien nicht erfüllten, hatten keine Sanktionen zu befürchten. Die Regierungen sahen sich dem Druck ausgesetzt, die Ausgaben zu erhöhen und die Steuern zu senken, um ihre Wähler zufrieden zu stellen. Einige Länder bedienten sich kreativer Buchführungspraktiken, um ihre Schulden- und Defizitniveaus zu verbergen, was es der EU erschwerte, ihre wirtschaftliche Lage genau zu beurteilen. Zudem konnten sich viele weniger finanzkräftige Länder den niedrigen geringen Zinssätzen Geld leihen, da der Euro von wirtschaftlichen stärkeren Ländern wie der BR Deutschland getragen wurde (Gasper/Buti 2021, o.S.).

Als Gegenleistung für finanzielle Hilfen, die einige Staaten von der europäischen Ebene im Kontext der Schuldenkriese erhielten, mussten die stark verschuldeten Staaten jedoch erheblicher Kürzungen der öffentlichen Ausgaben vollziehen, um den Schuldenstand zu senken. Diese Maßnahmen waren sehr umstritten und führten in vielen südlichen Mitgliedstaaten zu sozialen Unruhen und zu antieuropäischen Populismus in nördlichen Mitgliedsstaaten (Passari et al. 2017, 309–382).

Seit 2015 ist die EU darüber hinaus mit einer anhaltenden Migrationskrise konfrontiert, in deren Verlauf Millionen von Geflüchteten und Migranten an den südlichen Küsten ankamen, bzw. über den Balkan versuchten, nach Nordeuropa zu gelangen. Ausgelöst wurde die Krise durch den Konflikt in Syrien und Konflikte anderer Teilen des Nahen Ostens und Nordafrikas, die zu einer großen Wanderungsbewegung von Menschen führten, welche in Europa Zuflucht suchten. Die Reaktion der EU auf die Krise war zunächst uneinheitlich, da die Mitgliedstaaten unterschiedliche Strategien verfolgten. Während die an der Südgrenze der EU liegenden Staaten mit einer großen Zahl von Flüchtlingen konfrontiert waren, nahmen einzelne Staaten wie die BR Deutschland eine große Zahl von Flüchtlingen auf. Andere Staaten, vor allem im Osten der Union, wehrten sich hingegen persistent gegen eine europaweite Verteilung von Flüchtlingen. Dies führte zu erheblichen Spannungen zwischen den Mitgliedstaaten (Wagner 2015, o.S.).

Vor allem in den Staaten der Visegrád-Gruppe (V4) (Tschechische Republik, Ungarn, Polen und Slowakei) divergierten im Kontext der Migrationskrise von dem vor allem durch die BR Deutschland propagierten Kurs. Die V4-Länder lehnten den Ansatz der Europäischen Union zur Bewältigung der Migrationskrise entschieden ab, da sie sich durch diesen gezwungen sahen, gegen ihren Willen eine große Zahl von Flüchtlingen und Migranten aufzunehmen. Populistische Politiker in diesen Ländern machten sich die Ängste der Öffentlichkeit vor Migration zunutze und warben mit einwanderungsfeindlicher Rhetorik um Unterstützung. Populistische Parteien in den V4-Ländern propagieren ein starkes Gefühl der nationalen Identität und des Nationalstolzes, dass sie der Europäischen Union entgegenstellen. Sie argumentieren, dass die nationalen Interessen zugunsten der europäischen Integration geopfert werden und dass ihre Länder von Brüssel ungerecht behandelt werden (Glied/Zamęcki 2021, 647–673; Grieveson/ Nic 2020, 6–9). Auch in einem Großteil der Mitgliedstaaten außerhalb der V4 kam es in den Folgejahren zu einem politischen Aufstieg des Rechtspopulismus und des Vertrauens in die EU-Institutionen erodierte:

- Recht und Gerechtigkeit (PiS): Rechtspopulistische Partei in Polen, angeführt von Jarosław Kaczyński. Sie ist seit 2015 an der Macht und gewann bei den Parlamentswahlen 2019 eine zweite Amtszeit.
- Alternative für Deutschland (AfD): Rechtspopulistische Partei in Deutschland, die im Jahr 2013 gegründet wurde. Sie zog 2017 zum ersten Mal in den Bundestag ein und erhielt 12,6%.
- Schwedendemokraten (SD): Rechtspopulistische Partei in Schweden, die 1988 gegründet wurde. Sie hat in den letzten Jahren an Popularität gewonnen und erhielt bei den schwedischen Parlamentswahlen 2018 17,5 % der Stimmen.

Bereits 2016 war die EU mit einer weiteren Krise völlig anderer Natur konfrontiert: dem Britisch-Exit (Brexit). Brexit bezeichnet den Austritt des Vereinigten Königreichs (UK) aus der Europäischen Union, welcher am 31. Januar 2020 vollzogen wurde. Der Prozess begann im Jahr 2016, als im Vereinigten Königreich ein Referendum abgehalten wurde, bei dem eine Mehrheit der Bevölkerung für den Austritt aus der EU stimmte. Es lassen sich eine Vielzahl von Gründen für den Austritt anführen. So war Großbritannien ein Nettozahler, was es den Brexit befürworteten Ermöglichte zu argumentieren, die Mitgliedschaft des UK in der EU sei ein schlechtes Geschäft. Die Befürworteten des Brexits führten außerdem vermehrt an, dass die EU mit ihren vielen Vorschriften und regulatorischen Eingriffen das Wirtschaftswachstum behindere. Zudem beführet man, dass die Freizügigkeitspolitik der EU das Migrations- bzw. Flüchtlingsproblem weiter verschärfen könnte (Bundesministerium der Finanzen 2021, o.S.; Walker 2021, o.S.; Whiteley o. J., o.S.).

EU Nettozahler (Institut der deutschen Wirtschaft 2022, o.S.)
Im Kontext der EU bezieht sich der Begriff Nettozahler auf die Mitgliedstaaten, die mehr zum EU-Haushalt beitragen als sie an Leistungen oder Finanzmitteln erhalten. Diese Länder werden auch als Nettobeitragszahler oder Nettogeber bezeichnet. Der EU-Haushalt wird in erster Linie durch die Beiträge der Mitgliedstaaten finanziert, die sich nach deren Bruttonationaleinkommen (BNE) richten.

Nachdem die Bevölkerung des UK mehrheitlich für den Austritt aus der EU votiert hatte, wurde zunächst ein Domino-Effekt befürchtet, da es in vielen europäischen Staaten politische Kräfte gab, welche den Austritt aus der EU forderten. Dieser Effekt blieb allerdings aus. Vielmehr wirkten die erheblichen administrativen und ökonomischen Komplikationen sowie die politischen Turbulenzen, mit denen sich das UK im Anschluss an den Brexit ausgesetzt sah, abschreckend.

Seit 2008 sieht sich die EU mit einer Reihe von Krisen konfrontiert, die Debatten über den angemessenen Grad der europäischen Integration ausgelöst haben. Sollte die EU weiterhin ihre Macht auf europäischer Ebene konsolidieren oder sollten Kompetenzen an die nationale Ebene zurückgegeben werden? Der Brexit hat diese Debatte verschärft, da er Fragen über das Ausmaß und die Auswirkungen der Integration auf Wirtschaft und Verwaltung aufgeworfen hat. Letztlich geht es bei Diskussionen über die Integration immer um das Gleichgewicht der Kräfte zwischen den europäischen Institutionen und den nationalen Regierungen.

Die EU ist ein komplexes Regierungssystem mit einem unterschiedlichen Grad an politischer Harmonisierung. Die EU verfügt zwar über einen Binnenmarkt, aber die Wirtschaftspolitik bleibt weitgehend in den Händen der einzelnen Mitgliedstaaten. Dieser Mangel an Harmonisierung kann zu Spannungen zwischen den Mitgliedstaaten führen, insbesondere in Zeiten der Wirtschaftskrise, wenn die einzelnen Mitgliedstaaten unterschiedliche Bedürfnisse haben. Die Geldpolitik ist in der EU jedoch stark harmonisiert, wobei die Europäische Zentralbank (EZB) für die Festlegung der Geldpolitik in der gesamten Eurozone zuständig ist. Dieses Maß an Harmonisierung hat sich bei der Förderung der Preisstabilität und der Verringerung der Inflation als erfolgreich erwiesen, stellt aber auch eine Herausforderung dar, wenn die Mitgliedstaaten eine unterschiedliche Wirtschaftspolitik verfolgen.

Eine mögliche Lösung zur Bewältigung dieser Herausforderungen ist eine stärkere Harmonisierung der Wirtschafts- und Steuerpolitik unter Beibehaltung der nationalen Verantwortlichkeiten, zum Beispiel durch die Schaffung einer gemeinsamen Steuerpolitik oder die Entwicklung einer europaweiten Sozialpolitik, ohne aber überall gleiche Leistungen zu versprechen. Dies könnte eine bessere Koordinierung fördern und Spannungen zwischen den Mitgliedstaaten abbauen, würde aber auch nationale Kompetenzen und Souveränität beschneiden.

Neben den internen Herausforderungen steht die EU auch vor externen Herausforderungen, wie dem Einmarsch Russlands in der Ukraine und der Flüchtlingskrise. In diesen Kontexten muss der Fokus auf die europäische Außenpolitik gerichtet werden, wobei die Frage im Zentrum steht, ob die EU als Akteur in der internationalen Politik auftreten kann bzw. sollte.

Während die Hauptverantwortung für die Außenpolitik bei den Mitgliedstaaten liegt, hat die Europäische Union Institutionen und Strukturen entwickelt, die sie in die Lage versetzen, Außenpolitik zu betreiben. Die EU als internationalen politischen Akteur zu verstehen, kann eine Herausforderung sein, da sie ein komplexes Netzwerk von Institutionen und Akteuren umfasst, die die europäische Außenpolitik beeinflussen und gestalten:

- Der Europäische Auswärtige Dienst (EAD) ist der diplomatische Dienst der EU. Er ist für die Koordinierung der Außen- und Sicherheitspolitik der EU (Europäische Kommission 2023a, o.S.).
- Der Hohe Vertreter der Union für Außen- und Sicherheitspolitik ist der oberste Diplomat der EU, der für die Koordinierung der Außen- und Sicherheitspolitik der EU zuständig ist. Die Hohe Vertreterin ist auch Vizepräsidentin der Europäischen Kommission (Bundesministerium für Verteidigung 2023a, o.S.).
- Der Europäische Rat legt die allgemeinen außenpolitischen Ziele und Prioritäten der EU fest (European Commission 2023, o.S.).
- Der Rat der Europäischen Union ist für die Verabschiedung der gemeinsamen Außen- und Sicherheitspolitik der EU sowie für die Koordinierung der Außenpolitik der Mitgliedstaaten zuständig.
- Die Delegationen der EU in Drittländern und internationalen Organisationen arbeiten daran, die Interessen und Werte der EU zu fördern und die Zusammenarbeit mit Drittländern und internationalen Organisationen zu erleichtern (European Commission 2023b, o.S.).
- Die Gemeinsame Sicherheits- und Verteidigungspolitik (GSVP) ist der politische Rahmen der EU für Krisenmanagement und militärische Operationen. Die GSVP umfasst eine Reihe von zivilen und militärischen Missionen und Operationen und wird von einer Reihe von EU-Einrichtungen unterstützt, darunter die Europäische Verteidigungsagentur und der Militärstab der Europäischen Union (Bundesministerium für Verteidigung 2023b, o.S.).

Die europäische Außenpolitik beruht auf dem Einstimmigkeitsprinzip, was bedeutet, dass sich alle Mitgliedstaaten auf einen gemeinsamen Standpunkt einigen müssen, bevor die EU in einer bestimmten außenpolitischen Frage tätig werden kann. Dieses Prinzip stellt sicher, dass alle Mitgliedstaaten mit außenpolitischen Entscheidungen einverstanden sind und spiegelt die Bedeutung wider, die die EU-Mitgliedstaaten ihrer nationalen Souveränität beimessen. Das Einstimmigkeitsprinzip kann jedoch eine effektive europäische Außenpolitik behindern. Selbst wenn sich eine Mehrheit der Mitgliedstaaten in einer bestimmten Frage einig ist, kann ein einzelner Mitgliedstaat ein Veto einlegen, wodurch die EU daran gehindert wird, Maßnahmen zu ergreifen (Stiftung Wissenschaft und Politik 2023, o.S.).

Das komplexe Geflecht aus Zuständigkeiten und das Einstimmigkeitsprinzip, sowie die Tatsachen, dass Außenpolitik primär Sache der Mitgliedstaaten ist, führen dazu, dass die EU ihr Potenzial als Akteur der internationalen Politik nicht voll ausschöpfen kann. Trotzdem gibt es internationale Politikfelder und europäische Initiativen, in denen bzw. mit denen die EU in der internationalen Politischen Arena aktiv ist. Eine Bsp. ist die europäische Außenhandelspolitik, welche sich auf die Politiken und Praktiken, die die EU zur Förderung der Handelsbeziehungen mit Drittländern außerhalb der EU einsetzt, bezieht. Die EU ist eine der größten Handelsmächte der Welt und ihre Handelspolitik zielt darauf ab, einen offenen Handel mit ihren Handelspartnern sicherzustellen und gleichzeitig das Wirtschaftswachstum und die Wettbewerbsfähigkeit der EU zu fördern (Europäische Parlament 2022b, o.S.).

Im Rahmen der europäischen Zollunion erhebt die EU einen gemeinsamen Außenzoll auf Waren, die aus Drittländern eingeführt werden. Dieser kann als politisches Druckmittel eingesetzt werden. So wurde bspw. Kambodscha aufgrund der schlechten Menschenrechtslage im Land, der teilweise Zugang zum europäischen Binnenmarkt im Rahmen der EBA-Initiative entzogen. Zudem ist die EU zuständig für Handelspolitik. So können Freihandelsabkommen ausschließlich mit der EU geschlossen werden, nicht nur mit einzelnen Mitgliedsstaaten. Aufgrund des großen ökonomischen Gewichts der EU ermöglicht dies Europa, für die EU vorteilhafte Bedingungen im Rahmen der Aushandlungen von Handelsabkommen durchzusetzen. Darüber hinaus ist die EU-Mitglied der WTO. Die EU setzt auch handelspolitische Schutzinstrumente ein, um ihre heimische Industrie vor unlauteren Handelspraktiken wie Dumping und Subventionen zu schützen. Zu diesen Instrumenten gehören Antidumpingzölle, Ausgleichszölle und Schutzmaßnahmen. So bildet die europäische Außenhandelspolitik ein kraftvolles Instrument einer gesamteuropäischen Außenpolitik und ermöglicht der EU international politischen Einfluss auszuüben (Europäische Kommission 2023, o.S.; Igler 2022, o.S.).

Ein wichtiges Programm im Kontext der europäischen Außenpolitik ist die Nachbarschaftspolitik der Europäischen Union (ENP) als außenpolitischer Rahmen für die Beziehungen der EU zu ihren östlichen und südlichen Nachbarn. Die ENP soll vor allem die Beziehungen zu den Ländern des Mittelmeerraums und den Ländern der Östlichen Partnerschaft (Armenien, Aserbaidschan, Belarus, Georgien, Moldawien und Ukraine) stärken (Carmona et al. 2022, o.S.).

Ziel der ENP ist es, einen Ring stabiler Staaten um die EU herum zu schaffen, mit denen die EU in Bereichen wie Handel, Energie, Sicherheit und Demokratie zusammenarbeiten kann. Dies soll nicht nur wirtschaftliche Vorteile für Europa bringen, sondern auch die Sicherheitslage an der Peripherie Europas verbessern und so zu einer Abnahme des Migrationsdrucks führen (Europäisches Parlament 2022, o.S.).

Im Rahmen der ENP versucht die EU also Einfluss auf die inneren Verhältnisse in ihren Nachbarstaaten zunehmen, um diese im Sinne der EU zu verändern, ein Muster, dass sich auch bei der europäischen Außenhandelspolitik beobachten lässt. Dies wirkt so, als versuche die EU eine eigene Einflusssphäre aufzubauen, was im Kontext der realistischen Theorie der Internationalen Beziehungen nur Großmächten zugeschrieben wird.

Die Frage, ob die EU nach Einflusssphären streben sollte, ist komplex. Einerseits kann argumentiert werden, dass die EU versuchen sollte, ihren Einfluss in benachbarten Regionen auszuweiten. So könnte die EU dazu beitragen, Stabilität, Demokratie und Menschenrechte in ihrer Nachbarschaft zu fördern. Diese Ziele sind aus einer normativen europäischen Perspektive sicherlich wünschenswert, allerdings sprechen mehrere Faktoren dafür, dass das Streben der EU nach Einflusssphären problematisch ist:

- Die EU ist kein Staat und verfügt nicht über die gleiche Art von Macht und Ressourcen wie eine traditionelle Großmacht. Die EU ist zwar ein bedeutender wirtschaftlicher und politischer Akteur, aber sie ist auch eine komplexe und dezentralisierte Organisation, die wie in diesem Kapitel aufgezeigt, mit einer Vielzahl innerer Herausforderungen zu kämpfen hat.
- Die EU ein postkoloniales Projekt, das auf der Idee der Zusammenarbeit und Integration und nicht der Vorherrschaft und Expansion beruht (European Commission 2020, o.S.).
- Die Idee der Einflusssphären wird mit Kolonialismus und Imperialismus in Verbindung gebracht und oft als eine Form des Neokolonialismus angesehen, bei dem mächtige Länder versuchen, schwächere Länder zu dominieren und zu kontrollieren. Das Bekenntnis der EU zu postkolonialen Prinzipien bedeutet, dass sie alle Maßnahmen vermeiden sollte, die als Versuch angesehen werden könnten, anderen Ländern ihren Willen aufzuzwingen oder neue Einflusssphären zu schaffen.

Die EU als postkoloniales Projekt
Die EU kann als ein postkoloniales Projekt verstanden werden. Ihre Ursprünge liegen in der Zeit nach dem zweiten Weltkrieg, als viele die europäischen Länder, welcher am europäischen Integrationsprozess teilnehmen, ihre Kolonialreiche verloren hatten und nach einer neuen Möglichkeit suchten, ihren Einfluss in der Welt geltend zu machen. So kann die EGKS als Versuch gesehen werden, die Ressourcen der europäischen Nationen zu bündeln. Auf diese Weise konnten die europäischen Länder ihre Macht und ihren Einfluss in einer Welt bewahren, in der sie sich nicht mehr auf ihre Kolonien verlassen konnten.

Trotz dieser Herausforderungen und Widersprüche stehen viele Mitgliedstaaten, wie etwa Frankreich, der Idee europäische Einflusssphären positiv gegenüber. Dies lässt sich unter anderem darauf zurückführen, dass bspw. Frankreich selbst Einflusssphären in Afrika unterhält. Andere Mitgliedstaaten wie die BR Deutschland lehnen europäische Einflusssphären hingegen ab.

Wie die Analyse gezeigt hat, handelt es sich bei der Europäischen Union um ein weltweit einmaliges Projekt. Keine andere Region weist ein so hohes regionales Integrationsniveau auf.

Dabei war die Integration Europas gemessen an ihrer Zielsetzung sehr erfolgreich. Einerseits hat sie den Frieden zwischen den Staaten der Europäischen Union gesichert. Seit dem Beginn des Integrationsprozesses in den frühen 1950er Jahren gab es keine zwischenstaatlichen Konflikte zwischen den Mitgliedsstaaten. Andererseits hat vor allem das hohe Maß an wirtschaftlicher Integration den Wohlstand der Staaten Europas gemehrt. Zudem verleiht die Integration den Staaten Europas international Gewicht, bspw. im Kontext von Handelsabkommen. Darüber hinaus bietet die Europäische Union den Europäer eine gemeinsame europäische Identität.

Allerdings blieben viele Herausforderungen, welche sich aus dem hohen Integrationsniveau bzw. den unterschiedliche Integrationsniveau über verschiedene Politikfelder hinweg ergeben, ungelöst. Die Schuldenkrise, aber auch der antieuropäische Populismus sind Manifestationen dieser Herausforderungen.

Heute ist die Europäische Union ein wichtiger globaler Akteur. Vor allem durch Handelsabkommen, aber auch durch Ihre Nachbarschaftspolitik gelingt es der EU ihre Vorstellungen international durchzusetzen und Einfluss auf seine Nachbarstaten auszuüben. Dabei wird die EU von einem starken normativen Kompass geleitet. Ihre normativen Ansprüche stehen allerdings auch im Konflikt mit einigen Realitäten, mit denen sich die EU konfrontiert sieht, bspw. im Kontext der Flüchtlingskriese.

Trotzdem ist die EU keineswegs mit Großmächten wie den USA oder der VR China zu vergleichen. Im Kontext der internationalen Politik kann Europa vor allem auf seine soft power bauen und sich als normatives Vorbild generieren. Im Gegensatz zu anderen Großmächten verfügt die EU aktuell über wenig hard power.

Auch die Tatsache, dass die EU außenpolitisch nicht mit geeinter Stimme spricht, sondern ihre Mitgliedstaaten z. T. divergierende außenpolitische Interessen verfolgen, schränkt die Rolle der EU als Global Player ein.

Die Europäische Union steht vor einer Vielzahl an Herausforderungen, die sowohl die regionale Integration als auch ihre Rolle auf der globalen Bühne betreffen. Ein zentrales Problem sind die inneren Spannungen zwischen den Mitgliedsstaaten. Die Finanz- und Schuldenkrise der späten 2000er Jahre verdeutlichte diese Konflikte besonders zwischen den wohlhabenderen nördlichen und den ärmeren südlichen Staaten der Union. Während sich die südlichen Länder mit einer schweren Schuldenlast konfrontiert sahen und auf Unterstützung angewiesen waren, zeigten die nördlichen Staaten wenig Bereitschaft zur Finanzierung dieser Rettungsmaßnahmen, was zu tiefen Gräben innerhalb der EU führte. Diese Spannungen zeigen, wie schwer es ist, unterschiedliche wirtschaftliche Realitäten und Interessen in einer einheitlichen Wirtschafts- und Währungsunion zu vereinen.

Ein weiteres großes Thema ist die anhaltende Migrationskrise, die seit 2015 die politische Landschaft Europas prägt. Die Aufnahme von Geflüchteten führte zu kontroversen Debatten über die Verteilung der Verantwortung innerhalb der EU. Während Länder wie Deutschland und die südlichen Mitgliedsstaaten eine gerechte Verteilung der Geflüchteten auf alle EU-Staaten befürworten, lehnen viele osteuropäische Staaten, insbesondere die Visegrád-Gruppe (Polen, Ungarn, Tschechische Republik und Slowakei), diese Ansätze ab.

Darüber hinaus sieht sich die EU mit dem Aufstieg rechtspopulistischer Bewegungen konfrontiert, die nationale Souveränität über die europäische Integration stellen. Diese Parteien kritisieren die zunehmende Machtübertragung an supranationale EU-Institutionen und fordern eine Rückgabe von Kompetenzen an die nationalen Regierungen. Besonders die Schuldenkrise und die Migrationsdebatte haben den Populismus in vielen EU-Staaten gestärkt und das Vertrauen in die Institutionen der Union untergraben.

Extern steht die EU vor großen Herausforderungen in der Außen- und Sicherheitspolitik. Aufgrund des Einstimmigkeitsprinzips, das für außenpolitische Entscheidungen gilt, kann die EU nur schwer als einheitlicher Akteur auf der globalen Bühne auftreten. Die Ukraine-Krise hat die Schwierigkeiten der Union in diesem Bereich offengelegt, da einige Mitgliedstaaten eine harte Linie gegenüber Russland befürworten, während andere zurückhaltender agieren.

Insgesamt zeigen diese Herausforderungen, dass die Europäische Union ein komplexes Gebilde ist, das sich ständig weiterentwickeln muss, um interne Spannungen zu überwinden und als globaler Akteur an Bedeutung zu gewinnen. Die Frage, wie die EU in Zukunft ihre innere Kohäsion stärken und gleichzeitig eine größere Rolle auf der Weltbühne einnehmen kann, bleibt eine zentrale Herausforderung für die europäische Integration.

Kontrollfragen

A. Welche geografischen Merkmale definieren die nördliche, nordwestliche und westliche Grenze Europas?

B. Welches Gebirge wird häufig als Ostgrenze Europas betrachtet?

C. Was war das Ziel der Gründung der Europäischen Gemeinschaft für Kohle und Stahl (EGKS)?

D. Welche sozialgeografischen Unterschiede existieren zwischen Nord-, Süd-, Ost- und Westeuropa?

E. Warum ist Europa heute sowohl ein geografischer als auch ein kultureller und politischer Begriff?

2.5 Die USA (America first und der Weg zu einem merkantilen Land)

In diesem Kapitel ...
- lernen Sie Multilateralismus & Unilateralismus, Isolationismus & Internationalismus als wichtige Dimensionen der US-Außenpolitik kennen;
- verstehen Sie das historische Zustandekommen des geopolitischen Selbstverständnisses der USA und ihrer außenpolitischen Einflusssphären;
- können Sie den Begriff des American Exceptionalism im außenpolitischen Kontext einordnen und verstehen;
- verstehen Sie die Rolle der USA in der Weltwirtschaft und die Gründe protektionistischen Handelns

Die Vereinigten Staaten von Amerika bilden mit einer Fläche von ca. 9,8 Millionen km^2 nach Russland und Kanada das flächenmäßig drittgrößte Land der Erde. Mit einer West-Ost-Ausdehnung von ca. 4.500 km und einer Nord-Süd-Ausdehnung von ca. 2.500 km erstreckt sich das Land über sechs Zeitzonen und grenzt dabei mit der Ostküste an den Nordatlantischen Ozean, mit der Westküste an den Pazifischen Ozean, sowie der Golfküste an den Golf von Mexiko, was einer Küstenlinie von über 135.000 km entspricht (bzw. 84.000 Meilen) (US Army Corps of Engineers Institute for Water Resources 2024, o.S.). Die Grenzlinie zum nördlich gelegenen Kanada ist ferner mit ca. 8.890 km die weltweit längste Grenze (Statistics Canada 2018, o.S.).

Diese geographische Ausdehnung geht mit einer großen naturräumlichen und klimatischen Vielfalt einher. So vereinen die USA mehrere Klimazonen der Erde von den subtropisch-tropischen Südstaaten, über die gemäßigte Klimazone der atlantischen Küstenstaaten, ariden Wüstenklimaten des Südwestens, mediterranen Klimaten der Küstengebiete Kaliforniens, Regenklimaten im Nordwesten bis hin zu Kontinentalklimaten der nördlichen, an Kanada grenzenden Bundesstaaten (Claaßen et al. 2020, 22; Denison, in Denison et al. 2021, 51).

Die naturräumliche Gliederung erweist sich dadurch als ebenso vielfältig. Sie teilt sich von der Ost- bis zur Westküste auf in:
- **Die atlantische Küstenebene** von den nordöstlichen Bundesstaaten bis nach Florida
- **Die Appalachen** als landeinwärts nachgelagerte Gebirgskette, ebenfalls verlaufend von den nordöstlichen Bundesstaaten bis nach North Carolina
- **Die Golfküstenebene** als Flachland von Südtexas über Louisiana, Mississippi, Alabama entlang des Mississippi-Flusses bis Florida verlaufend
- Das sich daran anschließende **zentrale Hochland** in Teilen Arkansas'
- Das **zentrale Tiefland**, welches von Ost nach West weite Teile der nördlichen Bundestaaten von Ohio bis nach Montana ausmacht

https://doi.org/10.1515/9783110790245-012

- Die **Great Plains** als Prärieland des mittleren Westens von Montana, North Dakota und South Dakota über Wyoming, Colorado, Nebraska, Kansas, das östliche New Mexico, Oklahoma und den Südwesten von Texas verlaufend
- Die westwärts der Great Plains gelegenen **Rocky Mountains** als Gebirgskette von New Mexico bis nach Montana
- Das **intermontane Plateau** als Übergang von den Rocky Mountains zur Westküste
- Das **pazifische Küstengebirge**, welches weite Teile Kaliforniens und Oregons prägt und landeinwärts vom kalifornischen Längstal geprägt ist (Claaßen et al. 2020, 23)

Die unterschiedliche klimatisch-naturräumliche Gliederung ergibt dabei vielfältige und großflächige agrarische Nutzungsräume, die auch mit der Bodenqualität der USA einhergehen. Weite Teile des zentralen Tieflandes bis hin zu den nordöstlichen Bundestaaten, sowie der Great Plains weisen durch fruchtbare Schwarzerdeböden und Kastanoseme eine sehr gute Eignung für den Ackerbau auf und ermöglichen einen potenten Anbau von Getreide, wie z. B. Weizen. Die Weitläufigkeit des Weidelandes ermöglicht in den Great Plains ferner die Rinderzucht in Form extensiver Weidewirtschaft. Kalifornien erweist sich klimatisch und in Verbindung mit mediterranen Böden als Gunstraum für den Obst- und Weinbau, die Südstaaten der USA ermöglichen den Anbau von Baumwolle und subtropischen Früchten im sog. Gulf Sub-Tropical Crops Belt und Cotton Belt (Claaßen et al. 2020, 34–35). Die Gliederung der Agrarräume in zusammenhängende landwirtschaftliche Gürtel (Belts) ist dabei der geographischen Gunst weitläufig homogener Naturräume zu verdanken (Claaßen et al. 2020, 34), die die USA nach solchen einheitlichen Agrarräumen gliedern, wie z. B. dem Hay and Dairy Belt entlang der Großen Seen von Minnesota über Wisconsin, Michigan, Ohio über Pennsylvania und New York bis nach Maine, die durch Viehzucht (Schweine) und Milchwirtschaft geprägt sind (Claaßen et al. 2020, 34).

Diese geographischen Bedingungen machen die USA im Welthandel zum größten Agrarexporteur der Erde. Neben den klimatischen und naturräumlichen Gunstlagen ist es dabei die kapitalintensive Bewirtschaftungsform, die auf fortgeschrittenen Technologien, dem Einsatz von Dünge- und Pflanzenschutzmitteln, sowie häufig dem Bewässerungsfeldbau (vor allem in Kalifornien und dem Einzugsgebiet des Mississippi) beruht und in stark marktwirtschaftlich orientierten Großbetrieben organisiert sind, dem sog. Agrobusiness.

Geographische Aspekte haben für die USA neben der landwirtschaftlichen Bedeutung vor allem auch identitätsstiftenden Charakter und geostrategische Vorteile: Die territoriale Ausdehnung der USA begann zunächst von 13 Kolonien an der Atlantikküste aus und erweiterte sich westwärts über mehrere Etappen bis zur heutigen Ausdehnung bis zum pazifischen Ozean. In dem Zusammenhang ist der Begriff des **frontier**, d. h. des „Grenzlandes" und das stetige Voranschreiten, Überwinden und Verschieben des Grenzlandes und die Inanspruchnahme und Erschließung neuer Gebiete im bis dahin noch unbekannten Westen jenseits des Mississippi ein zentrales Merkmal des geographischen Selbstverständnisses (Denison, in Denison et al. 2021, 47). Prägend für die Erschließung war dabei die **Lewis und Clark-Expedition**, die erstmals Kenntnisse über das Territorium jenseits des Mississippi bis zum Pazifik brachte (Stöver 2021, 156). Die spätere Erschließung und Verbindung von Ost- und Westküste erfolgte dabei entscheidend durch den Eisenbahnbau und die Errichtung sog. Trails, die als Verkehrswege vom mittleren Westen bis nach Oregon und Kalifornien führten (Stöver 2021, 157 f.). Gleichwohl kann die geostrategische Lage des Landes mit einer Umschließung von drei Ozeanen und damit fernab regionaler Konflikte liegend, weitläufigen Küstenlinien und kontinentaler Ausdehnung von West nach Ost als durchaus geschützt bezeichnet werden (Denison, in Denison et al. 2021, 57).

Historisch-kulturelle Prägungen und Einflüsse vorwiegend britischer, aber auch französischer und hispanischer Kolonialisierung und Eroberung, wie auch die Expansion des Landes in Richtung Westen ergeben in der Gesamtheit geographischer, historischer und ethnisch-kultureller Gegebenheiten ein komplexes und vielschichtiges Bild der Gesellschaft, Kultur und Politik der USA. So müssen die USA als ein typisches **Einwanderungsland** gesehen werden, dessen Gesellschaft seit der Inbesitznahme der Territorien zunächst stark durch die britische Kolonialisierung und spätere Anziehungskraft für unterschiedliche Bevölkerungsgruppen geformt wurde und weiter geformt wird. So war es zunächst der Zuzug britischer und irischer Immigranten in der frühen Besiedlungsgeschichte, die durch die Sklaverei und damit einhergehende Verschleppung afrikanischer Sklaven geprägt war. Darauf folgte ab Mitte des 19. Jahrhunderts im Zuge politischer Probleme und Wirtschaftskrisen in Europa eine verstärkte Einwanderung aus den europäischen Ländern. Gleichzeitig führte der Goldrausch im Westen ferner auch zusammen mit der Rekrutierung für den Eisenbahnbau zur verstärkten Migration aus China, sowie seit der Inanspruchnahme ehemals mexikanischer Territorien auch zur Einwanderung von Mexikanern. Die beiden Weltkriege führten zu einer verstärkten Migration aus Süd- und Osteuropa, sowie von Bevölkerungsgruppen, die politisch und vor allem religiös verfolgt wurden, was auch zu einer verstärkten jüdischen Immigration führte. Ab dem ersten Weltkrieg wurden die Einwanderungsmöglichkeiten durch Quotenregelungen eingeschränkt. Über die Zeit des kalten Krieges hinweg war die Migration dann stark durch Einwanderung aus den kommunistischen Ländern Osteuropas, der Sowjetunion, sowie auch Kuba geprägt. Als wichtiger Wendepunkt in der Einwanderungsgeschichte muss der Immigration and Nationality Act von 1965 gesehen werden, der die Einwanderungsquoten wegfallen lies und die Einwanderung wieder deutlich diversifizierte. Heutige Einwanderungsströme sind stark durch Lateinamerika, vor allem mittelamerikanischer Herkunft geprägt, die aus einer Flucht vor Bürgerkriegen, Gewalt und Armut resultieren und die öffentliche Debatte entlang der Parteilinien stark prägen (Chomsky, in: Denison et al. 2021, 151–163).

Heute besteht die Bevölkerung von rund 336 Mio. Einwohnern daher aus mehreren Ethnien, die Resultat von Kolonialisierung, Sklaverei und Einwanderung sind:

- Die Weißen, die einen Großteil der Bevölkerung stellen
- Afro-Amerikaner
- Hispanics und Latinos
- Amerikanische Ureinwohner
- Hawaiianer und pazifische Insulaner
- Weitere Gruppen, die sich zwei oder mehrerer Ethnien zuordnen

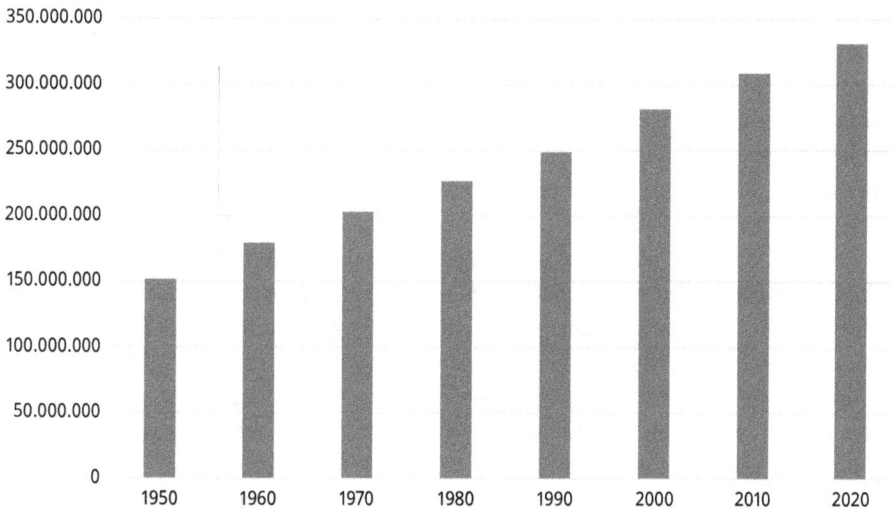

Abb. 25: Bevölkerungsentwicklung der USA 1950–2020
Quelle: eigene Darstellung nach Daten von U. S. Census Bureau 2024

Die Selbstzuordnung zu zwei oder mehreren Ethnien macht eine exakte Messung der Bevölkerungsanteile schwierig. Festzuhalten ist in dem Zuge jedoch die demographische Entwicklung, die in den kommenden Jahren dazu führen wird, dass die ursprüngliche weiße Mehrheit der Amerikaner voraussichtlich 2045 durch die Bevölkerungsgruppe der Hispanics und Latinos als größte Ethnie abgelöst wird, da ab 2030 Einwanderung, statt Reproduktion das Bevölkerungswachstum der USA vorantreiben wird (Chomsky, in Denison et al. 2021, 162). Als wesentliche Bevölkerungsschwerpunkte gelten daher auch aus historischen Gründen zunächst zusammenhängend die Ballungsräume entlang der Ostküste, wie New York, Boston, Philadelphia, Washington und davon ausgehend die altindustrialisierten Regionen der Kohleförderung und Eisen- und Stahlindustrie über Pittsburgh und Cincinnati bis nach Indianapolis, Chicago und Detroit. Im Süden nennenswert sind Dallas, Austin, San Antonio und Houston als wichtige Dienstleistungszentren und damit Bevölkerungsschwerpunkte, sowie der Großraum Los Angeles an der Westküste, der zusammen mit New York und Chicago die bevölkerungsreichsten Städte der USA bildet.

Der Aufstieg des Landes zur größten Volkswirtschaft des 20. Jahrhunderts und einem der bedeutendsten geopolitischen Akteure in (über)regionalen Konflikten und Auseinandersetzungen steht in unmittelbarem Zusammenhang mit den politischen, gesellschaftlichen und religiös tradierten Wertevorstellungen der europäischen Besiedlungs- und Ideengeschichte und dem daraus resultierenden Selbstverständnis einer Führungsrolle der USA in der internationalen Staatengemeinschaft. Diese Vorstellung prägt und begründet bis heute das Agieren der Vereinigten Staaten in internationalen Angelegenheiten und Entwicklungen, wenngleich die gesellschaftliche Akzeptanz des globalen Engagements der USA sich als nicht unumstritten erweist und vergangene außenpolitische Entscheidungen nicht immer von einer erfolgreichen Durchsetzung amerikanischer Interessen gezeichnet waren. Dies führte vor allem in den letzten vier Präsidentschaften seit Anfang der 21. Jahrhunderts zu Tendenzen der Abkehr von der außenpolitischen Tradition regionaler Interventionen und neuen Festlegung regionaler Prioritäten seit dem Zusammenbruch der Sowjetunion.

So resultieren vor allem aus den globalökonomischen Entwicklungen der letzten Dekaden, insbesondere dem Aufstieg der asiatischen Volkswirtschaften Herausforderungen für die US-amerikanische Wirtschaft und die geopolitisch selbstdefinierte Führungsrolle des Landes. Ursprünglich aufgebaute industrielle Kernstrukturen und Errungenschaften der USA in freiem Unternehmertum und Innovationsstärke sahen und sehen sich seit mehreren Dekaden wettbewerbsfähiger Konkurrenz aus z. B. Japan, Südkorea und jüngst der Volksrepublik China ausgesetzt. Dies resultierte bereits in der Vergangenheit in einem Wettbewerbsdruck, der regional zu starken sozialen Verwerfungen, insbesondere im sogenannten Manufacturing Belt (altindustrialisierter Nordosten der USA) geführt hat. Die gesellschaftlich zunehmende Ungleichheit und abnehmende soziale Mobilität, die die Gültigkeit des *American Dream*-Versprechens in Frage stellt, sozialer und ökonomischer Abstieg ehemaliger Industrieregionen, jedoch vor allem die geopolitische und ökonomische Emanzipation der Volksrepublik China, einhergehend mit der Ablösung der USA als größte Volkswirtschaft der Welt in absehbarem Zeithorizont, stellen die Vereinigten Staaten im 21. Jahrhundert vor neue ökonomische, gesellschaftliche und außenpolitische Realitäten einer wirtschaftlichen und politischen Machtverschiebung. Außenpolitisch beantwortet wurden und werden diese Entwicklungen in den Amtszeiten Donald Trumps durch protektionistische und isolationistische Maßnahmenversuche, die die Rolle der USA in internationalen Abkommen und Organisationen zu revidieren versuchen.

Das Zustandekommen der *America First*-Doktrin in Form isolationistischer Ausprägungen hängt in ihrer Rechtfertigung unmittelbar mit der über mehrere Dekaden hinweg ausgeübten Führungsrolle in der internationalen Gemeinschaft und ihren Kosten für die USA zusammen. Sie stellt dabei jedoch keinesfalls ein Novum in der außenpolitischen Haltung der USA dar, die durch die Politik von Donald Trump durch innen- und wirtschaftspolitische Wunschvorstellungen *erstmalig* in Erscheinung tritt. Vielmehr sind die außenpolitischen und diplomatischen Entwicklungen der Trump-Administration Ausprägungspol einer stark divergierenden außenpolitischen Ent-

wicklungslinie der USA, die von einer grundsätzlichen Diskontinuität und Wechsel-
haftigkeit hinsichtlich internationaler Kooperation, Isolationismus, Internationalismus und Interventionismus, sowie Marktöffnung und Protektionismus geprägt ist. Es
ist daher von entsprechender Notwendigkeit, die dazugehörenden historischen und
weltpolitischen Zusammenhänge, wie auch außenwirtschaftlichen Strukturen nach-
zuvollziehen.

Die Außenpolitik der USA ist in ihrer Genese stark verbunden mit dem Phänomen
des amerikanischen Exzeptionalismus, dem Zusammenspiel geostrategischer Interessen mit handelspolitischen Entscheidungen und stark kontextabhängigen historisch-
weltpolitischen Lagen, die je nach Situation und Interessenslage sowohl zu protektionistischen, als auch liberalen Haltungen und Handlungen geführt haben. Zusätzlich
ist die Handelspolitik der USA stark mit innenpolitischen Interessen verbunden, als
dass die Konsequenzen sowohl liberaler, als auch protektionistischer handelspoliti-
scher Entscheidungen höchst unterschiedliche Auswirkungen auf Unternehmen, den
Arbeitsmarkt und die Wirtschaftssektoren der USA haben und dabei zentrale Berücksichtigung in der US-amerikanischen Handelspolitik finden.

Heute stehen innenpolitische Dimensionen und geostrategisches Kalkül in einem
Spannungsfeld mit den Möglichkeiten und Limitationen multilateraler Zusammenarbeit in internationalen Organisationen und Abkommen, was es unmöglich macht,
Außen- und Handelspolitik der USA auf ein universalgültiges Prinzip zu verallgemei-
nern oder zu definieren. Das nachfolgende Kapitel erläutert daher im Weiteren die
Entstehung des wirtschaftlichen und geopolitischen Gewichts der USA entlang kultu-
rell-historischer, ökonomischer und politischer Wirkfaktoren, die in Ihrer Gesamtheit
relevant für das Verständnis der außenpolitischen Haltungen und Handlungen der
Vereinigten Staaten sind, wie sie durch die vergangenen Legislaturen ausgeübt wurden und versucht dabei, die außenpolitische Geschichte der USA in wesentliche Leitlinien und Phasen zu gliedern.

Stark prägend für die grundsätzliche Selbstwahrnehmung der USA ist bereits im
Kontext der frühen puritanischen Besiedlungsgeschichte die 1630 durch John Win-
throp während einer Predigt religiös geprägte Aussage vor den Kolonisten der Massa-
chussetts Bay Company, dass die im Entstehen befindliche Nation als *City upon a hill*
zu betrachten sei, d. h. eine Vorstellung, die Welt würde auf die in Neuengland entstehenden Kolonien ihre Blicke wie auf eine Stadt auf einem Hügel richten, die fortan
als Vorbild für die Gesellschaft gelte (Mauch et al. 2020, 24). Sie schuf ein bis heute
fortbestehendes Sendungsbewusstsein der USA als einzigartige, auserwählte Nation
(Koschut, in Koschut/Kutz 2012, 31; Hebel 2008, 312; Herz 2011, 26).

Diese Charakterisierung gilt als zentral stiftendes Element der Selbstwahrnehmung
und Identitätsbildung der USA, die auf jener religiösen Vorstellung des puritanischen
Glaubens beruht, dass die damaligen Kolonisten einen gottgegebenen, missionarischen
Auftrag der Weltgestaltung nach eigenem Vorbild hatten. Die Selbstwahrnehmung als
ein von Gott auserwähltes Volk, welches auf einzigartige Weise eine neue Welt schaffe,
beruht auf der sog. calvinistischen Prädestinationslehre (Hebel 2008, 312). Der Gestal-

tungsanspruch der Kolonisten basierte somit auf der Vorstellung einer göttlichen Vorherbestimmung.

Spätere politische Persönlichkeiten griffen beständig Zuschreibungen dieser religiösen Auserwähltheit auf, wie Thomas Jefferson mit dem Begriff des **chosen country**, einer auserwählten Nation (Koschut, in Koschut/Kutz 2012, 31) oder die Beschreibung der USA durch den Senator Albert C. Beveridge in einer politischen Rede im Jahr 1900 als **God's Own Country** (Hebel 2008, 314). Weitere überlieferte Charakterisierungen in diesem Zusammenhang sind beispielsweise auch **Vorbildnation, Leuchtturmnation** (Koschut, in Koschut/Kutz 2012, 32), **Erlösernation** (Hebel 2008, 315), **beacon of freedom, empire of liberty, indispensable nation** (Fluck, in Lammert/Siewert/Vormann 2024, 22). Diese geprägte Rhetorik wird zusammengefasst charakterisiert als der amerikanische Exzeptionalismus.

Der amerikanische Exzeptionalismus

Der amerikanische Exzeptionalismus (american exceptionalism) beschreibt das Selbstverständnis der USA als ein Land, welches im Vergleich zu anderen Ländern aufgrund seiner Entstehungsgeschichte und weiterer Gegebenheiten als einzigartig und überlegen erachtet wird.

Dieses Selbstverständnis einer Einzigartigkeit und Überlegenheit, vor allem jedoch der selbstkonstruierte Auftrag der missionarischen Verbesserung der Welt muss als wichtiger Grundsatz für die außenpolitische Verhaltensweise der USA verstanden werden: Als ein Land, welches sich als erstes von den monarchischen Herrschaftsstrukturen Europas lossagte, um eine eigene, neue und von demokratischen Ideen geprägte Nation aufzubauen, nahmen die USA bereits sehr früh auch für die Außenpolitik in Anspruch, eigene Vorstellungen zu verfolgen (Lemke 2008, 122). Neben der o. g. Beständigkeit in der Verdeutlichung eines religiös geprägten Gestaltungs- und Vorbildanspruchs aus dem Puritanismus heraus diente der amerikanische Exzeptionalismus als Lesart und Rechtfertigung für zahlreiche außenpolitische Interventionen der USA (Hebel 2008, 313 f.; Koschut, in Koschut/Kutz 2012, 33 f.), wie auch insbesondere für die generelle Expansion des Landes von den atlantischen 13 Gründerstaaten in Richtung Westen: Zentrales Schlagwort für den Expansionsanspruch und charakteristisch für die frühe Identität der USA ist dabei auch der Begriff der sog. **Manifest Destiny**, mit der 1845 der Journalist John O'Sullivan die Expansion der USA auf dem nordamerikanischen Territorium als eine schicksalhafte, gottgegebene Bestimmung ausdrückte (Mauch et al. 2020, 132; Herz 2011, 113; Koschut, in Koschut/Kutz 2012, 33). Sie diente als zentrales Leitmotiv für die weitere Expansion der USA, die sich ausdrückte durch

-   den **Louisiana-Purchase 1803**, bei dem von Frankreich ein Territorium abgekauft und inkorporiert wurde, welches sich an der Golfküste von Louisiana bis Alabama, sowie nach Norden über u. a. Texas, Oklahoma, Kansas, Iowa, Montana, Wyoming, North & South Dakota und Minnesota bis an die kanadische Grenze erstreckte

- den **Erwerb Floridas von Spanien 1819** (Adams-Onís-Vertrag)
- die **Annexion von Texas 1845**
- den daraus resultierenden **mexikanisch-amerikanischen Krieg 1846–1848**, der mit dem Friedensvertrag von Guadalupe Hidalgo die ehemaligen spanischen/mexikanischen Gebiete von Kalifornien, Nevada, Utah, Arizona und New Mexico und Teilen von Colorado und Wyoming zu US-amerikanischem Staatsgebiet machte
- die **Eingliederung von Oregon** nach vertraglichen Verhandlungen mit Großbritannien
- den **Gadsden-Purchase 1853**, der die Südgrenze der USA in Kalifornien und Arizona nach Süden hin ausdehnte (Gassert/Häberlein/Wala 2021, 187–239; Stöver 2021, 250–264)

Bis heute stellt die Manifest Destiny die Rechtfertigung nicht nur der eigenen territorialen Expansion in Nordamerika dar, sondern steht sinnbildlich für die Kontinentübergreifende, physische und politische Ausdehnung (Koschut, in Koschut/Kutz 2012, 33).

Weiterhin zentral für das Verständnis der US-amerikanischen Außenpolitik und stark verbunden mit dem Manifest Destiny-Gedanken und dem amerikanischen Gestaltungsanspruch ist ferner das Denken und Handeln in Form von Doktrinen: So drückte Präsident James Monroe bereits 1823 während der Expansionsjahre der USA als Präsident erstmalig mit seiner **Monroe-Doktrin** eine wichtige außenpolitische Grundposition der USA aus, indem er jegliche europäische Intervention in der westlichen Hemisphäre als nunmehr feindliche Handlung gegenüber den USA definierte und damit eine Nicht-Einmischung formulierte. Sie entstand historisch im Zusammenhang mit britischen und spanischen Rekolonisierungsversuchen nach der Unabhängigkeit der USA, sowie weiterer Territorien in Süd- und Mittelamerika und erklärte die Gebiete der westlichen Hemisphäre zum Schutz vor erneuter Kolonialisierung durch die europäischen Königreiche zur Interessenssphäre der USA (Stöver 2021, 250–256; Dippel 2021, 38; Gassert/Häberlein/Wala 2021, 234). Insbesondere die Intervention der USA gegenüber Rekolonisierungsversuchen des spanischen Königreiches ist eine frühe Ausprägung der Monroe-Doktrin und dem selbstauferlegten Gestaltungsanspruch: So wurde der spanisch-amerikanische Krieg unter dem Argument geführt, die USA hätten die Aufgabe, die unter spanischer Herrschaft stehenden Gebiete zu befreien und dadurch Demokratie in die betreffenden Gebiete zu bringen (Herz 2011, 113). Sie erklärt den heute über das kontinentale Territorium der USA hinaus bestehenden und/oder vergangenen Einfluss auf ehemals spanisch kolonialisierte Gebiete, wie z. B.

- Puerto Rico (abgetreten von Spanien 1898, heute US-amerikanisches Überseegebiet)
- die Philippinen (ehemalige US-amerikanische Kolonie nach Erwerb von Spanien im Zuge des spanisch-amerikanischen Krieges bis zur Unabhängigkeit 1946)

- Kuba (seit 1902 unabhängig von Spanien, stand dann jedoch bis zur kubanischen Revolution und Machtübernahme durch Fidel Castro 1959 unter amerikanischer Kontrolle durch das sog. Platt-Amendment)
- Guam (abgetreten von Spanien 1898, heute US-amerikanisches Überseegebiet)

Bis heute wurde dieses Selbstverständnis einer Selbstbestimmung und missionarischen Aufgabe der USA als einzigartige und unentbehrliche Nation häufig als rhetorische Rechtfertigung in zahlreichen außenpolitischen Entwicklungen zugrunde gelegt und durch Politiker ideologisch und patriotistisch bekräftigt und als Narrativ am Leben gehalten (Fluck, in Lammert/Siewert, Vormann 2024, 19 f.). Das Verständnis US-amerikanischer Außenpolitik und Ihrer Grundsätze verkörpert in Doktrinen und ausformulierten, definierten Interessenssphären spielte im späteren Verlauf in mehreren historischen Kontexten eine große Rolle, wie z. B. in der Truman-Doktrin nach dem Ende des zweiten Weltkrieges. Insbesondere die Rhetorik, durch Interventionen Demokratie, Freiheit und Stabilität in andere Länder zu bringen, prägte das außenpolitische Handeln der USA in Lateinamerika und dem Nahen Osten in der zweiten Hälfte des 20. Jahrhunderts.

Das historisch konstruierte Selbstverständnis der USA als Vorbildnation mag zunächst eine konstant beanspruchte Führungsrolle des Landes implizieren. Obwohl diese im Kontext mehrerer Weltereignisse bis ins 21. Jahrhundert tatsächlich prägnant durch das Land eingenommen und ausgeübt wurde, muss jedoch festgehalten werden, dass die Entscheidungslinie zwischen bewusster Einflussnahme in geopolitischen Angelegenheiten und Zurückhaltung wesentlicher Bestandteil der wechselhaften außenpolitischen Biographie der USA sind, die sich bereits auf die sehr frühen politischen Persönlichkeiten der Gründerzeit und ihre Ideen zurückverfolgen lässt. Sie stellen bis heute einen Bezugspunkt für beiderseits interventionistische und isolationistische Haltungen in der US-Außenpolitik dar, die durch mehrere Präsidentschaften, so auch der von Donald Trump wiederaufgegriffen wurden und häufig eine stark widersprüchliche Außenwahrnehmung US-amerikanischer Außenpolitik im Verhältnis zu ihrer Handelspolitik erzeugen.

Sie sind im Ergebnis Konsequenz eines früh geschaffenen ideologischen Wechselspiels zwischen **Idealismus und Realismus,** sowie **Isolationismus und Internationalismus** in der US-Außenpolitik. So prägte Thomas Jefferson in seiner Funktion als erster Außenminister der neugegründeten USA unter George Washington bereits früh eine außenpolitische Neutralitätshaltung unter dem Eindruck des britisch-französischen Krieges und befürwortete eine friedliche, unabhängige Politik, die sich außenpolitisch primär an wirtschaftlichem Austausch orientierte, darüber hinaus jedoch keine intensiveren außenpolitischen Beziehungen verfolgen sollte (Lemke 2008, 122). George Washington unterstrich während seiner Abschiedsrede 1796 zwar eine offene Haltung der USA gegenüber dem Handel, betonte jedoch ebenfalls, sich als Land aus europäischen Angelegenheiten vollständig herauszuhalten und jegliche dauerhaften Bündnisse mit anderen Ländern zu vermeiden (Dippel 2021, 32). Thomas Jeffersons spätere Präsidentschaft von 1801 bis 1809

(Dippel 2021, 137) war ferner durch eine Ablehnung militärischer Aufrüstung der USA geprägt, sowie der idealistischen Haltung, dass moralische Verpflichtungen, statt machtpolitischer Interessensdurchsetzung die wichtigere außenpolitische Leitlinie sein sollten, was ihn insgesamt als Mitbegründer des US-amerikanischen **Isolationismus** gelten lässt (Lemke 2008, 122 f.).

Der Isolationismus

Der Isolationismus beschreibt eine internationale Politik der Abschottung, die u. a. geprägt ist durch das Vermeiden internationaler Abkommen, Protektionismus, sowie der Nicht-Einmischung in außerterritoriale Konflikte. (Koschut/Kutz 2012, 33 f.)

Die Expansion des Landes und die aktive Einflussnahme insbesondere in Folge des spanisch-amerikanischen Krieges im selben Zeitraum erscheinen so zunächst widersprüchlich. Neben der Rechtfertigung durch das Manifest Destiny ist dies aber dadurch zu erklären, dass die US-Außenpolitik auch durch gegenläufige Phasen und Einstellungen geprägt ist, die auf einen außenpolitischen **Realismus** setzten, der insbesondere die aktive Durchsetzung einer Interessenpolitik in den Vordergrund rückte. Bereits unter George Washington wurden die Ideen Thomas Jeffersons durch den damaligen Finanzminister Alexander Hamilton konterkariert: Er verfolgte eine aktivere Handelspolitik und vertrat die Auffassung, dass Außenpolitik der Durchsetzung nationaler Interessen der USA gelten solle, da der Mensch von Natur aus nach Macht strebe, aus der Instabilität der europäischen Länder eine latente Kriegsgefahr bestünde und diese mit einer Aufrüstung der USA zu beantworten sei (Lemke 2008, 124).

Tatsächlich zeigten sich im weiteren Verlaufe der US-amerikanischen Geschichte häufige Wechsel zwischen langen Neutralitätsphasen, sowie Abrüstung und Aufrüstung des Landes im Zuge globaler Konflikte, insbesondere den beiden Weltkriegen. Das Wechselspiel zwischen Realismus und Idealismus ist ferner auch in der Zuwendung hin zum **Internationalismus** der USA selbst, also der bewussten Einbindung in internationale Angelegenheiten und der Frage ihrer Gestaltung verkörpert und wurde dabei entscheidend durch die Präsidentschaften Theodore Roosevelts und Woodrow Wilsons seit 1900 geprägt.

Die Amtszeit Theodore Roosevelts war beispielsweise geprägt durch den Bau des Panama-Kanals und dem o. g. Expansionismus und Interventionismus in Lateinamerika, welcher die Monroe-Doktrin verfestigte und mit Ansprüchen der USA in Lateinamerika erweiterte (Dippel 2021, 79). Seine Außenpolitik gilt als Ausdruck des **realistischen** Internationalismus, als dass Roosevelt eine hegemoniale Stellung der USA in der westlichen Hemisphäre zur Wahrung von Stabilität und Ordnung verfolgte (Koschut, in: Koschut/Kurz 2012, 34 f.).

Demgegenüber wurde (nach einem bewussten Eintritt in den ersten Weltkrieg) die außenpolitische Idee des idealistischen Ansatzes durch Präsident Woodrow Wilson im Zuge der Entwicklungen nach dem ersten Weltkrieg weiterverfolgt, die multilateralistische Züge aufzeigte: Seine 1918 gehaltene **Vierzehn-Punkte-Rede** als Vision der Nachkriegsordnung nach dem Ende des ersten Weltkrieges sah eine Stärkung und Erneuerung internationaler Beziehungen vor. Wichtige Bestandteile dieser Idee waren u. a.

- der Verzicht von Machtallianzen zugunsten einer kollektiven Sicherheitsarchitektur
- die Selbstbestimmung der Völker
- offene Diplomatie
- Abrüstung
- Initiative zur Errichtung des **Völkerbundes**
  (Lemke 2008, 123; Dippel 2021, 81)

Die Beteiligung der USA an der Errichtung des Völkerbundes scheiterte letztlich am Widerstand der Opposition im US-Kongress, sowie an den realpolitischen Gegebenheiten, insbesondere der Durchsetzung der Selbstbestimmung, die im Falle Jugoslawiens, sowie dem zerfallenen Österreich-Ungarn schwer umsetzbar und in den deutschen Kolonien nicht vorgesehen war. Der Ausgang des ersten Weltkrieges und die Beteiligung der USA mit dem Ziel der Verteidigung von Frieden, Gerechtigkeit und der Bekämpfung von Despotie in Europa erwiesen sich im Hinblick auf die nur sehr eingeschränkt erfüllbaren Forderungen seitens Englands und Frankreich im Umgang mit Deutschland, sowie den hohen Kriegsopfern als eine Desillusionierung des von Präsident Wilson geplanten Friedenskonzeptes während und nach dem ersten Weltkrieg und resultierten in einem erneuten Isolationismus der USA, der insbesondere durch die späteren Präsidenten Warren G. Harding und Calvin Coolidge in den 1920er Jahren fortgesetzt wurde und ein Ende des Internationalismus von Woodrow Wilson einläutete. Die Zwischenkriegszeit wurde folgend auch durch Franklin D. Roosevelt durch vorwiegende Neutralität und Zurückhaltung, insbesondere gegenüber den Entwicklungen in Deutschland und Italien geprägt. Hierzu zählen beispielsweise der Neutrality Act von 1935 oder das Ende der Interventionspolitik in Lateinamerika (Stöver 2021, 363–367; Dippel 2021, 91–93; Gassert/Häberlein/Waha 2021, 426–429).

Erfolgreicher für den Internationalismus der USA und für die neue Weltordnung nach dem Ende des zweiten Weltkrieges prägender waren die Beteiligung der USA in der Entstehung internationaler Abkommen und Organisationen, die als wichtige Ausprägungen der multilateralen Außenpolitik der USA betrachtet werden müssen. Bereits während des zweiten Weltkrieges erarbeiteten die USA gemeinsam mit Großbritannien mit der sog. **Atlantikcharta** die Grundlagen der Nachkriegsordnung, in der die USA eine zentrale Gestaltungsrolle spielen sollten: Wie auch die Vierzehn-Punkte-Rede von Wilson, formulierte die Atlantikcharta Prinzipien von Demokratie, nationaler Selbstbestimmung, sowie kollektiver Sicherheit und Abrüstung (Dippel 2021, 94 – 96).

Zentral für die ökonomische Rolle der USA in der künftigen internationalen Wirtschaft war jedoch vor allem die **Bretton Woods-Konferenz 1944**, die wichtige Grundlagen des Freihandels in der Nachkriegszeit schuf, darunter:
– Beseitigung der Diskriminierung im Welthandel
– Freier Zugang zu Märkten und Rohstoffen
– Sicherung stabiler Wechselkurse
– Freie Konvertibilität von Währungen
– Bindung der Währungen an den US-Dollar
   (Dippel 2021, 97).

Insbesondere die Bindung der Währungen an den US-Dollar ist charakteristisch für dieses sog. **Bretton Woods-System**, welches bis in die 1970er-Jahre das internationale Währungssystem bildete und den USA weitreichenden Einfluss in den internationalen Kapitalströmen und damit der Außenpolitik gab: Aus der Bretton Woods-Konferenz resultierte über die Wechselkursbindung an den US-Dollar hinaus auch die Gründung des International Monetary Fund (IMF), des General Agreement on Tariffs and Trade (GATT), sowie insbesondere in der International Bank for Reconstruction and Development (IBRD) als Vorläuferorganisation der Weltbank. Diese wurde für den Wiederaufbau der kriegszerstörten Länder gegründet und arbeitete vorwiegend mit amerikanischen Finanzmitteln, sodass die Kreditbedingungen der Schuldnerländer für den Wiederaufbau wirtschafts- und fiskalpolitisch an US-amerikanische Interessen geknüpft waren (Dippel 2021, 97).

Ferner einläutend für die multilaterale Außenpolitik der USA war auch die kurz darauf folgende Konferenz zur Gründung der Vereinten Nationen (UN) in Washington D.C. und San Francisco 1945, in denen die USA sich früh zur Schaffung kollektiver Sicherheit und Demokratie engagierten (Dippel 2021, 97 f; Gassert/Häberlein/Wala 2021, 434 f.). Die Mitgestaltung der USA in der wirtschaftlich-außenpolitischen Nachkriegsweltordnung in Form von IMF, GATT, IBRD und der UN stellen Kernpunkte des Multilateralismus dar.

Der Multilateralismus
Der Multilateralismus beschreibt in der internationalen Politik ein Konzept, bei dem mindestens drei Länder zusammenarbeiten, um mit gemeinsamen Einstellungen und Werten ein gemeinsames Ziel zu erreichen.

Neben den o. g. internationalen Organisationen und Abkommen spielte vor allem auch die Gründung der NATO (North Atlantic Treaty Association) 1947 eine zentrale Rolle für die weitere außenpolitische Entwicklung der USA: Mit dem Ende des zweiten Weltkrieges manifestierte sich eine ideologische und geostrategische Trennlinie zwischen der kommunistischen Sowjetunion, die bereits seit dem Aufstieg der Bolschewisten und der Oktoberrevolution mit Misstrauen seitens der USA betrachtet wurde und durch den außenpolitischen Grundsatz von Präsident Harry S. Truman konfrontativ verstärkt wurde: Die von ihm 1947 formulierte **Truman-Doktrin** versprach den Schutz und die Unterstützung der USA für alle Länder, die durch die Sowjetunion bedroht wurden. Sie basierte auf einer sicherheitspolitischen **Containment-Politik**, die auf die Eindämmung, aber auch Zurückdrängung des Kommunismus in der Welt setzte, was sich insbesondere in der wirtschaftlichen Unterstützung durch den Marshall-Plan und dem Wiederaufbau Europas zeigte.

Die Jahrzehnte des kalten Krieges in der Konfrontation mit der Sowjetunion waren geopolitisch stark durch die Containment-Politik und entsprechende geopolitische Ideen geprägt. Als wichtig erwiesen sich hier beispielsweise die **Heartland-Theorie** von Sir Halford Mackinder, die Zentralasien und Osteuropa als den geographischen Dreh- und Angelpunkt (*pivot area*) territorialer Kontrolle und Macht identifizierte, wie sie lange durch das russische Zarenreich, sowie auch die Sowjetunion ausgeübt wurde. Die Argumentation Mackinders lautete, dass Seemächte in Eurasien durch den nur beschränkten Zugang zu den eurasischen Territorien über die Weltmeere und damit gegenüber eurasischen Landmächten benachteiligt wären, was Eurasien zu einer Art „natürlicher Festung" mache und einer Landmacht die Möglichkeit gab, über diese sog. Weltinsel (world island) zu herrschen (Bandeira 2016, 9–11). Die US-Außenpolitik gegenüber der Sowjetunion richtete sich insbesondere während der Präsidentschaft Jimmy Carters von 1977–1981 stark an den Ideen von Mackinder und dem Versuch der Kontrolle über das Heartland aus, was entscheidend durch seinen Sicherheitsberater Zbigniew Brzezinski geprägt wurde (Bandeira 2016, 13). Neben dem Fokus auf die Sowjetunion wurde die Heartland-Theorie ferner auch durch die **Rimland-Theorie** des Geographen Nicholas Spykman geprägt, die die Einflussnahme der USA auf die an Eurasien angrenzenden Regionen ausweitete, von Skandinavien über West- und Mitteleuropa, die Türkei, sowie den Nahen Osten bis hin zum indischen Subkontinent, Südostasien und bis nach Nordchina und Korea (Bandeira 2016, 13). Sie besagte, dass dieses Rimland bedeutender für die Eindämmung und Kontrolle der Sowjetunion sei und begründete strategisch die Unterstützung der USA für die Länder des Nahen Ostens gegen die Unterdrückung der islamischen Völker in der Sowjetunion, was beispielsweise auch in der Unterstützung und Bewaffnung Afghanistans während der sowjetischen Invasion in den 1980er Jahren resultierte (Bandeira 2016, 13).

Weitere Interventionen der USA gegen kommunistische Regime und Diktaturen zeigten sich im Laufe des 20. Jahrhunderts häufig und waren zumeist die Begründung für militärische Auseinandersetzungen vor Ort, z. B.

- Der **Korea-Krieg (1950–1953)**, bei dem der Süden gegen den kommunistischen und von der VR China und der Sowjetunion unterstützen Norden verteidigt wurde
- Der **Vietnam-Krieg**, bei dem Südvietnam gegenüber dem kommunistischen Nordvietnam unterstützt wurde
- Ähnliche Vorgehen in Laos, Kambodscha und Indonesien
- Die (gescheiterte) **Invasion in der Schweinebucht in Kuba 1961**, um die kommunistische Machtübernahme durch Fidel Castro zu verhindern
- Die **Unterstützung des Militärputsches in Chile 1971** gegen den gewählten Sozialisten Salvador Allende

– Die **Intervention in Nicaragua** 1981 zur Unterstützung der Contra-Rebellen gegen die kommunistische Sandín-Regierung

Insbesondere die Unterstützung der Mudschaheddin-Kämpfer in Afghanistan gegen die sowjetische Invasion (Stöver 2021, 620 f.) hatte langfristig eine Destabilisierung der Region zur Folge, begünstigte aber insbesondere den Aufstieg des Terrorismus, der sich gravierend durch die Terroranschläge am 11. September 2001 auf die USA auswirkte (Stöver 2021, 623 f.). Der in der Folge durch George W. Bush beschlossene **Krieg gegen den Terror** gegen eine von ihm benannte „Achse des Bösen" (namentlich der Iran, Irak und Nordkorea) führte zu weiteren Einmärschen der USA in den Irak zum Sturz Saddam Husseins, sowie der Bekämpfung terroristischer Gruppen in Afghanistan. Der Einmarsch in den Irak erfolgte ohne vorheriges UN-Mandat, was eine Ausprägung unilateralen Vorgehens der USA zeigte, d. h. einseitiger Entscheidung ohne gemeinsame Zustimmung internationaler Organisationen im Rahmen einer regelbasierten Ordnung. Sie führten in der Folge zu starker internationaler Kritik und belasteten die diplomatischen Beziehungen, wie auch das Außenbild der USA (Bierling, in: Denison/Schild/Shabafrouz 2021, 450–456). Innenpolitisch führte die lange Truppenpräsenz mit Verlusten und traumatisierten Soldaten zu starken Protesten gegen den US-amerikanischen Interventionismus und ließ Forderungen nach einem Abzug der Truppen innerhalb der Bevölkerung laut werden, die unter der Präsidentschaft Obamas angestoßen wurden. Unter der Kritik eines verlustreichen und kostspieligen Anti-Terror-Krieges schränkte Obama das Engagement der USA in neuentfachten regionalen Konflikten stark ein. So erfolgte beispielsweise im Syrien-Konflikt, sowie während des arabischen Frühlings in Nordafrika kein Eingriff amerikanischer Truppen, ebenso wurde die Annexion der Krim zunächst als europäisches Problem betrachtet. Die Obama-Administration stellt in ihrer Gesamtheit im 21. Jahrhundert eine einläutende Abkehr des US-amerikanischen Interventionismus dar (Bierling, in: Denison/Schild/Shabafrouz 2021, 456–459).

Ebenso kennzeichnend, wie für die außenpolitische Linie der USA, ist auch die Parallelität in der Bedeutung von Freihandel und Merkantilismus in der US-Handelspolitik. So verfolgten die USA in der Vergangenheit wechselhafte Praktiken, die den Freihandel förderten, andererseits aber auch klassisch protektionistische Maßnahmen, die dem Merkantilismus zuzuordnen sind. Auch diese in unterschiedlicher Form und Intensität ausgeübten Praktiken müssen in einem historischen Kontext betrachtet werden.

So gelten bereits die frühen Gründungsjahre der Staaten als eine erste Epoche, die zunächst durch ein starkes Interesse am Freihandel geprägt war. Die Aufrechterhaltung wirtschaftlicher Beziehungen zur „alten Welt" spielte aus mehreren Gründen heraus eine wichtige Rolle: Da es dem vergleichsweise jungen und daher industriell noch unterentwickelten Land nicht möglich war, die Bevölkerung ausreichend mit Fertigwaren zu versorgen und die Wirtschaftsstruktur stark agrarisch geprägt war, diente die Offenheit gegenüber Importen zunächst einer wichtigen Versorgungsfunktion mit solchen Gütern, die industriell hergestellt werden mussten, jedoch noch nicht in den USA produziert werden konnten(Gassert/Häberlein/Wala 2021, 199). Aufgrund der stark agrarisch geprägten Struktur des Landes basierte der ökonomische Output der USA neben Getreide auch auf der Produktion typischer Kolonialgüter. Begünstigt durch das tropische Klima und unter Bedingungen der Sklaverei wurde v. a. in den Südstaaten Baumwolle (z. B. Mississippi und Alabama) und Tabak (Virginia/Maryland) angebaut. Sie stellten wichtige Exportgüter und Devisenquellen dar (Gassert/Äberlein/Wala 2021, 17).

Die Ausgestaltung der Außenhandelsbeziehungen veränderte sich jedoch vor allem mit zunehmender industrieller Entwicklung: Während die Kolonialzeit zunächst noch stark durch die Abhängigkeit von Großbritannien geprägt gewesen ist und die Kolonien Neuenglands typisch koloniale Außenhandelsstrukturen aufwiesen (Export von Rohstoffen und Weiterverarbeitung zu Fertigwaren in Europa) (Gassert/Häberlein/Wala 2021, 199), läutete die Unabhängigkeit mit der Industrialisierung der USA industrie- und handelspolitisch auch den Schutz der neu entstehenden Industriezweige ein. Die in den USA noch jungen, wachsenden Industriezweige sollten gefördert, jedoch vor allem vor ausländischer Konkurrenz geschützt werden. Die Idee, solche sog. **infant industries** zu schützen, indem ausländische Konkurrenzprodukte mit sog. **Schutzzöllen** belegt werden, geht in den USA hierbei ebenfalls auf Alexander Hamilton zurück (Mildner / Howald, in: IzpB 2013, 72). So folgten im Zuge der ersten Industrialisierungsjahre der USA mehrere Gesetze, die die eigene industrielle Produktion vor Importprodukten schützen sollten, z. B.

– **Tariff of Abominations 1828** zur Einführung hoher Zollsätze auf importierte Fertigwaren
– **Morrill Tariff 1861** zur Steigerung der Regierungseinnahmen und Erhöhung industrieller Fertigung

Gleichzeitig galten die expansionistischen Gebietsannexionen und -eroberungen im Zuge des spanisch-amerikanischen Krieges auch einer Erweiterung und Sicherung des Marktzugangs, die sich Mitte des 19. Jahrhunderts auf z. B. Japan oder dem Abschluss von Handelsverträgen mit Mexiko, Santo Domingo (heutige dominikanische Republik), Kolumbien und den westindischen Inseln erschloss, sowie der Annexion der Midway-Inseln und Hawaii 1898, welches später zu einer Handelsbasis für die Marine ausgebaut wurde. Dies bildete neben dem Schutz der eigenen Industrie durch Zölle gleichzeitig die sog. **open door policy**, d. h. einem Interesse an ungehindertem und gesichertem Marktzugang für alle, was sich neben dem Bau des Panamakanals auch in Ostasien in der Intervention im russisch-japanischen Krieg, sowie der Verteidigung Chinas zeigte (Dippl 2021, 69–70; 78–80).

Mit Blick auf die Industrialisierung zeigte dies in der frühen Unabhängigkeit bereits Grundzüge des Merkantilismus, als dass die USA früh das Ziel verfolgten, Handelsbilanzüberschüsse zu erzielen:

Der Merkantilismus

Der Merkantilismus ist eine Form protektionistischer Wirtschaftspolitik, die darauf basiert, möglichst hohe Leistungsbilanzüberschüsse zu erzeugen, indem

– Rohstoffe großzügig importiert & eigene Rohstoffe nicht ausgeführt werden dürfen und Fertigwaren für den Export produziert werden

– während Importe von Fertigwaren mit hohen Zöllen versehen werden und gleichzeitig

– die Industriestruktur und Transportinfrastruktur umfassend gefördert wird und

– das Marktgebiet erweitert wird

Ebenfalls durch Protektionismus geprägt waren die Jahre nach dem ersten Weltkrieg. So führten der **Fordney-McCumber Tariff 1922**, wie auch der unmittelbar im Zuge der Weltwirtschaftskrise eingeführte **Smoot-Hawley Tariff 1930** zu zahlreichen Zollerhöhungen auf Konkurrenzprodukte heimischer Produktion.

Deutlich stärker durch Freihandelsimpulse geprägt war die Nachkriegszeit, in der die USA eine wichtige Rolle bei der Gestaltung des **General Agreement on Tariffs and Trade (GATT)** spielte, welches als Abkommen 1948 einen entscheidenden Grundstein für die Liberalisierung des Welthandels legte (Mildner/Howald, in: IzpB 2013, 72): Ziel des GATT war eine umfassende Reduktion der Zölle und Handelshemmnisse, welches bis heute wichtige Kernprinzipien des Freihandels schuf, u. a.:

– Reduktion von Zöllen und nicht-tarifären Handelshemmnissen

– Meistbegünstigungsprinzip

– Reziprozitätsprinzip

– Prinzip nationaler Behandlung

Im Zuge der nach 1945 entstandenen multilateralen Wirtschafts- und Weltordnung förderte die USA in der Nachkriegszeit den internationalen Handel insbesondere auch mit Europa: Der **European Recovery Plan (Marshall-Plan)** bewirkte aufgrund der wirtschaftlichen Hilfen für Europa auch eine erneute, transatlantische Marktöffnung für amerikanische Produkte. Gleichwohl diente die Handelspolitik im Zuge des kalten Krieges auch als ein Instrument der Einbindung ideologisch nahestehender Volkswirtschaften zur Eingrenzung des Einflusses der Sowjetunion (Mildner/Howald, in IzpB 2013, 72). Sie verhalf dabei indirekt z. B. auch auf kultureller Ebene, die amerikanische Lebensweise und ihre Produkte in die entsprechend verbündeten Länder zu bringen und brachte einen wichtigen Kulturexport mit der Errichtung kultureller Institutionen mit sich, wie z. B. den Amerikahäusern in Westdeutschland.

Als handelspolitisch weiterhin wichtige Phasen sind insbesondere die 1990er-Jahre unter Bill Clinton zu nennen. Mit dem Zusammenbruch der Sowjetunion fehlte einerseits ein geopolitisch relevanter, ebenbürtiger Rivale, was die USA umso mehr als zentrale Gestaltungsmacht in der internationalen Gemeinschaft positionierte (Lindsay, in Denison et al. 2021, 69). Im Zentrum standen in der Zeit vor allem die Unterstützung der neu gegründeten GUS-Staaten der ehemaligen Sowjetunion beim Übergang zu Demokratie und Marktwirtschaft, jedoch vor allem die weitere Liberalisierung des Welthandels im Zuge der voranschreitenden Globalisierung. Einen wichtigen Beitrag hierzu leistete die USA bei der Gründung der WTO 1995, der Unterstützung der NATO um die osteuropäischen Länder (sog. NATO-Osterweiterung), sowie der Schaffung der nordamerikanischen Freihandelszone zwischen Kanada, den USA und Mexiko, der sog. NAFTA (North American Free Trade Area) (Lindsay, in Denison et al. 2021, 69; Mildner/Howald, in IzpB 2013, 72; Thunert 2002). Im Rückblick kann die Dekade der 1990er Jahre als ein liberales Jahrzehnt im Sinne einer weiteren Integration der USA ins Globalisierungsgefüge betrachtet werden, die durch die NAFTA und die WTO entscheidend vorangetrieben wurde.

Die darauffolgende Präsidentschaft George W. Bushs (2001–2007) zeigte sich deutlich ausgewogener zwischen einer weiteren Liberalisierung und protektionistischen Maßnahmen. Während auf der einen Seite mehrere bilaterale Freihandelsabkommen mit z. B. Australien, Singapur, Marokko und Chile sowie ein regionales Freihandelsabkommen mit mittelamerikanischen Ländern und der demokratischen Republik (CAFTA-DR) geschlossen (Mildner/Howald, in IzpB 2013, 72) und weiterhin Zollsenkungen durch Teilnahmen an WTO-Verhandlungsrunden unterstützt wurden, gab es 2002 andererseits Zollerhöhungen auf Stahlimporte, die insbesondere im Hinblick auf China vermeintliche unfaire Handespraktiken mit protektionistischer Reaktion vergelten sollten, sowie Subventionen für die US-Landwirtschaft (Bierling, in: APuZ 2004, 38), die zum Handelsdefizit beitrugen.

Das Handelsdefizit ist dabei als ein über mehrere Jahrzehnte bestehendes Problem des US-amerikanischen Außenhandels zu betrachten, welches regelmäßig zum handelspolitischen Diskussions- und Verhandlungsgegenstand wird (Mildner, in Koschut/Kutz 2012, 167–170): Aufgrund des großen Binnenmarktes der USA trägt der Außenhandel traditionell einen nur geringeren Anteil am BIP (10% im Jahr 2022), als beispielsweise bei einer Exportnation wie Deutschland (50,92% im Jahr 2022) bei. Politisch relevante Handelsbilanzdefizite bestehen beispielsweise mit China, der EU, Japan, sowie dem NAFTA-Raum, insbesondere Mexiko.

Insbesondere das Handelsbilanzdefizit mit China, sowie der EU führte zu politischen Spannungen zwischen den Wirtschaftspartnern. Mit der europäischen Union verhandelte man langwierig über ein Freihandelsabkommen im Rahmen der transatlantischen Handels- und Investitionspartnerschaft (TTIP), konnte diese jedoch bis heute zu keinem Ergebnis bringen. Strategisch und handelspolitisch erwies sich unter Obama der Abschluss der transpazifischen Partnerschaft (TPP) als substantielles Zeichen einer Neuorientierung der geopolitischen und handelspolitischen Interessenssphären. Der sog. *pivot to asia* rückte während der Legislatur Obamas Asien und insbesondere China stärker in den Mittelpunkt US-amerikanischer Außenpolitik (Bierling, in Denison et al. 2021, 458; Fröhlich, in Denison et al. 2021, 508 f.). Mit dem Abschluss des TPP und damit der Einbindung pazifischer Anrainerstaaten – ohne Beteiligung Chinas – setzte die damalige US-Regierung ein politisches Zeichen gegenüber dem wachsenden ökonomischen Einfluss der Volksrepublik.

Wesentliche Leitinteressen der US-Handelspolitik im 21. Jahrhundert liegen dabei auf dem Schutz ihrer arbeitsintensiven, meist altindustriellen Zweige (z. B. Eisen- und Stahlindustrie, Maschinenbau, Automobilindustrie) und der Landwirtschaft. Die häufige Sorge vor Arbeitsplatzverlusten der US-Wirtschaft, die schon beim Abschluss des NAFTA-Abkommens innenpolitisch artikuliert wurde, fand dabei erneut eine radikale Rhetorik in der Außenpolitik von Donald Trump. Seine *America First*-Doktrin rückte Zölle auf chinesische Stahlimporte, angedrohte Zölle auf europäische Automobile und die Aufkündigung von TPP (neben dem Ausstieg aus dem Pariser Klimaabkommen, sowie der WHO) in den Mittelpunkt der Handelspolitik. Die Aufkündigung der NAFTA diente dabei einer Neuverhandlung der Konditionen zur Begünstigung der USA und führte zum Neuabschluss der USMCA (United States Mexico Canada-Agreement). Im Zentrum der Neuverhandlungen standen dabei beispielsweise die Erhöhung der Local Content-Auflagen importierter Produkte mit einem US-Anteil von 62,5% auf 75%, sowie der Beschränkung von Importmengen mexikanischer und kanadischer Produkte. Als weiterer Punkt gilt ferner auch das Einhalten von Umwelt-, Sozial- und Lohnstandards für importierte Produkte. Da diese bei ca. 16$, bzw. dem amerikanischen Mindestlohnniveau liegen sollen, erweist sich diese Auflage als handelshemmend für Mexiko, welches ein deutlich niedrigeres Lohnniveau aufweist (Braml / Schmucker, Denison et al. 2021, 397; Riecke, in Denison et al. 2021, 468–472).

Neben den o. g. Grundzügen der Handelspolitik unter Donald Trump sind isolationistische Charakteristika prägend für die geopolitische *America First*-Politik. Neben der Fortsetzung des Truppenabzugs aus dem Nahen Osten zeigt sie ferner auch eine radikal verstärkte Form unilateralen Handelns der USA unter Androhung oder auch Vollzug des Ausstiegs aus internationalen Organisationen, die dem regelbasierten Handeln unterliegen. Unter Berufung auf unfaire Handelspraktiken Chinas (z. B. Lohndumping), unerfüllte Beistandsverpflichtungen für den NATO-Haushalt seitens Deutschlands und populistisch aufgeladenen Drohgebärden gegenüber Einwanderern und feindlichen Regimen (Nordkorea) verfolgte Trump außenpolitisch eine verstärkte Form isolationistischer Maßnahmen (Bierling, in Denison et al. 2021, 459–462). Der unter Obama begonnene Rückzug aus den Kriegsgebieten, das zurückhaltende Agieren in Syrien, Libyen und der Krim-Krise und der EU zeigten nach langen Phasen des Engagements seit dem zweiten Weltkrieg erstmalig wieder Ausprägungen eines Rückzugs der USA aus dem Interventionismus (Bierling, in Denison et al. 2021, 456–459).

Die von Donald Trump verfolgte Politik wird rückwirkend als eine Ausprägungsphase der Abkehr vom und damit auch Ambivalenz zum Multilateralismus betrachtet (Viola, in: Horst et al. 2019, 274–277), wie er mehrfach in der in diesem Kapitel ausführlich thematisierten Geschichte US-amerikanischer Außenpolitik aufgezeigt wurde. Während die Gründungsjahrzehnte der USA stark von Isolationismus und Nicht-Einmischung geprägt waren und auch beide Weltkriege zunächst von US-amerikanischer Neutralität geprägt waren, verstärkte sich der Multilateralismus entscheidend nach dem zweiten Weltkrieg im Rahmen einer langen Gestaltungsphase internationaler Politik. Ambivalent prägt sich der Multilateralismus deswegen aus, da zahlreiche Interventionen der USA unilateral erfolgten, d. h. ohne Berücksichtigung der internationalen Staatengemeinschaft. Generell charakterisieren lässt sich das Verhältnis der USA zum Multilateralismus daher als grundsätzlich bejahend, engagiert und unterstützend, sofern er US-amerikanischen Interessen dient, dies gilt jedoch nur insoweit, wie US-amerikanische Autonomie und Interessen nicht durch ihn eingeschränkt werden (Viola, in: Horst et al. 2019, 277).

Kontrollfragen

A. Wodurch drückt sich der amerikanische Exzeptionalismus aus?
B. Worauf basiert der amerikanische Gestaltungsanspruch in der Welt?
C. Welche außenpolitischen Handlungen und Entscheidungen der USA lassen sich dem Multilateralismus und welche dem Unilateralismus zuordnen?
D. Inwiefern lässt sich die Handelspolitik der USA als protektionistisch beschreiben?

2.6 Osteuropa (der Weg der Transformation) – Eine Beispielanalyse

In diesem Kapitel lernen Sie ...
- ökonomische Hintergründe zum Thema Transformation von Volkswirtschaften,
- die Eingrenzung des Untersuchungsgegenstandes und die Hinführung zu einer Problem- bzw. Fragestellung,
- die Auswahl der Messmethode,
- das Arbeiten mit ökonomischen Daten und die Durchführung der empirischen Analyse und
- Ergebnisse/Implikationen aus der empirischen Analyse abzuleiten.

Zunächst einmal sollten Studierende das Thema bei der Erstellung einer wissenschaftlichen Arbeit eingrenzen. Dies dient erstens dazu, sich nicht „im Wald zu verlaufen". Denn bei einer Untersuchung werden Sie immer neue Informationen und wissenschaftliche Artikel finden, die Ihnen zeigen, dass man ein Thema von vielen Seiten beleuchten kann. Letztendlich würde Sie dann Ihre Recherche vielleicht mehr verunsichern als festigen. Zweitens dient eine Eingrenzung dazu, einen wesentlichen Themenfokus zu bilden, auf den man sich konzentrieren möchte. In einem wissenschaftlichen Artikel sollte dies auch so umgesetzt werden.

Bei einem ersten Blick in die Literatur fällt auf, dass der Begriff Osteuropa in unterschiedlichen Kontexten teils sehr unterschiedliche Bedeutungen annimmt. Diese Vielfalt ist weitaus ausgeprägter im Vergleich zu Begriffen wie Westeuropa oder Nordeuropa. Die räumlichen Definitionen von Osteuropa weisen nicht nur Überlappungen auf, wie es bei vielen anderen geografischen Bezeichnungen der Fall ist, sondern können sogar völlig voneinander abgetrennt sein (Jahn 1990, 418). Im allgemeinen Verständnis werden Prag, Ljubljana und Zagreb meist Osteuropa zugeordnet, obwohl sie westlicher liegen als zum Beispiel Wien, und auch Serbien westlicher liegt als Finnland (Grob 2015).

Ein Beispiel verdeutlicht diese Varianz: Während für Einige Polen als Land in Osteuropa gilt und der nördliche Bug die europäische Ostgrenze markiert, sieht etwa Jahn (1990, 418) Polen als mitteleuropäisches Land an, was im Kontext bedeuten würde, dass Osteuropa erst jenseits des nördlichen Bugs beginnt. Etwas prägnant formuliert, beginnt Osteuropa für die Berliner an der polnischen Grenze, für die Westpolen in Warschau, für die Ostpolen und Slowaken in Weißrussland und der Ukraine, für die Westukrainer östlich von Kiew und für die Kroaten in Serbien. Man könnte somit in der heutigen Vorstellung von einem petrinischen Osteuropa-Begriff ausgehen, der durch den Kalten Krieg und den Eisernen Vorhang geprägt wurde, den Churchill 1945 auf die von der Sowjetunion abhängigen Länder bezog (Grob 2015).

https://doi.org/10.1515/9783110790245-013

Die Ländergruppen Osteuropas

Zu den Staaten Osteuropas gehören die Ländergruppen …
- der mittelosteuropäischen Staaten
    - Albanien, Bulgarien, Kroatien, Nord-Mazedonien, Rumänien und Slowenien
- der Visegrád-Staaten
    - Polen, Tschechische Republik, Ungarn und Slowakische Republik
- der baltischen Staaten
    - Estland, Lettland und Litauen
- der europäischen Gemeinschaft unabhängiger Staaten (zu der alle europäischen Länder der ehemaligen Sowjetunion als Vollmitglieder oder assoziierte Mitglieder gehören)
    - Georgien, Moldawien, Ukraine und Weißrussland

Quelle: EBRD (1999, 24); Fidrmuc/Fidrmuc/Horvath (2002, 2).

Die obige Abbildung zeigt eine gängige Abgrenzung Osteuropas nach der European Bank for Reconstruction and Development. Aus dieser ersten Begriffsabgrenzung sehen wir, dass eine Untersuchung aller hier genannten Länder den hier vorgegebenen Untersuchungsrahmen durchaus sprengen würde. Eine weitere Eingrenzung des Untersuchungsgegenstandes macht also durchaus Sinn, um sich spezifischer auf die Themenstellung fokussieren zu können. Eine erste grobe Sicht auf die wirtschaftliche Performance könnte hier helfen. Denn unter ökonomischer Transformation versteht man ganz allgemein formuliert die Wandlung von Planwirtschaften bzw. Zentralverwaltungswirtschaften zu marktwirtschaftlich organisierten Volkswirtschaften. In dieser Vorstellung wird die Parteiherrschaft durch die repräsentative Demokratie, die geplante, quasi-autarke Wirtschaft durch eine in den Weltmarkt integrierte Marktwirtschaft ersetzt. An die Stelle des zentral administrierten Imperiums treten souveräne nationale Nachfolgestaaten mit gezogenen Grenzen, definiertem Staatsvolk und geteilter Kultur und Identität. Ein genauerer Blick in die Datenlage hilft nun, das Thema besser eingrenzen zu können. Vielleicht läge eine Möglichkeit darin, nur diejenigen Länder zu betrachten, die eine außergewöhnliche wirtschaftliche Performance generiert haben. Die Länder hätten den Transformationsprozess hin zur marktwirtschaftlichen Öffnung dann eindrucksvoll bewiesen. Vielleicht läge andererseits auch eine Möglichkeit darin, nur diejenigen Länder auszuwählen, die mit Deutschland sehr intensive Wirtschaftsbeziehungen aufgebaut haben.

Ein Blick auf Tabelle 9 gibt erste weitere Aufschlüsse. Die osteuropäischen Transformationsländer weisen teilweise heute noch große wirtschaftliche Unterschiede auf. Vor allem die Visegrád-Staaten und die baltischen Staaten sowie Slowenien scheinen heutzutage auf einem höheren wirtschaftlichen Stand und stärker in der Weltwirtschaft integriert zu sein als die anderen osteuropäischen Länder. Auch wenn Slowenien mit rund 29.500 Euro im Jahr 2022 das höchste Pro-Kopf-BIP der Ländergruppe vorweist, muss ebenso erwähnt werden, dass das Wachstum des Indikators über die letzten 20 Jahre das schwächste Wachstum dieser Ländergruppe war. Zudem verfügte das Land bereits im Jahr 2003 über das höchste Wohlstandsniveau dieser Ländergruppe. Die Visegrád-

Staaten und die baltischen Länder fallen aber sowohl mit hohen Wachstumsraten über die letzten 20 Jahre als auch mit einem hohen Wohlstandsniveau im Jahr 2022 auf.

Auch ein Blick auf die Außenhandelsquoten zeigt eindeutige Signale. Alle Länder haben sowohl ihre Exportquoten als auch ihre Importquoten deutlich erhöht und haben sich damit sehr stark in den internationalen Handel integriert. So weisen gerade die baltischen Länder und die Visegrád-Staaten Außenhandelsquoten von teilweise 80 Prozent des Bruttoinlandsproduktes oder mehr auf. Dies sind zunächst eindeutige Indizien für eine erfolgreiche Integration in die internationale Arbeitsteilung.

Auch die aggregierten Daten, bei denen die Daten in Tabelle 10 zu den einzelnen vorgenannten Ländergruppen zusammengefasst wurden, zeigen ein eindeutiges Bild in Richtung starker wirtschaftlicher Performance und Integration. Zwar weist die Europäische Gemeinschaft unabhängiger Staaten das höchste Wachstum beim Bruttoinlandsprodukt pro Kopf auf, allerdings ist das absolute Niveau im Jahr 2023 mit einem Wert von gut 6.200 USD das vergleichsweise niedrigste (siehe Tabelle 10). Damit liegt ein europäisches Wohlstandsniveau hier noch in weiter Ferne. Auch die Entwicklung der Exportquote wirkt sehr enttäuschend, was darauf schließen lässt, dass die Transformation dieser Länder hin zu offenen und international partizipierenden Volkswirtschaften noch nicht weit fortgeschritten ist. Ein deutlich anderes Bild weisen wieder die baltischen Staaten und die Visegrád-Länder auf. Sowohl die internationale

Tabelle 9: BIP pro Kopf und Außenhandelsquoten im Vergleich

	BIP pro Kopf (in USD)			Exportquote (in % des BIP)		Importquote (in % des BIP)	
	2003	2022	Wachstum in %	2003	2022	2003	2022
Slowenien	14.849	29.457	98	51,0	90,4	51,3	88,8
Tschechische Republik	9.818	27.638	182	46,7	74,8	48,2	74,9
Estland	7.203	28.333	293	57,2	85,5	65,6	86,1
Litauen	5.499	24.827	351	46,2	87,6	52,0	89,5
Slowakische Republik	8.731	21.258	143	62,3	99,1	62,8	104,8
Lettland	5.145	21.851	325	36,0	70,3	48,6	76,2
Ungarn	8.419	18.463	119	56,3	90,4	60,3	94,5
Polen	5.701	18.321	221	33,4	61,7	36,1	60,6
Kroatien	8.192	18.413	125	35,5	60,7	45,9	65,3
Bulgarien	2.719	13.772	407	34,4	68,5	44,6	67,7
Rumänien	2.679	15.892	493	24,2	42,5	32,0	49,4
Weißrussland	1.819	7.905	335	65,2	63,7	69,0	57,9
Nord-Mazedonien	2.440	6.591	170	27,7	74,9	43,4	95,9
Albanien	1.846	6.803	269	20,8	37,5	46,2	47,8
Georgien	1.010	6.628	556	31,5	52,9	46,2	63,0
Moldawien	682	5.563	716	53,3	40,9	86,7	70,0
Ukraine	1.087	4.534	317	52,5	35,5	50,0	52,3

Quelle: Eigene Darstellung und Berechnung nach World Bank (2023a; 2023b; 2023c).

wirtschaftliche Integration über die sehr starke Erhöhung der Außenhandelsquoten auf gut 80 Prozent des Bruttoinlandsproduktes als auch die Wachstumsperformance und die Wohlstandsniveaus lassen hier eine offensichtlich sehr erfolgreiche ökonomische Transformation erkennen.

Tabelle 10: BIP pro Kopf und Außenhandelsquoten im Vergleich der osteuropäischen Ländergruppen

	BIP pro Kopf (in USD, gerundet)			Exportquote (in % des BIP)		Importquote (in % des BIP)	
	2003	2022	Veränderung (in %)	2003	2022	2003	2022
Visegrád-Staaten	8.200	21.420	161	50	81	52	84
Baltische Staaten	5.900	25.000	324	46	81	55	83
Mittelosteuropäische Staaten	5.500	15.200	176	32	62	43	66
Europäische Gemeinschaft unabhängiger Staaten	1.200	6.200	417	50	47	63	70

Quelle: Eigene Darstellung und Berechnung nach World Bank (2023a; 2023b; 2023c).

Ein genauerer Blick auf die Visegrád-Staaten zeigt, dass diese mittlerweile wirtschaftlich von hoher strategischer Bedeutung für Deutschland sind, auch im Vergleich zu der ebenso wirtschaftlich weiterentwickelten Ländergruppe der baltischen Staaten. Dies zeigt ein Blick auf Tabelle 11. Rechnet man den deutschen Export in die vier Visegrád-Staaten zusammen, sind diese im Jahr 2022 mit einem Exportwert von knapp 200 Milliarden Euro und einem Anteil von 12,5 Prozent größter Abnehmer für deutsche Waren und Dienstleistungen, noch vor den USA mit einem Exportwert von etwa 156 Milliarden Euro. Die baltischen Staaten hingegen machen mit circa zehn Milliarden Euro und einem Anteil von weniger als einem Prozent nur einen marginalen Anteil am deutschen Export aus. Ein Blick auf die deutschen Importe zeichnet ein ähnliches Bild. Die Visegrád-Staaten und China sind Deutschlands wichtigste Importdestination mit einem Wert von etwa 190 Milliarden Euro und einem Anteil von fast 13 Prozent am gesamten Import, während der deutsche Import aus den baltischen Staaten bei nur 5,4 Milliarden Euro liegt. Es lässt sich festhalten, dass die Visegrád-Staaten zusammengerechnet mittlerweile Deutschlands wichtigster Handelspartner sind.

Betrachtet man die deutschen Bestände der ausländischen Direktinvestitionen im Ausland, die neben den Außenhandelsdaten als ein sehr wichtiger Indikator zur Messung der internationalen Wirtschaftsbeziehungen dienen, sieht man ebenso einen enormen Bedeutungszuwachs der Visegrád-Staaten. Dies geht aus Tabelle 12 hervor. Im Jahr 2022 hatten deutsche Unternehmen Direktinvestitionsbestände in Höhe von etwa 90 Mrd. Euro in den Visegrád-Staaten investiert, was einem Anstieg von über 200 Prozent seit dem Jahr 2003 entspricht. Dies macht fast ein Fünftel der Gesamtbestände in der EU aus. Offensichtlich spielt diese Ländergruppe auch in den Produktionsplänen der deutschen Unternehmen eine besondere Rolle.

Tabelle 11: Deutscher Außenhandel mit den Visegrád-Staaten und den baltischen Staaten im Vergleich zu den wichtigsten Handelspartnern im Jahr 2022

	Exporte (in Mrd. Euro)	Anteil (in % des deutschen Gesamtexports)	Importe (in Mrd. Euro)	Anteil (in % des deutschen Gesamtimports)
Visegrád-Staaten	199	12,5	191	12,7
USA	156	9,8	115	7,6
Niederlande	112	7	93	6,2
China	107	6,7	193	12,8
Polen	93	5,8	78	5,2
Tschechien	56	3,5	59	3,9
Ungarn	33	2,1	34	2,3
Slowakei	17	1,1	20	1,3
Baltische Staaten	11	0,7	5,4	0,4
Litauen	5,5	0,3	3,2	0,2
Estland	2,6	0,2	1,0	0,1
Lettland	2,5	0,2	1,2	0,1

Quelle: Eigene Darstellung und Berechnungen nach Statistisches Bundesamt (2023).

Tabelle 12: Bestand unmittelbarer und mittelbarer Direktinvestitionen deutscher Unternehmen in der EU, den Visegrád-Staaten und den baltischen Staaten (in Mrd. Euro)

	2003	**2022**
Europäische Union	351,7	488,7
Polen	7,6	36,9
Tschechien	8,0	26,6
Ungarn	9,5	18,5
Slowakei	3,1	8,7
Visegrád-Staaten	28,2	90,7
Litauen	0,3	1,3
Estland	0,05	1,6
Lettland	0,2	0,8
Baltische Staaten	0,6	3,7

Quelle: Eigene Darstellung und Berechnungen nach Deutsche Bundesbank (2023) und Deutsche Bundesbank (2024), Sonderauswertung für die Verfasser.

Die Ursachen dafür, warum gerade die Visegrád-Staaten für Deutschland (außen-) wirtschaftlich von hoher Bedeutung sind, können vielfältig sein. So könnte zunächst die geographische Lage und die damit verbundene Nähe zum Produktionsstandort Deutschland ein wesentlicher Standortvorteil sein. Aber auch viele andere Standortfaktoren, wie etwa Marktwachstum oder Marktpotential, die Verfügbarkeit von qualifizierten Arbeitskräften, Arbeitskosten, Produktivität, geringere bürokratische Hürden, oder auch eine niedrigere Unternehmensbesteuerung sind Faktoren, die bei der Entscheidung über Direktinvestitionen eine wichtige Rolle spielen. Für unsere Analyse sind jedoch die starken wirtschaftlichen Verflechtungen zwischen Deutschland und den Visegrád-Staaten hervorzuheben, weshalb wir uns in den folgenden Abschnitten auf die Analyse der Visegrád-Staaten konzentrieren und die anderen Ländergruppen auslassen.

Im Folgenden wird der (wirtschaftliche) Entwicklungspfad der Visegrád-Staaten seit Beginn der Transformation im Jahr 1990 im Vergleich zu Deutschland und der Europäischen Union betrachtet, um zu prüfen, ob sich die Transformation positiv auf die wirtschaftliche Entwicklung ausgewirkt hat und ein Aufholprozess auf die wirtschaftlich weiterentwickelten europäischen Länder gestartet werden konnte.

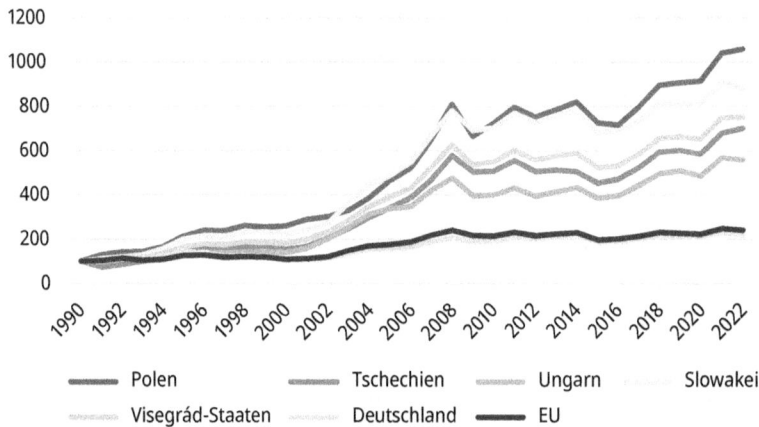

Abb. 26: BIP pro Kopf der Visegrád-Staaten im Vergleich zu Deutschland und der Europäischen Union, Index (1990 = 100)
Quelle: Eigene Darstellung und Berechnungen nach World Bank (2023a).

In Abb. 26 ist das BIP pro Kopf in einer indexierten Betrachtung in den Visegrád-Staaten, Deutschland und der Europäischen Union dargestellt. Es lässt sich eindeutig erkennen, dass in den Visegrád-Staaten im Vergleich zu Deutschland und der EU ein deutlich höheres Wohlstandswachstum seit dem Jahr 1990 stattgefunden hat. So lag der Indexwert der Visegrád-Staaten im Jahr 2022 bei etwas mehr als 750, was ausdrückt, dass sich das BIP pro Kopf in den Ländern der Visegrád-Staaten seit Beginn der Transformation um den Faktor 7,5 erhöht hat. Insbesondere Polen und die Slowakei verzeichneten eine überdurchschnittliche Steigerung des BIP pro Kopf. In Polen kam es zu einer Verzehnfachung und in der Slowakei ist dieses um den Faktor neun angestiegen. Zudem ist ein besonders starker Anstieg bei den Visegrád-Staaten seit dem Jahr 2003 zu erkennen, als der Beitritt zur Europäischen Union im Jahr 2004 längst absehbar war (Europäische Union 2023). Im Vergleich hierzu kam es in Deutschland und der EU in diesem Zeitraum nur auf etwas mehr als eine Verdopplung des BIP pro Kopf (vergleiche Tab. 13). Man kann also von einem wirtschaftlichen Aufholprozess der Visegrád-Staaten seit Beginn des Transformationsprozesses sprechen.

Tabelle 13: BIP pro Kopf (in USD): Vergleich der Visegrád-Staaten mit Deutschland und der Europäischen Union

	1990	2022
Europäische Union	15.459	37.150
Deutschland	22.304	48.432
Polen	1.731	18.321
Tschechien	3.942	27.638
Ungarn	3.312	18.463
Slowakei	2.406	21.258

Quelle: Eigene Darstellung nach World Bank (2023a).

Ein ähnliches Bild findet sich bei der Betrachtung der Exportwerte, die üblicherweise als Standardindikator für den Nachweis einer erfolgreichen Integration in die Weltwirtschaft dienen. Wie aus Abbildung 27 zu erkennen ist, hat sich der Exportwert der Visegrád-Staaten bis zum Jahr 2022 mehr als verzwanzigfacht. In Deutschland und der Europäischen Union kam es dagegen zu einem vergleichsweise moderaten Wachstum von etwas mehr als 400 Prozent. Dieser zuvor genannte Aufholprozess zeigt sich folglich auch bei den Exporten beziehungsweise der Integration der Visegrád-Staaten in den internationalen Handel.

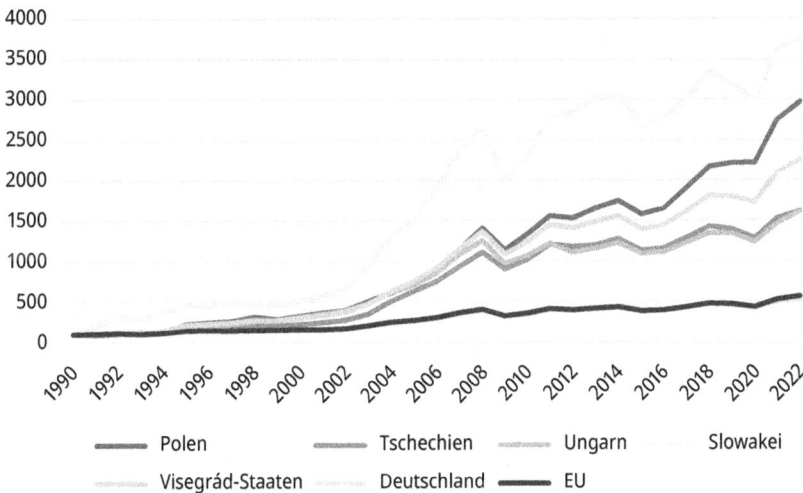

Abb. 27: Entwicklung der Exportwerte der Visegrád-Staaten im Vergleich zu Deutschland und der EU, Index (1990 = 100)
Quelle: Eigene Darstellung und Berechnungen nach World Bank (2023b).

Dieses überdurchschnittliche Wachstum der Exporte im Vergleich zum BIP pro Kopf, legt die Vermutung nahe, dass ein (Groß-)Teil des Wohlstandswachstums durch die Liberalisierung und stärkere Einbringung in den weltweiten Handel erreicht werden konnte.

Vor dem Hintergrund des bisher Erörterten stellt sich die Frage, mit welchen ökonomischen Indikatoren man eine erfolgreiche ökonomische Transformation der Visegrád-Staaten messen und nachweisen kann. Dieser Frage wollen wir im Folgenden genauer nachgehen.

Transformationsland

Der Begriff "Transformationsland" wird üblicherweise verwendet, um Länder in Osteuropa, der ehemaligen Sowjetunion und anderen Regionen zu beschreiben, die den Übergang von einer Plan- zu einer Marktwirtschaft vollziehen oder vollzogen haben. Ein Transformationsland, auch als Übergangswirtschaft bezeichnet, ist damit ein Land, das sich im Übergang von einer zentralen Planwirtschaft zu einer marktorientierten Wirtschaft befindet. Dieser Übergang ist in der Regel mit erheblichen Veränderungen in der Wirtschaftsstruktur, den Institutionen und der Politik verbunden. Der (eher mikroökonomische) Hintergrund offenbart die Unterschiede: In Zentralverwaltungswirtschaften erstellen Behörden üblicherweise einen 5-Jahres-Plan, in dem die Produktion verschiedenster Branchen und Güter geplant bzw. deren Ziele vorgegeben werden. Dies ist in den meisten Fällen mit großen Problemen verbunden, denn wie kann die Produktion einer gesamten Volkswirtschaft gesteuert werden, ohne die Pläne der mikroökonomischen Akteure (Konsumenten und Produzenten) zu kennen? Die Folgen sind Fehlallokationen und damit verbundene Misswirtschaft, was auf vielen Märkten zu chronischen Überangeboten und einer Überschussnachfrage führt. Die Gefahr liegt hier auf der Hand: Märkte werden nicht geräumt, sondern sind dauerhaft im Ungleichgewicht. Preismechanismen wirken nicht mehr, und mikroökonomische Grundfunktionen wie das Erfordernis von Zahlungsbereitschaften werden außer Kraft gesetzt. Der langfristige ökonomische Erfolg bleibt fraglich. Zudem kommt hinzu, dass solche Länder sehr oft auf politischer Ebene durch totalitäre Systeme gekennzeichnet sind. In vielen Fällen führten dann etwa soziale Unruhen zu einem Aufbegehren und einem Umsturz des Systems. Transformationsländer unterziehen sich häufig Reformen, um die Preise zu liberalisieren, staatliche Unternehmen zu privatisieren und einen rechtlichen Rahmen zu schaffen, der eine marktwirtschaftliche Wirtschaftstätigkeit begünstigt. Diese Reformen zielen darauf ab, das Land von einem staatlich kontrollierten Wirtschaftssystem in ein System zu überführen, das von Marktkräften, Privateigentum und Wettbewerb bestimmt wird. Die Wirtschaft in Transformationsländern zeichnet sich vor allem zu Beginn des Prozesses durch Variabilität, die Vermischung alter und neuer Elemente, Inkonsistenz und Unsicherheit aus, was sich etwa sehr oft in sehr hohen Inflationsraten niederschlägt.

Quellen: Petroia/Bahcivanji (2021, 4–7); Holzmann/Petz (1994, 141–142); eigene Anmerkungen.

Für eine weitere Bearbeitung unserer Problemstellung müssen wir nun den Rat in der wissenschaftlichen Literatur suchen. Die Aufgabe hier ist es nun herauszufinden, mit welcher Art und Weise und mit welchen Indikatoren die ökonomische Zunft einen solchen Transformationsprozess empirisch abgrenzt und misst. Ein erster Blick zeigt, dass für eine erfolgreiche Durchsetzung eines solchen Prozesses insbesondere die Schaffung einer Marktwirtschaft (Preisliberalisierung und Liberalisierung des Handels), die Privatisierung der Unternehmen, die Schaffung eines stabilen Finanzsystems sowie rechtliche und institutionelle Reformen genannt werden (EBRD 1999, 22–23; Gros/Steinherr 2004, 61; Petroia/Bahcivanji 2021, 4–7; Roland 2000, 18). Einen Literaturüberblick gibt Tabelle 14.

Tabelle 14: Indikatoren eines erfolgreichen Transformationsprozesses (Literaturauswahl)

Autor	Faktoren für einen erfolgreichen Transformationsprozess
EBRD (1999)	– Die Schaffung der Hauptelemente einer Marktwirtschaft: – Preis- und Handelsliberalisierung – Einbringung in den internationalen Handel – Zugang zum Devisenmarkt – Privatisierung der Unternehmen – Stabile Finanzsysteme – Liberalisierung von Zinssätzen – Preisstabilisierung – Zugang zu (inländischen) Krediten für Unternehmen
Gros/Steinherr (2004)	– Preis- und Handelsliberalisierung – Privatisierung und Besitzrechte – Errichtung eines Fiskalsystems und finanzielle Stabilität
Petroia/Bahcivanji (2021)	– Handelsliberalisierung – Makroökonomische Stabilität – Privatisierung – Rechtliche und institutionelle Reformen
Roland (2000)	– Preis- und Handelsliberalisierung – Straffe Geldpolitik und ausgeglichene Haushalte zur Stabilisierung der Makroökonomie – Privatisierung von Staatsbetrieben, um gewinnmaximierendes Verhalten zu induzieren
Zecchini (1997)	– Liberalisierung des Marktes – Privatisierung und Befreiung von Unternehmen – Neues und leistungsstärkeres Finanzsystem

Quelle: Eigene Zusammenstellung und Darstellung.

Im Einzelnen werden wir anhand der folgenden drei Bereiche aufzeigen, wie der Transformationsprozess der Visegrád-Länder erfolgreich beschritten wurde und welche empirischen Nachweise hierfür geliefert werden können:
– Die Liberalisierung der Märkte (Preis- und Handelsliberalisierung)
– Die Errichtung eines stabilen Finanzsystems
– Die Privatisierung von Unternehmen

Der Betrachtungszeitraum in diesem Kapitel wird sich vom Beginn des Transformationsprozesses in den 1990er Jahren bis zum Beitrittsjahr der Visegrád-Staaten in die Europäische Union erstrecken, da aufgrund des Beitritts in die Europäische Union und die damit zu erfüllenden Aufnahmekriterien ein gewisser Grad an Marktwirtschaft bzw. Liberalisierung in den Visegrád-Staaten vorliegen muss (Europäisches Parlament 2023).

Die Liberalisierung ist entscheidend für den wirtschaftlichen Übergang von zentralen Planwirtschaften zu Marktwirtschaften. Sie umfasst die Preisliberalisierung, die Liberalisierung des Handels und die Errichtung eines stabilen Finanzsystems sowie die Privatisierung von Unternehmen und die Schaffung von Eigentumsrechten. Einige Schritte erfordern mehr Vorbereitung und mehr Zeit für die Umsetzung als andere. Bei Preisen und dem Außenhandel besteht die Möglichkeit einer relativ schnellen Liberalisierung. Die Privatisierung und der Aufbau einer Finanzverwaltung brauchen mehr Zeit. Derselbe Gedanke kann auch so ausgedrückt werden, dass jedes Reformprogramm sowohl "negative" als auch "positive" Schritte umfasst, Maßnahmen zum Abbau alter und zum Aufbau neuer Strukturen. Zuerst zu zerstören und dann zu schaffen, führt in der Zwischenzeit zu „Chaos". Da aber das Schaffen immer länger dauert als das Zerstören, ist eine gewisse Unordnung im Übergang unvermeidlich. Die Liberalisierung führt im Transformationsprozess zu wirtschaftlichen Gewinnen, fördert die Effizienz und schafft eine anreizorientierte Wirtschaft. Darüber hinaus ist die Liberalisierung von entscheidender Bedeutung für die Stabilisierung der Wirtschaft, die Verringerung der makroökonomischen Unsicherheit und die Bewältigung von Haushaltsproblemen, die während des Übergangs auftreten. Insgesamt sorgt die Liberalisierung während des Reformprozesses für die Schaffung einer marktorientierten Wirtschaft und die Erreichung langfristiger wirtschaftlicher Stabilität, was für langfristiges Wachstum unerlässlich ist (Gros/Steinherr 2004, 60–61; 75–78).

Die Preisliberalisierung ermöglicht es dem Markt, Preise auf der Grundlage von Knappheit zu bestimmen, was zu Effizienzsteigerungen in der Produktion und im Konsum führt und Warteschlangen, wie sie in Planwirtschaften üblich sind, beseitigt. Diese Reform bringt wirtschaftliche Vorteile und ist wichtig, um die Unterstützung der Bevölkerung für den gesamten Übergangsprozess zu erhalten. Die Preisliberalisierung stimuliert auch eine Neuausrichtung der Konsum- und Produktionsmuster, was zu unmittelbaren Wohlfahrtsgewinnen für die Verbraucher führt. Darüber hinaus ist sie ein Eckpfeiler der internen Reformen und notwendig für den Aufbau einer marktwirtschaftlichen Ordnung. Zudem ist die Preisliberalisierung als Grundlage für die Liberalisierung des Handels von entscheidender Bedeutung, um zum Beispiel sicherzustellen, dass die Güter die Verbraucher erreichen, die ihnen die höchste Zahlungsbereitschaft beimessen (Gros/Steinherr 2004, 61–62).

Der Übergang zur Marktwirtschaft in den Visegrád-Staaten begann mit einer raschen Freigabe der Preise. Dies führte sofort zu einem starken Anstieg der Inflation. Die unterdrückte Nachfrage, die während der gesamten Zeit der zentralen Planung entstanden war, hielt die Inflation die ersten Jahre der Transformation hoch (Petroia/Bahcivanji 2021, 9). Abbildung 28 zeigt einen genaueren Blick auf die Entwicklungen. In Polen stiegen die Preise im ersten Transformationsjahr 1990 sogar um etwa 570 Prozent an (World Bank 2023f). Ein Jahr später ging die Inflationsrate in Polen zwar stark zurück, lag jedoch mit 77 Prozent immer noch auf einem hohen Wert. In Ungarn lag die Inflationsrate zu diesem Zeitpunkt bei 35 Prozent und in Tschechien und der Slowakei bei etwa 60 Prozent. Bis zum Jahr 1999 sind die Inflationsraten in den Visegrád-Staaten kontinuierlich gesunken und waren mit sieben Prozent erstmalig nicht mehr zweistellig. Bis zum Beitritt zur EU im Jahr 2004 konnten die Inflationsraten in den Visegrád-Staaten weiter auf vier bis fünf Prozent pro Jahr gesenkt werden. Zum Vergleich lagen in Deutschland und der EU die Inflationsraten über den gesamten Zeitraum hinweg zwischen einem und fünf Prozent pro Jahr. Wie genau es nun den Visegrád-Staaten gelang, die Inflation einzudämmen, wird im Folgenden näher beleuchtet werden.

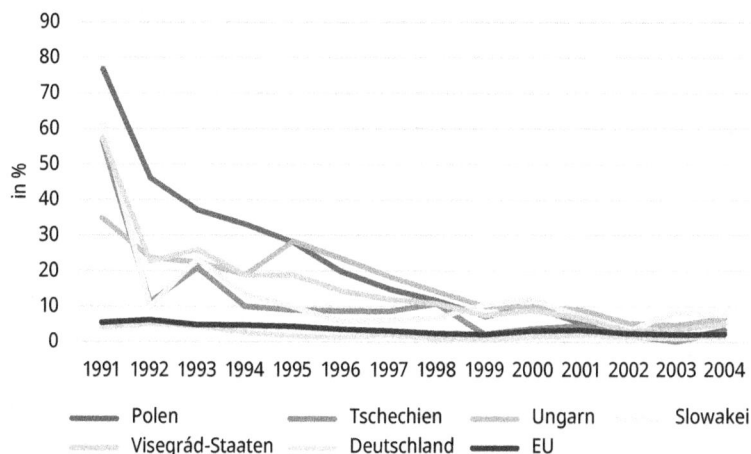

Abb. 28: Inflationsrate (Verbraucherpreise) in den Visegrád-Staaten, Deutschland und der EU von 1991 bis 2004, Veränderung geg. Vorjahr in Prozent
Quelle: Eigene Darstellung und Berechnungen nach World Bank (2023e) und EBRD (1999, 213/265).

Die Wohlfahrtskosten erhöhter Inflation
Hohe Inflationsraten haben Auswirkungen auf die Informations- und Allokationsfunktion von Preisen. Grundsätzlich signalisieren relative Preise die relative Knappheit von Gütern, und steigende Relativpreise signalisieren einen Nachfrageüberhang nach einem Gut. Dadurch entsteht ein Anreiz, mehr Produktionsfaktoren für die Herstellung besonders stark nachgefragter Güter einzusetzen und damit die Ressourcen einer Volkswirtschaft effizient zu nutzen. Steigende Inflation kann zu falschen Investitionsentscheidungen und ineffizienter Ressourcennutzung führen, da die Produzenten aufgrund der gestörten Signale über die Nachfrage nach ihrem Gut schwerer erkennen können, ob die Nachfrageänderung auf eine Änderung der Präferenzen zurückzuführen ist. Die Signal- und Steuerungsfunktion der Preise wird dadurch beeinträchtigt.
   Steigende Inflation wirkt sich auch auf das gesamtwirtschaftliche Wachstum aus, da die Kosten der Preisanpassungen steigen. Darüber hinaus kann eine steigende Inflation zu falsch dimensionierten und damit ineffizienten Lohnanpassungen einzelner Unternehmen führen. Auf dem Arbeitsmarkt verändern diese Lohnänderungen die relativen Löhne eines Unternehmens im Vergleich zu den Löhnen anderer Unternehmen. Solche Veränderungen können zu Entlassungen oder Kündigungen führen, sofern die Lohnerhöhungen zu hoch ausfallen oder die Arbeitnehmer aufgrund zu niedriger Lohnanpassungen unzufrieden sind. Noch schwieriger wird diese Situation in einem internationalen Wettbewerbsumfeld,

da steigende Preise die internationale Wettbewerbsfähigkeit der Unternehmen verschlechtern. Zudem kann eine inflationäre Entwicklung auch die Ausgaben der Unternehmen zur Verbesserung ihres Informationsstandes erhöhen oder zu häufigeren Lohnanpassungen führen.

Von noch größerer wirtschaftlicher Bedeutung ist die mit der Inflation verbundene Unsicherheit. Ein Grund dafür ist, dass fast alle wirtschaftlichen Aktivitäten auf der Festlegung von nominalen Vertragsentgelten, Bemessungsgrundlagen oder Preisen beruhen, die stark von der Inflation und der Unsicherheit über deren zukünftige Entwicklung beeinflusst werden. Denn entscheidend sind für die Wirtschaftsteilnehmer üblicherweise reale Größen, die bei konstanten nominalen Größen durch eine anziehende Inflation gemindert werden. Langfristig wirksame Entscheidungen wie Investitionen werden dadurch erschwert, inflationsbedingte fiskalische Verzerrungen nehmen zu und eine Tendenz zur Sachkapitalakkumulation führt zu Fehlallokationen. Darüber hinaus werden Inflationserwartungen langfristig durch Erfahrungseffekte verzerrt. Diese könnten dann wichtige zukünftige Finanzentscheidungen von Individuen beeinflussen und potentiell in eine suboptimale Richtung lenken.

Quelle: Sachverständigenrat (2022, 100–101), eigene Ergänzungen.

Preis- und Handelsliberalisierung gehen meist miteinander einher. Gerade bei einer zügigen Handelsliberalisierung werden Preise zwangsläufig angepasst. Theoretischer Hintergrund dieses Prozesses ist die Tatsache, dass sich bei internationalem Handel von Produkten meist ein so genannter Weltmarktpreis bildet, der als internationaler Preis für alle Länder Gültigkeit besitzt. In der Folge muss es im jeweiligen Land (hier: dem Transformationsland) zu Preisanpassungen kommen. Aufgrund der meist deutlich höheren Produktivität in Marktwirtschaften wurde in vielen Fällen dadurch Preisdruck im Inland des Transformationslandes erzeugt. Bei der Handelsliberalisierung, die in den letzten Jahrzehnten wesentlich durch das GATT und die WTO vorangetrieben wurde, wird jedoch oft für einen Gradualismus plädiert, um einen allzu starken strukturellen Wandel im Inland abzufedern. Zudem spielt die Geldpolitik der Zentralbanken eine bedeutende Rolle bei der Eindämmung der Inflationsrate, was hier aber aufgrund der Themenabgrenzung und aus Platzgründen nicht näher verfolgt werden soll.

Allgemeines Zoll- und Handelsabkommen (GATT)

Das Allgemeine Zoll- und Handelsabkommen (General Agreement on Tariffs and Trade: GATT) wurde 1947 als völkerrechtlicher Vertrag zwischen 23 Gründungsmitgliedern abgeschlossen. Ziel des GATT ist es, die Handels- und Wirtschaftsbeziehungen der Vertragsparteien auf die Hebung des Lebensstandards und die Vollbeschäftigung, die ständige Steigerung des Realeinkommens und der Nachfrage, die volle Ausschöpfung der Hilfsquellen der Welt und die Steigerung der Produktion auszurichten. Um diese Ziele zu erreichen, sind die Vertragsparteien übereingekommen, Zölle und andere Hemmnisse für den internationalen Handel abzubauen, die Ein- und Ausfuhr von Waren zu erleichtern und ein Verfahren zur Beilegung von Streitigkeiten einzurichten. Aus der Uruguay-Runde des GATT ging im Jahr 1995 die World Trade Organisation hervor, die nun als eigene Rechtspersönlichkeit die Welthandelsorganisation bildete, und in die das GATT als eine Säule integriert wurde.

Quelle: World Trade Organization (2023a).

Werfen wir nun einen Blick auf die empirischen Daten zur Handelsliberalisierung. Genaueres hierzu geht aus Abbildung 29 hervor. Im Jahr 1991 haben die Zolleinnahmen in Polen und Ungarn 13 beziehungsweise 9 Prozent an den gesamten Importen ausgemacht. Aufgrund der Datenlage sind die Zolleinnahmen am Gesamtimport in Tschechien und der Slowakei erst ab dem Jahr 1993 verfügbar, wo diese zwischen drei und vier Prozent lagen. Bis zu diesem Jahr sind die Zolleinnahmen in Polen sogar noch auf mehr als 15 Prozent und in Ungarn auf 12 Prozent gestiegen. Ab dem Jahr 1995 und dem Beitritt der Visegrád-Staaten zur World Trade Organisation wurde die Handelsliberalisierung bis zum Beitritt zur Europäischen Union im Jahr 2004 kontinuierlich vorangetrieben (World Trade Organisation 2023b). Dies zeigt sich unter anderem an dem Rückgang der relativen Zolleinnahmen der Visegrád-Staaten von durchschnittlich 8,5 Prozent im Jahr 1995 auf 0,4 Prozent im Jahr 2004 (EBRD 1999, 212/228/252/264 und EBRD 2005, 124/140/164/180). Dieser stetige Rückgang lässt sich insbesondere durch die starke Handelsverflechtung der Visegrád-Staaten mit der EU und diesbezügliche Handelsverträge und den anstehenden EU-Beitritt begründen.

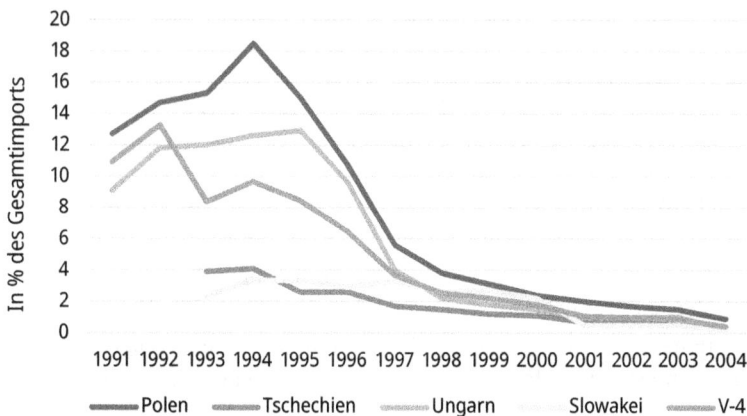

Abb. 29: Zolleinnahmen (in Prozent des Gesamtimports) der Visegrád-Staaten
Quelle: Eigene Darstellung und Berechnungen nach EBRD (1999, 212/228/252/264) und EBRD (2005, 124/140/164/180).

Die Visegrád-Staaten haben es ebenso geschafft, sich seit der Transformation stärker in den internationalen Handel zu integrieren. Seit Beginn der Transformation ist der Offenheitsgrad innerhalb von vier Jahren bis zum Ende des Jahres 1994 vor Eintritt in die Welthandelsorganisation um 16 Prozentpunkte von 53 Prozent auf 69 Prozent angestiegen. Bis zum EU-Beitritt im Jahr 2004 ist dieser weiter von 69 Prozent auf 112 Prozent angestiegen. Dies zeigt Abbildung 30. Insbesondere die Slowakei hat sich stärker in den internationalen Handel eingebunden, was der Anstieg des Offenheitsgrads von 57 Prozent auf 108 Prozent verdeutlicht. Seit dem Beitritt in die Welthandelsorganisation konnte deren Integration noch weiter gesteigert werden. Konkret sind die Exporte der Visegrád-Staaten von fast 41 Milliarden US-Dollar im Jahr 1990 auf etwas mehr als 257 Milliarden US-Dollar im Jahr 2004 angestiegen und haben sich folglich mehr als versechsfacht. Die Importe sind im selben Zeitraum von etwa 39 Milliarden US-Dollar auf circa 269 Milliarden US-Dollar angestiegen (World Bank 2023b; World Bank 2023c).

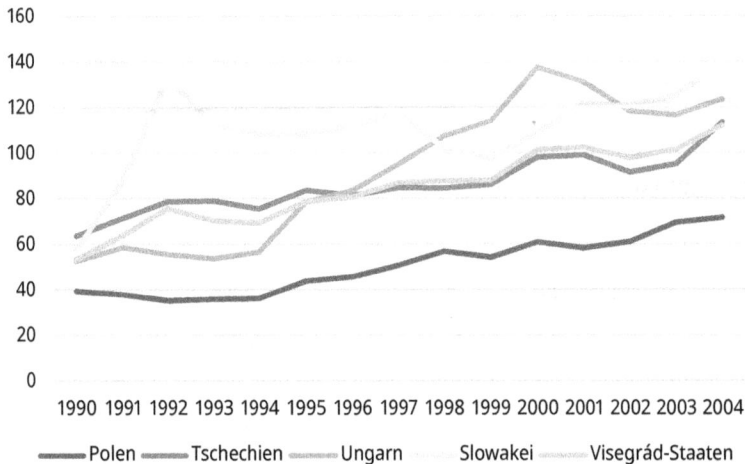

Abb. 30: Offenheitsgrad der Visegrád-Staaten (in Prozent des BIP)
Quelle: Eigene Darstellung und Berechnungen nach World Bank (2023b); World Bank (2023c).

Ein weiterer wichtiger Schritt Richtung Handelsliberalisierung war die stärkere Verflechtung der Handelsbeziehungen mit den westlichen Staaten und insbesondere der EU. Seit dem Zusammenbruch der damaligen Sowjetunion haben die Visegrád-Länder ihren Handel von den östlichen Märkten auf die westlichen entwickelten Volkswirtschaften verlagert:

- Bereits Mitte der 1990er Jahre war die Europäische Union der wichtigste Handelspartner dieser Länder. Rund zwei Drittel der ungarischen und polnischen Exporte gingen 1995 in die EU. Die entsprechenden Anteile für die Tschechische Republik und die Slowakei sind niedriger, da der tschechisch-slowakische Handel auch nach der Auflösung der Tschechoslowakei hoch blieb.
- Der tschechisch-slowakische Handel verliert allerdings allmählich an Bedeutung, vor allem, weil er in die Europäische Union umgelenkt wird. So stieg der Anteil der EU an den tschechischen Exporten innerhalb von fünf Jahren um fast 10 Prozentpunkte (von 60 Prozent im Jahr 1995 auf 69 Prozent im Jahr 2000), während der Anteil an den slowakischen Exporten um mehr als 20 Prozentpunkte angestiegen ist (von 37 Prozent im Jahr 1995 auf 59 Prozent im Jahr 2000). Im Gegensatz dazu blieb der Anteil der EU am polnischen Handelsvolumen nahezu konstant und nahm im ungarischen Handel nur geringfügig zu.

- Der tschechisch-slowakische Handel spielte nach der Auflösung der Tschechoslowakei für beide Länder eine wichtige Rolle. So machten die tschechischen Exporte in die Slowakei 1995 rund 14 Prozent der Gesamtexporte aus, während die slowakischen Exporte in die Tschechische Republik 1995 sogar 35 Prozent ausmachten. Bis 2004 erreichte der bilaterale Handel nur noch einen Bruchteil der ursprünglichen Zahlen (8 Prozent in der Tschechischen Republik und 14 Prozent in der Slowakei).

- Andere internationale Märkte waren für die Visegrád-Länder von geringerer Bedeutung, die größte hatte diesbezüglich noch Russland. Mitte der 1990er Jahre hatte Russland für Ungarn und die Slowakei wirtschaftlich eine noch größere Bedeutung (11 Prozent des Gesamtimports) als für Polen und Tschechien (jeweils 7 Prozent). Zudem ist in allen vier Ländern ein anteilsmäßiger Abwärtstrend sowohl bei den Exporten nach Russland als auch bei den Importen aus Russland zu erkennen. Der Anteil des Exports der Visegrád-Länder nach Russland war schon Mitte der 1990er Jahre gering und in Polen sowie Ungarn noch mit etwa sechs Prozent am höchsten. Bis zum EU-Beitritt ist dieser Anteil in allen Visegrád-Staaten zurückgegangen. Somit ist die wirtschaftliche Bedeutung des russischen Marktes im Vergleich zur Europäischen Union gering (UN Comtrade 2023).

Selbst wenn die grundlegenden Elemente einer Marktwirtschaft vorhanden sind, kann sich der Privatsektor ohne die Bildung eines stabilen Finanzsystems kaum (weiter-)entwickeln. Der Aufbau eines soliden, marktorientierten Finanzsystems ist für den Übergang von einer Plan- zu einer Marktwirtschaft von grundlegender Bedeutung. Finanzinstitutionen spielen in allen Marktwirtschaften eine zentrale Rolle bei der Allokation von Ressourcen, indem sie zwischen Sparern, die sichere und rentable Anlagemöglichkeiten für ihre Ersparnisse suchen, und Unternehmern, die Fremdkapital für Investitionsprojekte benötigen, vermitteln. Sie klassifizieren Projekte nach Risiko und Rendite, überwachen die Verwendung der geliehenen Mittel und sanktionieren Manager, die den Shareholder Value nicht maximieren. Auf diese Weise tragen sie dazu bei, den Unternehmen strenge Budgetrestriktionen aufzuerlegen. Finanzinstitutionen, insbesondere Banken, bieten auch Möglichkeiten für Barzahlungen, die die Kosten von Markttransaktionen erheblich senken (EBRD 1998, 92–94).

Die Erfahrungen haben gezeigt, dass sich hohe und schwankende Inflationsraten negativ auf Investitionen und damit auch auf das Wachstum des privaten Sektors sowie das allgemeine wirtschaftliche Wachstum auswirken. Wie wir bereits festgehalten hatten, hat daher die Senkung hoher Inflationsraten und deren Stabilisierung auf einem vertretbaren Niveau oberste Priorität. Darüber hinaus sollte ein generelles Ziel der Transformationsländer sein, ein stabiles makroökonomisches Umfeld zu schaffen, um damit letztendlich den Boden für hohe Investitionen zu legen und ein konsumfreundliches Klima zu schaffen (Gros/Steinherr 2004, 82–86).

Alle vier Visegrád-Staaten begannen ihr Stabilisierungsprogramm des makroökonomischen Umfeldes mit festen Wechselkursregimen. In solchen Fällen wird die ei-

Tabelle 15: Geographische Struktur des Handels der Visegrád-Staaten

Exporte Polens (in % des Gesamtexports)

	EU-15	Ungarn	Slowakei	Tschechien	Russland
1995	67,5	1,2	1,2	3,1	5,6
2000	70,9	2,0	1,4	3,8	2,7
2004	67,3	2,6	1,8	4,3	3,9

Exporte Tschechiens (in % des Gesamtexports)

	EU-15	Ungarn	Slowakei	Polen	Russland
1995	59,5	1,7	13,9	4,5	2,9
2000	68,5	1,9	7,7	5,4	1,3
2004	68,6	2,9	8,2	5,2	1,4

Exporte Ungarns (in % des Gesamtexports)

	EU-15	Tschechien	Slowakei	Polen	Russland
1995	65,9	1,6	1,6	2,6	5,6
2000	72,3	1,7	1,0	2,4	1,6
2004	69,1	2,6	2,0	3,1	1,6

Exporte der Slowakei (in % des Gesamtexports)

	EU-15	Ungarn	Tschechien	Polen	Russland
1995	36,6	4,6	35,2	4,3	3,9
2000	59,3	4,9	17,4	5,9	0,9
2004	59,7	5,1	13,6	5,4	1,2

Importe Polens (in % des Gesamtimports)

	EU-15	Ungarn	Slowakei	Tschechien	Russland
1995	58,4	1,2	1,3	3,1	6,8
2000	58,8	1,6	1,5	3,2	9,6
2004	62,4	1,9	1,7	3,6	7,3

Importe Tschechiens (in % des Gesamtimports)

	EU-15	Ungarn	Slowakei	Polen	Russland
1995	59,1	0,9	11,8	2,7	7,4
2000	62,0	1,6	6,0	3,6	6,5
2004	59,0	2,1	5,4	4,8	4,2

Importe Ungarns (in % des Gesamtimports)

	EU-15	Tschechien	Slowakei	Polen	Russland
1995	58,4	2,4	2,4	1,6	11,6
2000	58,8	2,0	1,8	2,0	8,1
2004	62,4	2,9	2,0	3,2	5,6

Importe der Slowakei (in % des Gesamtimports)

	EU-15	Ungarn	Tschechien	Polen	Russland
1995	35,8	2,3	29,6	3,0	11,2
2000	48,9	2,1	14,7	3,1	17,0
2004	46,5	3,4	13,5	4,0	9,3

Quelle: Eigene Darstellung und Berechnung nach UN Comtrade (2023).

gene Währung an eine ausländische Währung gekoppelt (damals meist: US-Dollar) (Petroia/Bahcivanji 2021, 9). Tabelle 16 gibt hierzu eine Übersicht. Wie aus ihr hervorgeht, führten Polen, Tschechien und die Slowakei im Januar 1990 bzw. im Januar 1991 eine feste Wechselkursbindung ein, während Ungarn im März 1990 eine gleitende Anbindung einführte. Die Entscheidung für feste Wechselkursregime spiegelte die Verpflichtung der Visegrád-Länder zur Preisstabilität wider. In Polen war dies aufgrund der Hyperinflation von 568 Prozent Preisanstieg im Jahr 1990 auch dringend geboten (Fidrmuc/Fidrmuc/Horvath 2002, 31). Im Gegensatz dazu wurden flexible Wechselkurse von den meisten Balkan- und GUS-Ländern gewählt, in denen die Inflationsraten in den ersten Jahren der Transformation weit über 1.000 Prozent lagen.

Tabelle 16: Wechselkursregime in den Visegrád-Staaten

	Festes Wechselkurs-Regime	Begrenzte Flexibilität		Flexibleres Wechselkurssystem	
	Festes Fixkurssystem	Explizite Schwankungsbreiten	Streng verwaltet	Breite Schwankungen erlaubt	Freie Wechselkurse
Polen	01/90 →	05/92	→ 05/95 →	01/99 →	04/00
Tschechien	01/91		→	02/96 →	05/97
Ungarn	03/90 →	12/94	→	05/01 →	07/01
Slowakei	01/91		→		08/98

Quelle: Eigene Darstellung nach Fidrmuc/Fidrmuc/Horvath (2002, 31).

Im Laufe der Zeit haben alle vier Länder ihre festen Wechselkurse erheblich gelockert und schließlich zugunsten flexiblerer Systeme aufgegeben. Dennoch war ein festes Wechselkurssystem zu Beginn der Transformation von entscheidender Bedeutung, um eine rasante Inflation einzudämmen bzw. zu verhindern, makroökonomische Stabilität zu gewährleisten und die Liberalisierung des Außenhandels und der Preise sowie die Einführung der Konvertibilität der heimischen Währungen zu erleichtern.

Die ersten Schritte in Richtung flexibler Wechselkurse wurden in der zweiten Hälfte der 1990er Jahre unternommen, als die Tschechische Republik, Polen und die Slowakei gezwungen waren, ihre Bandbreiten zu erweitern. Auslöser war die Aufwertung ihrer Währungen, die damals nicht als negative Entwicklung angesehen wurde. Die Tschechische Republik sah sich jedoch mit einer Umkehr der Kapitalströme und einem gleichzeitigen Rückgang der ausländischen Direktinvestitionen konfrontiert, was im Mai 1997 zu einer Währungskrise führte. Daraufhin gab die tschechische Zentralbank am 27. Mai 1997 den Wechselkurs frei. Eine ähnliche Entwicklung vollzog sich in der Slowakei, wo kurz nach den Wahlen im September 1998 am 1. Oktober 1998 ein freier Wechselkurs eingeführt wurde. Im Januar 1999 ging Polen zu einem Inflationsziel über und erweiterte die Schwankungsbandbreite des polnischen Zloty auf ± 15 Prozent. Diese Bandbreite bot genügend Spielraum, um kurzfristige Schwankungen auszugleichen. Gleichzeitig kündigte die polnische Zentralbank an, den Zloty am Devisenmarkt zum Handel freizugeben. Dieser Schritt wurde schließlich am 12. April 2000 vollzogen. Ungarn behielt bis zum Frühjahr 2001 ein festes Wechselkurssystem mit engen Schwankungsbreiten bei. Am 4. Mai 2001 erweiterte Ungarn die Schwankungsbandbreite von ± 2,25 auf ± 15 Prozent. Nach Polen führte auch Ungarn am 12. Juni 2001 ein Inflationsziel ein und hob am 15. Juni 2001 die verbliebenen Wechselkursbeschränkungen auf (Fidrmuc/Fidrmuc/Horvath 2002, 31–32).

Tabelle 17: Staatsausgaben der Visegrád-Staaten in den ersten zehn Jahren der Transformation (in % des Bruttoinlandsprodukts)

	1989	1990	1991	1992	1993	1994	1995	1996	1997	1998	1999
Polen	48,8	39,8	49,0	50,0	49,9	50,5	49,2	49,3	48,0	44,0	44,7
Tschechien	64,5	60,1	54,2	49,6	41,2	41,8	41,5	40,6	40,9	40,8	42,0
Ungarn	61,0	53,5	52,1	59,6	57,5	58,7	52,2	48,2	50,9	49,4	44,8
Slowakei	64,5	60,1	54,2	58,0	47,6	45,5	45,2	47,0	45,5	42,9	43,3

Quelle: Eigene Darstellung nach EBRD (1999, 212/228/252/264) und EBRD (2006, 113/129/161/171).

Neben der Einführung eines fixen Wechselkursregimes war es ebenso wichtig, ein schnelles Wachstum der Geldmenge, z. B. durch übermäßige Staatsausgaben, zu verhindern, da ein zu schnelles Wachstum der Geldmenge die Aufrechterhaltung einer niedrigen Inflationsrate erschweren würde. Dies zeigte sich unter anderem am Rückgang der Staatsausgaben in den ersten zehn Jahren nach Beginn der Transformation (siehe Tabelle 17). Aus der Tabelle geht zunächst hervor, dass die Länder zu Beginn der Transformation noch durch einen sehr hohen Anteil der Staatsausgaben am Bruttoinlandsprodukt gekennzeichnet waren. So betrug die Staatsausgabenquote im Jahr 1990 in Tschechien etwa 60 Prozent, ebenso wie in der Slowakei. Wie aus der Tabelle hervorgeht, konnten diese Anteile in den 1990er Jahren aber massiv zurückgedrängt werden. So verzeichneten die Länder Tschechien, Ungarn und die Slowakei Rückgänge zwischen 15 und 20 Prozentpunkten. Lediglich Polen fiel hier etwas aus der Reihe, die bei der Reduzierung ihrer Ausgabenquote offensichtlich weniger ehrgeizig waren. Diese betrug zu Anfang der 1990er Jahre noch rund 50 Prozent des BIP und wurde bis Ende des Jahrzehnts lediglich um sechs Prozentpunkte zurückgeführt. Diese Politik und ihre Auswirkungen auf die positiven Inflationserwartungen des privaten Sektors trugen ebenso dazu bei, die Inflation zu senken.

Neben der Wechselkursbindung spielten jedoch auch andere Mechanismen eine Rolle beim Rückgang der Inflation. So haben die Visegrád-Staaten Gesetze verabschiedet, die ihren Zentralbanken weitgehende Unabhängigkeit bei der Durchführung einer straffen Geldpolitik einräumten, oder sie hatten auch die Disziplin makroökonomischer Programme akzeptiert, die vom Internationalen Währungsfonds initiiert wurden. Auch dies hat letzten Endes zur Eindämmung der Inflation beigetragen (Petroia/Bahcivanji 2021, 9–10).

Ebenso wichtig war das Vorhandensein von hohen Einlagezinssätzen, um die Bevölkerung zum Sparen zu motivieren und somit mehr Kapital zur Verfügung zu haben, um Investitionen für den Privatsektor finanzieren zu können (Neimke 2003, 5–6). In Tschechien lagen die Einlagezinssätze in den 1990er Jahren (ab dem Jahr 1993 aufgrund der Datenlage) zwischen sieben und acht Prozent. In Ungarn und Polen waren die Einlagezinssätze und damit der Anreiz zum Sparen für die Bevölkerung noch höher. In Ungarn lagen diese in den 1990er Jahren bei durchschnittlich etwas mehr als 20 Prozent. In Polen sind die Daten erst ab dem Jahr 1998 verfügbar, in dem diese bei fast 25 Prozent lagen. Das Gleiche gilt für die Slowakei, wo der Zinssatz im Jahr 1998 bei drei Prozent lag (World Bank 2023f; Trading Economics 2023a; Trading Economics 2023b).

Was können wir an dieser Stelle festhalten? Wir haben gelernt und empirisch aufgezeigt, dass Transformationsländer meist aufgrund interner und externer struktureller Veränderungen durch hohe Inflationsraten gekennzeichnet sind. Allerdings sind hohe Inflationsraten für das Konsum- und Investitionsklima im Land nicht besonders vorteilhaft, weshalb ein wesentliches Ziel der Übergangszeit darin bestehen muss, diese auf ein wirtschaftsfreundliches Maß abzusenken. Dies ist den beschriebenen Ländern offenbar gelungen. Ein wichtiger Weg, der hier zur Realisation des Zieles beschritten wurde, war die (übergangsweise) Einführung von festen Wechselkursen. Ein System fester Wechselkurse verhindert vor allem die potentiellen ökonomischen Schwierigkeiten, die durch starke Abwertungen oder Aufwertungen einer Währung drohen würden. Denn starke Änderungen der Wechselkurse können Preisverzerrungen herbeiführen, die Konsumenten und Investoren verunsichern und für einen Preisauftrieb sorgen können. Dies gilt vor allem bei Abwertungen, die oftmals in Transformationsländern oder Schwellenländern auftreten. Ein Beispiel mag dies verdeutlichen: Bei einer starken Abwertung kommt es zu einem Preisauftrieb in heimischer Währung bei importierten Gütern. Sind dies etwa Güter des täglichen Bedarfs, die im (statistisch gemessenen) Warenkorb vorhanden sind, kommt es zu einem Anstieg der heimischen Inflationsrate. Dieses Phänomen trägt die Bezeichnung „importierte Inflation", also eine Situation, die man eigentlich verhindern möchte. Der feste Wechselkurs sorgt hier in einer Übergangszeit für eine Stärkung der (Preis-)Stabilität. Ein zweiter Weg, den wir kennengelernt haben, war das kontrollierte Wachstum der Geldmenge oder anders gewendet: Die Vermeidung eines zu schnellen Geldmengenwachstums, etwa durch stark ansteigende Staatsausgaben. Ein dritter wichtiger Punkt war das Setzen von Anreizen für eine Erhöhung des Sparvolumens und für ein starkes Wachstum der Investitionstätigkeit.

Ein weiterer Punkt zur erfolgreichen Etablierung eines marktwirtschaftlichen Systems ist, wie bereits erwähnt, die Funktionsfähigkeit eines zweistufigen Bankensystems. Dabei haben die Visegrád-Staaten nur wenige relevante Finanzinstitutionen und -märkte aus der Zeit der zentralen Planung übernommen, wie z. B. kommerziell orientierte Banken und Versicherungsgesellschaften, Pensions- und Investmentfonds und Wertpapiermärkte. In der Planwirtschaft war das Finanzsystem kaum mehr als ein buchhalterischer Mechanismus, der die Entscheidungen der Behörden über die Zuteilung von Ressourcen an die verschiedenen Unternehmen und Sektoren widerspiegelte. Wertpapiermärkte existierten nicht, da die Behörden keine handelbaren Finanzinstrumente schufen. Die sogenannten Monobanken schufen und verteilten lediglich Buchforderungen zur Finanzierung der im Plan vorgeschriebenen Aktivitäten. Da es keine Nachfrage nach Banken gab, die als Finanzintermediäre fungieren sollten, entwickelten sie kaum entsprechende Kapazitäten. Die Transformationsländer mussten also einen radikalen Wandel von einem Monobankensystem zu einem zweistufigen Bankensystem durchlaufen, um ein funktionierendes Finanzsystem zu schaffen (EBRD 1998, 92–94).

Tabelle 18: Anzahl der Banken (davon in Klammern: ausländische Banken) in den Visegrád-Staaten

	1993	1994	1995	1996	1997	1998	1999	2000	2001	2002	2003	2004
Polen	87	82	81	81	83	83	77	73	69	59	58	57
	(10)	(11)	(18)	(25)	(29)	(31)	(39)	(46)	(46)	(45)	(46)	(44)
Tschechien	45	55	55	53	50	45	42	40	38	37	35	35
	(12)	(12)	(12)	(13)	(14)	(13)	(27)	(26)	(26)	(26)	(26)	(26)
Ungarn	40	43	42	41	41	44	43	42	41	38	38	38
	(15)	(17)	(21)	(25)	(30)	(28)	(29)	(33)	(31)	(27)	(29)	(27)
Slowakei	18 (3)	19 (4)	25 (9)	24 (9)	25 (9)	27	25	23	21	20	21	21
						(11)	(11)	(14)	(13)	(15)	(16)	(16)

Quelle: Eigene Darstellung nach EBRD (1999, 212/228/252/264) und EBRD (2006, 113/129/161/171).

Wie aus Tabelle 18 hervorgeht, ist die Anzahl der Banken in den Visegrád-Staaten bis zum Ende der 1990er Jahre (außer in Polen) angestiegen. In den 2000er Jahren ist die Anzahl der Banken rückläufig. Auffällig ist, dass in allen vier Ländern die Anzahl an ausländischen Banken stark und kontinuierlich steigt. Der Rückgang der heimischen Banken lässt sich damit begründen, dass es Mitte der 1990er Jahre in einigen der Transformationsländer zu einer Bankenkrise kam, bei der eine große Anzahl von Banken oder eine Reihe großer Banken zusammenbrach (EBRD 1998, 100). Diese Krise trat vor allem in Ländern auf, die sich in einem relativ fortgeschrittenen Transformationsstadium befanden (wie die Visegrád-Staaten) und in denen das finanzielle Umfeld zwar liberalisiert, der regulatorische Rahmen aber noch nicht ausreichend entwickelt war, um die zusätzlichen Risiken einzudämmen. In der Tschechischen Republik z. B. kam es am Ende des Jahres 1996 zum Zusammenbruch mehrerer mittelgroßer und großer lokaler Banken.

Gleichzeitig ist der Staatsanteil am Bankensektor stark zurückgegangen, was aus Abb. 31 hervorgeht:

- In Polen ist dieser Anteil im Jahr 1993 von 86 Prozent innerhalb von 11 Jahren auf weniger als 20 Prozent zurückgegangen.
- Über den gleichen Zeitraum betrachtet ist der Anteil in Ungarn und der Slowakei von über 70 Prozent auf sieben bzw. ein Prozent geschrumpft.
- In Tschechien war der Staatsanteil im Bankensektor im Jahr 1993 mit 20 Prozent schon vergleichsweise niedrig und hat sich bis zum Jahr 2004 auf 3 Prozent reduziert.

Insgesamt zeugt diese Entwicklung von einer stärkeren Privatisierung des Banken- und Finanzsektors (EBRD 1999, 212/228/252/264; EBRD 2005, 124/140/164/180).

Diese Entwicklung verdeutlicht die vorangeschrittene Liberalisierung und Privatisierung im Finanzsektor in den Visegrád-Staaten während des Transformationsprozesses, was insofern wichtig war, als dass sie nicht nur für die privatisierten Banken, sondern auch für den Wettbewerbsprozess von Vorteil ist. Denn durch die Privatisierung und Liberalisierung konnten die Fähigkeiten und die Produktivität der Banken verbessert werden, insbesondere durch eine stärkere Kundenorientierung und die Einführung einer effektiven Unternehmensführung. Die Privatisierung konnte auch zu einer Verschärfung der Budgetrestriktionen der Bank führen, da die Aussicht auf großzügige staatliche Unterstützung im Falle einer Verschlechterung der Leistung abnimmt. Diese Finanzdisziplin der Banken stärkte sowohl die internen Anreize innerhalb der Bank als auch den Wettbewerbsprozess im Bankensystem insgesamt (EBRD 1998, 131).

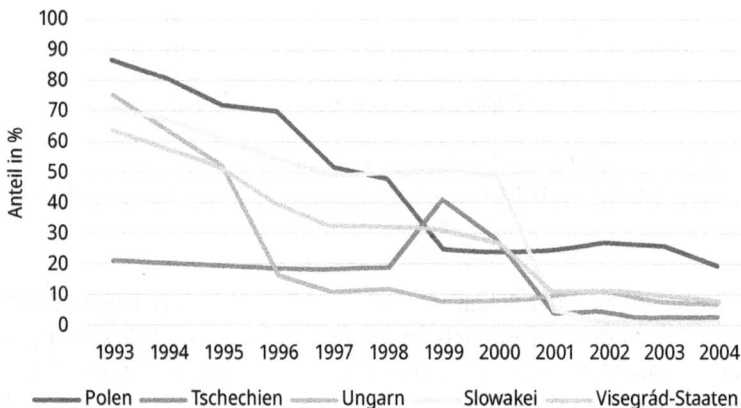

Abb. 31: Anteil des Staates am Bankensektor in % der gesamten Marktkapitalisierung im Bankensektor in den Visegrád-Staaten
Quelle: Eigene Darstellung und Berechnungen nach EBRD (1999, 212/228/252/264) und EBRD (2005, 124/140/164/180).

Die erfolgreiche Liberalisierung und Privatisierung im Bankensektor kann auch an einem Anstieg der heimischen Kredite an den Privatsektor abgelesen werden. Dies geht aus Abb. 32 hervor. In den Visegrád-Staaten sind diese Kredite von 1993 bis 2004 von etwa 46 Mrd. USD auf 153 Mrd. USD angestiegen und haben sich somit mehr als verdreifacht. In allen Visegrád-Staaten, bis auf Tschechien, ist ein stetiges Wachstum der Kredite an den Privatsektor zu erkennen, besonders in Polen und Ungarn, wo die Kredite von 12 Mrd. USD bzw. 8 Mrd. USD auf 57 Mrd. USD bzw. 47 Mrd. USD angestiegen sind. In Tschechien kam es im Vergleich zu den anderen Visegrád-Staaten eher zu einem moderaten Wachstum, was sich zum einen damit begründen lässt, dass Tschechien schon Anfang der 1990er Jahre in Relation zum BIP pro Kopf entsprechend höhere Kreditzahlungen an den Privatsektor getätigt hat (EBRD 1999, 93). Zum anderen wurde Tschechien stärker von der Bankenkrise getroffen, die sich in vielen Transformationsländern Ende der 1990er Jahre abzeichnete (EBRD 1998, 100).

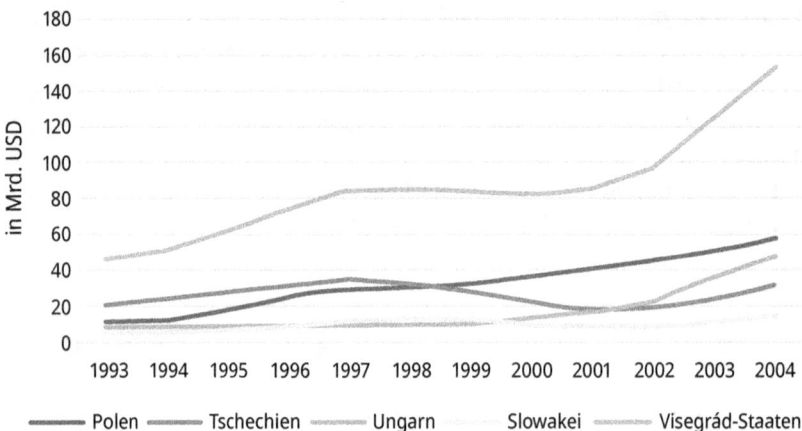

Abb. 32: Heimische Kredite an den Privatsektor in den Visegrád-Staaten (in Mrd. USD)
Quelle: Eigene Darstellung und Berechnungen nach: EBRD (2001, 136/157/180/192); EBRD (2005, 124/140/164/180).

Neben der Liberalisierung und der Schaffung eines stabilen Finanzsystems und der Liberalisierung der Preise und des Handels ist die Überführung von Wirtschaftsgütern und -tätigkeiten vom Staat in die Privatwirtschaft ein wichtiger Bestandteil des Transformationsprozesses (EBRD 1999, 92). Zwei Hauptziele der Privatisierung sind zum einen Produktivitätssteigerungen und zum anderen die Umstrukturierung der Exportgüter in verschiedenen Bereichen (Pohl/Djankov/Anderson 1996, 1–4; Roland 2000, 232).

Gemessen an der Entwicklung des Anteils des privaten Sektors am Bruttoinlandsprodukt ist der Übergang in den Visegrád-Staaten über die 1990er Jahre weit fortgeschritten. Innerhalb von zehn Jahren nach Beginn der Transformation ist der Anteil des

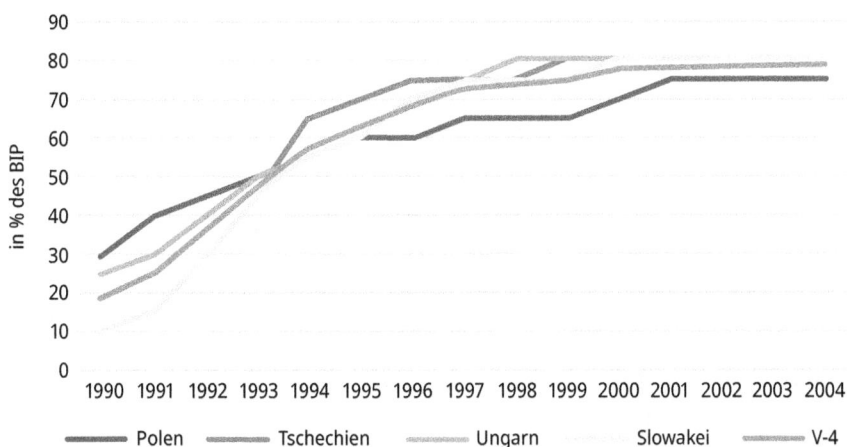

Abb. 33: Anteil des Privatsektors am BIP in den Visegrád-Staaten (in %)
Quelle: Eigene Darstellung nach EBRD (1999, 212/228/252/264) und EBRD (2005, 124/140/164/180).

privaten Sektors in den Visegrád-Staaten von etwa 20 Prozent auf 80 Prozent angestiegen. Ein Hauptziel der Privatisierung war, wie zuvor erwähnt, die Erhöhung der Produktivität (Roland 2000, 232).

Nach der Umstellung von der Planwirtschaft auf erste marktwirtschaftliche Strukturen kam es bei der Anpassung in der Industrie zuerst zu Produktivitätsrückgängen. Dies zeigt Abb. 34. In Polen und Tschechien ging die Arbeitsproduktivität 1990 bzw. 1991 um 20 Prozent zurück. Ab dem Jahr 1992 wurden jedoch schon wieder Zuwächse bei der Arbeitsproduktivität in der Industrie in den Visegrád-Staaten verzeichnet. Bis zu dem Beitritt zur EU hatte sich die Arbeitsproduktivität in den Visegrád-Staaten insgesamt verdoppelt. Insbesondere in Polen und Ungarn konnte ein Produktivitätszuwachs von durchschnittlich fast zehn Prozent pro Jahr erreicht werden, wodurch sich die Arbeitsproduktivität in der Industrie in diesen Ländern bis zum EU-Beitritt mehr als verdoppelte.

Zu Beginn des Transformationsprozesses und der fortschreitenden Privatisierung wurden damit viele überschüssige Arbeitsplätze, die während der zentralen Planwirtschaft besetzt wurden, abgebaut. Diese Stellen waren vor allem von gering qualifizierten Arbeitskräften belegt. Dieser Prozess führte zum einen zu einer höheren Arbeitsproduktivität, da nun der Anteil der höherqualifizierten Angestellten an der Gesamtbeschäftigung gestiegen war und deren Arbeitsproduktivität in der Regel höher ist. Zum anderen stieg aber die Arbeitslosigkeit (Gros/ Steinherr 2004, 76–80; OECD 2004, 89).

Für die Realisierung von Produktivitätszuwächsen in der Industrie bedarf es viel Kapital und Technologie bzw. Wissen(-stransfer). Neben der Privatisierung der Firmen und der steigenden Relevanz des Privatsektors waren ausländische Direktinvestitionen (FDI) für die nachhaltige Produktivitätssteigerung und Verbesserung der Exportstruktur ausschlaggebend (Zecchini 1997, 277). Ausländische Direktinvestitionen haben wichtige makroökonomische Auswirkungen auf die Zielländer. Kurzfristig tragen Kapitalzuflüsse

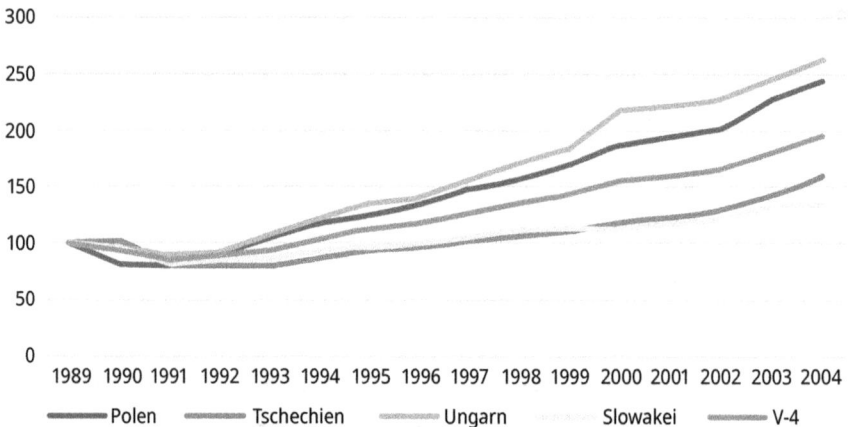

Abb. 34: Entwicklung der Arbeitsproduktivität in der Industrie in den Visegrád-Staaten, Index (1989 = 100) Quelle: Eigene Darstellung und Berechnungen nach EBRD (1999, 212/228/252/264) und EBRD (2005, 124/140/164/180).

zur Stabilisierung der Wirtschaft bei, indem sie externe Finanzmittel bereitstellen, die zur Deckung von Leistungsbilanzdefiziten verwendet werden können. Dies wiederum unterstützt die Wechselkursstabilität bzw. führt zu einer Aufwertung des Wechselkurses. Vor allem langfristig sind ausländische Direktinvestitionen ein wichtiger Kanal für die Übernahme neuer Technologien (Fidrmuc/Fidrmuc/Horvath 2002, 90). Ein wesentlicher Grund liegt hier im Knowhow-Transfer der multinationalen Unternehmen in Richtung des Transformationslandes. Der Knowhow-Transfer betrifft vorrangig das im Transformationsland etablierte Tochterunternehmen des (westlichen) Konzerns. Produktionswissen wird generiert, was den Produktionsprozess im Laufe der Jahre effizienter macht. Weiterhin entstehen so genannte „Linkages" (Verknüpfungen) zu vor- und nachgelagerten Stufen der Produktion, wie etwa auf der Beschaffungs- oder der Vertriebsseite, aber auch so genannte „side effects" zu nebengelagerten Stufen des Produktionsprozesses wie etwa Transport- und Logistikunternehmen, House Keeping Services oder Ähnliches. Gerade auf der Beschaffungsseite können große Produktivitätsfortschritte realisiert werden, wenn lokale Unternehmen vor Ort als Zulieferbetriebe für die (westliche) Tochtergesellschaft fungieren (so genanntes „local content").

Die Bestände an FDI in den Visegrád-Staaten haben seit der Liberalisierung bis zum Beitritt in die EU einen erheblichen Anstieg erlebt. Diese sind von 1993 bis 2004 um jahresdurchschnittlich mehr als 30 Prozent von 12 Mrd. USD auf 230 Mrd. USD angestiegen. Das höchste Wachstum in den FDI-Beständen wurde in Polen und in der Slowakei verzeichnet. Diese sind jeweils um jahresdurchschnittlich etwa 40 Prozent angestiegen, in Polen von knapp 2 Mrd. USD auf 84 Mrd. USD und in der Slowakei von 0,6 Mrd. USD auf 28 Mrd. USD. Dies zeigt, dass die Visegrád-Staaten ein attraktiver Investitionsstandort für ausländische Unternehmen geworden sind (bzw. von Beginn an waren) und damit der Technologie- und Wissenstransfer über den Kanal der Direktinvestitionen dort stattgefunden hat.

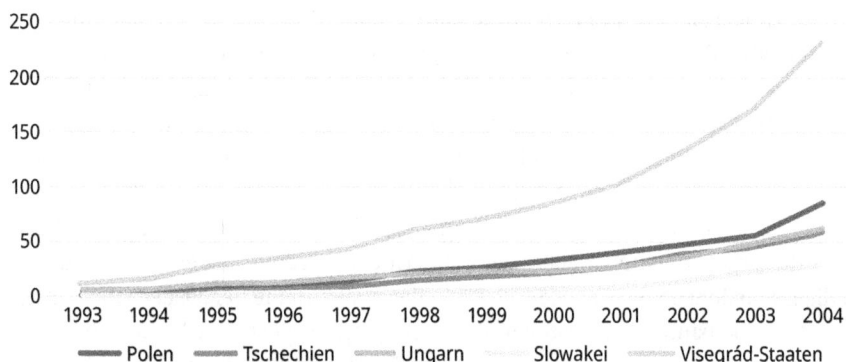

Abb. 35: Entwicklung der FDI-Bestände in den Visegrád-Staaten (in Mrd. USD)
Quelle: Eigene Darstellung und Berechnungen nach UN Comtrade (2024).

Auch die Bestände deutscher Unternehmen in den Visegrád-Staaten sind im Zeitraum von 1993 bis 2004 angestiegen. Dies zeigt Tabelle 19. Insbesondere in der deutschen Schlüsselindustrie des Fahrzeugbaus sind die Bestände im angegebenen Zeitraum um mehr als das Neunfache angestiegen. Dadurch wird deutlich, dass die Visegrád-Staaten für deutsche Unternehmen von Beginn an sehr attraktive Produktions- und Absatzmärkte waren.

Tabelle 19: Deutsche FDI-Bestände in den Visegrád-Staaten nach (Ziel-)Industrien (in Mio. USD)

	Deutsche FDI-Bestände im Fahrzeugbau		Deutsche FDI-Bestände im Maschinenbau		Deutsche FDI-Bestände in der Elektroindustrie	
	1993	**2004**	**1993**	**2004**	**1993**	**2004**
Polen＊	233	1.686	85	365	69	140
Tschechien	365	2.767	91	419	47	929
Ungarn	462	4.043	91	409	51	437
Slowakei	0	1.389	0	106	0	29
∑ Visegrád-Staaten	1.060	9.884	267	1.298	167	1.536

Quelle: Eigene Darstellung und Berechnungen nach Daten der Deutschen Bundesbank (2024), Sonderauswertungen für die Verfasser. ＊FDI-Bestände in Polen aus dem Jahr 1995.

Kommen wir nun abschließend zu einem weiteren Punkt, den wir eben bereits angesprochen hatten, nämlich der Exportstruktur. Die aus der Handelstheorie ökonomisch ableitbare Idee dahinter ist, dass sich im Zuge der wirtschaftlichen Entwicklung, also des Transformationsprozesses, auch die Struktur der Exporte ändern wird, was durch die Direktinvestitionen und deren Folgeeffekte noch unterstützt bzw. beschleunigt werden sollte. Denn die Struktur der Exporte, so könnte man in gebotener Kürze argumentieren, spiegelt das Niveau und die Struktur der wirtschaftlichen Entwicklung wider.

Länder mit höherem Pro-Kopf-BIP exportieren tendenziell mehr kapital- und for-
schungsintensive Güter, während sich weniger entwickelte Länder auf arbeits- und
materialintensive Branchen spezialisieren. Eine Verbesserung der Exportstruktur bedeutet damit, dass Nahrungsmittel sowie arbeits- und energieintensive Produkte zugunsten
von Maschinen und Fahrzeugen, die kapital- und wissensintensiver produziert werden,
an Bedeutung verlieren. Werfen wir daher nun einen Blick auf die empirischen Daten.

Neben der zuvor schon dargestellten regionalen Umstrukturierung der Exporte hat
sich auch die Exportstruktur in allen vier Ländern der Visegrád-Staaten verändert. Dies
zeigen die Darstellungen der Tabellen 20–23. In der ersten Hälfte der 1990er Jahre waren
noch relativ arbeitsintensive Produkte die wichtigsten Exportgüter in den Visegrád-
Staaten, wie landwirtschaftliche Güter, Güter der Textil- und Bekleidungsindustrie sowie
der Metallerzeugung. In Polen und Ungarn entfielen im Jahr 1995 noch rund 41 Prozent
der Exporte auf Produkte dieser Industrien, in der Slowakei waren es 39 Prozent und in
Tschechien 33 Prozent. Die Exporte von relativ kapital- und technologieintensiven Gütern,
wie Güter des Maschinen- und Fahrzeugbaus sowie elektronische Erzeugnisse, waren im
Jahr 1995 in den Visegrád-Staaten schon vorhanden, spielten allerdings im Vergleich
noch eine untergeordnete Rolle. In Polen (22 Prozent) und der Slowakei (20 Prozent) war
der Anteil am geringsten. In Tschechien und Ungarn war der Export von Maschinen,
Fahrzeugen und elektronischen Erzeugnissen (vor allem elektrische Maschinen, Apparate
und Geräte sowie Geräte für die Nachrichtentechnik) mit einem Anteil von 31 Prozent
bzw. 30 Prozent am Gesamtexport deutlich stärker ausgeprägt.

Bis zum EU-Beitritt im Jahr 2004 ist der Anteil der arbeitsintensiveren Produkte
zu Gunsten der kapitalintensiveren Produkte des Maschinen- und Fahrzeugbaus
sowie der elektronischen Erzeugnisse zurückgegangen. Insgesamt ergeben sich Daten,
die den theoretischen Implikationen der Handelstheorie entsprechen, und zwar in
allen vier Ländern gleichermaßen:

–   In Ungarn nahm der Anteil der Exporte der landwirtschaftlichen Güter, der Güter
    der Bekleidungsindustrie und die Metallerzeugung von 41 Prozent auf 15 Prozent
    ab. Der Anteil der Gruppe des Maschinen- und Fahrzeugbaus sowie der elektroni-
    schen Erzeugnisse ist dagegen von 30 Prozent auf 65 Prozent angestiegen. Insbeson-
    dere die Exporte der elektronischen Erzeugnisse sind von 1995 bis 2004 von 1,85
    Mrd. USD (15 Prozent des gesamten Exports) auf fast 22 Mrd. USD (40 Prozent des
    gesamten Exports) angestiegen. Den größten Anteil mit über 50 Prozent an diesen
    Erzeugnissen machten Geräte der Nachrichtentechnik wie Bild- und Tongeräte aus.
–   Die Exporte von elektronischen Erzeugnissen in Tschechien im Jahr 2004 spielen
    mit einem Anteil von 23 Prozent ebenfalls die größte Rolle. Dabei ist die Bedeu-
    tung des Maschinen- und Fahrzeugbaus mit einem kumulierten Anteil von 30 Pro-
    zent im Jahr 2004 und einem Anstieg von knapp 4,5 Mrd. USD auf etwa 20 Mrd.
    USD innerhalb von neun Jahren bedeutend gestiegen.

Es lässt sich festhalten, dass es in den Visegrád-Staaten eindeutig zu einer Erhöhung
der Wertschöpfung im Rahmen der Exportstruktur kam. Der Anteil der hier darge-

stellten kapitalintensiveren Güter am Export ist in den Visegrád-Staaten von durchschnittlich 25 Prozent im Jahr 1995 auf 51 Prozent im Jahr 2004 angestiegen, während der Anteil der arbeits- und energieintensiveren Güter von 39 Prozent auf 21 Prozent zurückgegangen ist. Dies könnte, wie erläutert, vor allem auch auf den starken Anstieg der FDI-Bestände in den Visegrád-Staaten zurückzuführen sein.

Ein ganz entscheidender Punkt ergibt sich zudem, wenn die Wachstumsraten der hier aufgeführten Branchen mit denen der Gesamtexporte verglichen werden. Dies bietet sich immer an und ist methodisch sehr vorteilhaft, falls Outperformer oder Underperformer ausgemacht und verglichen werden sollen. Das Wachstum der Gesamtexporte fungiert dann als Benchmark. Auch hier entspricht das Ergebnis genau den Vorhersagen, die wir aus den theoretischen Implikationen erwartet hatten:

- In allen vier Ländern wachsen die relativ arbeitsintensiven Branchen unterproportional zum Wachstum der Gesamtexporte, während die relativ kapitalintensiven Güter in allen vier Ländern (teilweise sehr deutlich) überproportional zum Wachstum der Gesamtexporte ansteigen. Wie die Tabellen zeigen, gibt es in allen vier Ländern nicht eine einzige Ausnahme.
- Ein kurzes Beispiel verdeutlicht die interessanten Ergebnisse: Während in Polen die Gesamtexporte im betrachteten Zeitraum 1995–2004 um insgesamt 223 Prozent angestiegen sind, liegen alle drei arbeitsintensiven Bereiche unterhalb dieser Benchmark, während die drei aufgeführten kapitalintensiven Branchen jeweils (deutlich) über dieser Wachstumsbenchmark liegen.
- Vor diesem Hintergrund lässt sich die Implikation ableiten, dass alle vier Länder die ökonomischen Herausforderungen der Handelsspezialisierung im Rahmen einer ökonomischen Transformation offensichtlich vielversprechend gemeistert haben.

Tabelle 20: Warenexporte in Polen nach Warengruppen und Anteilen

	1995		2004		Wachstum in Prozent, 2004 geg. 1995
	Export in Mio. USD	In % des Gesamtexports	Export in Mio. USD	In % des Gesamtexports	
Nahrungs-, Genussmittel	2.253	10	6.063	8	169
Textilien, Bekleidung, Leder	3.185	14	4.215	6	32
Metallerzeugung	3.782	17	8.735	12	131
Elektrotechnische Erzeugnisse	1.342	6	8.686	12	547
Maschinenbau	1.400	6	7.937	11	467
Fahrzeugbau	2.193	10	12.663	17	477
Gesamtexporte	22.826	100	73.774	100	223

Quelle: Eigene Darstellung und Berechnungen nach UN Comtrade (2023).

Tabelle 21: Warenexporte in Tschechien nach Warengruppen und Anteilen

	1995		2004		Wachstum in Prozent, 2004 geg. 1995
	Export in Mio. USD	In % des Gesamtexports	Export in Mio. USD	In % des Gesamtexports	
Nahrungs-, Genussmittel	1.218	6	2.142	3	76
Textilien, Bekleidung, Leder	2.315	11	3.159	5	37
Metallerzeugung	3.436	16	7.598	12	121
Elektrotechnische Erzeugnisse	2.174	10	15.231	23	601
Maschinenbau	2.572	12	9.106	14	254
Fahrzeugbau	1.894	9	10.531	16	456
Gesamtexporte	21.350	100	65.749	100	208

Quelle: Eigene Darstellung und Berechnungen nach UN Comtrade (2023).

Tabelle 22: Warenexporte in Ungarn nach Warengruppen und Anteilen

	1995		2004		Wachstum in Prozent, 2004 geg. 1995
	Export in Mio. USD	In % des Gesamtexports	Export in Mio. USD	In % am Gesamtexports	
Nahrungs-, Genussmittel	2.203	18	3.322	6	51
Textilien, Bekleidung, Leder	1.560	13	2.430	4	56
Metallerzeugung	1.180	10	2.562	5	117
Elektrotechnische Erzeugnisse	1.859	15	21.690	40	1.067
Maschinenbau	1.121	9	8.997	17	703
Fahrzeugbau	703	6	4.432	8	530
Gesamtexporte	12.389	100	54.233	100	338

Quelle: Eigene Darstellung und Berechnungen nach UN Comtrade (2023).

Tabelle 23: Warenexporte in der Slowakei nach Warengruppen und Anteilen

	1995		2004		Wachstum in Prozent, 2004 geg. 1995
	Export in Mio. USD	In % des Gesamtexports	Export in Mio. USD	In % des Gesamtexports	
Nahrungs-, Genussmittel	496	6	921	3	86
Textilien, Bekleidung, Leder	775	9	1.920	7	148

Tabelle 23 (fortgesetzt)

	1995		2004		Wachstum in Prozent, 2004 geg. 1995
	Export in Mio. USD	In % des Gesamtexports	Export in Mio. USD	In % des Gesamtexports	
Metallerzeugung	1.977	24	3.970	14	101
Elektrotechnische Erzeugnisse	522	6	3.923	14	652
Maschinenbau	655	8	2.289	8	250
Fahrzeugbau	524	6	6.760	24	1.190
Gesamtexporte	8.374	100	27.843	100	233

Quelle: Eigene Darstellung und Berechnungen nach UN Comtrade (2023).

Fazit: Die vorliegende Analyse hat zunächst aufgezeigt, dass Transformationsländer, die sich im Übergang von der Planwirtschaft zur Marktwirtschaft befinden, durch zahlreiche Probleme gekennzeichnet sind. So sind diese Länder etwa durch meist hohe Inflationsraten, niedrige Produktivitätsniveaus, veraltete Produktionsanlagen, einen hohen Investitionsstau, die Gefahr von starken Abwertungen, eine hohe Anzahl von Staatsbetrieben, nicht funktionierende Kapitalmärkte und vieles mehr gekennzeichnet. Darauf aufbauend wurde die Frage entwickelt, anhand welcher Merkmale und Daten man eine vermeintlich positive Entwicklung der Visegrád-Länder bei ihrer ökonomischen Transformation seit den 1990er Jahren beobachten kann.

Ein Blick in die Literatur erleichterte dabei die Vorgehensweise und identifizierte drei wesentliche Bereiche, anhand derer man eine potentiell erfolgreiche Transformation ablesen und erkennen kann: a) die Liberalisierung der Preise und des Handels, b) die Einführung eines funktionierenden Finanzsystems einschließlich einer moderaten Fiskalpolitik, und c) das Vorantreiben der Privatisierungen, was natürlich eine erfolgreiche Implementierung des Privateigentums einschließt.

Die darauf aufbauende empirische Analyse hat gezeigt, dass sich die Visegrád-Staaten seit den 1990er Jahren nach dem Wegfall des Eisernen Vorhangs innerhalb von 14 Jahren bis zum Beitritt in die Europäische Union bemerkenswert gut entwickelt haben. Der Transformationsprozess der Visegrád-Staaten auf wirtschaftlicher Ebene wurde vor allem durch die Liberalisierung erfolgreich gemeistert. Während die Liberalisierungen von internationalem Handel und Preisen vergleichsweise schnell und einfach umzusetzen sind, benötigen die Errichtung eines stabilen Finanzsystems und die erfolgreiche Privatisierung der Unternehmen mehr Aufwand. Zwar waren die meisten Länder tatsächlich in deren Umbruchphase durch hohe Inflationsraten gekennzeichnet. Allerdings wurde diesen Tendenzen in der außenwirtschaftlichen Flanke durch feste Wechselkurssysteme entgegengewirkt. Die Inflation in den Visegrád-Staaten war in der Folge zwar hoch, aber verglichen mit anderen osteuropäischen Staaten, die nicht diesem Modell folgten, recht moderat. Die Handelsliberalisierung hatte ebenfalls sehr positive Effekte, die sich in stark ansteigenden Exportniveaus und auch in einer mittelfristig sich ändernden Exportstruktur niederschlugen, die die Produktion vermehrt relativ kapital-intensiver Güter implizierte. Zudem konnten die Zollsätze nachhaltig und stark gesenkt werden. Gerade die Wirtschaftsbeziehungen zu Deutschland wurden forciert und konnten positive Effekte auf die außenwirtschaftliche Entwicklung entfachen. Verstärkt wurde diese positive Handelsentwicklung sicherlich durch eine starke Zunahme der Direktinvestitionen in diesen vier Ländern durch die Weltwirtschaft insgesamt, aber vor allem auch durch Deutschland im Speziellen. Zu einem stabilen Finanzsystem in den Visegrád-Staaten haben die Wechselkurssysteme und die Zunahme von ausländischen Banken beigetragen. Infolgedessen ging auch der Anteil an staatlichen Banken schnell zurück und die Kredite an den Privatsektor stiegen rasant an, welche die Grundlage für die Expansion der privaten Unternehmen waren. Die Überführung von Wirtschaftstätig-keiten des Staates in die Privatwirtschaft spielte ebenso einen wichtigen Bestandteil im Transformationsprozess. Die Hauptziele der Privatisierung, die Implementierung von Privateigentum und die Steigerung der Produktivität wurden ebenso umgesetzt. Dies konnte zum einen durch eine schnelle Privatisierung der Unternehmen, gemessen am Anteil des Privatsektors am BIP, geschehen. Zum anderen konnte die Aufrechterhaltung der Produktivitätszuwächse durch den Anstieg der ausländischen Direktinvestitionen und den damit verbundenen Kapital- und Wissenstransfer, sichergestellt werden. Insgesamt erreichten die Länder damit eine stärkere Integration in die Weltwirtschaft und eine Modernisierung der Industrie und des Exportportfolios, was schlussendlich zu einer wesentlichen Erhöhung ihres Wohlstandsniveaus beigetragen hat.

Kontrollfragen

A. Warum ist es sinnvoll, bei einer Studie eine Themeneingrenzung vorzunehmen?
B. Warum ist ein Literaturüberblick im Rahmen einer wissenschaftlichen Arbeit un-erlässlich?
C. Welche Faktoren beeinflussen einen erfolgreichen Transformationsprozess?
D. Wie haben die Visegrád-Staaten den Anstieg der Inflation zurückgedrängt?
E. Welche Hauptziele hat die Privatisierung von Unternehmen?
F. Welche wichtigen Erkenntnisse ergeben sich aus dem Zusammenspiel von Direkt-investitionen und internationalem Handel?
G. Welche Veränderungen im Export bzw. in der Exportstruktur lassen sich in den Visegrád-Ländern in ihrer Transformationsphase bis zum Beitritt zur EU aus-machen?

2.7 Brasilien (Amazonaspolitik und politische Probleme)

In diesem Kapitel …
- Erhalten Sie einen Überblick über die naturräumlichen Gegebenheiten und Wirtschaftsräume Brasiliens
- Verstehen Sie die geopolitische Bedeutung des Landes
- Lernen Sie die ökonomische Expansion im Amazonas und deren Folgen kennen
- Können Sie sich einen Eindruck über die politischen Strukturen und deren Herausforderungen verschaffen

Mit einer Fläche von rund 8,5 Millionen km^2 ist Brasilien nach Russland, Kanada, der Volksrepublik China und den Vereinigten Staaten das fünftgrößte Land der Erde. Damit ist die Föderative Republik nicht nur etwa doppelt so groß wie Europa (ausgenommen von Russland), sondern umfasst zudem auch knapp die Hälfte des gesamten südamerikanischen Kontinents. Abgesehen von Chile und Ecuador teilt sich Brasilien mit jedem anderen Staat in Südamerika eine gemeinsame Grenze. Zudem begrenzt im Norden, Nordosten, Osten, Südosten sowie Süden auf einer Länge von etwa 7400 km der Atlantische Ozean das Land (Pitsch 2017, 69–71; Anhuf 2010, 15–16).

Ein Großteil Brasiliens befindet sich auf der Südhalbkugel. Die klimatischen Bedingungen des Landes erstrecken sich dabei von den inneren anhaltend feuchten über die wechselfeuchten Tropen bis hin zu den Subtropen im äußersten Süden. Landschaftlich ist Brasilien von weitläufigen tropischen Regenwäldern des Amazonas-Tieflands im Norden, Savannengebieten im Mittelwesten (auch: Cerrado) sowie Hochebenen, Hügeln und Gebirgszügen im Süden des Landes geprägt. Ein Großteil Brasiliens besteht aus gebirgsländlichen Flächen, auf welchen das Land beispielsweise in den Bundesstaaten Minas Gerais oder Mato Grosso über reiche Eisenerz-, Mangan-, Bauxit- und Goldvorkommen verfügt. Gen Norden und Nordwesten verändert sich die Topografie durch das Absenken des brasilianischen Berglands in Form weitläufiger Hochflächen zum Tiefland des Amazonas. Die Beckenlandschaften des Amazonas dehnen sich auf insgesamt mehr als 7 Millionen km^2 aus und gelten als die weltweit größte Süßwasserreserve. Hydrografisch wird Brasilien von den zwei gewaltigen Stromsystemen des Amazonas und des Río Paraná geprägt. Der Amazonas, welcher in den peruanischen Anden entspringt und in den Atlantik mündet, gilt nach dem Nil als zweitlängster Fluss der Welt und ist mit seiner Wasserführung von 209.000 m^3/s zudem der wasserreichste Strom der Erde. Auf einem Gebiet von mehr als 7,2 Millionen km^2 besitzt der Amazonas 15 Nebenflüsse, wobei vor allem aufgrund der Bedeutung für die Schifffahrt, die Flüsse Rio Madeira, Rio Purús, Rio Tapajós sowie der Rio Negro von besonderer Relevanz sind (Anhuf 2010, 15–27; Grabert 1991, 5–6).

Während die landwirtschaftliche Basis im Süden des Landes und in den Savannengebieten im Westen liegt, lebt der überwiegende Teil der rund 212,5 Millionen Ein-

https://doi.org/10.1515/9783110790245-014

wohner in Bundesstaaten nahe der Atlantikküste, wo sich auch nahezu alle Großstädte befinden. Rund die Hälfte der Bevölkerung hat aufgrund der im Zuge der Kolonialzeit verschleppten Sklaven nach Brasilien afrikanische Vorfahren. Neben den ursprünglichen portugiesischen Kolonialisten kamen zudem ab 1818 und insbesondere
mit der beginnenden Industrialisierung Brasiliens rund 6 Millionen europäische Einwanderer, vorwiegend aus Portugal, Italien, Spanien und Deutschland ins Land. Seit
Anfang des 20. Jahrhunderts sind ferner vermehrt japanischstämmige Menschen
nach Brasilien eingewandert, deren Anteil an der Gesamtbevölkerung mittlerweile
rund 5 Prozent ausmacht. Eine weitere relevante Bevölkerungsgruppe bildet die indigene Bevölkerung, welche bereits vor der Eroberung durch Portugal im Jahr 1500 das
heutige Brasilien bewohnte (Kohlhepp 2010, 34–36). Während in den 1940er Jahren noch
rund zwei Drittel der Bevölkerung im ländlichen Raum lebten, führte eine verstärkte
Binnenwanderung unter anderem aufgrund eines tiefgreifenden Strukturwandels der
Landwirtschaft sowie ein natürliche Bevölkerungswachstum dazu, dass mittlerweile
etwa 87 Prozent der Einwohner Brasiliens in Großstädten leben. Das teilweise unge-
ordnete, rasante Bevölkerungswachstum führte in vielen Großstädten zur Herausbildung zahlreicher Armensiedlungen (Favelas). Angesichts der verstärkten Binnenwanderung ist zudem die einstmalige regionale Gliederung nach ethnischen Gruppen
stark aufgeweicht. Während dennoch ein überwiegender Teil der afro-brasilianischen
Bevölkerung in der nordöstlichen Küstenregion lebt, konzentriert sich sowohl die von
europäischer Einwanderung abstammende als auch die Bevölkerung japanischer Herkunft auf den Süden des Landes rund um den Bundesstaat São Paulo (Kohlhepp 2010,
40–48).

Nicht zuletzt aufgrund der starken Binnenwanderung in die Großstädte ist Brasilien geprägt von großen regionalen Disparitäten. Die Betrachtung verschiedener
sozioökonomischer Indikatoren offenbart eine große Kluft zwischen den insgesamt 26
Bundesstaaten. Hohe Werte bei Kindersterblichkeit oder Analphabetismus lassen sich
insbesondere in nördlichen Regionen des Landes (hier vor allem in deen Bundesstaa-
ten Maranhão und Alagoas) beobachten. Dem gegenüber stehen eine teilweise um ein
Vielfaches höhere Bevölkerungsdichte, Lebenserwartung sowie ein höheres Pro-Kopf-
BIP in südlichen Bundesstaaten. Eine herausragende Rolle nimmt dabei der Staat São
Paulo im Südosten des Landes ein. Auf einer Fläche, welche etwa 70 Prozent der
Deutschlands entspricht, erwirtschaftet allein dieser Bundesstaat mit rund einem
Drittel des gesamten brasilianischen BIP zusammengenommen mehr als die Regionen
im Norden, Nordosten und Mittelwesten sowie Teile des Südens. Die Metropolregion
ist mit seinen rund 22 Millionen Einwohnern, international ansässigen Konzernen
sowie dem Finanzsektor das mit Abstand wichtigste Wirtschaftszentrum auf dem südamerikanischen Kontinent (Anhuf 2010, 15–27; Kohlhepp 2010b, 91–93; Pitsch 2017,
69–70).

Ökonomisch kommt Brasilien innerhalb Lateinamerikas die Rolle einer regional
dominanten Wirtschaftsmacht zu. Dies lässt sich im Besonderen anhand folgender
Kennzahlen der Volkswirtschaftlichen Gesamtrechnungen nachvollziehen:

- Mit einem Bruttoinlandsprodukt (BIP) von etwa 1,96 Billionen US-Dollar zählte das Land im Jahr 2022[1] zu den größten Volkswirtschaften der Welt und rangierte im weltweiten Vergleich auf dem 11. Rang.
- In den letzten zwanzig Jahren wuchs das reale BIP um durchschnittlich 2,4 Prozent (The World Bank 2023g).
- Nach der Weltbank zählt Brasilen aufgrund seines Pro-Kopf-Bruttonationaleinkommens (BNE) zu den Ländern mit oberen mittleren Einkommen. Das Pro-Kopf-BNE des Landes lag mit 7820 USD im Jahr 2020 knapp über dem Durchschnitt lateinamerikanischer und karibischer Länder (7637 USD).
- Im Vergleich des Pro-Kopf-Einkommen anderer lateinamerikanischer Länder, blieb Brasilien jedoch teilweise deutlich unter den Spitzenwerten von Ländern wie Chile (12990 USD), Argentinien (9010 USD) oder Mexiko (8750 USD) (The World Bank 2023h).

Tabelle 24: Brasiliens Anteile der wichtigsten Exportgüter am gesamten Ausfuhrhandel im Jahr 2022

Erdöl, Erdölerzeugnisse und verwandte Waren	17%
Ölsaaten und ölhaltige Früchte	14,2%
Metallurgische Erze und Metallabfälle	10,9%
Fleisch und Zubereitungen von Fleisch	7,6%
Eisen und Stahl	5,2%
Getreide und Getreideerzeugnisse	4,3%

In den letzten Dekaden haben sich drastische Veränderungen der brasilianischen Wirtschaft und Gesellschaft ergeben. In kaum einem anderen Wirtschaftsbereich haben sich diese so drastisch niedergeschlagen wie im Agrarsektor. Die Verknüpfung von Wirtschafts- und Agrarpolitik, vor allem aber die zwischen Agrarpolitik und Agrarreform wird dabei ebenso offensichtlich wie deren gesellschaftlich vermittelte Gegensätzlichkeit. Diese Veränderungen zeigen sich insbesondere durch

- Die Intervention der brasilianischen Regierung in die Wirtschaft, vor allem die Agrarwirtschaft, ausgelöst durch die weltweite „große Depression" 1929 und dem damit verbundenen Ende des durch den globalen „Kaffee-Boom" stimulierten Industrialisierungsprozess in Brasilien.
- Den weitreichenden wirtschaftspolitischen Paradigmenwechsel mit der Machtergreifung des anfangs demokratisch legitimierten (1930–37), später (1937–45) diktatorisch regierenden Präsidenten Getúlio Vargas hin zu einer Politik der importsubstituierenden Industrialisierung (ISI).
- Abkehr der Politik der importsubstituierenden Industrialisierung Anfang der 1990er Jahre aufgrund einer sich ausdehnenden Stagflation sowie den wirtschaftspolitischen Vorgaben des "Washington Consensus" (Calcagnotto 2012, 325–346; Sangmeister/Schönstedt 2010, 383–398).

Der Washington Consensus (Kellermann 2006, 94–98).
Der „Washington Consensus" ist ein vom Internationalen Währungsfond (IMF) und der Weltbank unterstütztes Wirtschaftsprogramm, welches im Zuge der Lateinamerikanischen Schuldenkrise in den 1980er Jahren eingeführt wurde. Es umfasst eine Reihe von wirtschaftspolitischen Maßnahmen unter anderem zur Stabilisierung der heimischen Wirtschaft, Förderung des Wirtschaftswachstums und Überwindung der vorherrschenden Schuldenkrise.

Außenwirtschaftspolitisch verabschiedete sich das Land von der entwicklungsstrategischen Dogmatik, welche unter den sich änderten weltwirtschaftlichen Konstellationen überflüssig geworden war. Stattdessen richtete sich die brasilianischen Außenwirtschaftspolitik auf eine Weltmarktorientierung aus um dadurch zusätzliche Wachstumschancen realisieren zu können (Sangmeister/Schönstedt 2010, 394).

Brasilien kommt als eines der Länder mit der weltweit höchsten Biodiversität, welches zudem über den Hauptanteil des größten zusammenhängenden tropischen Regenwaldgebiets sowie über die größten Süßwasserreserven verfügt, eine globale Verantwortung in puncto Klima- und Umweltschutz zu. Dabei steht der Schutz der Umwelt in Brasilien in einem konstanten Spannungsfeld mit wirtschafts- und agrarpolitischen Interessen. In diesem Kapitel sind deshalb neben der lokalen und internationalen Integration der brasilianischen Wirtschaft Fragen zu den makropolitischen Veränderungen sowohl auf nationaler als auch internationaler Ebene, zu politischen Maßnahmen sowie zu zentralen Akteuren und deren Interessen auf dem brasilianischen Agrarsektor von zentraler Bedeutung. Dabei soll in den folgenden Ausführungen ein Schwerpunkt auf der brasilianischen Amazonaspolitik liegen. Darüber hinaus werden die Entwicklungen der politischen Institutionen seit 1988 diskutiert und die Rolle der Exekutive in der brasilianischen Demokratie beleuchtet. Etwaige politische Herausforderungen befinden sich nachfolgend genauso im Diskurs wie deren mögliche Lösungsansätze.

Konkret wir das Kapitel die folgenden Thematiken behandeln:
- Brasiliens Rolle in der Weltwirtschaft zwischen Globalisierung und Regionalisierung
- Die wirtschaftliche und politische Bedeutung des Amazonas, einschließlich der Relevanz des Agrobusiness
- Das politische System Brasiliens, im Besonderen die Beziehung zwischen den Staatsgewalten
- Herausforderungen mit den sich Brasilien konfrontiert sieht, insbesondere politischer und gesellschaftlicher Natur

Während zu Beginn des letzten Jahrhunderts Brasilien nur geringfügige bi- und multilaterale Handelskontakte mit seinen südamerikanischen Nachbarstaaten pflegte, wurden die regionalen Wirtschaftsbeziehungen ab Mitte des 20. Jahrhunderts vor allem dank der Lateinamerikanischen Freihandelsvereinigung (Asociación Latinoamericana de Libre Comercio, ALALC) sowie ab den 1980er Jahren der Integrationsvereinbarung

(Asociación Latino-Americana de Integración, ALADI) intensiviert. Ab den 1990er Jahren wurde die regionale Integration Südamerikas zur erklärten Priorität der brasilianischen Außen- und Wirtschaftspolitik. Als zentrales Integrationskonzept gilt dabei die 1991 zusammen mit den Nachbarländern Argentinien, Paraguay und Uruguay geschaffene regionale Wirtschaftsgemeinschaft (Mercado Común del Sur, MERCOSUR). Leitmotiv gemäß des Gründungsvertrags von 1991 war die Schaffung eines gemeinsamen südamerikanischen Marktes. Diesbezüglich sah die Konzeption folgende Punkte vor:
– den schrittweisen Abbau von Zöllen und Handelshemmnissen samt Schaffung eines gemeinsamen Außenzollsystems
– die Implementierung einer Zollunion
– die Handelsliberalisierung mit Drittstaaten
– die Koordinierung der Wirtschaftspolitik

Den Weg für die Institutionalisierung eines gemeinsamen Marktes ebnete damals insbesondere die enge Zusammenarbeit mit dem Nachbarn Argentinien bei der Einflussbegrenzung externer (Wirtschafts-)Mächte – hierbei vor allem die Vereinigten Staaten – sowie demokratische Transformationsprozesse in beiden Ländern. Mit dem für Brasilien bis in die 2000er das mit Abstand wichtigste multilaterale Projekt auf dem südamerikanischen Kontinent, verfolgte das Land von Beginn an vor allem zwei Ziele: Erstens sollte durch die Anregung der politischen und wirtschaftlichen Dynamik die politische Stabilität im Land gewährleistet sowie eine Intensivierung der wirtschaftlichen Beziehungen erreicht werden. Zweitens wollte Brasilien den Status seiner überregionalen Macht weiter ausbauen, um somit auch auf internationaler Ebene an Gewicht zu gewinnen (Hofmeister 2010, 399–413; Grivoyannis 2019, 17–18).

Im Jahr 2019 wurde zudem ein Assoziierungsabkommen zwischen der Europäischen Union und den Staaten der MERCOSUR geschlossen. Die dadurch mit über 770 Millionen Einwohnern entstehende weltweit größte Freihandelszone ist sowohl für Brasilien als auch für die EU von großer gesamtwirtschaftlicher und strategischer Bedeutung. Das Freihandelsabkommen sieht den Abbau der Zölle für insgesamt 91 Prozent der zwischen der MERCOSUR und der EU gehandelten Waren vor (Bundesministerium für Wirtschaft und Klimaschutz 2023, o.S.).

Einer weitaus größeren ökonomischen Relevanz kommen für Brasilien jedoch Handelsbeziehungen mit China zu. Die steigende Nachfrage an landwirtschaftlichen und mineralischen Rohstoffen haben das Reich der Mitte in den letzten Jahren zu dem wichtigsten Handelspartner werden lassen. Bereits 1993 hat die asiatische Wirtschaftsgroßmacht mit Brasilien als weltweit erstes Land eine strategische Partnerschaft etabliert. Seither haben sich die Ausfuhrerlöse brasilianischer Primärprodukte wie etwa Eisenerz und Nicht-Eisen-Metalle, Soja sowie andere ölhaltige Früchte teilweise verdreifacht. Neben dem bilateralen Handel zwischen den beiden Staaten spielen zudem chinesische FDI in Brasilien eine große Rolle. Bis 2020 hat Brasilien mit rund 66 Milliarden US Dollar mehr als die Hälfte aller chinesischen Investitionen in

Lateinamerika erhalten. Drei Viertel dieser Direktinvestitionen flossen in den Energiesektor, der Rest in die Landwirtschaft, die Infrastruktur und in andere Bereiche (de Castro Neves/Cariello 2022, 73; Sangmeister/Schönstedt 2010, 387).

Eckdaten Brasilien (UN Comtrade 2022)
Haupthandelspartner für brasilianische Produkte sind China, die USA sowie Argentinien. Von diesen drei Ländern stammen zugleich auch die meisten Importe. 2021 exportierte Brasilien Waren im Wert von 87,9 Milliarden USD nach China, 31,3 Milliarden USD in die USA sowie 11,8 Milliarden USD nach Argentinien. Im selben Jahr wurden Waren im Wert von 53,4 Milliarden USD aus China, 46,9 Milliarden USD aus den USA sowie 12,4 Milliarden USD aus Argentinien importiert.

Aufgrund der großen kulturellen Distanz, vor allem aber wegen des unterschiedlichen politischen Systems ist China für Brasilien auf außenpolitischer Ebene hingegen nur ein nebensächlicher Partner. Dennoch hat Brasilien außenpolitisch lange, anders als beispielsweise Mexiko, weniger den Weg einer Allianz mit den Vereinigten Staaten eingeschlagen, sondern sich vielmehr durch Bündnisse mit anderen aufstrebenden (Wirtschafts-)Mächten wie Russland, Indien oder China als relevanten globalen Partnern und wirtschaftspolitischen Gegenspielern der Industriestaaten positioniert. Dessen ungeachtet waren die USA ein bedeutender Referenzpunkt für Brasiliens internationale Einbindung, wenngleich die Beziehungen beider Länder durch sehr unterschiedliche Phasen der Allianz und gegenseitiger Distanzierung gekennzeichnet sind. Spätestens mit der Machtübernahme der rechtskonservativen Partido Social Liberal (PSL) unter Jair Bolsonaro (2019–2022) kam es zu einem außenpolitischen Wandel in Brasilien. Das bereits vor der Wahl einsetzende regionale Desengagement verstärkte sich und die strategische Beziehung mit Argentinien wurde für beendet erklärt. Vielmehr strebte die Regierung Bolsonaro eine strategische Partnerschaft mit den USA unter der Präsidentschaft Donald Trumps (2017–2021) bei gleichzeitiger Abkehr von der VR China an. Ungeachtet der Distanzierung von einer Außenpolitik, welche sich am globalen Süden orientierte wurde an der institutionellen Verankerung der BRIC-Staaten als interregionale Mechanismen festgehalten. Auch unter Bolsonaro galt weiterhin das außenpolitische Interesse darin, sich zu den (Wirtschafts-)Weltmächten zu zählen (Birle/Gratius 2010, 287–316; Zilla 2022, 19).

Lange wurde das brasilianische Amazonasgebiet von staatlicher Seite nur durch die Gewinnung von Kautschuk als ökonomisch relevant wahrgenommen. Mitte des letzten Jahrhunderts rückte die Region nicht zuletzt aus geopolitischen Gründen und im Einklang neuer Leitlinien einer siedlungs- und wirtschaftsräumlichen Integration in den Fokus der brasilianischen Entwicklungsstrategie. Mit der Machtübernahme des Militärs 1964 wurde die wirtschaftliche Erschließung der tropischen Regenwälder durch die Schaffung der Planungsregion „Amazônia Legal" beständig verfolgt. Dabei wurde von staatlicher Seite wenig Rücksicht auf regionale Besonderheiten, indigene Interessen oder ökologische Gegebenheiten genommen. Priorität erhielten vor allem Projekte der Infrastrukturentwicklung, wie beispielsweise die Fernstraße „Transamazonica" sowie Maßnahmen der Agrarkolonisation. Letztere sahen im Einklang der autoritären und konservativen Modernisierungsideologie die Erschließung natürlicher Ressourcen, Industrialisierung sowie ein Wachstum des Viehbestands vor. Zu diesem Zweck sollte im Amazonasbecken etwa die Hälfte der Fläche abgeholzt und unter anderem für die landwirtschaftliche Nutzung bereitgestellt werden (Kohlhepp/Coy 2010, 111–134).

> **Amazônia Legal (Grabert 1991, 189; Instituto Brasileiro de Geografia e Estatística 2023, o.S.)**
> Die „Amazônia Legal" ist eine etwa 5 Millionen km² große, von der brasilianischen Regierung im Jahr 1966 eingerichtete Planungsregion zur Erschließung des amazonischen Regenwaldes. Auf 59 Prozent der Staatsfläche Brasiliens umfasst sie die Bundesstaaten Acre, Amazonas, Amapá, Pará, Rondônia und Roraima, sowie Teile der Bundesstaaten Mato Grosso, Goiás und Maranhão. Mit rund 28 Millionen Einwohnern leben aktuell etwa 13 Prozent der brasilianischen Gesamtbevölkerung in der Region, davon rund drei Viertel in Großstädten.

Siedlungspolitisches und planerisches Ziel des nationalen Integrationsprogramms (Plano de Integração Nacional, PIN) war die unter dem Leitsatz „Verbindung von Menschen ohne Land mit dem Land ohne Menschen" zusammengefasste regionale Ansiedlung von rund 100.000 Familien. Im Zeitraum von 1970 bis 2020 stieg die Bevölkerung des brasilianischen Amazonasgebiets von 7,13 Millionen Einwohner auf etwa 28 Millionen (Cavalcante de Oliveira/Souza e Silva 2021, 1082).

Die wichtigsten wirtschaftlichen Aktivitäten im brasilianischen Amazonasgebiet konzentrieren sich auf die Landwirtschaft samt Rohstoffexporten wie Eisenerz sowie den Dienstleistungssektor. Darüber hinaus ist die Region aufgrund ihres Wasserpotenzials und ihrer natürlichen Ressourcen für die Energieproduktion relevant. Ferner wird im Bundesstaat Amazonas Erdgas- und -öl gefördert. Während der sekundäre Sektor sich nahezu ausschließlich auf die städtischen Zentren von Manaus, Belém, São Luís und Cuiabá konzentriert und in der Region eher eine untergeordnete Rolle spielt, ist der Dienstleistungssektor im Amazonasgebiet von größerer Relevanz. Vor allem im Handel, dem Personen- und Gütertransport sowie in administrativen und ergänzenden Dienstleistungen bietet der tertiäre Sektor in der Region zahlreiche Arbeitsplätze. Es ist aber vor allem das hochspezialisierte und weltmarktorientierte Agrobusiness, welches der Region in letzter Zeit zu einer gewissen (wirtschaftlichen) Bedeutung verhalf. Seit 2000 hat sich die landwirtschaftliche Nutzfläche des brasilianischen Amazonasgebiets vor allem aufgrund der weltweit gestiegenen Nachfrage nach Sojabohnen und Rindfleisch von rund 84.000 km² auf mittlerweile 224.000km² fast verdreifacht. Die im Amazonasgebiet produzierte Menge an Sojabohnen und Rindfleisch (Wert 2019: 21 Mrd. US Dollar) trägt in hohem Maße dazu bei, dass Brasilien seinen weltweiten Führungsanspruch in puncto landwirtschaftlicher Ausfuhren weiter ausbauen kann. Anhand des angesprochenen Wasserpotenzials und dem Vorhandensein natürlicher Ressourcen erhofft sich die Regierung beispielsweise durch zahlreiche Wasserkraftprojekte in der Region zudem langfristig (auch international) als Produzentin sauberer und regenerativer Energie positionieren zu können (Da Franco Silva/Bampi 2019, 346–348; Cavalcante de Oliveira/Souza e Silva 2021, 1082–1085).

Trotz der hohen Werte bei landwirtschaftlichen Exporten entsprach das BIP des brasilianischen Amazonasgebiets 2018 mit 158,5 Mrd. USD nur etwa 8,7 Prozent des gesamten brasilianischen BIP. Vor allem aufgrund der geringen Wertschöpfung der exportierten Produkte und Dienstleistungen sind die Bundesstaaten im Amazonasgebiet in hohem Maße (über 80 Prozent) vom Kauf von Waren und Dienstleistungen aus anderen Teilen Brasiliens abhängig, während sie selbst nur 2,5 Prozent in andere Bundesstaaten liefern. Zwar verhalf das Agrobusiness dem Land zu einer weltweiten Agrarmacht aufzusteigen. Dessen ungeachtet bringt die Anbindung an die weltweite Agrarwirtschaft auch eine verstärkte Export- und Weltmarktabhängigkeit sowie die Verdrängung vieler kleinbäuerlicher Strukturen und die Teilhabe nur weniger großer Konzerne mit sich. Die in den letzten Jahrzehnten zunehmende Vernichtung des amazonischen Regenwaldes im Zuge der Agrarkolonisation, der Ausweitung von Rinderweiden, aber auch durch den wirtschaftlichen Fokus auf Holzwirtschaft und Bergbau sowie riesige Infrastrukturprojekte wie der Bau von Wasserkraftwerken mit großen Stauseen verstärkten die ökologischen und sozioökonomischen Spannungen in der Region. Die dadurch nicht wiederherzustellenden Umweltschäden sind seit Jahren Thema im internationalen Diskurs (Cavalcante de Oliveira/Souza e Silva 2021, 1082–1084; Kohlhepp 2010c, 14).

Im brasilianischen Amazonasgebiet treffen verschiedenen Interessensgruppen aufeinander. Eine politisch einflussreiche Agrarlobby samt der in Brasilien traditionell mächtigen Rolle der Großgrundbesitzer stehen den Interessen von Indigenen und Umweltschützern gegenüber. Die überparteiliche „Agrarfraktion" (Bancada ruralista) hat sich in den letzten Jahren nicht zuletzt durch die Unterstützung der Regierung Bolsonaro vor allem mit sektoralen Agrarpolitiken und regionalen agrarpolitischen Förderprogrammen vermehrt gegen die Interessen der nationalen Behörde für die Entwicklung und Umsetzung von Maßnahmen mit Bezug zu indigenen Völkern (Fundação Nacional do Índio, FUNAI) und der brasilianische Umweltbehörde (Instituto Brasileiro do Meio Ambiente e dos Recursos Naturais Renováveis, IBAMA) durchgesetzt. Die wirtschaftlichen Interessen der Regierung stehen in einem fortwährenden Spannungsfeld mit dem Schutz des Klimas und der Umwelt. Der Erhalt der einzigartigen Biodiversität wurde von der brasilianischen Regierung in der Vergangenheit eher als Hindernis für ein schnelles und stetiges Wirtschaftswachstum gesehen. Vor allem die brasilianische Umweltpolitik im Amazonasgebiet ist auf internationalen Konferenzen immer wieder Thema. Obwohl bereits im Jahr 1934 erste Verordnungen zum Schutz der Natur auf Bundesebene erlassen wurden, liegen die Anfänge der brasilianischen Umweltpolitik als eigenständigen Politikbereich erst in den früheren 1970er Jahren. Diese gehen zum einen auf den sich vollziehenden Demokratisierungsprozess im Land, zum anderen auf den zunehmenden internationalen Druck im Rahmen der ersten UN-Umweltkonferenz 1972 in Stockholm zurück. In Folge der Kritik bezüglich der damaligen Abwehrhaltung in punto Umweltschutz der brasilianischen Militärdiktatur wurde die erste brasilianische Umweltbehörde (Secretaria Especial do Meio Ambiente, SEMA) als Abteilung des Innenministeriums gegründet. Diese wurde jedoch zur Zeit der Militärdiktatur institutionell schwach gehalten. In den 1980er Jahren wurden, ausgehend vom Gesetz zur Reglementierung der nationalen Umweltpolitik, grundlegende Weichenstellungen für den rechtlichen und institutionellen Rahmen der Umweltpolitik vollzogen. Seit 1981 definiert der brasilianische Umweltrat (Conselho Nacional do Meio Ambiente, CONAMA) die Leitlinien der brasilianischen Umweltpolitik und veröffentlich zudem seit 1986 jährlich eine Studie zur Auswirkung auf die Umwelt. Ferner koordiniert und kontrolliert die zentrale Umweltbehörde IBAMA seit 1989 die Belange der brasilianischen Umweltpolitik (Zellhuber 2012, 348–366; Kohlhepp/Coy 2010, 126–127).

Umweltpolitisch verfolgte die brasilianische Regierung in diesen Belangen lange die Linie einer gegensätzlichen Strategie mit einerseits progressiven umweltrechtlichen Rahmenbedingungen und andererseits dem Vorrang einer staatlichen Investitionspolitik, welche sich über Auflagen zum Umweltschutz hinwegsetzte. Auch der 2002 mit hohen Erwartungen im Hinblick einer stärkeren Gewichtung der Umweltpolitik ins Amt gewählte Präsident Luiz Inácio Lula da Silva, genannt Lula, führte diese Politik zunächst fort. Unter dem verstärkten Einfluss der in Brasilien mächtigen Agrarlobby sowie der Bergbauindustrie wurde das Entwicklungsmodell des weltmarktorientierten Exports von Rohstoffen und Agrarprodukten im Amazonasgebiet ohne Achtung der Rechte von Kleinbauern oder Indigenen sowie ökologischen Folgen, konsequent weiterverfolgt. Erst gegen Ende der zweiten Amtszeit Lulas (2007–2010) kam es auch aufgrund des zunehmenden internationalen Drucks zu einem Paradigmenwechsel in der brasilianischen Umweltpolitik. So wurde letztendlich während den beiden Amtszeiten die massive Abholzung des Amazonas um über 80 Prozent reduziert. Unter Präsidentin Dilma Rousseff (2011–2016) ratifizierte Brasilien zudem als eines der ersten Länder 2015 das Pariser Klimaabkommen. Des Weiteren verpflichtete sich das Land, seine Treibhausgasemissionen gegenüber 2005 um 37 Prozent bis 2025 beziehungsweise um 43 Prozent bis 2030 zu reduzieren. Der sich anbahnende Diskurswechsel im Hinblick auf den Klimaschutz, samt hochgesteckter CO_2-Reduktionsziele und der Reduzierung der Entwaldungsraten im Amazonasgebiet wurde jedoch zuletzt durch die Regierung Bolsonaro (2019–2022) konterkariert (Zellhuber 2012, 348–366; Vecchione Gonçalves/Santos 2022, o.S.).

Im Rahmen der Weltklimakonferenz 2022 kündigte der mittlerweile zum dritten Mal ins Amt gewählte Präsident Lula zuletzt einen rigiden Politikwechsel in puncto Klima- und Umweltschutz an, wobei Brasilien eine globale Führungsposition einnehmen soll. Dennoch steht Brasilien beim Thema Umweltschutz vor immensen Herausforderungen. Die jahrelangen Expansionsstrategien in Bezug auf das brasilianische Amazonasgebiet samt Rodung und Abholzung zugunsten des Agrobusiness haben ihre Spuren hinterlassen. Der Region mit seinen Regenwäldern kommt dabei nicht zuletzt aufgrund der äußerst hohen Biodiversität eine besondere Relevanz für den regionalen und weltweiten CO_2-Haushalt zu. Zwar ist es dem aktuellen Präsidenten Lula in seinen beiden vorangegangen Amtszeiten gelungen, die Abholzung des Regenwaldes zu begrenzen, dennoch bleibt trotz des erhöhten internationalen Drucks unklar, inwiefern die neue Regierung Klima- und Umweltschutzmaßnahmen vor eigene wirtschaftliche Interessen stellen wird (Bundesministerium für wirtschaftliche Zusammenarbeit und Entwicklung 2023, o.S.).

Die Grundzüge des heutigen politischen Systems Brasiliens sind in der Verfassung von 1988 festgehalten. Unter Führung des ersten zivil gewählten Präsidenten Fernando Collor de Mello (1990–1992) etablierte sich nach über zwei Jahrzehnten Militärdiktatur (1964–1985) ein politisches System der Demokratie. Die Verfassung beinhaltete zahlreiche Forderungen von Gewerkschaften sowie sozialen Bewegungen und ebnete den Weg für das Aufkommen eines demokratischen und republikanischen öffentlichen Raums innerhalb der Gesellschaft. Während der ersten Phase nach Inkrafttreten der Verfassung sah sich das Land mit zahlreichen Herausforderungen konfrontiert. Nachwirkungen der lateinamerikanischen Schuldenkrise der 1980er Jahre samt hoher Auslandsverschuldung und Hyperinflation prägten die erste Periode nach Wiedererlangung der Demokratie. Die Weiterführung elementarer institutioneller Entscheidungen der Verfassung von 1946, insbesondere die Beibehaltung des Präsidialsystems samt proportionalen Repräsentation offener Listen, erschwerte zudem das Regieren. Neben der geringen Parteidisziplin sowie Konkurrenzkämpfen innerhalb der Parteien aufgrund der offenen Listen wurde der Konflikt zwischen Exekutive und Legislative durch die Fragmentierung des Parteiensystems verstärkt. Insbesondere unter den ersten drei ab 1988 demokratisch gewählten Regierungen wurde eine gewisse Ineffizienz der Regierungen als Konsequenz des gewählten institutionellen Rahmens deutlich. Weder die Inflation konnte eingedämmt werden, noch wurden langfristige Lösungsansätze für die seit Anfang der 1980er grassierende Wirtschaftskrise gefunden (Cheibub Figueiredo/Limongi 2012, 65–84).

> **Geschichtliche Einordnung Brasiliens (Roett 1999, 2).**
> 1500–1822: portugiesische Kolonialzeit
> 1822–1889: König- und Kaiserreich
> 1889–1930: I. Republik
> 1930–1945: Ära Getúlio Vargas
> 1946–1964: IV. Republik
> 1964–1985: Militärdiktatur
> 1985–heute: VI. Republik

Erst der Übergang zur Weltmarktorientierung ab 1990, die Erfolge der wirtschaftlichen Stabilisierungsmaßnahmen des Plano Real sowie die politische Stabilität, welche sich im Verlauf der beiden Regierungen von Fernando Henrique Cardoso (1995–1998; 1999–2002) einstellten, brachten das Land in politisch ruhigere Fahrwasser. Nach langen Jahren der Krise und Stagnation erlebte Brasilien fortan eine über 20-jährige Phase der Prosperität. Groß angelegte soziale Fördermaßnahmen wie die unter der Regierung Lula realisierten Programme „Fome Zero" (Null Hunger) und „Bolsa Família" (einer Art Familienstipendium) verringerten die weitverbreitete Armut im Land und großen regionalen Disparitäten deutlich. Die brasilianische Demokratie gilt mittlerweile trotz der jüngsten Entwicklungen unter der Regierung Bolsonaro als konsolidiert (Cheibub Figueiredo/Limongi 2012, 65–84; Neuburger 2010, 86).

Gemäß der Verfassung aus dem Jahr 1988 ergibt sich das rechtsstaatliche Institutionengefüge Brasiliens aus einer

- Legislative mit zwei Kammern
- auf dem Präsidentiellen Regierungssystem basierenden Exekutive
- sowie einer autonomen Judikative.

Wesentlich ist zudem der Föderalismus und die daraus resultierende Autonomie der Bundesstaaten und Gemeinden. Auf Bundesebene wird die gesetzgebende Gewalt durch den Kongress ausgeübt, welcher sich aus einem Zweikammerparlament mit Abgeordnetenkammer und Senat zusammensetzt. Die Exekutive obliegt dem Präsidenten der Republik und seinen Staatsministern. Die brasilianische Judikative ist durch eine innerhalb der ordentlichen Gerichtsbarkeit stattfindenden Trennung zwischen Bundes- und Landesgerichtsbarkeit organisiert. Das brasilianische Wahlsystem zeichnet sich durch ein Proporzsystem mit offener Liste aus, wobei Abgeordnetenhaus und subnationale Kammern als ein Teil der Legislative nach dem Proporzsystem gewählt werden, der Senat als weiterer Teil der Gesetzgebung nach dem Mehrheitswahlrecht. Die Exekutive, also Präsident, Gouverneure sowie Bürgermeister, wird nach einem einfachen Mehrheitsrecht gewählt. Zugleich Staats- und Regierungschef ist, wie in Präsidialsystemen üblich, der Präsident (Birle 2013, 44–46; Nicolau/Stadler 2012, 103–120).

Länder- und Bundeswahlen finden in Brasilien simultan alle vier Jahre statt, wobei die Teilnahme für alle Staatsbürger zwischen 18 und 70 gesetzlich verpflichtend und für 16–18-Jährige, über 70-Jährige und Analphabeten fakultativ ist. Senatoren erhalten gemäß der Wahlen ein Mandat für acht Jahre, Präsidenten sowie Abgeordnete und Gouverneure jeweils vier Jahre. Die Wahlkreise entsprechen den jeweiligen Bundesstaaten. Insbesondere in flächenmäßig großen und bevölkerungsreichen Staaten verursacht dies teilweise sehr kostenintensive Wahlkämpfe. Als Konsequenz daraus sind jene Kandidaten bevorteilt, welche entweder über genügend eigene finanzielle Mittel verfügen oder gute Beziehungen zu finanzstarken Sponsoren pflegen. Zwar gibt es einen Wahlfonds, welcher den Parteien gemessen an deren vorherigen Abschneiden finanzielle Ressourcen zusichert. Ein Großteil der finanziellen Mittel (über ein Drittel) entfällt dabei jedoch auf die drei großen Parteien, der Rest wird unter aktuell insgesamt 29 weiteren Parteien aufgeteilt (Nicolau/Stadler 2012, 103–120; KAS 2018, o.S.).

Das während der Militärdiktatur etablierte Zweiparteiensystem wurde 1980 in ein Mehrparteiensystem überführt. Die damalige Parteienlandschaft bestand zunächst aus sechs Parteien: Der Partido do Movimento Democrático Brasileiro (PMDB) sowie der Partido Democrático Social (PDS) als direkte Nachfolger der Regierungs- respektive der Oppositionspartei während der Militärdiktatur; die aus einer Gewerkschaftsbewegung entstandene linksorientierte Partido dos Trabalhadores (PT); die liberalkonservative Partei Partido Progressista (PP), sowie die um das nationalpopulistische Erbe von Getúlio Vargas ringenden Parteien Partido Democrático Trabalhista (PDT) und Partido Trabalhista Brasileiro (PTB). Seit den 1990ern haben sich zwei politische Blöcke herausgebildet, welche jedoch eher allianzpragmatisch als ideologisch formiert sind. Der Allianz zwischen der 1988 formierten sozialdemokratischen PSDB (Partido da Social Democracia Brasileira) sowie Parteien aus dem liberalkonservativen Spektrum steht ein durch die Parteien PT, PMDB und mehreren kleinen Linksparteien geschmiedetes Bündnis gegenüber (Costa 2010, 191–206).

Das brasilianische Institutionengefüge hat sich in den vergangenen Dekaden, vor allem jedoch seit der ersten Amtsperiode der Regierung Lulas (2003–2006) teilweise stark verändert. Es ist nicht nur eine aktivere Rolle des brasilianischen Staates gegenüber vorherrschenden Marktmechanismen erkennbar, sondern auch die historisch gewachsene zentrale Stellung der Exekutive erhielt in den Anfangsjahren der Regierung Lula da Silvas deutlich mehr Gewicht. Als maßgeblich für die schrittweise Stärkung der Exekutive können zwei historische Aspekte gesehen werden: Zum einen die im Besonderen unter der Regierung Getúlio Vargas (1930–1945) angeführten substantiellen Bemühungen des Staates hinsichtlich der ökonomischen Entwicklung des Landes, welche den institutionellen Rahmen des neuzeitlichen brasilianischen Staates geschaffen hat. Zum anderen liegt ein zweiter Faktor der starken Stellung der Exekutive in den Phasen autoritärer Regime (1930–1945; 1964–1985) begründet, in welchen aufgrund der damaligen systematischen Unterdrückung der Legislative die Bedeutung der Exekutive sprunghaft anstieg. Selbst der dazwischenliegende, 20-jährige Zeitraum demokratischer Regierungen brachte keine signifikante Stärkung der Legislative mit sich, was vor allem der politischen Instabilität sowie der konstanten Putschgefahr durch die Militärs geschuldet war. Diese Entwicklungen führten insgesamt dazu, dass mit dem Inkrafttreten der Verfassung 1988, der Exekutive weitreichende legislative sowie administrative Befugnisse verliehen wurden. Die legislativen Befugnisse der Exekutive werden anhand der folgenden vier Verfassungsbestimmungen deutlich (Boschi 2012, 175–192; Birle 2013, 58):

- Die Exekutive besitzt alleiniges Initiativrecht für alle Gesetze, welche die Organisation der Verwaltung und der Justiz, die Steuern und den Haushalt betreffen.
- Der Präsident besitzt umfassende Vetorechte.
- Die Anwendung von Maßnahmen zur Anordnung von provisorischen Maßnahmen (Medidas Provisórias, MP) mit Gesetzeskraft. Dem Kongress werden zur Behandlung des MP maximal 120 Tage zugestanden.
- Die Anwendung der Option, eine vorrangige Behandlung der auf Initiative des Präsidenten zurückgehenden Gesetzesvorlagen zu verlangen. Den beiden Häusern des Kongresses werden diesbezüglich maximal 45 Tage zur Diskussion über eine Vorlage zugestanden.

Die Exekutive in Brasilien hat dadurch nicht nur einen erheblichen Einfluss auf die Agenda des Kongresses, sondern kann anhand der Dringlichkeitsregel eigene Initiativen beschleunigen und auf provisorischen Maßnahmen (MP) zurückgreifen. Insbesondere die MP stellen in den Händen der Exekutive als Gegenstück zu den herkömmlichen Instrumenten der Legislative bei Entscheidungsfindungsprozessen ein wirkungsvolles Instrument dar, da sie der Exekutive eine unilaterale und sofortige Änderung des gesetzlichen Status Quo erlauben (Boschi 2012, 175–192; Birle 2013, 58).

Nicht zuletzt durch die in der Verfassung zugesicherte starke Gewichtung der Gewaltenteilung zwischen Exekutive und Legislative aber auch die Größe, Heterogenität und Komplexität Brasiliens gestaltet sich eine gute Regierungsführung schwierig. Dass es in den letzten 35 Jahren keiner Partei gelungen ist, eine absolute Mehrheit im Kongress zu bilden ist dafür bezeichnend. Vielmehr führt die aufgrund der großen Anzahl an Parteien mit Kongressmandaten bestehende hohe Fragmentierung dazu, dass Koalitionen in Brasilien nicht selten aus mehr als einem Dutzend Parteien bestehen. In der Legislaturperiode 2018–2022 waren über 20 Parteien im Parlament vertreten, wodurch sich die Umsetzung wichtiger wirtschaftlicher, sozialer und politischer Reformen teilweise schwierig gestaltete. Zudem gilt das brasilianische Parteiensystem als nur wenig institutionalisiert und weist im Vergleich zu anderen lateinamerikanischen Staaten kaum Kontinuität der Parteien auf (Albarracín 2012, 157–174; KAS 2018, o.S.).

Ungeachtet der progressiven Verfassung sieht sich Brasilien, ähnlich wie auch zahlreiche andere südamerikanische Demokratien, zudem mit einer deutlichen Kluft zwischen den in der brasilianischen Verfassung zugesicherten Rechten, Garantien sowie Zielen und der tatsächlichen Verfassungswirklichkeit konfrontiert. Verschiedene Aspekte führen dazu, dass das geschriebene Gesetz in manchen Bereichen der Gesellschaft keine Gültigkeit besitzt. Vor allem die enormen sozialen Disparitäten im Land bedingen, dass sozial besser gestellte Gruppen Gesetze zu ihren Gunsten justieren können, während es benachteiligten Gruppierungen grundlegend an Ressourcen fehlt rechtsstaatliche Möglichkeiten überhaupt in Anspruch zu nehmen. Ferner lässt sich die lückenhafte Rechtsstaatlichkeit in Brasilien auf eine gewisse Inkompetenz des Staates im ganzen Land effektiv Präsenz zu zeigen sowie auf die Anfälligkeit staatlicher Verwaltung für Machtmissbräuche wie etwa Korruption oder die Begünstigung einflussreicher Gruppen durch Staatsbeamte zurückführen (Costa 2010, 193–194).

Zu den größten gesellschaftlichen und politischen Herausforderungen Brasiliens zählt neben der Kriminalität und dem gespaltenen politischen Klima vor allem die allumfassende Korruption im Land. In Lateinamerika, wo nach wie vor die Herstellung von Primärgütern eine immense Rolle in der Privatwirtschaft spielt, haben sowohl soziale als auch wirtschaftliche Eliten die Politik als einen Ort der Macht und finanziellen Profite entdeckt. Ungleiche Zugangsvoraussetzungen zu Produktionsmitteln, welche teilweise noch auf die Kolonialisierung zurück gehen, sowie die weitverbreitete Haltung, dass Handlungen möglichst mit eigenen Vorteilen verbunden sein sollten, verstärken dieses Phänomen auf dem gesamten südamerikanischen Kontinent (siehe Tabelle 25) und bieten die Grundlage für Korruption auf der politischen Ebene (Chaffee 1997, 85; Andrioli 2020, 151–161).

Tabelle 25: Brasilianische Korruptionsperzeption im südamerikanischen Vergleich

	CPI Wert 2022	Mittelwert CPI 2012–2022
Argentinien	38	38
Bolivien	31	32
Brasilien	38	39
Chile	67	68
Ecuador	36	34
Kolumbien	39	37
Paraguay	28	27
Peru	36	37
Uruguay	74	72
Venezuela	14	17

Der Anfang der 1990er Jahre mit dem Ende der Importsubstituierten Industrialisierung und dem Übergang zu den Funktionsprinzipen des Weltmarktes eingeführte neoliberale Modernisierungsprozess führte dazu, dass die historischen Vermächtnisse der politischen Kultur Brasiliens weiter vertieft wurden. Dadurch wurde dem Prozess der privaten Aneignung sowie der Korruption im Staatsgefüge wieder neue Kraft verliehen (Soares do Bem 2012, 43). Begünstigt wird das Vorherrschen korrupter Strukturen obendrein durch das politische System Brasiliens. Begründet liegt dies unter anderem in:

- Der vorherrschenden mangelnde Transparenz in Politik und Justiz,
- Der Ausgrenzung von Minderheitengruppen,
- Einer geringen politischen Teilhabe der Zivilbevölkerung,
- Einem Wahlsystem, welches lange dazu beitrug, dass Korruption von der Politik als mögliches Mittel betrachtet wurde,
- Der geringen Bestrafung der Korruption,
- Immer kostspieligeren Wahlkämpfen, wodurch Politiker zunehmend abhängig von finanzkräftigen Sponsoren wurden.

Erst 2018 wurde die dato geltende unbegrenzte private Finanzierung des Wahlkampfs durch das Oberste Wahlgericht gestoppt (KAS 2018, o.S.; Andrioli 2020, 151–161).

In Brasilien sind große Korruptionsaffären ein kontinuierliches Phänomen welches sich auf allen Staatsebenen, über Parteigrenzen hinweg und in allen Wirtschaftssektoren zeigt. Korruption, Patrimonialismus und andere Formen der persönlichen Bereicherung sind in Brasilien allgegenwärtig und ziehen sich durch die jüngere Geschichte des Landes. Bereits die nach der Militärdiktatur erste gewählte Regierung unter José Sarney (1985–1990), war in große Korruptionsskandale verwickelt. Sein Nachfolger Fernando Collor de Mello (1990–1992) wurde nach nur zwei Amtsjahren wegen Bestechlichkeit und Veruntreuung von Staatsgeldern seines Amtes enthoben. Erst dessen Absetzung führte überhaupt dazu, dass die Korruptionsproblematik im

Land politisch diskutiert wurde. Dabei beschränkte sich die Korruption nicht nur auf die brasilianische Regierung, sondern weitete sich in den 1990er Jahren vielmehr auch auf den Kongress sowie die Landes- und Gemeinderegierungen aus. So wurde etwa im Zuge einer 1997 aufgedeckten Bestechungsaffäre von Abgeordneten bekannt, dass zahlreiche Parlamentsmitglieder für ihre Stimme zu einer Verfassungsänderung, welche die Wiederwahl Cardosos ermöglichte, Geld erhalten haben sollen. Auch in der jüngeren Historie Brasiliens der letzten 20 Jahre kam es immer wieder zu Korruptionsaffären. Von besonderer öffentlicher Brisanz waren dabei der 2005 aufgedeckte Mensalão-Skandal, bei welchem die von Lula da Silva angeführte Regierungspartei PT zur Sicherung der politischen Unterstützung bei wichtigen Gesetzesvorhaben finanzielle Mittel an kleinere Koalitionspartner geleistet hatte. Dabei flossen regelmäßige Zahlungen nicht nur in schwarze Parteikassen, sondern es wurden auch Gelder an einzelne Kongressabgeordnete dieser Parteien ausgezahlt, welche diese unter anderem zur Finanzierung von Wahlkämpfen nutzten. Zudem erschütterte der milliardenschwere Korruptionsskandal „Lava-Jato" rund um die (Staats-)Unternehmen Petrobras und Odebrecht 2017 das Land und führte letztendlich nach dessen Abwahl zur Inhaftierung des damaligen Präsidenten Michel Temer (Speck 2010, 248–252; Wesche/Zilla 2017, 3).

Ein Hauptmerkmal der brasilianischen Korruption liegt in den Strukturen des Patrimonialismus begründet. Eng verknüpft mit der patrimonialistischen Sichtweise brasilianischer (Politik-)Eliten ist das klientilistisches Beziehungs- und Abhängigkeitsgeflecht des sogenannten „Coronelismo". Dabei sichert sich der kommunale politische Entscheidungsträger durch die Erbringung staatlicher oder privater Leistungen als Tauschmittel gegen die Stimmen die Kontrolle über die Wählerschaft. Auch bei bundesstaatlichen und nationalen Wahlen ist ein derartiges Patronagesystem von gewisser Relevanz, wobei die vom Coronel auf regionaler Ebene rekrutierten Stimmen als Pfand bei Verhandlungen über staatliche Reformen und politische Unterstützung eingesetzt werden. Während das System des „Coronelismo" bei der überwiegend städtischen Wählerschaft heutzutage nur noch eine untergeordnete Rolle einnimmt, lässt sich bei Wählern aus ärmeren Landregionen und in den kleinen Bezirksstädten nach wie vor ein konservatives Wahlverhalten, welches sich in der Folgsamkeit von Klientelstrukturen und regionalen politischen Patronen ausdrückt, beobachten. In den letzten Jahren wurden jedoch durch zahlreiche Maßnahmen die politischen Spielräume lokaler Patrone entscheidend begrenzt (Costa 2010 191–206; Andrioli 2020, 151–161).

Patrimonialismus (Hensell 2009, 36)
Das Konzept des Patrimonialismus geht auf den Soziologen Max Weber zurück. Gemäß dessen Definition ist darunter eine Form der traditionellen Herrschaft, welche durch hohe Personalisierung und mangelnde Trennung von privaten und öffentlichen Sphären charakterisiert ist, zu verstehen. Vereinfacht werden also Staatsstrukturen wie private Bereiche behandelt.

Ferner ist die Präsenz von Familien im öffentlichen Raum ist ein konstantes Phänomen in der Geschichte Brasiliens. Politik ist in Brasilien oft ein Familiengeschäft. Die Zugehörigkeit zu einer politischen Familie mit einer etablierten politischen Organisation, welche den Kandidaten unterstützt, kann die Wahrscheinlichkeit eines Wahlerfolgs deutlich erhöhen. Durch das System der Proporzwahlen für Bundesabgeordnete ist die Bekanntheit des Namens besonders wichtig, da die Wähler aufgrund der Vielzahl an Parteien mit einer langen Liste von Kandidaten konfrontiert sind und eher für einen Namen stimmen, den sie kennen. So gehörten beispielsweise der Legislaturperiode von 2015 bis 2018 etwa die Hälfte der ins Abgeordnetenhaus gewählten Parlamentarier politischen Familien an (Chaffee 1997, 87; dos Reis de Souza 2020, 261–264). Eng damit verknüpft hat auch das System der Vetternwirtschaft in Brasilien lange Tradition und ist zusammen mit der Eindämmung von Korruption oftmals eine zentrale Thematik in Wahlkämpfen. Mehr als deutlich wurde deren Existenz zuletzt unter der Regierung Bolsonaro (2018–2022). Dieser beförderte Familienmitglieder, Freunde sowie Vertraute in hohe politische Posten oder belohnt diese mit finanziellen Mitteln (Gurk 2019, o.S.).

Während in den ersten zwei Jahrzehnten nach dem Inkrafttreten der Verfassung vielmehr politische Erfolge wie das wirtschaftliche Wachstum des Landes oder der beträchtliche Rückgang der Armut und sozialen Ungleichheit im Fokus der Öffentlichkeit standen, verstärkte sich zuletzt das Bewusstsein zur Korruptionsprävention innerhalb der Politik und Bevölkerung. Wichtige Beiträge zur Bekämpfung der Korruption lieferten dabei zum einen der im Zuge der Mensalão-Affäre vorangetriebene Ausbau von Transparenz- und Rechenschaftspflichten, zum anderen die Verabschiedung des Gesetzes „Ficha Limpa" („Weiße Weste"). Letzteres sieht den achtjährigen Ausschluss von Wahlämtern für alle Personen vor, welche aufgrund des Missbrauchs öffentlicher Gelder, rechtswidriger Wahlkampffinanzierung oder Stimmenkaufs entweder verurteilt wurden oder deshalb ihr Amt niederlegen mussten. Bei den Parlamentswahlen im Jahr 2014 waren davon insgesamt 250 Amtsanwärter betroffen. Die darüber hinaus auf internationaler Ebene ratifizierten Antikorruptionsabkommen, sowie die im Jahr 2013 erlassenen Gesetze zur Bekämpfung organisierter Kriminalität und Korruptionsprävention sind aktuell wichtige Instrumente zur Eindämmung der allgegenwärtigen Korruption, wenngleich die Unabhängigkeit der ausführenden Organe zumindest fraglich ist (Wesche/Zilla 2017, 2–4).

Wie die fokussierte Betrachtung zeigt, hat Brasilien in den letzten vier Dekaden tiefgreifende politische und wirtschaftlich Veränderungen vollzogen. Das Land erlangte nach zwei Jahrzehnten der Militärdiktatur wieder den Status einer Demokratie und erlebte ab den 1990er Jahren infolge der Abkehr einer Importsubstituierenden Industrialisierung hin zu einer Weltmarktorientierung eine lange Phase der wirtschaftlichen Prosperität. Nach einer kurzen wirtschaftlichen Schwächeperiode aufgrund der weltweiten Pandemie zog die Wirtschaft 2022 wieder an.

Zugpferde der brasilianischen Wirtschaft sind dabei vor allem die Agrar- und Rohstoffindustrie. Diese sind für einen Großteil der brasilianischen Exporte verantwortlich und profitierten zuletzt von der weltweit gestiegenen Nachfrage und den verbesserten Weltmarktpreisen. Insbesondere beim Export von Soja und Rindfleisch will das Land in den nächsten Jahren seine globale Führungsrolle weiter ausbauen.

Außenpolitisch setzt der nach 2003–2006 und 2007–2010 mittlerweile zum dritten Mal ins Amt gewählte brasilianische Präsident Lula da Silva wieder auf altbewährte Kontinuität. Das Kooperations-Dreieck aus dem südamerikanischen Raum, den Vereinigten Staaten und China soll wieder intensiviert werden. Das zuletzt getroffene Assoziierungsabkommen zwischen der Europäischen Union und den Ländern der MERCOSUR wird die politischen Beziehungen zur EU weiter vertiefen und das Land wirtschaftlich voranbringen. Innenpolitisch steht Brasilien dagegen vor teils immensen Herausforderungen. Erhebliche gesellschaftliche und politische Spannungen, die hohe Fragmentierung des Parteiensystems, teils hausgemachte Probleme (hierbei vor allem die zentrale Stellung der Exekutive) sowie die omnipräsente Korruption erschweren das Regieren in Brasilien und verhindern eine nachhaltige Entwicklung.

Wenn das südamerikanische Land es schafft, politische Reformen weiter voranzutreiben und sich die Agrar- und Rohstoffindustrie in selben Maße wie in den vergangenen Jahren, jedoch fortan unter Einbezug umweltrechtlicher und gesellschaftlicher Faktoren entwickelt, dann kann Brasilien in den kommenden Jahren sowohl politisch als auch wirtschaftlich wieder eine wichtige Rolle auf der Weltbühne einnehmen.

Wie bereits oben angeklungen, ergeben sich für Brasilien einige politische und gesellschaftliche Herausforderungen. Die Eindämmung des weltweiten Klimawandel ist eines der fundamentalsten Themen des 21. Jahrhunderts, bei dem Brasilien aufgrund seiner naturräumlichen Gegebenheiten eine zentrale Rolle zukommt. Nicht zuletzt deshalb steht das Land umweltpolitisch in den kommenden Jahren vor gewaltigen Aufgaben. Trotz der enormen Kosten und Risiken, welcher der Klimawandel in Brasilien schon jetzt verursacht, ist es den bisherigen Regierungen nicht gelungen, dem umweltpolitischen Querschnittscharakter anhand effizienterer, ressortübergreifender Maßnahmen Rechnung zu tragen. Vielmehr lassen die brasilianische Entwicklungsstrategie, in welcher der Agrar- und Rohstoffsektor die bedeutsamsten Wirtschaftsmotoren bilden, Klima- und umweltpolitischen Maßnahmen aktuell (noch) an ihre Grenzen stoßen. Dennoch ist eine weitere Expansion des Agrobusiness gen Amazonasgebiet in der bisherigen Form aufgrund des verstärkten internationalen Drucks wohl nicht mehr lange umsetzbar. Stattdessen muss das Land, auch um die mit dem aktuellen Entwicklungsmodell einhergehende große Abhängigkeit von Export zu minimieren, seine wirtschaftliche Diversifikation weiter vorantreiben. Vor allem der Ausbau von erneuerbaren Energien könnte dem Land die Chance bieten, sich global als Vorreiter zu positionieren. Auch hier ergibt sich jedoch ein Spannungsfeld im Hinblick auf umweltpolitische Maßnahmen, da bspw. Wasserkraft im großen Ausmaß vor diesem Hintergrund umstritten ist.

Neben einer in den letzten Jahrzehnten nachlässigen Umweltpolitik trieb die von politischer Spaltung geprägt Ära der Regierung Bolsonaro das Land zuletzt nicht nur innenpolitischen weiter auseinander, sondern beeinflusste auch das weltweite Image Brasiliens. Die Polarisierung innerhalb der brasilianischen Gesellschaft ist dabei nicht nur politischer Natur, sondern zeigt sich vielmehr auch in den nach wie vor immensen sozialen Ungleichheiten. Zudem belastet die im Land allgegenwärtige Korruption das Außenbild des südamerikanischen Landes und beeinflusst die Attraktivität als Wirtschaftsstandort. Die in den letzten Jahren umgesetzten Maßnahmen zur Prävention und Eindämmung der persönlichen Bereicherung politischer Eliten ist ein Schritt in die richtige Richtung.

Inwiefern der mittlerweile zum dritten Mal gewählte Präsident Lula da Silva das tiefgespaltene Land wieder einigen, politische Reformen vorantreiben sowie die dringend notwendigen klima- und umweltpolitischen Maßnahmen bei gleichzeitiger Wahrung der eigenen wirtschaftlichen Interessen umsetzen kann, bleibt abzuwarten.

Kontrollfragen

A. Was sollte mit der Planungsregion „Amazônia Legal" erreicht werden?
B. Welche Rolle spielt die Umweltpolitik im politischen System Brasiliens?
C. Inwiefern ist ein Einfluss Chinas in Brasilien bemerkbar?
D. Wodurch zeigt sich die soziale Disparität im Land?
E. Welche traditionellen Pfadabhängigkeiten zeigen sich nach wie vor in der heutigen Politik?

2.8 Israel: Entwicklung zwischen ökonomischem Erfolg und geopolitischem Risiko

In diesem Kapitel lernen Sie ...
- Die Entwicklung eines zentralen Teilraumes der Levante kennen.
- Am Beispiel der Entwicklung des modernen Staates Israel die sektorale Entwicklung einer Volkswirtschaft kennen.
- Eine geopolitische Sonderrolle eines kleinen Landes in seiner Bedeutung für die internationale Politik zu verstehen.

Die intensivere Beschäftigung mit dem Staat Israel im Rahmen einer globalen Analyse verwundert auf den ersten Blick, da das Land sowohl isoliert betrachtet als auch im Kontext des Gesamtraums Westasien klein ist. Wenngleich die exakten Grenzen politisch umstritten sind, handelt es sich im Wesentlichen um eine Fläche von gerade mal gut 22.000 km². Dies entspricht in etwa der Fläche des deutschen Bundeslandes Hessen. Dennoch ist der Raum, isoliert betrachtet wie auch der Großraum, seit Tausenden von Jahren ein kultureller und geopolitischer Hotspot. Hinzu kommt, dass der Gesamtraum große, regionale Disparitäten hinsichtlich der wirtschaftlichen und gesellschaftlichen Entwicklungen aufweist. Es ist ein Gebiet,
- in dem die großen monotheistischen Weltreligionen aufeinanderstoßen, wenngleich sie alle eine gemeinsame Wurzel haben, und
- in dem die Fremdherrschaft über die ortsansässige Bevölkerung ein zentrales politisches Merkmal über Jahrtausende hinweg gewesen ist.

Aus entwicklungsökonomischer Sicht ist es von grundsätzlichem Interesse, warum es im Gesamtraum Westasien in der jüngeren Geschichte, also in etwa seit dem Beginn des 20. Jahrhunderts, Länder und Regionen gegeben hat, die sich gegenüber benachbarten Räumen ökonomisch deutlich absetzen konnten, wie die Ölförderländer der arabischen Halbinsel, die Türkei und eben insbesondere der Staat Israel. Die jüngste Entwicklung Israels soll hier in aller Kürze dargestellt werden, wenngleich auf historische Bezüge nicht verzichtet werden kann.

Die klassische Differenzierung und Entwicklung von Ländern nach der Höhe ihrer Pro-Kopf-Wirtschaftsleistung in Entwicklungs-, Schwellen- und Industrieländer hat Israel binnen 45 bis 50 Jahren durchlaufen. In so kurzer Zeit hat dies bis dato noch kein Land der Welt geschafft. Die meisten sogenannten BRICS-Staaten[27] der Erde befinden sich nach einem jahrzehntelangen Transformationsprozess heute erst in der

---

27 BRICS ist ein Akronym aus den Anfangsbuchstaben der Staaten und ist eine Vereinigung von Staaten. Brasilien, Russland, Indien, China und Südafrika, die seit den frühen 1990 Jahren einen dynamischen volkswirtschaftlichen Wachstumsprozess aufgewiesen haben, wenngleich dieser heute teilweise unterbrochen oder wie im Falle Russlands wohl strukturell und geopolitisch bedingt unterbrochen

https://doi.org/10.1515/9783110790245-015

Phase eines Schwellenlandes. Bestenfalls gibt es bei diesen regionalen Merkmalen von Industrieländern. In Israel ist der Prozess der Industrialisierung hingegen bereits weit fortgeschritten und prägt die gesamte Volkswirtschaft über alle Sektoren hinweg.

Dabei waren die Startbedingungen für Israel im Jahre 1948 auf den ersten Blick ausgesprochen schlecht. Dies gilt ...

– politisch: Die Staatsgründung Israels begann mit einem Krieg, der wie auch alle folgenden von den Nachbarstaaten ausging. Dies gilt

– gesellschaftlich: Israel ist ein ethnisch gemischtes Land mit ortsansässigen, meist arabischstämmigen Einwohnern und jüdischen Migranten, die eine Vielzahl von Verfolgungen in ihren Herkunftsländern erlebt haben, bis hin zum deutschen Holocaust (Schoa). Dies gilt.

– religiös: Insbesondere in Bezug auf Jerusalem, weil dieser Raum zumindest in Teilen von den monotheistischen Weltreligionen jeweils für sich beansprucht wird. Aber auch die Geografie kann nur in Teilen des Landes als vorteilhaft bezeichnet werden, insbesondere für die Landwirtschaft, aber auch aufgrund des Rohstoffmangels und der geringen Küstenlänge und nur punktuellen Anlagemöglichkeit für Häfen für die Industrie.

Auf der Basis der Raumpotenzialanalyse als Grundlage für eine anschließende Bewertung (Standortfaktorenanalyse) kann versucht werden, eine Antwort auf die Fragen der aktuellen strukturellen Entwicklung und der Perspektiven des Wirtschaftsraumes zu geben. Bei einer Raumpotentialanalyse werden:

– Die naturräumliche Ausstattung, die geographische Lage und die natürliche Bevölkerungsentwicklung als sogenannte Primärpotenziale eruiert.

– Als Sekundärpotenziale werden u. a. die Ausstattung mit qualifizierten Arbeitskräften, Infrastruktur, Einrichtungen sozialer und materieller Art, die Energieversorgung, die Wasserversorgung sowie die sektorale Wirtschaftsstruktur mit ihren Branchen erfasst.

– Die politischen und administrativen Rahmenbedingungen, soweit sie die wirtschaftliche Entwicklung eines Raumes beziehungsweise Landes betreffen, werden als Tertiärpotenziale eruiert. Dabei müssen auch Elemente einer historisch-genetischen Betrachtung herangezogen werden, um nachvollziehen zu können, wie sich bestimmte Strukturen entwickelt haben, beziehungsweise, ob diese als gefestigt und damit als kalkulierbare Rahmenbedingungen für die Wirtschaft aufgefasst werden können.

---

wurde. Ursprünglich verwendete die Großbank Goldman Sachs den Begriff zur Entwicklung bestimmter Finanzmarktprodukte (ohne Südafrika).

Dabei ist die Dynamik der Standortfaktoren zu beachten. Das, was die wirtschaftliche Entwicklung eines Landes vorantreibt, kann sich im Zeitablauf in der Bewertung ändern, so wie sich auch das Exportgüterangebot als Ergebnis der Herausbildung komparativer Kostenvorteile und damit die Wettbewerbsfähigkeit eines Landes verändern kann.

Der heutige Staat Israel verfügt über ein morphologisch differenziertes, gegliedertes Territorium entlang der Ostküste des Mittelmeers. Es befindet sich dabei in einem Grenzgebiet großräumiger Art von Europa, Afrika und Asien.

– Von Norden bis in den Süden reichend, umfasst der Staat ungefähr 470 km Länge,
– während es an seiner breitesten Stelle zwischen dem Toten Meer und der Mittelmeerküste nur circa 135 km breit ist.

Der Norden umfasst das Bergland (Galiläa), den Jordangraben und die Küstenebene. Das Bergland ist von Nord nach Süd in Galiläa, Samarien und das judäische Bergland unterteilt. Landschaftsprägend sind zudem die Golanhöhen, ein Hochplateau vulkanischen Ursprungs mit einer ungefähren Höhe von 1000 m, die völkerrechtlich ein Teil Syriens darstellen, aber im Sechstagekrieg von Israel besetzt und 1981 annektiert wurden. Als Begründung dafür gibt Israel die geostrategische Mikrolage der Golanhöhen an, von denen eine militärische Gefahr für die Siedlungsgebiete im Norden Israels ausgehen kann. Der südwestlich davon gelegene See Genezareth hat eine Fläche von 166 km^2 (zum Vergleich der Bodensee: 536 km^2) und liegt mehr als 200 m unter dem Meeresspiegel. Er versorgt die nahegelegenen landwirtschaftlichen Betriebe der Intensivlandwirtschaft mit Wasser für die Bewässerungssysteme und hat seinen Abfluss im Jordan, der dann im Süden ins Tote Meer mündet. Der Umfang der Wasserentnahme ist schon in biblischen Zeiten wie auch heute zwischen Israelis und Jordaniern stets umstritten gewesen.

Der westlich des Jordans gelegene Teil des Landes ist seit 1967 durch Israel besetzt und wird entweder als Westbank oder Westjordanland bezeichnet. Die Küstenebene am Mittelmeer, die die meisten Siedlungsgebiete umfasst, hat ihren zentralen Teil in der fruchtbaren Sharonebene, die sich nach Süden hin von etwa 12 auf etwa 40 km verbreitet. Auch hier findet der Landbau oft (aber nicht immer) mit Hilfe von Bewässerungssystemen statt. Der größte Ort entlang der Ebene ist Tel Aviv-Jaffa, welcher heute das wirtschaftliche und kulturelle Zentrum Israels ist. Östlich von der Sharonebene steigt das Relief an und leitet über zum jüdischen Bergland (Samarien und Judäa) mit der größten Stadt und Hauptstadt des Landes, Jerusalem, mit knapp 1 Million Einwohnern. Der Süden Israels wird vom Negev geprägt, einer etwa 12.000 km^2 großen Wüste, die sich bis zur Hafenstadt und Tourismushochburg Eilat am Roten Meer erstreckt. Der Ort erlaubt Israel einen Zugang zum Roten Meer.

Ein raumprägendes Element der Grenze zu Jordanien stellt das Tote Meer dar. Gespeist durch das Wasser des Jordans stellt es im Wesentlichen einen abflusslosen See dar, der mehr als 430 m unter dem Meeresspiegel liegt und der für seinen hohen Salzgehalt bekannt ist. Der Standort wird weltweit vermarktet für den Gesundheitstourismus. Das Salz wird in Teilen ebenfalls global exportiert. Aufgrund zahlreicher Auseinandersetzungen bezüglich des Umfangs der Wasserentnahme vom Jordan auf beiden Seiten des Flusses hat das Tote Meer in den vergangenen Jahrzehnten erheblich an Fläche verloren. Besonders an den Rändern treten dadurch Senklöcher auf, welche eine erhebliche Gefahr für Anwohner und Verkehrsanlagen darstellen.

Das Land ist mit 433 Einwohnern pro Quadratkilometer allgemein dicht besiedelt, wenn gleich einige Regionen im Süden aufgrund der klimatischen Bedingungen nur eine geringe Bevölkerungsdichte aufweisen. Die Nachbarländer Jordanien (166 Ew./km^2), Ägypten (105 Ew./km^2) und Syrien (100 Ew./km^2) sind allgemein weniger dicht besiedelt; nur der Libanon als derzeit zentrales Aufnahmeland von Flüchtlingen hat mit 662 eine noch größere Bevölkerungskonzentration. In den Gebieten, die der palästinensischen Bevölkerung zugewiesen wurden, vor allem im Gazastreifen, ist die Bevölkerungsdichte nochmals um ein Vielfaches höher als in dem Gebiet, das Israel bei Staatsgründung zugewiesen bekam (5203 Ew./km^2). Ähnliches gilt für die Teile des Westjordanlandes, die überwiegend von Palästinensern bewohnt sind[28].

Die klimatischen Bedingungen sind in der Abgrenzung von Siegmund und Frankenberg (1999) als Übergangsraum zwischen mediterranen Subtropen und Trockenklimaten (Csa3 und Ba5) zu charakterisieren. Im Norden fallen maximal 900 mm Regen und das vor allen Dingen im Winterhalbjahr, wenn die Temperaturen bis auf 13°C Durchschnittstemperatur sinken können. Nach Süden hin nehmen die Niederschläge deutlich ab, bis sie im Negev ihr Minimum erreichen (unter 100 mm). Eine landwirtschaftliche Nutzung ohne technische Hilfe ist dort unmöglich. Im Sommer können die durchschnittlichen Temperaturen auch außerhalb der Wüstengebiete Höchstwerte zwischen 27 und 31 °C erreichen. Zum Bergland von Samaria beziehungsweise im Süden Judäas ist es meist fühlbar kühler.

Die israelische Volkswirtschaft gehört zu den reichsten der Erde. Der Internationale Währungsfonds (IWF) weist pro Einwohner etwa 50.000 US-Dollar aus; damit liegt Israel weltweit auf Rang 25. In den zurückliegenden Jahren wuchs die Wirtschaft sehr dynamisch: Noch 2012 hatte die Wirtschaftsleistung bei etwa 263 Milliarden US-Dollar gelegen. Zehn Jahre später, im Jahr 2022, erwirtschaftete Israel bereits ein Bruttoinlandsprodukt (BIP) in Höhe von 525 Milliarden (Weltbank 2024). Der (neue) Schekel als nationale Währung hat sich nach der großen Währungskrise der 80er Jahre als eine relativ stabile Währung ohne – auf mittlere Sicht – größere Wertverluste durch Inflation etabliert.

Die Wirtschaft Israels hat sich in den Jahrzehnten des Bestehens im Strukturwandel deutlich verändert. Am Anfang dominierte die landwirtschaftliche Nutzung, die mancherorts organisiert war in sog. Kibbuzim, in denen anfangs rund 8 % der Ge-

---

28 Da es sich aber um kein zusammenhängendes Siedlungsgebiet handelt, weil einige sog. radikale jüdische Siedler versuchen, Teile als israelisches Staatsgebiet zu annektieren und dort keine palästinensische Bevölkerung wohnen darf, kann man u. a. auch die Dichte nicht exakt angeben.

samtbevölkerung lebten. Bei diesen Gemeinschaftssiedlungen genossenschaftlicher Art handelt es sich um eine bestimmte Zukunftsvision eines Teils der frühen Einwanderer (vor allem aus Belarus), über eine kollektive Lebens- und Wirtschaftsform. Daneben boten sie in frühen Jahren der Besiedlung auch einen gewissen Schutz vor Überfällen arabischer Freiheitskämpfer. Nach und nach hat diese Wirtschaftsform an Bedeutung verloren, wie auch die Landwirtschaft heute nur noch etwa 1,8 % zur Wirtschaftsleistung beiträgt. Die noch bestehenden Kibbuzim (etwa 250 mit jeweils rund 2000 Einwohnern) haben meist in Ergänzung zur Landwirtschaft auch eine industrielle Produktion und bieten Touristenunterkünfte an. Allmählich wurde nach der Staatsgründung in der Landwirtschaft über den eigenen Bedarf hinaus produziert, sodass eine moderne, kapitalintensive, teilweise auf Intensivanbaumethoden (Innovation der Tröpfchenbewässerung) basierende Landwirtschaft mit 5000 Betrieben entstand.

Getreide wird heute auf rund 80 % aller Felder angebaut, reicht aber nicht zur Selbstversorgung. Weitere landwirtschaftliche Erzeugnisse sind Zitrusfrüchte. Mit einem Umsatz von etwa 1,5 Milliarden US-Dollar im Jahr gehört Israel zu den führenden Gemüse exportierenden Ländern.

Der Industrialisierungsprozess war anfangs meist auf die Textil- und Metallverarbeitung beschränkt. Mittlerweile dominieren die Elektronikindustrie mit der Software, Telekommunikation und Halbleiter-Entwicklung (verbunden mit einer lebhaften Startup-Kultur), Medizintechnik, Nahrungsmittelverarbeitung, chemische Industrie (insbesondere Pharmaindustrie) und Transportausrüstung. Bedenkt man die geringe Größe des Landes, so fallen die rund 100 Rüstungsunternehmen (einschließlich Militärdienstleistungen) auf. Das Land gehört zu den 10 größten exportierenden Ländern auf diesem Gebiet. Mit Ausnahme der noch existierenden Textilindustrie (v. a. Galiläa) sind nahezu alle Industrien im Umland der großen Städte angesiedelt. Einzig bei Waffenherstellern werden auch periphere Räume genutzt, so z. B. Teile der Negev-Wüste.

In Israel arbeiteten bis zum Krieg von 2023 etwa 500.000 Menschen, das sind rund 15 Prozent aller Beschäftigten, in sog. Tech-Jobs verschiedener Branchen, v. a. Software, Halbleiter, Rüstung, Bio- und Pharmaindustrie. Bei diesen ist der Einsatz von Humankapital und die rasche Umsetzung in konkrete Waren und Dienstleistungen sehr ausgeprägt. Die Zahl ist in den letzten 10 Jahren um rund ein Drittel gestiegen. Sie erwirtschaften einen Anteil von etwa 18 Prozent an der gesamten Wirtschaftsleistung. Zum Vergleich: In der EU beträgt der Anteil rund sechs Prozent (Tagesschau (Hrsg.) 2023). Diese Tätigkeiten beeinflussen in Israel auch andere Teile der Wirtschaft in einem erheblichen Umfang, weshalb hier von einer Multiplikatorwirkung gesprochen werden kann oder von Spillovereffekten, die auch räumliche Auswirkungen haben im Sinne der Polarisationstheorie von Perroux (vgl. Erklärkasten). Ein räumlicher Schwerpunkt dieser Aktivitäten ist der Großraum Tel Aviv-Jaffa, welcher mittlerweile sogar als eine der teuersten Städte der Erde gilt (Economist (Hrsg.) 2021, 3).

Sektorspezifische und regionalspezifische Impulse

Aus der sog. Schule der französischen Entwicklungstheorie entstand 1952 eine Arbeit von F. Perroux, die nachfolgend weiterentwickelt und ausdifferenziert wurde (z. B. Friedmann, 1972; Porter, 1990). Der Kern seiner und darauf aufbauender Untersuchungen besteht in der Annahme, dass Impulse von dynamischen Unternehmen (Innovatoren), Branchen (Schlüsselindustrien) und Regionen (Cluster) sektorspezifische und regionalspezifische Impulse auslösen. Danach diffundiert Wachstum aufgrund von Einzelentwicklungen oder regionalen Netzwerkeffekte in angrenzende Regionen (spillover-diffusion), was unter Umständen auch länderübergreifend geschehen kann. Teilweise werden kleine Volkswirtschaften in Gänze von solchen Effekten erfasst. Entsprechend wird der Ansatz vielfach auch in der Regionalökonomie verwendet.

Eine differenzierte Übersicht bieten z. B. Maier, Tröndling et al. 2006 (77 ff.).

Die Siedlungsstruktur in Israel ist ausgeprägt dezentral, was in Teilen eine Veränderung gegenüber der Zeit des Osmanischen Reiches darstellt, als die Entwicklung vor allem auf Jaffa und Jerusalem beschränkt war. Von den rund 10 Millionen Einwohnern leben heute etwa 93 % in urbanisierten Räumen. Diese umfassen etwa 120 Siedlungen mit ihrem verstädterten Umland; mehr als 30.000 Einwohner haben allerdings nur etwa 60 Städte. Als Großstädte gelten 19, wobei Jerusalem und Tel Aviv-Jaffa mit mehr als einer Million bzw. 500.000 Einwohnern hervorstechen. Betrachtet man den urbanisierten Raum Tel Aviv auf der Bezirksebene, kommt der Gesamtraum ebenfalls auf weit mehr als 1 Million Einwohner.

Seit den 1980er Jahren hat sich der Urbanisierungsprozess deutlich intensiviert, ähnlich wie in anderen schnell wachsenden Volkswirtschaften mit einem ausdifferenzierten Arbeitsmarkt. Die beiden größten Städte des Landes stechen dabei ebenfalls heraus, wobei:

– das Wachstum von Jerusalem auch einen politischen Hintergrund hat, während
– das Wachstum in Tel Aviv-Jaffa mehr ökonomischen Faktoren zuzuschreiben ist.

Der tertiäre Sektor dominiert heute mit rund 80 % Beschäftigtenanteil. Dabei spielen
– der (reprivatisierte) Finanzsektor und
– der internationale Handel eine zentrale Rolle.

Im Bereich Kultur und Bildung wurde das Angebot weiter ausdifferenziert, vor allem in Tel Aviv-Jaffa. Der Tourismus ergänzt den Dienstleistungsbereich vor allem bei den konsumnahen Dienstleistungen. Er ist jedoch aufgrund der immer wiederkehrenden geopolitischen Probleme mit dem nahen und entfernten Ausland recht schwankungsanfällig. Besonders die industrienahen Dienstleistungen

– auf Basis der Informationstechnologie und jüngst auch
– auf Basis der Künstlichen Intelligenz sind in den vergangenen Jahren gewachsen. Dabei spielen Sicherheitsdienstleistungen für Unternehmen, befreundete Staaten und das eigene Militär (Militärdienstleistungen) eine zentrale Rolle, die allerdings statistisch kaum direkt ausgewiesen werden. Bekannt geworden ist als High-Tech-

Cluster das sogenannte Silicon Wadi bei Tel Aviv-Jaffa, wenngleich es auch andernorts vergleichbare Entwicklungen gibt, wenn auch etwas kleiner.

Im System der Zentralen Orte (vgl. Zentralitätstheorie Kap. 1.2.9) hat Tel Aviv-Jaffa nicht nur national an Bedeutung gewonnen, sondern auch für den gesamten westasiatischen Raum. Dies gilt für die Überschussbedeutung der meisten haushalts- und unternehmensnahen Dienstleistungen. Jerusalem hat dagegen seit Gründung des Staates Israel hauptsächlich an Bedeutung durch die administrativen bzw. politischen Funktionen gewonnen. Die Zentralität für die drei monotheistischen Weltreligionen besteht bereits seit vielen Jahrhunderten.

Israel ist heute eine parlamentarische Demokratie mit einer modernen Gewaltenteilung. Jüngste Versuche einzelner Regierungen (zuletzt 2023), die Gerichte in ihren Befugnissen einzuschränken und die Exekutive in den Vordergrund zu rücken, haben Tausende Menschen auf die Straßen gelockt, die dabei auch ihr Demonstrationsrecht nutzen und für Meinungsfreiheit im Lande kämpfen. Für internationale Direktinvestitionen (FDI), die bislang einen wichtigen Kapitalzufluss bewirken, ist die Rechtssicherheit, respektive die Durchsetzung von Rechten vor Gericht, ein wichtiger Standortfaktor für längerfristige Engagements. Die Veränderung der Gesellschaft (wachsender Anteil von sogenannten Ultrakonservativen, die teilweise auch die Gruppe der "radikalen" Siedler im Westjordanland umfasst und Abnahme der liberal gestimmten Bevölkerung) hat mannigfaltige Ursachen, stellt aber ein potenzielles Risiko für die Demokratie im Land dar, weil zum Beispiel durch die Siedlungspolitik im Westjordanland Fakten geschaffen wurden, die eine sogenannte Zweistaatenlösung als Ausgleich zwischen Israelis und Palästinensern immer unwahrscheinlicher werden lassen. Orthodoxe und sich radikalisierende Siedlergruppen unterstützen die deutliche Ausweitung von Siedlungsflächen in einem Gebiet, das völkerrechtlich Israel nicht zusteht.

Das historische Erbe stellt bis heute ein zentrales geopolitisches Problem dar, das weit über Israel hinausreicht. Zwei historische Entwicklungen reichen dabei in die Gegenwart hinein:
- Die Gründung von Nationalstaaten in einem Gebiet, das aus wirtschaftlichen Gründen traditionell keine starren administrativen Grenzen kannte.
- Die Nichtanerkennung Israels als souveräner Staat durch die Nachbarländer und einzelner Organisationen, die vorgeben, die Interessen einzelner Volksgruppen zu vertreten, wobei der Grad der Ablehnung von diplomatischen Maßnahmen bis zur Vorstellung der Vertreibung der Juden aus Palästina mit Mitteln des Krieges und des Terrors reicht.

Das sogenannte Heilige Land, welches das Gebiet des 1948 gegründeten Staates umfasste, war in der Neuzeit einst Teil des Osmanischen Reiches. Menschen unterschiedlicher Ethnien und Glaubens lebten zu dieser Zeit bereits in diesem Gebiet zusammen, wobei die arabische Herkunft und der islamische Glaube dominierten. Am Ende des Ersten Weltkrieges zeichnete sich der Zusammenbruch des Osmanischen Reiches ab.

Von 1920 bis 1948 gab es ein Mandat des Völkerbundes (als Vorläufer der heutigen Vereinten Nationen) für die Verwaltung des Gebietes, das von Großbritannien ausgeübt wurde. Aufgrund des Holocausts und der auch andernorts stark ausgeprägten Judenfeindlichkeit verstärkte sich der Zuzug von Menschen jüdischen Glaubens nach Palästina, dem ursprünglichen Land der jüdischen Bevölkerung schon in biblischer Zeit.

Damit nahmen die Konflikte zwischen der arabischen Bevölkerung und den europäischen Zuwanderern zu. Ein von den Vereinten Nationen vorgelegter Teilungsplan sah 1947 vor, das Land

– in einen jüdischen und einen arabischen Staat zu teilen,
– wobei Jerusalem und Bethlehem unter internationale Kontrolle gestellt werden sollten.

Beide Staaten wurden als demokratisch verfasste Staaten angelegt, die in einer Wirtschaftsunion verbunden sein sollten. Über die Gründe, warum die arabische Bevölkerung diesen Teilungsplan nicht annahm, gibt es lange Abhandlungen. Offensichtlich hatte sich bei den Entscheidungsträgern die Meinung durchgesetzt, man könnte den Zuzug jüdischer Siedler ins Land letztlich doch noch rückgängig machen (mit Waffengewalt) und das gesamte Territorium zurückerlangen (Asseburg/Busse 2021, 57–69).

Nach der Ausrufung des Staates Israel am 14. Mai 1948 kam es dann zum ersten arabisch-israelischen Palästinakrieg, eröffnet durch die Armeen Transjordaniens, des Irak, des Libanon, Ägyptens und Syriens. Seither lebt das Land in permanenter Kriegsgefahr, wobei diese immer wieder Realität geworden ist. Hinzu kommt der Terror von irregulären Truppen, die im Auftrag anderer Staaten die Vertreibungsabsicht der Israelis lebendig halten sollen (zuletzt im Herbst 2023). Zwar gab es Anfang der 1990er Jahre den Versuch, schrittweise einen palästinensischen Staat im Westjordanland sowie im Gazastreifen aufzubauen. Dieser sogenannte Oslo-Prozess scheiterte aber zum einen daran,

– dass der israelische Ministerpräsident, der diesen Prozess vorangetrieben hatte, ermordet wurde, und zwar von einem extremistischen Juden, und zum anderen
– an den Bombenattentaten verschiedener Terrormilizen gegen die Zivilbevölkerung, was dazu führte, dass auch in der liberal eingestellten Bevölkerung die Bereitschaft für einen Frieden für das Land weitestgehend aufgegeben wurde.

Geopolitisch steht hinter diesem Konflikt zweierlei:

– Zum Ersten die Auseinandersetzung um die Führung in Westasien insgesamt, wobei die Türkei, der Iran und Saudi-Arabien die wichtigsten regionalen Akteure sind.
– Zum Zweiten existiert eine kulturelle Auseinandersetzung zwischen der demokratisch verfassten Welt des Westens, angeführt durch die USA als Schutzmacht Israels, und der Ablehnung westlicher Lebensweisen sowie der Religionsfreiheit durch große Teile der arabischen Welt selbst oder Unterstützer dieser, die in der

Region eigene Interessen verfolgen. Dabei geht es meist um Erdöl und den Zugang zu anderen strategischen Rohstoffen und Verkehrswegen.

Kurz vor dem jüngsten Terroranschlag der sogenannten Hamas[29] im Gazastreifen, die für sich die politische Führung des Raumes beansprucht, hatten eine ganze Reihe von arabischen Staaten den Ausgleich mit Israel gesucht im Sinne einer Art beginnenden friedlichen Koexistenz. Bereits seit dem Ende der 1970er Jahre gibt es eine Verständigung mit Ägypten, allerdings auf der Basis eines verlorenen Krieges gegen Israel (Camp-David-Abkommen) und mit Jordanien (Zimmermann 2024).

Die anhaltende wirtschaftliche Modernisierung des Landes muss somit immer auch im Kontext des stets angespannten Verhältnisses zu seinen Nachbarn und den Global Playern (USA, China, Russland und Europa) gesehen werden. Auffällige Entwicklungen in und für Israel von politisch-ökonomischer Relevanz sind seit den 1990er Jahren:

- die ausgeprägte Zuwanderung von gut und hoch qualifizierten Arbeitskräften, insbesondere aus der zerfallenen Sowjetunion;
- der starke Ausbau der Hochschulen sowie
- die intensive Zusammenarbeit von Unternehmen mit militärischen Einrichtungen.

In der Sowjetunion war vielen Menschen jüdischen Glaubens der Zugang zu einigen Berufen oder Karrieren in diesen de facto versperrt. Auch die Ausübung ihres Glaubens wurde – wie grundsätzlich in sozialistischen Systemen – ideologiebedingt sanktioniert. Gleichwohl wurde vielfach kultur- und religionsbedingt großer Wert auf Bildung gelegt, was im Ergebnis zu einem hohen Anteil an Menschen mit einer technischen oder geisteswissenschaftlichen Universitätsausbildung geführt hatte. Nach dem Zusammenbruch der Sowjetunion sahen viele dieser Qualifizierten unter den sich ändernden sozioökonomischen Bedingungen dennoch keine zeitnahen Entwicklungschancen für sich. So entstand ein sogenannter Braindrain, vor allem in Richtung der USA, Deutschlands und Israels. Teilweise begann diese Auswanderung schon in der Spätphase des Wirkens von Glasnost und Perestroika unter Michael Gorbatschow (1987/1988). Ca. 2,75 Millionen sowjetische Juden verließen damals die Sowjetunion. Rund 1,6 Millionen gingen direkt oder indirekt nach Israel (Astrouskaya 2022). Dabei konnten sie aufgrund der gesamtwirtschaftlichen Bedingungen vor Ort rasch in die Arbeitsmärkte integriert werden oder gründeten eigene Unternehmen.

Langfristig stieg die Zahl der Universitäten und Hochschulen deutlich an, wobei durchaus Probleme der Abgrenzung und Vergleichbarkeit mit europäischen und ame-

---

29 Hamas (Begeisterung, Eifer, Kampfgeist') ist eine islamisch-palästinensische Widerstandsbewegung, die international von 41 Staaten als Terroristische Vereinigung eingestuft wurde. Das erklärte Ziel der Hamas ist es, den Staat Israel zu vernichten.

rikanischen Einrichtungen bestehen. Am Beginn des modernen Staates Israel 1948 existierten zwei Hochschulen, 2019 etwa 65, wobei etwa acht davon mit internationalen Universitäten gleichzusetzen sind. Noch in den frühen 1990er Jahren verfolgte das Land eine Hochschulstrategie im Sinne einer „Excellence for the few": Das System brachte zwar punktuell und thematisch beeindruckende Leistungen im akademischen Bereich hervor; allerdings verließen nur eine geringe Zahl an Absolventen die Hochschulen (DAAD 2002, 3–5).

Ab Mitte der 1990er Jahre bis zum Jahr 2009 erfolgte eine deutliche Veränderung hin zu einer Strategie „quantity vs. quality trade-off". So wuchsen bis zur Jahrtausendwende die Studierendenzahlen pro Jahr um durchschnittlich 8,1 %. Studierten 1989/90 gerade einmal 75.000 Studierende an Israels Hochschulen, so waren es 2019 bereits rund 310.000. Sogar sogenannte Ultraorthodoxe (die bislang eher selten oder gar nicht in bürgerlichen Berufen arbeiten) werden nun vermehrt in Hochschulen integriert, und das nicht nur in geisteswissenschaftlichen Bereichen. Beeindruckend ist auch die Entwicklung von Unternehmen aus Hochschulen heraus. Das Land hat mit 140 pro 10.000 Mitarbeiter die höchste Zahl von Wissenschaftlern, Technikern und Ingenieuren pro Kopf in der Welt. Zum Vergleich: Die USA kommen auf 85, Japan auf 83 und Deutschland auf 60 (OECD 2024).

Die heute so hervorstechende Entwicklung im Bereich moderner Dienstleistungen auf der Basis der Digitalisierung sowie die Produktion moderner Waffensysteme basieren hauptsächlich auf dem Ausbau des Wissenschaftssystems und der Notwendigkeit für militärische Innovationen. Dennoch bleibt die Form der Zusammenarbeit zwischen privaten Unternehmen und staatlichen militärischen Einrichtungen bemerkenswert. Letztlich versuchen viele Staaten auf der Erde dies zu gestalten; den wenigsten gelingt es daraus auch ein Geschäftsmodell zu machen (Rosenberg 2018, Kap. 3–5). Grundsätzlich versucht man in bestimmten Bereichen eine Technologieführerschaft zu erreichen und diese zur Verteidigung des Landes zu verwenden. Das Militär versucht, diese zeitnah für die Verteidigung umzusetzen. Die Konzentration auf wenige und nicht alle Technologiebereiche erlaubt es gleichzeitig, exportfähige Güter zu entwickeln. Dabei entstehen sowohl militärisch als auch zivil verwendbare Güter (bekannt ist zum Beispiel der USB-Stick als kleiner Datenträger).

Im Ergebnis sind die aktuellen Standortfaktoren gesamtwirtschaftlich wohl der fortgeschrittene Stand des technischen Fortschritts, der sich in allen Wirtschaftssektoren wiederfindet. Dabei spielt die Kapitalakkumulation (FDIs) in das kleine Land, die 2022 knapp 28 Milliarden US-$ inflow ausmachte (zum Vergleich inflow in Deutschland 2022: 681 Mrd. US-$) und das sukzessive Reinvestieren eines Teils der Unternehmensgewinne aus der bisherigen Produktion in moderne Produktionsprozesse ebenso eine Rolle, wie der Ausbau des Bildungssystems und die hohen Investitionen in Forschung und Entwicklung mit 5,6% in Relation zum BIP (Deutschland 3,1 für 2023) auch personeller Art (Zahlen OECD 2024). Einzelne räumliche Schwerpunkte der Entwicklung scheinen entsprechend des Modells der Wachstumspoltheorie landesweit zu diffundieren. Die begrenzten räumlichen Bedingungen für 10 Millionen Menschen auf einem recht kleinen Territorium sind auch als ein Treiber der Produktivität zu verstehen. Die permanente militärische Bedrohung sowie die Einbettung der Entwicklung und Existenz des Landes scheinen die Erfolge bei der Exportfähigkeit verschiedener Güter sowie die Start-up-Kultur positiv beeinflusst zu haben. Misserfolge technischer Entwicklungen, die zumindest anfangs verteidigungsrelevant und später zumindest teilweise auch zivil genutzt werden können, kann sich ein so bedrohtes Land weniger „leisten" als große Volkswirtschaften mit einem geringeren geopolitischen Druck für das Überleben des Landes.

Der regionale Bedeutungszuwachs einzelner Städte, insbesondere des Raumes Tel Aviv, beeinflusst zudem das zentralörtliche Gefüge des Gesamtraumes der Levante und ermöglicht die weitere Ansiedlung hochzentraler Dienstleistungen in der Zukunft. Die größten Risiken scheinen intertemporal eine Kontinuität aufzuweisen, was die Bedrohung des Landes und somit auch von Unternehmen und der (Arbeits-)Bevölkerung betrifft. Dies sind:
– Die anhaltende Bedrohung des Landes von außen (exogene Größen) und
– Die Veränderung des Landes durch eine gesellschaftliche Neuorientierung eines größer werdenden Teils der Bevölkerung (endogene Größen).

Insbesondere die sich abzeichnende veränderte Zusammensetzung der Bevölkerung, vor allem eine gewisse Radikalisierung einzelner politischer Kräfte und der wachsende Einfluss ultrakonservativer Kräfte, mit einer geringen Bereitschaft für einen Ausgleich mit der arabischen Bevölkerung im In- und nahen Ausland, können dem internationalen Ansehen des Landes langfristig schaden und den weiteren volkswirtschaftlichen Wachstumsprozess hemmen.

Kontrollfragen

A. Inwieweit hat sich die israelische Wirtschaft seit der Staatsgründung gewandelt?
B. Was lässt sich zur Urbanisierung Israels festhalten?
C. Weshalb stellt das historische Erbe Israels ein zentrales geopolitisches Problem dar?
D. Welche Rolle spielen FDIs für die Entwicklung des Landes?

3 Struktur- und Sektoralanalyse

3.1 Die Industrialisierung der Erde als Wachstumsmotor

In diesem Kapitel...
– Lernen Sie die Bedeutung des Industrialisierungsprozeses für die Entwicklung von Volkswirtschaften kennen.
– Erhalten Sie einen strukturellen Überblick zur räumlichen Verbreitung der Industrie im globalen Maßstab.
– Erhalten Sie einen Einblick in die Bedeutung der Industrie für verschiedene Ländertypen.

Die moderne Industriegeschichte beginnt im 18. Jahrhundert mit dem Einsatz von Dampfmaschinen und von maschinell betriebenen Aggregaten. Seitdem ist die Entwicklung auf zwei Ebenen fortgeschritten:
1. Die Zahl der Industriebranchen und -produkte nimmt zu (strukturell-funktionale Ebene).
2. Die Industrie breitet sich räumlich auf der Erde aus (räumliche Ebene) (vgl. Tabelle 26).

Hinsichtlich der Ausbreitung geht es zum einen um die Weiterentwicklung des Prozesses, dort, wo sich dieser bereits niedergelassen hat, in Form von Modernisierung und Erweiterung der Industrie oder zum anderen um die Standortneuansiedlung in Regionen, die sich bislang nicht oder nur wenig industrialisiert haben.

Tabelle 26: Übergang von der ersten industriellen Phase zum industiellen Take-off.

Land	Industrieller Take off (Zeitraum)
England/Wales	1750–1790
Frankreich (Norden)	1780–1820
Belgien	1790–1820
Deutschland (urspr. Gliedstaaten)	1795–1835
USA	1810–1840
Rußland	1850–1880 (neu: ab 1991)
Japan	1870–1890
Argentinien/Brasilien	1875–1890
Korea	1895–1925
DAE (Tigerstaaten)	1945–1960
China (VR China)	1900–1940 (neu ab 1979)
Israel	1950–1970

* DAE = Dynamische asiatische Volkswirtschaften (Hongkong, Malaysia, Singapur, Südkorea, Taiwan, Thailand)
Bem.: Russland (Sowjetunion) und die VR China haben eine wettbewerblich ausgerichtete Industrialisierung zeitweilig unterbrochen in Form von planwirtschaftlicher Steuerung. In abgeschwächter Form gilt das auch für die südamerikanischen Länder sowie für den Norden Koreas, wo dieser Zustand noch anhält.
Quellen: Halver 1996; Henning 1992; Rostow 1971.

https://doi.org/10.1515/9783110790245-016

Im beginnenden 21. Jahrhundert bildet die Industrie in vielen Staaten die ökonomische Grundlage und hat volkswirtschaftlich vielfach eine Schlüsselposition inne. Auch in den weniger industrialisierten Staaten leistet die Industrie in wachsendem Umfang Beiträge zum Sozialprodukt und zum wirtschaftlichen Aufschwung. In der Regel existieren in den meisten Ländern bereits lange einzelne Industriebetriebe auf der Basis von Rohstoffvorkommen, die es zu verarbeiten gilt, z. B. Textil- und Bekleidungserzeugnisse oder die Verarbeitung von Lebensmitteln. Von Industrialisierung spricht man hingegen erst, wenn die Industrie zu einem tragenden Fundament für die Volkswirtschaft wird. Dabei müssen die Standorte keineswegs gestreut über das Land verteilt sein; das Gegenteil ist meist der Fall. Definitorisch grenzt man die Industrie vom Handwerk durch die Reichweite der Absatzmärkte ab. Während

- das Handwerk überwiegend für den regionalen Bedarf produziert,
- kann die Industrie weltweit Absatzmärkte bedienen. Halver 1996; Henning 1992; Rostow 1971.

In den Ländern, in denen der Industrialisierungsprozess die Take-off-Phase eines Landes prägt, hat die Industrie in der Auf- und Ausbauphase oftmals ein kräftiges Wachstum der gesamten Volkswirtschaft entfaltet und dabei Arbeitskräfte an sich gebunden und aus anderen Wirtschaftssektoren übernommen. In den frühindustrialisierten Staaten geht nun der Anteil der Industriebeschäftigung entsprechend den Modellvorstellungen J. Fourastiés (1954), wonach der Dienstleistungssektor zulasten des landwirtschaftlichen und gewerblichen Sektors zunimmt, wieder zurück. Dies wird als De-Industrialisierung bezeichnet. Allerdings trifft diese Bezeichnung nur bedingt den Kern der Entwicklung. Erkennbar ist vor allem:

- der Abbau von Arbeitsplätzen im verarbeitenden Gewerbe aufgrund von Substituierungsprozessen zwischen den Produktionsfaktoren Arbeit und Kapital,
- die Ausgliederung von Dienstleistungen aus den Industriebetrieben aufgrund von Spezialisierungsvorteilen (vgl. Lean Production),
- die Verlagerung von manuellen Verarbeitungsvorgängen und standardisierten Produkten in Niedriglohnländer,
- der Mangel an modernen, standortkonformen Produkten und Fertigungskapazitäten aufgrund binnenwirtschaftlicher Probleme (Industriefeindlichkeit, Forschungsvorbehalte, Lohnstückkostenproblematik).

Somit trägt die Industrie gerade in den frühindustrialisierten Ländern auch heute in erheblichem Umfang direkt und indirekt zur Wertschöpfung und zum Außenhandel bei. Defizite, die aus internationalen Bezügen von Dienstleistungen, dem Fremdenverkehr und finanziellen Transaktionen verschiedener Art entstehen, sind meist durch Exporte von Industriegütern auszugleichen. In den erst jüngst in den Industrialisierungsprozess hineingekommenen Ländern sind neben den ökonomischen besonders auch die sozialen Veränderungen einschneidend, da die Industrie meist nicht – wie in der

Landwirtschaft – flächendeckend im Land ihre Standorte findet, sondern punktuell. Daraus ergeben sich Binnenwanderungen und der Prozess der Urbanisierung setzt ein.

Die Industrie ist während ihrer gesamten Entwicklung ein durch Dynamik gekennzeichneter Wirtschaftssektor. In der Gegenwart sind die Veränderungen in den Strukturen der Branchen und in den Industrieräumen gleichwohl besonders deutlich ausgeprägt, da sich der technische Fortschritt mit zunehmender Beschleunigung und Intensität direkt und indirekt auf die Industrie und ihre räumliche Ordnung auswirkt. Dies gilt im internationalen Maßstab hinsichtlich der Frage nach der generellen Standortneigung von Industrieproduktion. Es machen sich aber auch besonders die regionalen Auswirkungen bemerkbar, wenn bereits seit Jahrzehnten bestehende Industrieanlagen ihren Standort im urbanen Umfeld aufgeben und an die Peripherie der Agglomerationsräume verlagern.

Nach lange vorherrschender manueller, gewerblicher Betätigung unter Einsatz verschiedenartiger, sich im Laufe der Zeit langsam verbessernder technischer Hilfsmittel – mit phasenweise schon hochentwickelten Fertigkeiten im Fernen Osten, im Orient, in Zentralamerika und in Europa – sind die Aufbereitung von Rohstoffen und die Gütererzeugung im Anschluss an industriegeschichtlich entscheidende Erfindungen im 18. und 19. Jahrhundert auf der Basis des Einsatzes von Maschinen (Kapital) in Gang gebracht worden. Die Industrie hat sich seit ihren Anfängen im 18. Jahrhundert zunächst in Großbritannien (Lancashire, Wales), im 19. Jahrhundert vor allem im westlichen (Flandern, Hennegau) und im mittleren Europa (Oberschlesien, Sachsen, Bergisch-Märkisches Land, Norditalien, Jura), teils auch im nördlichen Europa (Nord-West-Lappland, Götaland, Smaland) und in Nordamerika (Pennsylvania, sogenannter Manufacturing Belt) entwickelt und danach im übrigen Europa und in anderen Erdteilen ausgebreitet.

Zug um Zug wurden seitdem überkommene ältere, vorwiegend handwerklich betriebene Gewerbe mechanisiert und damit in die Industriewirtschaft einbezogen. Von Anfang an verstärkten neu aufkommende Produktionszweige und eine ständig wachsende Zahl von Erzeugnissen den industriellen Wirtschaftssektor und das mit der Industrie auf vielfältige Weise verbundene industrienahe bzw. produktionsorientierte Dienstleistungswesen.

Zwar werden im Laufe der Zeit technisch überholte Industrieerzeugnisse und veraltete Herstellungsverfahren im Wettbewerb eliminiert, aber sie werden durch jeweils verbesserte Versionen ersetzt, sodass alle Industriezweige der frühesten Entwicklung in moderner Gestalt und in vielfach stark veränderten Erzeugnissen weiterhin am Produktionsprozess beteiligt sind (Voppel 1990; Halver 1996).

Einige der die Industriegütererzeugung bestimmenden Faktoren, wie Produktionstechnik,

– Beschäftigungsintensität,
– Produktivität,
– Produktgliederung,
– Produktionsumfang,

- Konkurrenz von Substituten und
- betriebliches Organisationswesen,

haben in den einzelnen Ländern und zum Teil in den Branchen einen sehr unterschiedlichen Entwicklungsstand erreicht, der seinerseits von den jeweils gegebenen natürlichen und ökonomischen Raumpotentialen und der Art ihrer Nutzung abhängig ist.

Bis zum Anfang des 21. Jahrhunderts hat die Industrie in fast allen Staaten der Erde Fuß gefasst, wenn auch in unterschiedlicher Ausformung und Intensität. Selbst innerhalb der einzelnen Staaten ist ihre Verbreitung regional sehr verschieden. Es gibt einerseits industrieräumliche Konzentrationen und Häufungen von Einzelstandorten, andererseits industriearme und industriefreie Regionen.

Die Industrialisierung begann in Großbritannien, vor allem in Lancashire und Wales, und griff dann nach und nach auf die großen Städte einschließlich Londons über. Von dort aus wurde zunächst auf dem europäischen Festland der Raum Flandern und der Norden Frankreichs bei Lille und Roubaix erfasst. Später griff der Prozess auf das Deutsche Reich und Italien über, bevor sukzessive andere Regionen Europas und nachfolgend Amerika und Asien erfasst wurden. Auf dem afrikanischen Kontinent sind die wertschöpfenden Bereiche der Industrie bislang eher schwach ausgeprägt. Es dominiert hier der Bergbau und erste Aufbereitungsstufen.

Die territoriale Zersplitterung Deutschlands und die damit in Zusammenhang stehende Rückständigkeit seiner wirtschaftlichen Organisation trugen wesentlich zu einem verhältnismäßig späten Beginn der Industrialisierung bei (etwa seit 1825). Die historisch gewachsene, dezentrale Raumstruktur begünstigte dabei von Beginn an eine Streuung der Industrialisierungsansätze. Besonders bestehende Handwerks- und Manufakturbetriebe sowie das Verlagswesen wurden in dem Prozess zu Anknüpfungspunkten für den einsetzenden gewerblichen Strukturwandel. Im Verlagswesen fand die Industrialisierung vielerorts nur schwer oder erst spät Einzug. Branchenübergreifend wurden seit dem zweiten Drittel des 19. Jahrhunderts neue Produktionskapazitäten in Europa zunehmend direkt als Industriebetrieb gegründet. Bei modernen Industrialisierungsansätzen ist der Ausgangspunkt in Entwicklungsländern noch immer ähnlich wie in Europa im 19. Jahrhundert. Aus Platzgründen werden größere Anlagen oftmals in urbanen Vororten gegründet. In einigen Ländern geschieht dies auch weiter entfernt von den Städten in sogenannten Industrial Estates.

Die Industrialisierung wird in den Städten durch das Bestehen einer Reihe von unternehmensnahen Dienstleistungseinrichtungen mit verschiedenen Handels- und Informationsfunktionen begünstigt. Dazu zählt auch die Deckung eines wachsenden Kapitalbedarfs für die Errichtung von neuen Produktionsanlagen sowie die notwendige Verkehrs- und Kommunikationsinfrastruktur.

Seit den achtziger und besonders seit den neunziger Jahren des 20. Jh. werden in den früh industrialisierten Ländern neben arbeitsintensiven immer häufiger auch kapitalintensivere Fertigungsstufen der Produktion ins Ausland verlagert, sofern es sich um standardisierte Methoden handelt.[30] Die Internationalisierung der räumlichen Arbeitsteilung ist dabei eine Folge der betrieblichen Einführung moderner Transport- und Kommunikationsmöglichkeiten, bedingt durch den technischen Fortschritt. Aber auch der zunehmend liberaler werdende Kapitalverkehr (Abschaffung von Kapitalverkehrskontrollen) hat diese Entwicklung begünstigt, wobei international mobiles Kapital in Regionen mit hohen Gewinnerwartungen investiven Verwendungen (Direktinvestitionen oder Portfolioinvestitionen) zugeführt wird.

Eine nachlassende Dynamik der Industrialisierung veranlasste vielerorts die Politik zum Handeln respektive zu einer umfassenden Förderpolitik. Dazu zählen vor allem

- die Hochtechnologieförderung des Bundes und der EU (strategische Industrie- oder Handelspolitik),
- die Protektion sensibler Branchen (Subventionen) sowie
- der Aufbau von sog. Technologie- und Gründerzentren (strategische Regionalpolitik).

Die Idee der Technologie- und Gründerzentren zielt darauf ab, Humankapital wissensintensiver Forschungs- und Produktionsbereiche örtlich zu binden. Erfolgversprechend sind diese Einrichtungen besonders dort, wo durch sie eine tatsächliche Verbesserung des Angebots an Humankapital stattfinden kann und wenn sie von vorhandenen oder standortsuchenden Industriebetrieben als ein Standortvorteil wahrgenommen werden.

Der Prozess der Industrialisierung ist von Beginn an begleitet durch eine fortschreitende Substitution des Produktionsfaktors Arbeit durch den Faktor Kapital. Dies kommt im Allgemeinen im zunehmenden Mechanisierungs- und Automatisierungsgrad zum Ausdruck, im Speziellen wurden Maschinen oder Roboter entwickelt, die nicht nur

- die menschliche Arbeitskraft rationalisieren, sondern auch
- Produktionsbarrieren überwinden helfen,

weil ansonsten eine manuelle oder handwerkliche Realisierung technisch ausgeschlossen bleibt. So ist beispielsweise die Herstellung von bestimmten mikroelektronischen Bauteilen (z.B *waver*, *chips*) nur in sog. Reinräumen möglich, in denen möglichst wenig Menschen arbeiten sollten. Die moderne Konservierung von Lebensmitteln geschieht z. B. mittels künstlicher Bestrahlung durch Geräte, für die es ebenfalls keine manuelle Alternative gibt.

---

30 Erst seit Mitte der 90er-Jahre des 20. Jhs. kommen in den Schwellenländern der Erde (z. B. China) immer öfter auch technologieintensive Fertigungsmethoden zum Einsatz, was den Kostendruck auf den Industriestandort Deutschland weiter erhöht.

Der Prozess der fortschreitenden Substitution von Arbeit durch Kapital zeigt seine Spuren natürlich auch auf den Arbeitsmärkten. Dies führt immer wieder zum Vorwurf, dass der Industriegesellschaft geradezu zwangsläufig die Arbeit ausgehen müsse. Dabei gilt es zu berücksichtigen, dass die geschilderten Substitutionsvorgänge auch in vorindustrieller Zeit stattfanden. Die Besonderheit des Industrialisierungsprozesses besteht lediglich in der forcierten Geschwindigkeit. Dort, wo der technische Fortschritt Möglichkeiten hervorbringt, Arbeitsprozesse zu rationalisieren und dabei gleichzeitig die Qualität zu verbessern sowie die Kosten der Produktion zu senken, wird er sich durchsetzen. Jeder Versuch, dies auf nationaler oder einzelbetrieblicher Ebene zu verhindern, führt im Ergebnis zu einem Verlust an Wettbewerbsfähigkeit, sofern andere Länder und Betriebe nicht ähnlichen Restriktionen ausgesetzt werden.

Die Entwicklung zeigt aber auch Potentiale für Länder im Strukturwandel: So ergeben sich im Forschungs- und Entwicklungsbereich für Maschinen, Roboter und den Anlagenbau enorme Beschäftigungspotentiale, verbunden mit wachsenden Anforderungen an die Qualifikation der Arbeitskräfte. Ferner kann der Substituierungsprozess zeitlich gestreckt werden, wenn die Entlohnung des Faktors Arbeit im Mittel nicht höher ist als sein Produktivitätszuwachs.

Im industriellen Entwicklungsprozess der Volkswirtschaften zeigt sich bei anhaltendem Wettbewerbsdruck eine Art natürlicher Wandel bei den Gütern, die industriell gefertigt und dann auch in die Exportmärkte versendet werden:

– Ricardo-Thünen-Güter: Rohstoffe (und deren Aufbereitung), Agrarprodukte, Nahrungsmittel.
– Heckscher-Ohlin-Güter: arbeitsintensive Industriegüter, z. B. Textilien, Bekleidung.
– Schumpeter-Güter: Zunächst handelt es sich dabei um alle kapital- und zugleich humankapitalintensiven Güter (sog. *hightech*-Güter), bei denen hohe Anteile des erzielten Umsatzes wieder zurück in die Forschung fließen, um das jeweilige Produkt zu modifizieren bzw. den Lebenszyklus zu verlängern. In vielen Fällen findet aber im Zeitablauf ein Lernprozess bei der Herstellung dieser Güter statt, der es erlaubt, mit standardisierten (kapitalextensiveren) Verfahren und auch geringem Forschungsaufwand die Produkte herzustellen; dann werden aus *hightech*-Güter sog. Produktlebenszyklus-Güter. Dazu gehören derzeit hauptsächlich Güter aus den Bereichen Chemie und Pharmazie, Elektrotechnik und Elektronik sowie des Maschinen- und Anlagenbaus.

Länder, die neu in den Industrialisierungsprozess hineinkommen, beginnen diesen meist mit der Herstellung von Ricardo-Thünen, wobei dabei der Exportanteil meist anfangs noch gering ist. Mit der Produktionsaufnahme von Heckscher-Ohlin-Gütern, steht dann insbesondere bei Textilien und Bekleidungsstücken meist eine rasche Exportoritierung in Form von Outsourcing bzw. als sog. verlängerte Werkbänke von anderen Industrieländern (Giersch 1977).

Die Industrie als derjenige Wirtschaftszweig, der sich durch höhere Produktivität als die ihm vorausgegangenen Gewerbe der Gütererzeugung auszeichnet, trägt in mehrfacher Hinsicht zur wirtschaftlichen Entwicklung von Ländern und Regionen bei.

Durch die Produktion von gewerblichen Gütern, deren Absatz über die Versorgung eines Wirtschaftsraumes, einer Region oder einer Volkswirtschaft hinausgeht, werden in dem betreffenden Land, unter Berücksichtigung gegebenenfalls notwendiger grenzüberschreitender Material- und Kapitalbeschaffung, auf diese Produktion bezogene sog. Exportüberschüsse erwirtschaftet, womit andere Güter oder Dienste eingetauscht werden können.

Die überregionale Güterproduktion ist das zentrale Charakteristikum der Industrie, deren „Basisfunktion" daher als Entwicklungsfaktor eines Landes oder einer Region anzusehen ist. Gleiches gilt für landwirtschaftliche Güter und bestimmte Dienstleistungen, etwa für den Fremdenverkehr oder das Banken- und Versicherungswesen mit überregionalem Geschäftsbereich, wobei letztere als originäre oder abgeleitete Entwicklungsfaktoren Überschüsse erwirtschaften können.

Tatsächlich gibt es rückblickend viele Beispiele dafür, wie die schrittweise Industrialisierung von Ländern und die Öffnung der Märkte für den Welthandel diesen eine Entwicklung jenseits ihrer Stellung als Entwicklungsland ermöglicht haben. Die bekanntesten Beispiele sind

- DAE = Dynamische asiatische Volkswirtschaften (Hongkong, Malaysia, Singapur, Südkorea, Taiwan, Thailand),
- Israel,
- Südafrika,
- China,
- Indien und jüngst
- Bangladesch, Vietnam und Laos.

Ferner gibt es verschiedene Länder mit beachtlichen Industrialisierungsansätzen, die aber in ihrer Entwicklung mehrfach zurückgeworfen wurden (z. B. Argentinien, Brasilien, Russland).

Zudem gibt es nach wie vor viele Entwicklungsländer, die kaum industrialisiert sind und bei denen in absehbarer Zeit auch wenig Aussicht darauf besteht (z. B. große Teile Zentralafrikas, Teile Zentralasiens sowie Teile Lateinamerikas).

Eine gewisse Sonderstellung nehmen die überwiegend rohstoffexportierenden Länder ein, wie Saudi-Arabien oder der Oman. Sie verfügen zwar bislang nur über eine geringe Basis an weiterverarbeitenden Industrien und laufen deshalb Gefahr, bei nachlassender Rohstoffnachfrage von der Industrialisierung abgeschnitten zu werden. Allerdings haben sich beide Länder für Investoren außerhalb der Rohstoffproduktion geöffnet und versuchen vor allem im Bereich erneuerbaren Energien sowie den damit verbundenen Anwendungen, eine Diversifikation ihrer Wirtschaft voranzutreiben.

Die Industriebetriebe sind auf verschiedene Weise mit dem Raum verbunden und tragen so in den sich industrialisierenden Ländern zu deren Entwicklung bei. Die wichtigsten Entwicklungsansätze sind (Voppel 1990):

1. Kaufkraft-Ansatz: Jeder Industriebetrieb beeinflusst den ihm zugeordneten Arbeitsmarkt und über die Entlohnung der Arbeitskräfte die regionale und landesweite Kaufkraft.

2. Agglomerations-Ansatz: Jeder Industriebetrieb wirkt als Arbeitsstätte über seine Beschäftigten auf den Siedlungsraum ein. Besonders die rohstofforientierten Betriebe ziehen Arbeitskräfte an und wirken agglomerierend. Arbeitsorientierte Betriebe lassen sich in schon vorhandenen Siedlungsverdichtungen nieder. Kapitalorientierte Betriebe werden kleinräumlich die Nähe von Arbeitsmärkten suchen. Je nach Konzentrationsneigung der einzelnen Branche ist die Industrie dabei an der Bildung von Agglomerationen oder an ihrer Vergrößerung beteiligt.[31]

3. Fiskalischer-Ansatz: Als direkt oder indirekt raumbeeinflussender Gesichtspunkt ist die Stärkung der steuerlichen Situation des Landes anzusehen.

4. Spillover-Ansatz: Die Wirkungen von Industriebetrieben erstrecken sich ebenso auf andere Wirtschaftszweige. Handwerk, Zulieferer, Handel und Dienstleistungen richten sich auf die Bedürfnisse der Industrie aus, so dass beispielsweise die durch Industrieentwicklung ersetzten Gewerbe ihre Struktur wandeln und neue Waren oder Dienstleistungen übernehmen können.

5. Umwelt-Ansatz: Von Industriebetrieben können mehr oder weniger große Belastungen durch Emissionen ausgehen, die im ungünstigsten Fall das Land unattraktiv werden lassen für den weiteren Industrialisierungsprozess.

6. Sozialstruktur-Ansatz: Mit der Industrialisierung ändert sich nicht nur die Organisationsform der Wirtschaft und das Produktangebot, vielmehr verändert sich die gesamte Sozialstruktur eines Landes. Zwar wächst in Folge der Industrialisierung in allen Ländern der allgemeine Lebensstandard; dieser kann aber auch sehr ungleichmäßig verteilt sein.

7. Raumerschließungs-Ansatz: Die Niederlassung von Industriebetrieben hat eine Verbesserung der Verkehrserschließung zur Folge, was u. a. auch zur Verbesserung der Versorgung der Bevölkerung mit Nahrungsmitteln, Bildung und Sozialleistungen führt.

Entwicklungsökonomisch ist es von Bedeutung, dass ohne eine umfassende und nachhaltige Industrialisierung, sich ein Land nicht wird entwickeln können. Dabei sind –

---

31 Zur Illustration dessen seien drei Beispiele angeführt: Die regional differenzierte Agglomeration verschiedener Zweige der Textilindustrie in Lancashire in der frühen Industrialisierungsphase, die (horizontale) Konzentration von Unternehmungen der Kraftfahrzeugindustrie mit ihren Betrieben und die (vertikale) Verstärkung durch Zulieferer im Raum Detroit, wo sich auf dieser Basis im Laufe des 20. Jh. eine Millionenagglomeration entwickelt hat, sowie die Chemieindustrie mit ihren Konzentrationen am Niederrhein oder an der Bucht von Tokio (Chiba).

wie in der Vergangenheit – die Prozesse von ökologischen und sozialen Verwerfungen geprägt. Es bedarf dabei einer verantwortungsvollen Wirtschaftspolitik, um
- die Umweltbelastungen durch die Industrie zu begrenzen und notfalls zu internalisieren und
- eine Verteilungsgerechtigkeit mit Hilfe eines Teils der Gewinne der Unternehmen im Land sicherzustellen,

ohne den Prozess als solches zu verhindern.

Dafür muss der Prozess begleitet werden durch die Entwicklung leistungsfähiger Institutionen, die in der Lage sind, die Industrialisierung sozialpolitisch und ökologisch abzufedern. Ausländische Einflussnahme kann theoretisch diese Entwicklung begünstigen (z. B. das europäische Lieferkettengesetz). Tatsächlich aber müssen in einem sich entwickelnden Land partizipative Gestaltungsmöglichkeiten (z. B. Gewerkschaften) geschaffen werden, die eine endogene Entwicklung ermöglichen.

Kontrollfragen

A. Erläutern Sie, warum der Industrialisierungsprozess (Industrialisierung) noch immer stattfindet.
B. Was versteht man unter der Take off Phase der Entwicklung der Industrie? Berücksichtigen Sie dabei auch das Wirtschaftsstufenmodell von Walt W. Rostow (vgl. Kapitel 1.3).
C. Welche Effekte hat die Industrialisierung auf einen Wirtschaftsraum?
D. Welche Güterarten kristallisieren sich im Laufe der Entwicklung eines Landes, bzw. im Strukturwandel sukzessive heraus?
E. Im Industrialisierungsprozess wird die menschliche Arbeitskraft fortwährend durch den Produktionsfaktor Kapital substituiert. Warum muss bei diesem Prozess keine dauerhafte Arbeitslosigkeit die Folge sein in einer Volkswirtschaft?

3.2 Der Klimawandel als globale Bedrohung

In diesem Kapitel...
- Lernen Sie die zentralen Merkmale des Klimawandels
- Erhalten Sie eine Diskussion über die Notwendigkeit, Klimawandel und Ökonomie gemeinsam zu betrachten
- Wird die geopolitische Relevanz des Themas aufgegriffen.

Bereits 1824 beschäftigten sich Wissenschaftler mit dem Einfluss von Treibhausgasen auf das Klima und haben in der Folge den Zusammenhang zwischen Treibhausgaskonzentration in der Atmosphäre und der Erderwärmung durch zahlreiche Forschungsarbeiten nachgewiesen. Dass hierbei menschliche Einflüsse durch die Industrialisierung und damit verbundene Verbrennung fossiler Energieträger einen vom Menschen verursachten Beitrag zur Klimaerwärmung leisten, wurde bereits 1957 wissenschaftlich bewiesen (Rahmstorf/Schellnhuber 2018, 29–30).

Zwar unterliegt die Erde schon klimageschichtlich einem steten, natürlichen Klimawandel, der sich über Jahrmillionen durch einen Wechsel von langen Warmphasen und Eiszeitzyklen (die mehrere Jahrhunderte andauerten) vollzogen hat (Mauelshagen 2023, 11–14). Die aktuelle globalklimatische Situation ist jedoch durch die Problematik gekennzeichnet, dass die derzeitige Warmphase durch deutlich stärkere Temperaturanomalien geprägt ist, als sie während vergangener Eiszeiten und Wärmephasen aufgetreten sind: So waren beispielsweise die Jahrzehnte von der europäischen Industrialisierung bis zur Nachkriegszeit durch eine Temperaturanomalie von ca. − 0,5°C bis zu ca. + 0,2°C geprägt (Mauelshagen 2023, 29,85). Die derzeitige moderne Warmphase seit Beginn des 20. Jahrhunderts überschreitet derzeit mit mehr, als + 1,0° C dagegen sämtliche Temperaturanstiege der rekonstruierten Temperaturverläufe der letzten 2000 Jahre. Gleichzeitig nimmt der atmosphärische CO_2-Gehalt eine Konzentration an, die stärker ist, als in den letzten fast 16.000 Jahren. Graphisch schlägt sich dies in einer plötzlichen Zunahme der Konzentration seit ca. 1750 nieder, die mit dem Beginn der Industrialisierung zusammenfällt und seither einen starken Anstieg begründet hat (Mauelshagen 2023, 28–30; 68–70) (sog. Hockeyschläger-Effekt, bzw. Keeling-Kurve (Rahmstorf / Schellnhuber 2018, 33)). Diese durch den Menschen verursachte Klimaveränderung aufgrund steigender Konzentration von Treibhausgasen (hauptsächlich Kohlendioxid und Methan) wird daher als **anthropogener Klimawandel** bezeichnet.

Der Beginn der Industrialisierung kann hierbei als ein wesentlicher anthropogener Einfluss auf den Klimawandel betrachtet werden: Die Verbrennung von Kohle, Öl und Gas zur Energieerzeugung und Stahlherstellung, die fortschreitende Mobilitätsentwicklung durch die Motorisierung und damit einhergehende Verkehrsentwicklung und Urbanisierung waren hier bereits frühe Treiber in der Freisetzung großer Mengen CO_2 in die Atmosphäre.

https://doi.org/10.1515/9783110790245-017

Heutzutage sind es weiterhin hauptsächlich die Strom- und Energieerzeugung in Industrie und Haushalten, die zum größten Teil ursächlich für die CO_2-Emissionen sind. Sie machen über 30% der Treibhausgasemissionen aus, gefolgt von der Landwirtschaft, die mit Landnutzung, Viehzucht & Entwaldung ca. 17% der Emissionen verursacht, sowie dem Transportsektor mit 15%. Hierbei sind es vor allem die Industrieländer, die über mehrere Dekaden hinweg die größten Emissionsverursacher gewesen sind, während die heutigen Entwicklungs- und Schwellenländer steigende Emissionsmengen aufweisen (Edenhofer/Jakob 2019, 22–24).

Dementsprechend kommt im Zuge des Klimawandels der Dekarbonisierung der Energie- und Stromerzeugung, industrieller Fertigungsprozesse und Antriebsarten im Personen- und Güterverkehr eine bedeutende Rolle zu, die die Aktivitäten der Transformation im Zuge nationaler, wie auch internationaler Klimapolitik prägen. Klimapolitik steht dabei in einem Gefüge unterschiedlicher Ansätze, wie:
– Reduktion der Treibhausgasemissionen
– Begrenzung der Temperaturerwärmung
– Dekarbonisierung von Industrie und Energiesektor
– Umstellung der Stromerzeugung, verbunden mit einem Ausstieg aus der Nutzung fossiler Energieträger
– Erforschung und Implementierung alternativer Antriebstechnologien
– Schaffung von Anreizsystemen für das Einsparen von Emissionen
– Förderung klimafreundlicher Technologien (z. B. Wind- und Solarenergie)
– Formulierung von Austrittsstrategien aus fossilen Energieträgern

Diese klimapolitischen Ansätze finden ihren Ausdruck sowohl in nationalen, wie auch international formulierten Politiken und Politikzielen. Sie sind Bestandteil von Klima- und Umweltpolitik. National und international ausgerichtete Klimaziele stehen dabei in einem Spannungsverhältnis, sind zunächst jedoch voneinander unmittelbar abhängig:

Der Klimawandel muss als eine globale Bedrohung verstanden werden. CO_2-Emissionen wirken sich nicht nur lokal, bzw. national aus, sondern beeinflussen unmittelbar den globalen Emissionshaushalt und führen zu globalen Wirkungsketten und daraus resultierenden Folgen (Rahmstorf/Schellnhuber 2018, 53–78):
– Der Temperaturanstieg führt zum Abschmelzen der Gletscher in den Alpen, sowie der Eismassen in Arktis und Antarktis. Über das Abfließen des Schmelzwassers in die Gewässer und Ozeane steigt der Meeresspiegel an. Küstenagglomerationen sind durch Überschwemmungen und Landverlust bedroht. Touristisch geprägte Alpenregionen verlieren durch den Gletscherverlust eine wichtige Einkommensgrundlage im Wintertourismus, Menschen in Küstenregionen sind gezwungen, fortzuziehen
– Durch den Eintrag von abschmelzendem Süßwasser in die Ozeane verringert sich der Salzgehalt, was sich auf die Ökosysteme der Meere auswirkt. Kaltes Schmelzwasser schichtet sich über das wärmere Ozeanwasser, was die Zirkulation von

Sauerstoff und Nährstoffen stört. Die Veränderungen von Temperatur und Salzgehalt beeinflussen die Meeresströmungen, die sich abschwächen oder im Wegverlauf verändern könnten, so z. B. den Golfstrom, der als warmer Strom von Nordamerika nach Europa fließt und einen wichtigen Einfluss auf das gemäßigte bis mediterrane Klima des Kontinents und damit auch die europäische Landwirtschaft hat. Veränderte Meeresströmungen können zu veränderten Niederschlagsmustern und Temperaturen führen

– Der Klimawandel führt zu einer Zunahme an Extremwetterereignissen, wie Hitzewellen, schweren Regenfällen oder Hurricanes, die zu Klimakatastrophen führen

– Höhere Temperaturen begünstigen die Ausbreitung von Krankheiten und hitzebedingten gesundheitlichen Problemen

Lokale Einsparungen von Treibhausgasen auf Basis nationaler Klimapolitik können sich im internationalen Maßstab, wenn sie international unabgestimmt sind, sogar als kontraproduktiv erweisen:

Werden z. B. Unternehmen in einem Land aufgrund nationaler Klimapolitik strenge Vorschriften zur Reduktion der Treibhausgasemissionen oder enge Maximalwerte vorgegeben, können diese Unternehmen in Länder mit lockereren Emissions- bzw. Klimaschutzvorschriften abwandern, was bewirkt, dass die Gesamtemissionen nicht verhindert, sondern nur geographisch verlagert würden. Dies bezeichnet man als den sog. **Carbon Leakage-Effekt** (Edenhofer/Jakob 2019, 89). Es bedarf daher international einheitlich ausgerichteter Vorgaben und Maßnahmen, um die Gesamtemissionen zu reduzieren und die Klimaerwärmung zu begrenzen. Nachfolgend werden daher wichtige Abkommen vorgestellt, die einen Rahmen für internationale Klimapolitik bilden. Anschließend werden damit verbundene Herausforderungen vorgestellt.

Wichtig ist in diesem Zusammenhang zu erwähnen, dass internationale Klimapolitik nicht das Ziel hat, die Klimaerwärmung vollständig zu stoppen, sondern auf ein festgelegtes Klimaziel zu begrenzen. Vermeidung und Anpassung sind dabei wichtige Strategien internationaler Klimapolitik. Eine bedeutsame Grundlage wurde dabei 1992 auf der UN-Konferenz für Umwelt und Entwicklung in Rio de Janeiro mit der Klimarahmenkonvention geschaffen, der **UNFCC (United Nations Framework Convention on Climate Change)**. Sie formulierte eine Stabilisierung der Treibhausgaskonzentration in der Atmosphäre auf einem bestimmten Niveau (Rahmstorf/Schellnhuber 2018, 95). Ihre Umsetzung fand sie später erstmalig im **Kyoto-Protokoll** von 1997, welches die Industrieländer der Erde ab 2005 verpflichtete, Treibhausgasemissionen durch vorgegebene Emissionsreduktionsziele zu limitieren. Sie teilte den teilnehmenden Ländern Verschmutzungsrechte in Form eines Kontingents zu. Gleichzeitig gab das Kyoto-Protokoll den Vertragsstaaten die Möglichkeit, durch sog. flexible Mechanismen Emissionsreduktionsziele kosteneffizient zu gestalten. Hierzu gehörten:

- **Emissions Trading (ET)**: Ein Emissionshandelsystem, welches den Vertragsstaaten Emissionsrechte in Form von Zertifikaten zuteilte. Nicht ausgeschöpfte Emissionsrechte konnten an andere Staaten verkauft werden
- **Joint Implementation (JI)**: Industrieländer konnten Projekte zur Emissionsreduktion auch in anderen Ländern durchführen und erhielten hierfür Gutschriften auf ihre Emissionskontingente
- **Clean Development Mechanism (CDM)**: Industrieländer konnten Projekte zur Emissionsreduktion ebenfalls in Entwicklungsländern durchführen und erhielten hierfür ebenfalls Gutschriften auf ihre Emissionskontingente
(Umweltbundesamt 2023, o.S.; Rahmstorf/Schellnhuber 2018, 99)

Die Vertragsstaaten des Kyoto-Protokolls verpflichteten sich in einer ersten Verpflichtungsperiode von 2008 bis 2012 auf eine Reduzierung ihrer Treibhausgasemissionen um insgesamt 5,2% gegenüber dem Jahr 1990 (Edenhofer/Jakob 2019, 80; Rahmstorf/Schellnhuber 2018, 99). Die einzelnen Reduzierungsverpflichtungen fielen hierbei unterschiedlich aus: So verpflichtete sich die EU um eine Reduzierung um insgesamt 8% gegenüber 1990, wobei EU-intern in einem sog. Lastenteilungsverfahren die Reduktionsziele unter den Mitgliedsstaaten aufgeteilt wurden. 2012 wurde auf der zweiten Vertragsstaatenkonferenz in Doha eine neue Verpflichtungsperiode von 2013 bis 2020 festgelegt, welche neue und größere Reduktionsziele vorgab. So verpflichtete sich die EU auf eine Emissionsreduktion um 20% gegenüber 1990 (Umweltbundesamt 2013, o.S.).

1996 formulierte die europäische Union auf einem Ratstreffen in Luxemburg, dass die durchschnittliche Temperaturerwärmung 2°C nicht überschreiten sollte. Sie wurde auf der UN-Klimakonferenz in Cancún 2010 zum offiziellen Ziel internationalen Klimaschutzes erklärt (Rahmstorf/Schellnhuber 2018, 96). In jüngerer Vergangenheit sehr bedeutsam und völkerrechtlich verbindlich ist jedoch das **Pariser Klimaabkommen von 2015**. Im Gegensatz zum Kyoto-Protokoll, welches lediglich den entwickelten Ländern Emissionsziele vorschreibt, verpflichtet das Pariser Klimaabkommen alle Länder gleichermaßen zur Entwicklung und regelmäßigen Aktualisierung nationaler Klimabschutzbeiträge, sog. **Nationally Determined Contributions (NDCs)**. Hier wurde sich ebenfalls auf das globale Temperaturziel einer Begrenzung der Erderwärmung auf unter 2°C, idealerweise 1,5°C verständigt. Weitere Bestandteile des Klimaabkommens sehen dabei Überprüfungen in einem regelmäßigen Turnus vor, bei denen der Fortschritt der Länder in ihren Klimaschutzbeiträgen kontrolliert und transparent gemacht wird. Die jeweiligen nationalen Bemühungen sollen dabei stets ambitionierter formuliert werden (Rahmstorf/Schellnhuber 2018, 123). Im Rahmen der internationalen Gemeinschaft ist das Pariser Klimaabkommen ferner ein wichtiger Beitrag dazu, einen Lastenausgleich zwischen den Industrie- und Entwicklungsländern zu schaffen.

Der Lastenausgleich im Zuge von Klimaschutzbemühungen ist auf der Ebene internationaler Klimapolitik eine große Herausforderung und zentraler Bestandteil der politischen Diskussion: Bereits auf dem **Klimagipfel 2009 in Kopenhagen** wurde ein Interessenausgleich zwischen den Industrie-, Entwicklungs- und Schwellenländern langwierig diskutiert: Legt man die Tatsache zugrunde, dass weite Teile der anthropogenen Treibhausgasemission der Industrialisierung der heutigen Industrienationen zuzuschreiben sind und sich heutige Schwellenländer in einem nachholenden Industrialisierungsprozess befinden, scheint die Forderung einer Emissionsreduktion in den Schwellenländern vor allem unter den Gesichtspunkten von Wachstum und Wohlstandszuwachs, wie er sich auch durch die Industrialisierung auch in den heutigen entwickelten Ländern vollzog, zunächst als wenig fair. Tatsächlich sind einerseits die Pro-Kopf-Emissionen niedrig, die Zuwachsraten an Emissionen jedoch hoch, sodass es eines Klimaschutz-Regimes bedarf, welches Klimaschutzvorgaben gerecht gestaltet (Rahmstorf/Schellnhuber 2018, 100).

Weitere Probleme einer strukturell bedingten ungleichen Lastenverteilung klimapolitischer Anpassungs- und Vermeidungsmaßnahmen zeigen sich auch in der Natur technologischer Maßnahmen, sowie der volkswirtschaftlichen Struktur mehrerer Länder: So etablierte das Pariser Klimaabkommen einen Kompensationsmechanismus im Bereich der forstwirtschaftlich abhängigen Länder: Der sog. **REDD +-Mechanismus (Reducing Emissions from Deforestation and Forest Degradation)** sieht Kompensationszahlungen für Länder vor, die die Abholzung ihrer Wälder verringern (Edenhofer/Jacob 2019, 84).

Die **Dekarbonisierung von Industrie und Verkehr** als ein wichtiger Hebel zur Emissionsreduktion setzt einen Verzicht auf fossile Energieträger voraus. Gleichzeitig sind aber Erdölförderung und Kohleabbau in zahlreichen Schwellen- und Entwicklungsländern der Erde (z. B. arabische Halbinsel, Südostasien, Afrika) ein zentraler Bestandteil des volkswirtschaftlichen Outputs und der Exportstruktur (Mauelshagen 2023, 116). Diese Länder haben somit ein berechtigtes Interesse daran, den Ausstieg aus fossilen Energieträgern sozial verträglich und die volkswirtschaftliche und energetische Transformation kosteneffizient zu gestalten. Gleichzeitig ist eben jene Umstellung auf Solar- und Windenergie trotz der in diesen Ländern günstigen Stromgestehungskosten (hohe solare Strahlungsintensität) kostenintensiv.

Gleichzeitig mangelt es in den Entwicklungsländern an Fachkräften, die Bau, Betrieb und Instandhaltung von Technologien erneuerbarer Energien leisten können (Edenhofer/Jakob 2019, 72).

Der Ausstieg aus fossilen Energieträgern und die Umstellung auf erneuerbare Energien bedeutet ferner, dass beträchtliche Mengen an Kohle, Erdgas und Erdöl ungenutzt verbleiben (Mauelshagen 2023, 116). Aus einer Marktperspektive heraus führt dieses große Angebot bei geringer Nachfrage zu stark fallenden Preisen. Es verbilligt somit fossile Energie gegenüber den erneuerbaren Energien und verlangsamt damit die Transformation in denjenigen Ländern, die ohnehin über keine ausreichenden finanziellen Ressourcen für teurere erneuerbare Energien verfügen (Edenhofer/Jakob 2019, 74).

Emissionshandelssysteme, wie sie das Kyoto-Protokoll vorgeschlagen hat, funktionieren im Hinblick auf eine Emissionsreduktion nur auf Maßgabe verlässlich steigender Preise für Emissionen. Das Kyoto-Protokoll vermochte nicht, einen Preis über die Marktkräfte von Angebot und Nachfrage zu etablieren, der die Emissionen senken konnte (Edenhofer/Jakob 2019, 80–82). Selbiges Problem zeigte sich ferner auch beim **EU-Emissionshandelssystem,** welches im Zuge des Kyoto-Protokolls 2005 eingeführt wurde: So legte das EU-Emissionshandelssystem zunächst sog. Handelsperioden fest, innerhalb derer Emissionsobergrenzen für energieintensive Branchen, sowie die Energieerzeugung und Luftfahrt festgelegt werden. Das Problem war, dass die Zertifikatspreise lange Zeit zu niedrig gewesen sind, als dass sie Anreize geschaffen hätten für mehr Investitionen in die CO2-Reduktion (Edenhofer/Jakob 2019, 93–94).

Die Lösung zu niedriger Preise für die Emissionszertifikate wäre eine konsequente Verringerung der Emissionszertifikate am Markt (= Angebotsverknappung), die nach den Regeln von Angebot und Nachfrage zu höheren Preisen führen könnte (Abb. 36). Tatsächlich konnten sich die EU-Mitgliedsstaaten jedoch nicht auf ein Senken der Zertifikatsanzahl verständigen, da die Interessenslage höchst unterschiedlich ausfiel (Edenhofer/Jacob 2019, 94–98). So ist beispielsweise die Abhängigkeit der EU-Staaten von fossiler Energie unterschiedlich hoch (z. B. in Polen, wo die Kohleverstromung noch weiterhin eine große Rolle spielt). Die Marktreaktion darauf waren weiter sinkende Preise, da die Markterwartungen nicht davon ausgingen, dass die Zertifikatsanzahl auf Sicht weiter verknappt werden würde. Die EU-Maßnahme der sog. Marktstabilitätsreserve (Zertifikate wurden aus dem Markt genommen und erst wieder in den Markt gesetzt, wenn die bestehenden Zertifikate Emissionsmengen unterschreiten würden) führte ebenfalls zu Markterwartungen sinkender Preise und damit zu Marktversagen. Eine mögliche diskutiere Lösung wäre hier die Einführung von Mindestpreisen, die im Handelssystem nicht unterschritten werden, was eine verlässliche Preisentwicklung für Unternehmen schaffen könnte und Emissionsrechte mit Signalwirkung verteuert (Edenhofer/Jacob 2019, 92–98).

Emissionszertifikate
Niedrige Preise für Emissionszertifikate = größerer Anreiz zum Kauf von mehr Emissionsrechten über Zertifikate
Hohe Preise für Emissionszertifikate = größerer Anreiz zu mehr Investitionen in CO2-Vermeidung

---

Abb. 36: Emissionszertifikate

Hinsichtlich des Pariser Klimaabkommens erweisen sich die dort formulierten NDCs als nicht ausreichend für das Erreichen des 2 Grad-Ziels. So sind die formulierten NDCs wenig mit den nationalen Klimapolitiken abgestimmt, deren Bestandteil in vielen Ländern noch weiterhin der Bau von Kohlekraftwerken ist. Es fehlt ferner an einem verbindlichen Sanktionsmechanismus, der das Nichterreichen oder Nichterhöhen von Klimaschutzambitionen sanktioniert (Edenhofer/Jakob 83–86). Die im Pariser Klimaabkommen vereinbarten Zahlungsverpflichtungen sind ferner weithin unerfüllt: Von den vereinbarten 100 Mrd. US-Dollar an Klimafinanzierung sind bisher gerade 10 Mrd. US-Dollar in den Green Climate Fund (GCF) eingezahlt worden, ferner nutzten die Mitgliedsstaaten der Industrieländergruppe bereits umgesetzte Entwicklungshilfeprojekte, die auf die Zahlungsverpflichtungen angerechnet wurden (Edenhofer/Jacob 2019, 83).

Eine weitere Herausforderung, die zusammengefasst die Schwierigkeiten internationaler Klimapolitik abbildet, ist auch das fehlende internationale Gewaltmonopol: Internationale Vereinbarungen stellen den Versuch dar, sich geltenden Regeln zu unterwerfen, basieren jedoch weiterhin grundsätzlich auf Freiwilligkeit. Verhaltensökonomisch und spieltheoretisch kommt hier das **Trittbrettfahrer-Problem** zum Vorschein: Einzelne Länder können von Klimaschutz und ihren positiven Effekten beitragen, ohne dafür einen eigenen Beitrag leisten zu müssen. Für sie besteht ein größerer Gewinn darin, sich nicht zu beteiligen und vom Klimaschutz Dritter zu profitieren, als einen Beitrag zu leisten, wie es diejenigen Länder tun, die sich an Klimaschutzmaßnahmen beteiligen. Je größer dabei diese positiven Effekte ausfallen und je größer die Anzahl der Beteiligten ist, desto größer ist für einen individuellen Teilnehmer der Anreiz, sich an einem Klimaabkommen nicht zu beteiligen (Edenhofer/Jakob 2019, 78–80).

Gesamtwirtschaftlich betrachtet tragen Volkswirtschaften, die sich dynamisch entwickeln oder die bereits hoch entwickelt sind in erheblichem Maße zum Klimawandel bei, da sie überdurchschnittlich viel an Treibhausgasen ausstoßen (v. a. CO_2, Methan, Lachgas). Ursache sind vor allem der hohe Energiebedarf und der Konsum von tierischem Eiweiß. In diesen Ländern gibt es zugleich teilweise erhebliche Auseinandersetzungen über die Notwendigkeit, die Treibhausgasemissionen deutlich und rasch zu senken. Zunächst einmal können entsprechende Maßnahmen wachstumshemmend wirken. Auf mittlere und lange Sicht profitieren aber die Länder und Kontinente davon. Hier bedarf es eines langen Atems für die Politik und die Wirtschaftspolitik, die Bevölkerung und die Wirtschaft entsprechend mitzunehmen. Die Widerstände sind teilweise erheblich. Besonders gerne wird von sog. Klimawandelleugnern vorgebracht, dass es schon immer einen Klimawandel gegeben habe. Das ist zwar richtig, verkennt aber die zeitliche Dimension. Der anthropogen verursachte Klimawandel ist vor allem das Ergebnis des Industrialisierungsprozesses seit dem 18. Jh. Einige Staaten und ihre politischen Führer halten die Sorge vor dem Klimawandel vor allem für eine geopolitische Einflussnahme von außen, um das eigene Land zu schwächen. Politische Kreise in den USA werfen dies z. B. der VR China vor und haben deshalb (zeitweise) das Pariser Klimaschutzabkommen für sie ausgesetzt. Dahinter verbirgt sich meist nicht nur eine Negierung wissenschaftlicher Erkenntnisse, sondern vor allem der Einfluss von Lobbygruppen aus der CO_2-Wirtschaft. Entwicklungen dieser Art sind vor allem deshalb gefährlich, weil der Klimawandel ja an administrativen Grenzen nicht Halt macht. So muss es weiterhin das Ziel sein, möglichst alle Staaten von der Notwendigkeit der Bekämpfung des Klimawandels zu überzeugen.

Kontrollfragen

A. Inwiefern ist der Klimawandel ein globales Problem?

B. Weshalb sind die Klimafolgen ein globales Problem?

C. Was sind die Gründe für die starke Zunahme der atmosphärischen CO_2-Konzentration?

D. Was sind die wesentlichen Treiber der Klimaerwärmung?

E. Weshalb sind nationale Klimapolitiken nicht ausreichend und welche Negativeffekte können davon ausgehen?

F. Welche Mechanismen hat die internationale Klimapolitik eingeführt und wie sind diese zu bewerten?

G. Mit welchen Interessenskonflikten sind Maßnahmen der internationalen Klimapolitik konfrontiert?

H. Welche Bedeutung haben geopolitische Aspekte im Kontext der Bekämpfung des Klimawandels?

3.3 Politisch gesellschaftliche Radikalisierung (Die Spaltung der Gesellschaft im Globalisierungsprozess)

In diesem Kapitel ...
– Lernen Sie die wichtigsten theoretischen Ansätze und Debatten zur Verteilungswirkung der internationalen Arbeitsteilung kennen
– Erhalten Sie einen Überblick der empirischen Entwicklung von Verteilungsmustern
– Verstehen Sie die gesellschaftlichen Auswirkungen der Globalisierung auf Industrie-, Schwellen- und Entwicklungsländern
– Erhalten Sie einen Überblick über die größten aktuellen Herausforderungen wie De-Globalisierung, politische Polarisierung und Radikalisierung

Nach der Covid-19-Pandemie und im Kontext des Ukraine-Konflikt ist das Konzept der Globalisierung verstärkt auf den Prüfstand gestellt und öffentlich kritisiert worden. Die Pandemie hat die Anfälligkeit internationaler Interdependenzen offengelegt und der Krieg die Fragilität globaler Systeme deutlich gemacht. Die Unterbrechung der Versorgungsketten für Ressourcen und Energierohstoffe führte zu erheblichen wirtschaftlichen Einbußen, die insbesondere in Deutschland zu spüren waren.

Ein weiterer Aspekt, der seit 2016 große Aufmerksamkeit erregt, ist der globale Trend zu illiberalen und autokratischen Tendenzen. Dieser Trend umfasst ein Spektrum, das von Wahlerfolgen von populistischen bis hin zu extremistischen Parteien sowohl in den Vereinigten Staaten als auch in Europa, der Aushöhlung demokratischer Werte in Osteuropa, Indien und Südostasien und des anhaltenden democratic backsliding (Prozess einer Regimeveränderung in Richtung Autokratie) von Ländern wie Russland und China reicht. Diese deutliche Umkehrung steht im Gegensatz zu den Fortschritten, die während der dritten Demokratisierungswelle des späten 20. Jahrhunderts erzielt wurden.

Politische Polarisierung

Politische Polarisierung manifestiert sich in zwei Hauptformen: themenbezogene und gruppenbezogene Polarisierung. Themenbezogene Polarisierung bedeutet, dass die Einstellung einer Person zu einem bestimmten politischen Thema extrem wird, entweder als bereits bestehender Zustand oder durch einen Veränderungsprozess. Bei der gruppenbezogenen Polarisierung oder „affektiven Polarisierung" geht es um starke emotionale Bindungen zu politischen Ingroups und Antipathie gegenüber Outgroups. Die politikwissenschaftliche Perspektive konzentriers sich auf die parteipolitische Polarisierung und beschreibt ideologische Konflikte innerhalb oder zwischen Parteien, die zu einem polarisierten Parteiensystem führen. Im Wesentlichen ist die Unterscheidung zwischen themenbezogener und gruppenbezogener Polarisierung entscheidend für das Verständnis der komplexen Natur politischer Polarisierungsprozesse. Über die Zusammenhänge und das Wesen dieser Phänomene wird nach wie vor debattiert (Neubaum 2022, 412–414).

https://doi.org/10.1515/9783110790245-018

Dieses komplizierte Wechselspiel zwischen politischen Veränderungen und wirtschaftlichen Erwägungen hat zu einer Dynamik geführt, in der politische Ideologien und Ziele zunehmend wirtschaftliche Interessen verdrängen. Im Mittelpunkt dieses Diskurses steht die mögliche Blockbildung und Teilung der Welt in autokratische Regime einerseits und demokratische Regime andererseits (Saxer 2023, o.S.). Neben der Bildung dieser hypothetischen Blöcke ist der Aufstieg illiberaler und populistischer Strömungen – bspw. die Wahl Donald Trumps zum US-Präsidenten und das Brexit-Referendum im Jahr 2016 – weiterhin von großer Bedeutung.

– Donald Trumps Einstellung zur Globalisierung war gekennzeichnet durch eine Priorisierung der US-Interessen ("America First") durch protektionistische Maßnahmen, einschließlich der Einführung von Zöllen und Skepsis gegenüber multilateralen Handelsabkommen. Diese Maßnahmen gaben Anlass zur Sorge über ihre Auswirkungen auf den Welthandel, insbesondere für Entwicklungsländer, und stellten gleichzeitig das internationale Handelssystem in Frage (Bpb).
– Jair Bolsonaros Einstellung zur Globalisierung lässt sich als nationalistische und populistische Antwort, auf die sich verändernde globale Wirtschaftslandschaft zusammenfassen. Er nutzte die durch die Globalisierung verursachte Unzufriedenheit, insbesondere wirtschaftliche Unsicherheiten und kulturelle Veränderungen, um Unterstützung zu mobilisieren. Sein Ansatz bestand darin, vermeintliche Feinde innerhalb Brasiliens ins Visier zu nehmen, traditionalistische Werte zu fördern und für eine begrenzte staatliche Intervention in die Wirtschaft einzutreten, wobei er sich mit Ultraliberalen verbündete und das bestehende politische Establishment herausforderte (Zentrum Liberale Moderne).
– Die AfD hat eine kritische Haltung gegenüber Globalisierung. Ihre Position beruht auf dem Prinzip der nationalen Souveränität. Die Partei vertritt die Ansicht, dass die derzeitige politische Klasse Globalismus, Multikulturalismus, Vielfalt und Geschlechtergerechtigkeit über die Interessen der eigenen Bevölkerung und den wirtschaftlichen Wohlstand des Landes stellt (AfD).

Der durchschlagende Erfolg rechtsgerichteter politischer Parteien in ganz Europa unterstreicht die drohende Gefahr dieses Phänomens zusätzlich, wobei die Globalisierung nicht nur von rechten, sondern auch von linken politischen Radikalen in Visier genommen wird. Um die Gründe und Gefahren dieser Entwicklung zu verstehen, müssen zunächst die (sozialen) Auswirkungen der Globalisierung herausgearbeitet werden.

Die Globalisierung, als internationale Arbeitsteilung und der damit einhergehender vertiefter internationaler (Frei-) Handel, ist durch eine zunehmende Verflechtung und gegenseitige Abhängigkeit von Volkswirtshaften gekennzeichnet. Dem Prozess der Globalisierung wird gemeinhin unterstellt, er habe tiefgreifende Auswirkungen auf nationale soziale Disparitäten (Alvardo et al. 2017, 9; Dreher/Gaston 2008, 531; Goldberg/Pavcnik 2007, 52–55). Im Kontext der Soziologie und Humangeographie beziehen sich Disparitäten auf ungleiche Lebensbedingungen innerhalb bestimmter Gebiete, insbesondere in Bezug auf soziale und wirtschaftliche Aspekte wie Arbeits-plätze, Dienstleistungen und Infrastruktur. In diesem Kapitel wird die Beziehung zwi-schen Globalisierung und nationalen Disparitäten untersucht, wobei der Schwerpunkt auf Einkommensdisparitäten und deren Folgen liegt.

Das Stolper-Samuelson-Theorem (Stolper/Samuelson 1941, 58–73)
- Erweiterung des Heckscher-Ohlin-Modells
- Ursprünglich beruhte es auf idealtypischen Annahmen, dass die Veränderungen der Güterpreise auf handelspolitische Maßnahmen wie Zölle zurückführten sind und sich auf die Produktionsfak-toren Arbeit und Kapital konzentrierten.
- Wurde durch empirische Studien weiterentwickelt und bietet Einblicke in die Auswirkungen der Globalisierung auf die Einkommensverteilung in den Industrieländern.
- Das Theorem ermöglicht es, allgemeine Aussagen über die Beziehung zwischen Güterpreisen und realen Faktoreinkommen zu treffen.
- Im Wesentlichen eröffnet das Stolper-Samuelson-Theorem eine grundlegende Perspektive darauf, wie Veränderungen der Güterpreise, die durch Faktoren wie Zölle ausgelöst werden, die Entloh-nung der Produktionsfaktoren beeinflussen.

Die klassische Außenhandelstheorie (Zhang 2008, 23–73) bietet eine ambivalente theo-retische Perspektive auf die Verteilungsauswirkungen der Globalisierung. Während durch die zunehmende Spezialisierung globale Vorteile erwartet werden, führt das Stolper-Samuelson-Theorem einen entscheidenden Faktor ein – Veränderungen der Ungleichheit innerhalb ökonomisch offener Länder hängen von der Verteilung der Qualifikationsniveaus ab.
- Globale Auswirkungen des Freihandels: Es wird erwartet, dass alle teilnehmen-den Länder von der zunehmenden Spezialisierung und den Produktivitätsgewin-nen profitieren werden.
- Stolper-Samuelson-Theorem: Verteilung der Qualifikationsniveaus entscheidend für das Verständnis von Ungleichheitsveränderungen innerhalb offener Länder.
- Auswirkungen auf hochqualifizierte Arbeitskräfte in Industrieländern: Die Handels-liberalisierung verlagert die Produktion in Sektoren, die hochqualifizierte Arbeits-kräfte benötigen. Höhere Nachfrage führt zu höheren Gehältern und vergrößert so die Einkommensungleichheit.
- Auswirkungen auf gering qualifizierte Arbeitskräfte in sich entwickelnder Län-der: Die Handelsliberalisierung steigert die Nachfrage nach gering qualifizierten Arbeitskräften. Höhere Löhne verringern die Einkommensungleichheit in diesen Ländern.
- Allgemeine Erwartung: Handelsintegration wird wahrscheinlich die Ungleichheit innerhalb der Industrieländer erhöhen. Es wird erwartet, dass die Handelsinte-gration die Ungleichheit innerhalb der sich entwickelnder Länder verringert.

Disparitäten lassen sich am besten als Ungleichheiten in den Lebensbedingungen ver-stehen, wobei das Hauptaugenmerk auf sozialen Disparitäten liegt, die sich häufig in

Form von Einkommensunterschieden manifestieren. Nationale soziale Disparitäten beziehen sich demnach auf Einkommensunterschiede innerhalb der Sozialstruktur eines Landes und dienen als Indikator für Unterschiede in der Lebensqualität. Die Entwicklung von Disparitäten ist in diesem Zusammenhang vor allem durch die Entwicklung von Einkommensunterschieden gekennzeichnet (Kulke 2004, 204–220).

Eine zentrale Frage, welche die Globalisierung seit Jahrzehnten begleitet ist, ob die Globalisierung zu einem Anstieg der Einkommensungleichheit beiträgt. Diesbezüglich gibt es vor allem drei Argumente:

- Wirtschaftliche Volatilität: Durch die Globalisierung ist eine Volkswirtschaft in höherem Maße externen Schocks ausgesetzt, was zu einer erhöhten wirtschaftlichen Volatilität führt. Diese Volatilität kann zu Schwankungen des Einkommensniveaus und des allgemeinen wirtschaftlichen Wohlstands der Bürger eines Landes führen.
- Strukturwandel: Die durch die Globalisierung bedingte zunehmende Offenheit einer Wirtschaft führt zu strukturellen Veränderungen in ihrer Zusammensetzung. Die Mobilität des Kapitals wird ausgeprägter, was eine effiziente Allokation der Ressourcen durch Marktmechanismen ermöglicht. Arbeitsintensive Industrien, wie z. B. die Textilindustrie, können in Hochlohnländern aufgrund des Wettbewerbs mit Ländern mit niedrigeren Löhnen nicht bestehen. In der Folge kommt es zu Insolvenzen und der Verlagerung von Produktion ins Ausland. Dies Führt zu Entlassungen, der Entwertung bestimmter Qualifikationen und dem ökonomischen Abstieg ganzer Regionen (Gu/Wang 2021, 379).
- Gewinner und Verlierer: Wie bereits durch den Strukturwandel verdeutlicht, schafft die Globalisierung Verlierer, es entstehen aber auch Gewinner. Einige Gruppen können feststellen, dass ihre Qualifikationen und Fähigkeiten aufgrund des wirtschaftlichen Strukturwandels nicht mehr ihren gewohnten Lebensstandard sichern und ganze Regionen können einen wirtschaftlichen Niedergang erleben, während andere Qualifikationen an Wert gewinnen, was zu einem höheren Einkommensniveau für bestimmte Gruppen führt (Gu/Wang 2021, 379).

Unabhängig von diesen theoretischen Überlegungen zu den Auswirkungen der Globalisierung auf die Einkommensungleichheit lassen sich einige empirische Befunde identifizieren, wobei zwischen Industrieländern und Entwicklungs- und Schwellenländern unterschieden werden muss.

Strukturwandel im Ruhrgebiet (Bogumil/Hinze 2019)
Das Ruhrgebiet, historisch geprägt von Kohle und Stahl, hat im späten 20. Jahrhundert einen radikalen Strukturwandel vollzogen und sich von der Schwerindustrie weg entwickelt. Einst eine Hochburg der Kohle- und Stahlindustrie, erleichterte die industrielle Produktion des Ruhrgebiets nach dem Zweiten Weltkrieg den Wiederaufbau Europas. In den 1960er Jahren machte der Niedergang dieser Sektoren jedoch einen Wandel erforderlich, der jedoch durch die bestehenden Strukturen behindert wurde. Die Bemühungen um eine Diversifizierung begannen in den 1960er Jahren mit einem anfänglichen Beschäftigungswachstum im Bildungswesen, in der Wissenschaft und in der Automobilbranche. In den

1990er Jahren wurde der Schwerpunkt auf KMU gelegt, was zur Entstehung neuer wirtschaftlicher Standbeine in den Bereichen Logistik, Chemie, Gesundheitswesen und Technologie führte.

Tabelle. 27: Entwicklung der Einkommensungleichheit in ausgewählten Ländern, Anteile der unteren 50%, oberen 10% und des obersten 1% am Gesamteinkommen

	Untere 50%	**Obere 10%**	**Oberes 1%**
Deutschland	1900: 16,8%	1900: 51%	1900: 22,4%
	1950: 22,1%	1950: 40,1%	1950: 10,8%
	1980: 23,3%	1980: 28,6%	1980: 9,8%
	2000: 21,6%	2000: 33,3%	2000: 10,5%
	2018: 18,9%	2018: 37,4%	2018: 13%
Vereinigtes Königreich	1900: 14,5%	1900: 55,8%	1900: 31%
	1950: 22,2%	1950: 32,6%	1950: 11,2%
	1980: 22,6%	1980: 28.5%	1980: 6,8%
	2000: 18,8%	2000: 36%	2000: 11,7%
	2018: 20,2%	2018: 36,1%	2018: 13,1%
Thailand	1900: X	1900: X	1900: X
	1950: X	1950: X	1950: X
	1980: 9,7%	1980: 56%	1980: 23%
	2000: 10,1%	2000: 54,7%	2000: 21,7%
	2018: 13,4%	2018: 49,5%	2018: 17,8%
Mexiko	1900: 11,8%	1900: 54,6%	1900: 23,4%
	1950: 11.4%	1950: 55,8%	1950: 24,3%
	1980: 6,4%	1980: 54,2%	1980: 12%
	2000: 6,4%	2000: 54,2%	2000: 12%
	2018: 6,3%	2018: 65,6%	2018: 29,5%

Die Einkommensungleichheit in den Industrieländern (z. B. Deutschland oder Vereinigtes Königreich) hat sich im Laufe der Zeit erheblich gewandelt. Um 1900, während der Industrialisierung, gab es erhebliche Einkommensunterschiede.

Die große Mehrheit der Bevölkerung verfügte nur über ein sehr geringes Einkommen (untere 50%), während eine kleine privilegierte Klasse von Industriellen einen erheblichen Teil des Gesamteinkommens generierte (obere 10%). Die in Länder Westeuropas wie Deutschland und Großbritannien beobachtete Einkommensungleichheit wurde während der Weltkriege erheblich verringert. Nach dem Zweiten Weltkrieg führte die Umsetzung einer umverteilenden Sozialpolitik zu einem erheblichen Rückgang der Einkommensungleichheit, insbesondere in Westeuropa. Dieser Trend erreichte seinen Höhepunkt in den frühen 1980er Jahren (Scheidel 2018, 115–129). Ab Anfang der 1980er Jahre begann die Einkommensungleichheit in vielen Teilen der westlichen Welt jedoch wieder zuzunehmen. Diese Entwicklung ging mit einem Wandel des ökonomischen Denkens einher, das sich vom Keynesianismus, der seit dem Ende des Zweiten Weltkriegs vorherrschend gewesen war, abwandte und zu einer eher neoklassischen Perspektive überging. In vielen westlichen Ländern wurde die staatliche Umverteilungspolitik zurückgeschraubt, während die Globalisierungsprozesse an Fahrt gewannen (Swarts 2013, 80–121). Diese politischen Veränderungen führten zu einem Anstieg des Anteils der obersten 10 % bzw. der obersten 1 % am Gesamteinkommen, der in zahlreichen Ländern bis Ende der 2010er Jahre ein Niveau erreichte, das es seit 1950 nicht mehr gegeben hatte.

Die Entwicklung der Einkommensungleichheit in den Entwicklungs- und Schwellenländern ergibt ein diverses Bild. Entwicklungs- und Schwellenländer weisen in der Regel ein deutlich höheres Maß an Einkommensungleichheit auf. In vielen Schwellenländern hat die Einkommensungleichheit seit den 1980er Jahren zugenommen (z. B. in Mexiko und China). In anderen Ländern wie Thailand hat sie im gleichen Zeitraum wiederum abgenommen.

Ein gängiges Postulat in Diskussionen um die politischen Auswirkungen der Globalisierung ist, dass globalisierungsbedingte Ungleichheiten, insbesondere Einkommensungleichheit, zur politischen Polarisierung beitragen. Dieses Phänomen wird z. B. Ereignissen wie der Wahl von Donald Trump und des Brexit-Votums zugeschrieben. Auch das Erstarken der rechtspopulistischen Parteien Europas, wie der Franc Nationalité oder die Alternative für

Deutschland, wird in diesem Kontext oft genannt. Studien legen nahe, dass sich ein Zusammenhang zwischen Disparitäten und politischer Polarisierung bzw. Radikalisierung herstellen lässt:

- In den Vereinigten Staaten zeichnet sich ein erkennbarer Trend ab, bei dem die Republikanische Partei eine konservativere Haltung einnimmt, während sich die Demokratische Partei auf eine liberalere Position zubewegt. Untersuchungen weisen auf einen bemerkenswerten, statistisch signifikanten Zusammenhang zwischen Einkommensungleichheit und dieser Polarisierung hin (Voorheis et al. 2015, 48).
- Im Hinblick auf Westeuropa deuten die Forschungsergebnisse darauf hin, dass eine größere Einkommensungleichheit die Wahrscheinlichkeit erhöht, dass Personen entweder extrem linke oder extrem rechte politische Parteien unterstützen (Winkler 2017, 49).
- Traditionell wird davon ausgegangen, dass eine erhöhte wirtschaftliche Ungleichheit mit einer erhöhten Unterstützung für linksradikale politische Parteien einhergeht, da diese in besonderem Maße eine Umverteilung des Wohlstands fordern (Winkler 2017, 29, 43).
- In jüngster Zeit haben jedoch, insbesondere in Europa, rechtsextreme politische Parteien erheblich an Einfluss gewonnen. Einkommensungleichheit wird als eine Erklärung für dieses Phänomen angeführt, wobei Studien darauf hinweisen, dass sie sich auf die Beziehung zwischen Einwanderung, Arbeitslosigkeit und der

Stärke rechtsextremer Parteien auswirkt (Jesuit et al. 2009, 31; Becker et al. 2017, 11).

Diese empirischen Beobachtungen deuten auf einen Zusammenhang zwischen politischer Polarisierung, Radikalisierung und Einkommensungleichheit hin. Da der Anstieg der Einkommensungleichheit häufig mit der Globalisierung in Verbindung gebracht wird, könnte man daraus schließen, dass die Globalisierung eine Rolle bei der Zunehmenden der politischen Polarisierung gespielt hat. Dies wiederum könnte dazu führen, dass viele der aktuellen politischen Probleme auf die Globalisierung zurückgeführt werden. Eine genauere Untersuchung der empirischen Daten zeigt jedoch, dass die Situation nuancierter ist, als es den Anschein hat. Die wirtschaftliche Globalisierung scheint nicht zu größeren populistischen Parteien in wirtschaftlich stärker globalisierten Ländern zu führen. Studien legen einen geringen Zusammenhang zwischen der Globalisierung und dem Stimmenanteil sowohl rechts- als auch linkspopulistischer Parteien nahe. Auf der Makroebene lässt sich kein direkter Zusammenhang zwischen Globalisierung und politischer Polarisierung erkennen. Dies schließt allerdings lokale oder regionale Mikrophänomene nicht aus. Allerdings wird die EU-Mitgliedschaft mit einem um 4–6 Prozentpunkte höheren Stimmenanteil für rechtspopulistische Parteien in Verbindung gebracht, was auf einen anderen Effekt als die Globalisierung hinweist. Die EU-Mitgliedschaft wird als eine Form der Globalisierung angesehen, die sich auf die einzelnen Länder unterschiedlich auswirkt und möglicherweise mit den Zielen und Werten der Europäischen Union zusammenhängt. Die Ergebnisse legen eine klare Unterscheidung zwischen Globalisierung in Form von EU-Mitgliedschaft und Souveränität, die den Populismus verstärkt, und anderen Formen der Globalisierung nahe, die nicht dieselbe Korrelation mit Populismus aufweisen. Empirische Untersuchungen weisen also auf eine nuancierte Beziehung zwischen Globalisierung und Populismus hin. Während die wirtschaftliche Globalisierung als internationale Arbeitsteilung politische Polarisierung tendenziell verringert, wird die EU-Mitgliedschaft mit höheren Stimmenanteilen für rechtspopulistische Parteien in Verbindung gebracht.

In den Jahren nach der Wahl von Donald Trump zum Präsidenten der Vereinigten Staaten und dem Votum der Briten für den Austritt aus der Europäischen Union entstand ein Narrativ der Krise im Bereich der Globalisierung. Diese Wahrnehmung wurde durch die zunehmenden Spannungen zwischen den Vereinigten Staaten und China, die globalen Auswirkungen der Coronavirus-Pandemie und die russische Invasion in der Ukraine noch verstärkt.

Die Debatten um das Konzept der „Krise der Globalisierung" haben zu verschiedenen Diagnosen geführt. Dazu gehören die Vorstellung einer gescheiterten Globalisierung, einer gefesselten Globalisierung oder eines Globalisierungs-Backlashs. Es ist wichtig festzuhalten, dass die wahrgenommene Stagnation der Globalisierung auf die Wirtschafts- und Finanzkrise zurückgeführt werden kann, die 2008 begann. Aber Skepsis und Infragestellung der Globalisierung sind kein neues Phänomen.

Der Zyklus der Globalisierung und die entsprechenden Gegenbewegungen sind ein wiederkehrendes Merkmal in der Geschichte der internationalen Beziehungen. Die Globalisierung, die durch internationale Arbeitsteilung und zunehmende Vernetzung gekennzeichnet ist, hat immer wieder Phasen der Beschleunigung und der Umkehr erlebt. Insbesondere nach dem Ersten Weltkrieg (1914 bis 1918) lässt sich eine Phase der Deglobalisierung feststellen. Die Weltwirtschaft wurde allmählich stärker segmentiert, und bestimmte Regionen, wie die lateinamerikanischen Länder, entschieden sich in den 1930er Jahren für eine Importsubstitutionspolitik, um sich vom Weltmarkt abzukoppeln. Dieser Ansatz wurde später, in der Zeit nach dem Zweiten Weltkrieg, als gängige wirtschaftliche Entwicklungsstrategie aufgegriffen, was die internationale wirtschaftliche Vernetzung verlangsamte. Erst in den 1970er Jahren, nach der Hinwendung zu einer neoliberalen Wirtschaftspolitik, kehrte die Globalisierung auf das Vorkriegsniveau zurück.

Es ist jedoch offensichtlich, dass die Entwicklung der Globalisierung seit den 1970er Jahren nicht einheitlich verlaufen ist. Die Globalisierung hat sowohl Gewinner als auch Verlierer hervorgebracht und zu Ungleichheiten und manchmal auch zu zwischenstaatlichen Konflikten beigetragen. Ein Paradebeispiel für solche Konflikte ist die Großmachtrivalität des 21. Jahrhunderts zwischen China und den Vereinigten Staaten, die in der veränderten Machtverteilung innerhalb des internationalen Systems begründet ist.

Staaten, insbesondere traditionelle Industrieländer wie die Vereinigten Staaten, haben begonnen, die Vorzüge der Globalisierung in Frage zu stellen, indem sie eine protektionistischere Handelspolitik betreiben. Dieses Phänomen spiegelt nicht nur die Skepsis zwischen den Staaten wider, sondern auch die Uneinigkeit innerhalb der Staaten. Die traditionellen Industrieländer haben durch die Öffnung der Märkte in Teilen ihrer Gesellschaften eine Fragmentierung und Deprivation erfahren, was zu erheblichen kulturellen Verschiebungen und politischer Polarisierung geführt hat.

Im Zuge dieser Veränderungen haben politische Kräfte an den Rändern des politischen Spektrums kritische Positionen zur Globalisierung eingenommen. Diese Randbewegungen haben zum breiteren Diskurs über die Deglobalisierung beigetragen und sich für eine Neubewertung der Vor- und Nachteile der Globalisierung eingesetzt.

Zum Abschluss unserer Untersuchung der komplizierten Dynamik zwischen Globalisierung und politischer Polarisierung ergibt sich eine Synthese wichtiger Erkenntnisse. Im Kontext der Pandemie und des Ukraine-Konflikts wurden die Schwachstellen internationaler Interdependenzen offengelegt. Dabei gibt es bereits seit 2016 eine globale Welle illiberaler und autokratischer Tendenzen. Es ist ein deutlicher Wandel zu beobachten, bei dem politische Ideologien zunehmend Vorrang vor wirtschaftlichen Interessen haben. Im Mittelpunkt der aktuellen Diskussionen steht die Vorstellung von hypothetischen Blöcken, die eine zwischen autokratischen und demokratischen Regimen geteilte Welt beschreiben. Dieser Diskurs spiegelt die nationalistische Politik wider, wie sie z. B. in Brasilien zu beobachten ist. Der durchschlagende Erfolg rechter politischer Parteien, wie zum Beispiel der AfD in Europa, unterstreicht die drohende Gefahr der Polarisierung, ein Phänomen, das nicht auf eine Seite des politischen Spektrums beschränkt ist.

Die Globalisierung hat Einfluss auf nationale soziale Ungleichheiten, insbesondere auf Einkommensungleichheiten. Diese Auswirkungen wirken sich auf das gesamte Gesellschaftsgefüge aus. Es wird ein erkennbarer Zusammenhang zwischen globalisierungsbedingten Ungleichheiten und der zunehmenden politischen Polarisierung vermutet, der sich in Wahlergebnissen und geopolitischen Ereignissen zeigt. In den Jahren nach den politischen Schlüsselereignissen entstand ein Krisennarrativ rund um die Globalisierung, dass an die historischen Zyklen von Globalisierung und Deglobalisierung erinnert, die durch wirtschaftliche und geopolitische Veränderungen ausgelöst wurden.

Die Rivalität zwischen den Großmächten des 21. Jahrhunderts, insbesondere zwischen China und den Vereinigten Staaten, wirft Fragen nach den Vorteilen der Globalisierung auf und führt zu einer Neubewertung der globalen Interaktionen. Die traditionellen Industrienationen haben mit der Fragmentierung und den gesellschaftlichen Veränderungen zu kämpfen, die sich aus der Marktöffnung ergeben und zu kulturellen Verschiebungen und in einigen Fällen zu politischer Polarisierung führen. Politische Kräfte am Rande des Mainstream-Diskurses nehmen kritische Positionen zur Globalisierung ein und entfachen breitere Diskussionen über Deglobalisierung und die Notwendigkeit einer Neubewertung.

Kontrollfragen

A. Wie charakterisierte Donald Trump seine Einstellung zur Globalisierung?
B. Was beschreibt der Begriff „Disparitäten" im Kontext der Globalisierung?
C. Wie erklärt das Stolper-Samuelson-Theorem den Zusammenhang zwischen Globalisierung und Einkommensungleichheit?
D. Welche Auswirkungen hat die Globalisierung auf die Einkommensungleichheit in Industrieländern?
E. Welche historischen Phasen der Deglobalisierung gab es?

3.4 Die Perspektive von Ländern und Volkswirtschaften (Aufstieg und Abstieg von Volkswirtschaften)

In diesem Kapitel lernen Sie,...
- die im Lehrbuch in den vorangegangenen Kapiteln angesprochenen globalen Entwicklungen in einem Gesamtkontext einzuordnen;
- Phasen der wirtschaftlichen Entwicklung von Volkswirtschaften einzuordnen und abzugrenzen;
- den geopolitischen Hintergrund für die Entwicklung von Volkswirtschaften einzuordnen.

In den vorangegangenen Kapiteln konnte gezeigt werden, dass Wirtschaftsräume und einzelne Volkswirtschaften durchaus in der Lage sind, Entwicklungspotentiale zu aktivieren. Vorausschauende, nachhaltige sowie regelgebundene Wirtschaftspolitik sind ebenso eine Voraussetzung dafür wie die Einbindung in internationale und nationale Regelwerke, wenn sich Länder in die internationale Arbeitsteilung integrieren lassen möchten. Eine langfristige Entwicklung von Wirtschaft und Gesellschaft ist geprägt durch zeitlich nach- und nebeneinanderliegende Prozesse, um Länder bzw. deren Volkswirtschaften
- zu aktivieren (z. B. vorhandene Standortvorteile nutzen),
- zu dynamisieren (z. B. Standortbedingungen verändern und aufwerten) und schließlich
- abzusichern (z. B. Abwehr von politischen Kräften, die ein Regelsystem nicht weiterentwickeln, sondern beseitigen wollen und den Ausbau von Institutionen, die wirtschaftliche und politische Machtkonzentration bekämpfen).

Dabei können große Veränderungen
- technologischer (z. B. Einführung von künstlicher Intelligenz),
- gesellschaftlicher (z. B. Aufkommen neuer Familienformen) und
- (geo)politischer (z. B. Verlagerung von internationalen Handelswegen) Art zur Folge haben, dass diese Prozesse auch iterativ sind. Grundsätzlich können Volkswirtschaften immer wieder erneut in einen sozioökonomischen Prozess der Erneuerung treten.

Geprägt sind diese Entwicklungen im Idealfall durch
- langfristig orientiertes respektive nachhaltiges Handeln der Verantwortlichen in Politik, Gesellschaft und, Wirtschaft, indem sie in regelbasierte Ordnungssysteme partizipativ eingebunden werden, sowie
- flexible Reaktionen auf kurzfristige Veränderungen geopolitischer, gesellschaftlicher und ökonomischer Art, wobei diese ebenfalls Grundsätzen und Regeln entsprechen und somit für die Akteure berechenbar sind (vgl. Kapitel 1.2.2).

https://doi.org/10.1515/9783110790245-019

In der wissenschaftlichen, wie auch in der populärwissenschaftlichen Literatur gibt es eine Vielzahl von Veröffentlichungen dazu, ob und wann Volkswirtschaften und Mächte unter bestimmten Bedingungen aufsteigen, ihre Herrschaft ausüben und irgendwann wieder untergehen können (Kennedy 1994; Sonnabend 2022). Eine umfangreiche wissenschaftliche Dokumentation liegt dazu exemplarisch vor für das Römische Reich (Bringmann 2017; Bringmann 2024) und die Republik Venedig (Longworth 1976).

Oft zeigen sich dabei Phasen oder Epochen, wie sie auch die meisten gesamtwirtschaftlichen Entwicklungsmodelle abstrakt ausweisen (vgl. das Modell von Walt M. Rostow, Kap. 1.2.7). Typische Entwicklungen sind dabei in der westlichen Welt:

- In einer wirtschaftlichen und politischen Aufstiegsphase:
    - Einführung erster partizipativer Elemente der politischen Willensbildung;
    - Schrittweiser Aufbau eines Systems der Gewaltenteilung;
    - Aufbau einer arbeitsteiligen Wirtschaft (räumlich und sektoral);
    - Entwicklung einer Wirtschaftsordnung (Regelsysteme);
    - Beginn des Aufbaus eines Bildungs- und eines Sozialsystems;
    - Beginn des Aufbaus von Verkehrs- und Kommunikationssystemen;
    - Aktivierung von Kapitalbildungsprozessen (Anreize und Möglichkeiten zum Sparen setzen);
- In einer Phase wirtschaftlicher und politischer Blüte:
    - Ausweitung partizipativer Elemente;
    - Das Aufkommen neuer Wirtschaftsbranchen;
    - Der Aufbau schlagkräftiger Armeen;
    - Der Ausbau von Bildungs- und Sozialsystemen;
    - Die Ausweitung internationaler politischer und wirtschaftlicher Beziehungen;
    - Die Ausdifferenzierung der Gesellschaft;
    - Der Beginn einer vertikalen und horizontalen Mobilität sozialer Schichten;
    - Ausbau der Verkehrs- und Kommunikationssysteme;
- In einer Phase wirtschaftlicher und politischer Konsolidierung:
    - Bewältigung eines permanenten sektoralen und räumlichen Strukturwandels (sozial und wirtschaftlich);
    - Erhaltung der Standortqualität für neue wirtschaftliche Aktivitäten;
    - Abwehr von Klientelpolitik sowie wirtschaftlichen und politischen Kartellen;
    - Bewusstwerdung von Problemen der Nachhaltigkeit ökonomischen Handelns;
    - Abwehr von Problemen wachsender gesellschaftlicher und ökonomischer Disparitäten;
    - Aufbau einer Wissensgesellschaft.

Diese Merkmale können länder- und kulturkreisspezifisch sehr unterschiedlich ausgeprägt sein und weisen dann auch zahlreiche Besonderheiten im Einzelfall auf. So muss man anerkennen, dass der ökonomische Aufstieg Chinas ab den 80er Jahren des 20. Jh. in einem autoritären Staatssystem stattfindet, nicht in einer Demokratie nach westlicher Vorstellung. Dabei sind die Erfolge der Partizipation sehr gering, aber gegenüber der vorangegangenen Phase (Regentschaft von Mao) durchaus vorhanden. Die USA haben sicherlich heute ein geringer ausgeprägtes staatlich garantiertes soziales Netz als es viele europäische Staaten kennen, aber es wurde sukzessive auf- und ausgebaut. Und schließlich tätigen alle entwickelten und sich entwickelnden Länder der Erde heute deutlich höhere Ausgaben zur Bekämpfung von Umweltschäden als in der Vergangenheit.

Volkswirtschaften müssen nicht zwangsläufig absteigen, beziehungsweise als bedeutende politische Mächte verschwinden. Historisch betrachtet ist ein solches Verschwinden von Mächten zwar fast immer empirisch belegt, es gibt aber keine Zwangsläufigkeit dafür und auch keine verlässlichen zeitlichen Prognosen. Die großen Reiche der Antike und des Mittelalters sind zwar irgendwann formal aufgelöst worden (z. B. Spanisches Weltreich) oder namentlich verschwunden (Reich Alexanders des Großen oder das Osmanische Reich), sie waren aber meist Voraussetzungen für neue Gesellschafts-, Rechts- und Wirtschaftssysteme in neuen Machtsystemen. Dabei gab es mal größere (z. B. Vilikationsverfassung im 7. Jh. als grundherrschaftliches System in West- und Mitteleuropa), mal kleinere Kontinuitäten zu den vorangegangenen Machtsystemen (Französische Revolution).

In der Gegenwart ergeben sich für die meisten Länder nationale oder regionale Herausforderungen in ihren jeweils konkreten ökonomischen und gesellschaftlichen Situationen. Vielmehr sind sie den globalen Veränderungen ausgesetzt durch:
- den Globalisierungsprozess und auch den Versuchen, sich diesem zu entziehen sowie
- die geopolitischen Interessen von Drittstaaten, machtpolitischer und gesellschaftlicher Art.

Als Global Player beeinflussen vor allen Dingen vier Staaten und Wirtschaftsräume die Entwicklung vieler anderer Länder. Es handelt sich dabei um:
- die Volksrepublik China (militärische und ökonomische Macht),
- die Vereinigten Staaten von Amerika (militärische und ökonomische Macht),
- Europa und speziell die Europäische Union (ökonomische Macht ohne militärische Bedeutung mit der Ausnahme Großbritanniens) sowie mit Einschränkungen
- Russland (militärische Macht ohne ökonomische Bedeutung jenseits des Bergbaus).

Hierbei handelt es sich um Raumsysteme, die mit Unterbrechungen eine große Kontinuität als politische und ökonomische Macht besitzen. Zwischenzeitliche Gebietsverluste führen dann immer wieder auch zu imperialistischen Ambitionen. Dabei muss man zum einen die vergleichsweise kurze Existenz der Vereinigten Staaten von Amerika (Neuzeit) sowie zum anderen das Entstehen der Europäischen Union als Wirtschaftsgemeinschaft erst nach dem Zweiten Weltkrieg als zeitliche Differenzierungen sehen. Die Volksrepublik China hat als Kaiserreich eine weit zurückreichende, erfolgreiche wirtschaftliche und politische Bedeutung, die allerdings zwischenzeitlich nahezu vollständig zum Erliegen gekommen war. Das russische Reich und die spätere Sowjetunion waren abwechselnd mal von größerer, mal von geringerer weltwirtschaftlicher Bedeutung. Nach 1991 war nach Abspaltung der einst gewaltsam in die Sowjetunion integrierten Landesteile ein wirtschaftlicher und politischer Aufstieg im Rahmen der internationalen Gemeinschaft möglich, den die politisch verantwortlichen Führer aber letztlich abgelehnt haben. Stattdessen haben sie sich (vermutlich auf Zeit) mit der Volksrepublik China gegen den Westen als Wertegemeinschaft verbündet, um ihre autoritären Herrschaftssysteme abzusichern.

Eine gewisse internationale Bedeutung haben ebenfalls die nachfolgend angeführten Länder und Regionen, wenngleich mit großen strukturellen Unterschieden:

- Indien (bevölkerungsreichstes Land der Erde mit starken nationalistischen Ambitionen),
- Brasilien (ökonomische Regionalmacht und ökologische Macht aufgrund der weltweiten Bedeutung des brasilianischen Regenwaldes für das Weltklima),
- Japan, Südkorea und Taiwan (als Einzelstaaten und technologisches Machtsystem ohne militärische Bedeutung),
- Großbritannien und seine Commonwealth-Staaten (historische Machtbedeutung und Nuklearmacht),
- die sogenannte arabische Welt, vor allem Saudi-Arabien, Oman, Katar und die Vereinigten Arabischen Emirate (erdölökonomische Mächte mit Bedeutung für erneuerbare Technologien wie z. B. Wasserstoffwirtschaft).

Ob andere Länder und Regionen in absehbarer Zeit aufsteigen, ist möglich, ebenso dass Staaten, die bereits lange wirtschaftlich erfolgreich sind, an Bedeutung verlieren können, wenn sie es nicht schaffen, den globalen Veränderungen mit Anpassungen und der Gestaltung ihrer Volkswirtschaften hin zu mehr Wettbewerbsfähigkeit zu begegnen.

Letztlich ist entscheidend, ob sie der Dynamik der Standardanforderungen entsprechen können, seien die Veränderungen endogener oder exogener Art (vgl. Kapitel 1.2.4). Dies beinhaltet auch die Fragen:

- ob sie ihre Institutionen anpassen können und
- ob sie bereit sind, ihre Wertvorstellungen zu verteidigen (notfalls auch militärisch).

In einer jüngeren Untersuchung weisen Acemoglu und Johnson (2023 und 2024) darauf hin, dass die Gesellschaften oftmals überfordert sein können, wenn neue Technologien und Management-Methoden zum Einsatz kommen, und weisen deshalb dem Staat eine gestaltende Aufgabe zu, damit es nicht zu größeren sozialen Verwerfungen kommt. Wenngleich sie sich dabei vor allem auf die Zukunft der Künstlichen Intelligenz beziehen, so sind Parallelen zu den zurückliegenden Technologiephasen (vgl. Theorie der Langen Wellen, Kap. 1.2.7.) unverkennbar. Eine ähnliche Forderung nach einer Abfederung technologischer Schocks für die Gesellschaft hatte bereits der Wegbereiter der Freihandelslehre, David Ricardo, erhoben (vgl. Kapitel 1.2.3).

In dieser politisch-ökonomischen Umwelt kommt vor allen Dingen in der Phase der Konsolidierung vielfach die Frage nach einer gerechten „Weltordnung" auf, wobei die Vorstellungen von Gerechtigkeit sehr verschieden sein können.

Diese „Weltordnung" sollte in der Lage sein:
- Ungleichheiten abzubauen,
- Entwicklungsperspektiven (auch kurzfristig) zu schaffen und
- ökonomische, gesellschaftliche sowie ökologische Nachhaltigkeit zu erreichen.

Zum Teil basieren Vorstellungen für eine solche Ordnung auf der Möglichkeit, Länder in die internationale Arbeitsteilung zu integrieren und somit Marktprozesse und insbesondere den Prozess der Industrialisierung voranzubringen, auch mit dem Ziel, zum Frieden unter den Ländern beizutragen (Freytag 2005, 269–284; Voppel 1990, 241–244). Letztlich orientiert sich dieser Ansatz an der Grundannahme, dass die Gewährung wirtschaftlicher und politischer Freiheiten und das Voranschreiten der Industrialisierung in einem Ordnungsrahmen wohlstandsteigernder sind als Restriktionen und diskretionäre Wirtschaftspolitik, bei der immer wieder kurzfristig nach derzeit geltenden politischen Präferenzen in das Marktgeschehen eingegriffen wird.

Andere Vorstellungen gehen z. B. von einer sogenannten „Degrowth"-Welt aus, in der Wirtschaftswachstum nur noch von untergeordneter Bedeutung ist und die Nachteile der internationalen Arbeitsteilung betont werden (Schmelzer et al., 2021). Auch einige der Öffentlichkeit bekannte Wirtschaftswissenschaftler wie z. B. Thomas Piketty (2023) plädieren für ein völliges Umdenken des internationalen Wirtschaftssystems, weil der Kapitalismus zu schweren sozialen Verwerfungen und Ungleichheiten führe, allerdings ohne realistische Angaben zu umsetzbaren Alternativen zu machen.

Wie bereits im Kapitel 1.5 angeführt, ist die Annahme einer Weltregierung, die solche oder ähnliche Ziele verfolgt und durchsetzen könnte, gegenwärtig utopisch. Praktisch geht es in einer multipolaren Welt darum, Regelwerke für Teilbereiche (auch bestehende) zu entwickeln, bzw. weiterzuentwickeln (Kissinger 2014, 11–19).

Zum Zeitpunkt der Drucklegung dieses Lehrbuchs tendieren viele Länder eher dazu, internationale Regelwerke wie zum Beispiel die Welthandelsorganisation, den Weltwährungsfonds, die Weltbank oder den internationalen Gerichtshof in ihren Zuständigkeiten zu unterwandern oder gar nicht erst anzuerkennen. Fasst man die sogenannte hybride Kriegsführung einiger Staaten auch als Teil gewaltbereiter autoritärer Politik auf, befinden sich große Teile der Erde aktuell im Kriegszustand, zumindest in einer Vorstufe zu einem heißen Krieg, mit allen ökonomischen, gesellschaftlichen und politischen Implikationen. Ein solches Umfeld ist von großen Unsicherheiten behaftet.

Tatsächlich sind der Einführung großer Regelsysteme und auch politischen Neuordnungen, wie sie heute (teilweise nur noch formal) bestehen, bedeutende historische Einschnitte, teilweise auch Katastrophen vorangegangen, wie z. B.:
- die beiden Weltkriege,

- der Zusammenbruch des Bretton-Woods-Systems oder
- der Zusammenbruch der Sowjetunion und ihrer Satelliten.

Ob der Klimawandel ähnliche Anpassungen zeitnah noch hervorbringt, ist gleichwohl ungewiss, weil es sich weniger um einen Prozess der Disruption als mehr um einen schleichenden Prozess handelt, bei dem es Verlierer und Quasi-Gewinner geben wird. Technologisch fortschrittliche Staaten vermögen wahrscheinlich länger und besser mit den Folgen des Klimawandels umzugehen als Entwicklungsländer. Entsprechend werden einige kaum zu internationalen Zugeständnissen bereit sein.

Als Handlungsoptionen verbleiben:

- eine sukzessive (Wieder-)Eingliederung in Regel- und Ordnungssysteme internationaler und regionaler Art und deren Ausbau als eine Art Club mit politischen und ökonomischen Anreizen, diesem beizutreten, und alternativ
- die Neuauflage und Fortführung nationalistischer Politik, verbunden mit merkantilen Wirtschaftssystemen, die sich vor allem gegenüber anderen Staaten und ihren Wertvorstellungen abgrenzen, keinesfalls aber integrieren wollen, wenn sie nicht selbst Regelsetzer sind.

Eine Annäherung bei einzelnen Regelsystemen für einzelne Teilbereiche des Wirtschaftslebens und auch der politischen Ordnung erscheint aktuell am ehesten möglich. Um funktionieren zu können, müssen drei Kriterien beachtet werden:

- das Effizienzkriterium (Verbrauch von Produktionsfaktoren),
- das Effektivitätskriterium (Zielgenauigkeit) und schließlich
- das Kriterium der politischen Tragfähigkeit (Regierungen müssen Regelsysteme auch umsetzen können).

Gleichwohl ist ein solches System an internationalen Regelwerken nicht zwingend. Anfang des 21. Jh. erscheint es vor dem Hintergrund internationaler Rüstungsanstrengungen fraglich, ob Teile der Welt bereit sind, zu einer Einbindung in eine internationale Ordnung. China und Russland versperren sich beispielsweise den Regelwerken der Nachkriegszeit immer mehr, weil z. B. die UN-Charta aus ihrer Sicht zu westlich geprägt sei. Das gilt auch für Wertvorstellungen wie Menschenrechte, die nach Auffassung der beiden Länder eher kulturspezifisch und regional differenziert gelten sollen, nicht aber universell.

Historisch betrachtet hat Aufrüstung Kriege erst möglich gemacht, auch wenn das genaue Gegenteil vielleicht die Zielsetzung war und ist. Dass der Kalte Krieg Anfang der 90er Jahre des 20. Jh. einst friedlich zum Ende gebracht werden konnte und nicht in einem heißen Krieg endete, ist rückblickend eher unwahrscheinlich gewesen, wenngleich die Diskussion dazu unter Historikern und Politologen noch in vollem Gange ist.

Schon der Rüstungswettlauf und erst recht Kriege haben erhebliche ökonomische, gesellschaftliche und auch ökologische Effekte. Zwar verhindert Rüstung zu Verteidigungszwecken größere Schäden auch ökonomischer Art, wenn ein Krieg deshalb nicht stattfindet. Alle Ausgaben für militärische Belange führen langfristig aber auch zu:
- sinkendem Wohlstand,
- schlechteren Umweltbedingungen und
- geringeren sozialen Absicherungen

in den Ländern, wenn Haushaltsgelder im Rüstungssektor gebunden werden. Kurzfristig scheint es gleichwohl keine Alternative zu einer begrenzten militärischen Aufrüstung zu geben, wenn einzelne Länder internationale Regelwerke mit Gewalt außer Kraft setzen wollen. Oft wollen Sie ja auch die ökonomische Eindämmung anderer Länder geopolitisch erwirken. Das ist allerdings die nüchterne Sicht der Ökonomen. Politisch Handelnde können mitunter eine andere Agenda verfolgen, wenn die Machtausübung in Staaten keinen funktionierenden Kontrollinstanzen unterliegt, wie sie z. B. die USA mit ihrem System der Checks and Balances (noch) haben.

1946 sprach der abgewählte britische Premierminister Winston Churchill in Zürich vor Studierenden der Universität und entwickelte kurz nach dem Krieg und bei voller Kenntnis der Shoah und des Holocaust in Europa eine Vision eines vereinten Europas unter Beteiligung des ehemaligen Feindes, der Deutschen. „Lasst Europa auferstehen!" („Let Europe arise!").

Bedeutsam ist dieses Ereignis, weil nach den Zerstörungen des 2. Weltkriegs sich niemand vorstellen konnte, eine wirtschaftliche und politische Union unter Beteiligung von vormals verfeindeten Staaten anzustoßen.

Kontrollfragen

A. Warum ändern sich die Standortbedingungen von Volkswirtschaften im Zeitablauf?
B. Nennen Sie typische Phasen der Entwicklung von Volkswirtschaften und großen Mächten (Aufstieg, Blütezeit und Konsolidierung).
C. Welches sind Kriterien für das Funktionieren von Regelwerken?
D. Warum entwickeln neue Mächte verstärkt eine Ablehnung von etablierten Regelwerken politischer und ökonomischer Ordnung?

Literatur

Acemoglu, Daron (2006): Modeling Inefficient Institutions. In: Advances in Economic Theory, Proceedings of 2005 World Congress. Cambridge Mass.

Acemoglu, Daron/Gallego, Francisco A./Robinson, James A. (2014): Institutions, Human Capital and Development. In: Annual Reviews of Economics, 6, 875–912.

Acemoglu, Daron/Johnson, Simon (2023): Power and Progress: Our Thousand-Year Struggle Over Technology and Prosperity, London.

Acemoglu, Daron/Johnson, Simon (2024): Learning from Ricardo and Thompson. National Bureau of Economic Research (NBER); NBER Working Paper No. w32416 – Cambridge, Quelle: https://papers.ssrn.com/sol3/papers.cfm?abstract_id=4826001

Acemoglu, Daron/Robinson, James A. (2020): Warum Nationen scheitern. Die Ursprünge von Macht, Wohlstand und Armut. 6. Auflage, Frankfurt am Main, S.Fischer Verlag.

Ackermann, Ulrike (Hrsg.) (2009): "Freiheit in der Krise." Der Wert der wirtschaftlichen, politischen und individuellen Freiheit. – Frankfurt am Main, Humanities Online.

Agnew, John (2003): Geopolitics: Re-visioning World Politics, 2. Aufl., London 2003.

Akamatsu, Kaname (1962): A Historical Pattern of Economic Growth in Developing Countries, Journal of Developing Economies, 1 (1), 1962, 3–25.

Albarracín, Juan (2012): Politische Parteien und Parteiensystem. In: de la Fontaine Dana, Stehnken, Thomas (Hrsg.): Das politische System Brasiliens. Wiesbaden, VS Verlag für Sozialwissenschaften. 157–174.

Alternative für Deutschland (2021): Deutschland. Aber normal. Programm der Alternative für Deutschland für die Wahl zum 20. Deutschen Bundestag. Alternative für Deutschland. Online verfügbar unter https://www.afd.de/wp-content/uploads/2021/06/20210611_AfD_Programm_2021.pdf, zuletzt geprüft am 22.11.2023.

Alvaredo, Facundo/Chancel, Lucas/Piketty, Thomas/Saez, Emmanuel/Zucman, Gabriel (2017): Global Inequality Dynamics: New Findings from WID.world. Cambridge, MA.

Andrioli, Antônio Inácio (2020): Brasilien zwischen Hoffnung und Illusion: kritische Blicke auf ein Land in der (Öko-)Krise. Oekom Verlag, München.

Anhuf, Dieter (2010): Naturräumliche Grundlagen. In: Costa, Sérgio; Kohlhepp, Gerd; Nitschack, Horst; Sangmeister, Hartmut (Hrsg.): Brasilien heute. Geographischer Raum – Politik – Wirtschaft – Kultur. Frankfurt, M., Madrid, Orlando, FL: Vervuert. S.15–32.

Aoki, Masahiko/Jinglian Wu (Editors) (2012): The Chinese Economy: A New Transition, International Economic Association.

Arnold, Klaus (1992): Wirtschaftsgeographie in Stichworten. – Zug.

Asseburg, Muriel/Busse, Jan (2021): Der Nahostkonflikt. C.H. Beck, Berlin.

Astrouskaya, Tatsiana (2022): Jüdische Nachkriegsmigration aus der UdSSR und die Refusenik-Bewegung. In: Copernico. Geschichte und kulturelles Erbe im östlichen Europa. URL: https://www.copernico.eu/de/link/6141e581977000.68679317

Bandeira, Louis Alberto Moniz (2016): Der zweite Kalte Krieg. Zur Geopolitik und strategischen Dimension der USA, Wiesbaden, Springer.

Bashir, Salman (2022): The China–India–Pakistan Nuclear Triangle: Consequential Choices for Asian Security. In: Journal for Peace and Nuclear Disarmament, Vol 5 (2), 336–349.

Bathel, Harald (1984): Die Bedeutung der Regulationstheorie in der Wirtschaftsgeographischen Forschung. In: Geographische Zeitschrift, Bd. 82. 1994, 2, S. 63–90 – Stuttgart.

Beck im dtv (Hrsg.) (2019): Welthandelsorganisation: mit WTO-Übereinkommen, GATT 1947/1994, Landwirtschaftsübereinkommen, Übereinkommen über gesundheitspolizeiliche Maßnahmen – 1. November 2019 (Beck-Texte im dtv).

Beck, Hanno (2014): Behavioral Economics. Eine Einführung, Wiesbaden, Springer Gabler.

https://doi.org/10.1515/9783110790245-020

Beck, Hanno (2016): Globalisierung und Außenwirtschaft – München, Vahlen.

Becker, Sascha O./Fetzer, Thiemo/Novy, Dennis (2017): Determinants of Populist Voting. Who Voted for Brexit? ifo. Online verfügbar unter https://www.ifo.de/DocDL/dice-report-2017-4-becker-fetzer-novy-december.pdf, zuletzt geprüft am 22.11.2023.

Behringer, Wolfgang (2019): Kulturgeschichte des Klimas. Von der Eiszeit bis zur globalen Erwärmung. München, C.H. Beck.

Belina, Bernd (2006): Raum, Überwachung, Kontrolle: vom staatlichen Zugriff auf städtische Bevölkerung, Münster, Westfälisches Dampfboot.

Belina, Bernd/Best, Ulrich/Naumann, Martin (2009): Critical geography in Germany: from exclusion to inclusion via internationalization, in: Social Geography Discussions (4) (2009), S.47–58.

Bergh, Andreas/Kärnä, Anders (2021): Globalization and populism in Europe. In: Public Choice 189 (1–2), S. 51–70. DOI: 10.1007/s11127-020-00857-8.

Bertelsmann Stiftung (2022): BTI 2022 Country Report – China, Gütersloh.

Bertelsmann Stiftung (2022): BTI 2022 Country Report. Myanmar, Abrufbar unter: https://bti-project.org/fileadmin/api/content/en/downloads/reports/country_report_2022_MMR.pdf, zuletzt geprüft am 25.02.2023.

Bierling, Stephan (2004): Die US-Wirtschaft unter George W. Bush, in: Bundeszentrale für politische Bildung (Hrsg.): Aus Politik und Zeitgeschichte 45/2004, Bonn, 33–39.

Bierling, Stephan (2021): Außen- und Sicherheitspolitik von 9/11 bis Trump, in: Denison, Andrew/Schild, Georg/Shabafrouz, Miriam (Hrsg.): Länderbericht USA. Schriftenreihe der Bundeszentrale für politische Bildung, Bd. 10700, Bonn, 450–464.

Birle, Peter (2013): Das politische System. Strukturen und Akteure. In: Peter Birle (Hrsg.): Brasilien. Eine Einführung. Madrid: Iberoamericana/Frankfurt am Main, Vervuert. 43–64.

Birle, Peter/Gratius, Susanne (2010): Die Außenpolitik. In: Costa, Sérgio; Kohlhepp, Gerd; Nitschack, Horst; Sang-meister, Hartmut (Hrsg.): Brasilien heute. Geographischer Raum – Politik – Wirtschaft – Kultur. Frankfurt, M., Madrid, Orlando, FL: Vervuert. 297–318.

Blenck, Jürgen/ Bronger, Dirk/ Uhlig, Harold (1977): Fischer Länderkunde: Südasien. Frankfurt am Main, Fischer.

Blum, Ulrich (2005): Grundlagen der Institutionenökonomik. Angewandte Institutionenökonomik: Theorien – Modelle – Evidenz, 43–69.

Boer, Pim den (2009): Europe as an idea. In: European Review 6 (4), 395–401.

Bogumil, Jörg/Heinze, Rolf G. (2019): Von der Industrieregion zur Wissensregion. Strukturwandel im Ruhrgebiet. Hg. v. Bundeszentrale für politische Bildung. Bundeszentrale für politische Bildung. Online verfügbar unter https://www.bpb.de/shop/zeitschriften/apuz/283270/von-der-industrieregion-zur-wissensregion/, zuletzt geprüft am 22.11.2023.

Borucki, Isabelle/Kleinen-von Königslöw, Katharina/Marschall, Stefan/Zerback, Thomas (Hg.) (2022): Handbuch Politische Kommunikation. Wiesbaden, Heidelberg: Springer VS.

Boschi, Renato R. (2012): Interessengruppen, der Staat und die Beziehung zwischen den Staatsgewalten in Brasilien: Gegenwärtige Entwicklungen. In: de la Fontaine Dana, Stehnken, Thomas (Hrsg.): Das politische System Brasiliens. Wiesbaden, VS Verlag für Sozialwissenschaften. 175–192.

Bosl, Karl (1973): Geschichte des Mittelalters, München, Lurz.

Braml, Josef/Schmucker, Claudia (2021): Handelspolitik zwischen Freihandel und Geoökonomie, in: Denison, Andrew/Schild, Georg/Shabafrouz, Miriam (Hrsg.): Länderbericht USA. Schriftenreihe der Bundeszentrale für politische Bildung, Bd. 10700, Bonn, 390–401.

Brandi, Clara;/Berger, Axel (2018): Was bedeutet Trumps America-first-Handelspolitik für den globalen Süden? Hg. v. Bundeszentrale für politische Bildung. Bundeszentrale für politische Bildung. Online verfügbar unter https://www.bpb.de/themen/wirtschaft/freihandel/276281/was-bedeutet-trumps-america-first-handelspolitik-fuer-den-globalen-sueden/, zuletzt geprüft am 22.11.2023.

Brandt, Loren/Ma, Debin/Rawski, Thomas (2017): Industrialization in China, in: K. O'Rourke/J.G. Williamson (Eds.), The Spread of Modern Industry to the Periphery since 1871, Oxford 2017, 197–228.

Braudel, Fernand (1990): Sozialgesichte des 15.-18. Jh. Aufbruch zur Weltwirtschaft, München, Kindler.

Bringmann, Klaus (2006): Römische Geschichte: Von den Anfängen bis zur Spätantike. Kap. VII, München, 9. Auflage.

Bringmann, Klaus (2017): Geschichte der römischen Republik: Von den Anfängen bis Augustus (Beck's Historische Bibliothek), München, C.H. Beck.

Bringmann, Klaus (2024): Römische Geschichte: Von den Anfängen bis zur Spätantike, München, C.H. Beck.

Buchanan, James M./Tullock, Gordon (1962): The Calculus of Consent: The Logical Foundations of Constitutional Democracy. Ann Arbor, University of Michigan Press.

Buchanan, James M./Tullock, Gordon (2003): What is public choice theory. Rationalizing capitalist democracy: The cold war origins of rational choice liberalism, 133.

Bundesministerium der Finanzen (2021): Information on Brexit, Abrufbar unter: https://www.bundesfinanz ministerium.de/Content/EN/Standardartikel/Topics/Europe/Brexit/2018-12-03-brexit.html, zuletzt geprüft am 21.04.2023.

Bundesministerium der Finanzen (2022): Der Stabilitäts- und Wachstumspakt, Abrufbar unter: https://www.bundesfinanzministerium.de/Web/DE/Themen/Europa/Stabilisierung-Euroraum/Stabili taets-und-Wachstumspakt/stabilitaets-und-wachstumspakt.html, zuletzt geprüft am 20.04.2023).

Bundesministerium der Finanzen (2024): Reform des Stabilitäts- und Wachstumspaktes. https://www.bundesfinanzministerium.de/Monatsberichte/Ausgabe/2024/05/Inhalte/Kapitel-2-Fokus/reform-stabilitaets-und-wachstumspakt.html

Bundesministerium der Verteidigung (2023a): Hoher Vertreter der Union für Außen- und Sicherheitspolitik, Abrufbar unter: https://www.bmvg.de/de/themen/sicherheitspolitik/gsvp-sicherheits-verteidigungspolitik-eu/hoher-vertreter-union-aussen-sicherheitspolitik-43332, zuletzt geprüft am 21.04.2023).

Bundesministerium der Verteidigung (2023b): GSVP Gemeinsame Sicherheits- und Verteidigungspolitik: Sicherheits- und Verteidigungspolitik in der EU, Abrufbar unter: https://www.bmvg.de/de/themen/ sicherheitspolitik/gsvp-sicherheits-verteidigungspolitik-eu, zuletzt geprüft am 21.04.2023.

Bundesministerium für Wirtschaft und Klimaschutz (Hrsg.) (2024): Welthandelsorganisation. Berlin, Quelle: https://www.bmwk.de/Redaktion/DE/Textsammlungen/Aussenwirtschaft/wto.html

Bundesministerium für wirtschaftliche Zusammenarbeit und Entwicklung (2023): Ökologische, soziale und wirtschaft-liche Interessen in Einklang bringen, Abrufbar unter: https://www.bmz.de/de/laender/brasi lien/umwelt-und-klima-10932, zuletzt geprüft am 18.03.2023.

Bundeszentrale für politische Bildung (2016): Das Lexikon der Wirtschaft. Dirigismus, Abrufbar unter: https://www.bpb.de/kurz-knapp/lexika/lexikon-der-wirtschaft/19064/dirigismus/, zuletzt geprüft am 08.03.2023.

Burns, Charlotte (2016): The European Parliament. In: Michelle Cini und Nieves Pérez-Solórzano Borragán (Hg.): European Union politics. Fifth edition. Oxford: Oxford University Press, 155–166.

Calcagnotto, Gilberto (2012): Wirtschaftspolitik, Agrarpolitik und Agrarreform im Widerstreit. In: de la Fontaine Dana, Stehnken, Thomas (Hrsg.): Das politische System Brasiliens. Wiesbaden, VS Verlag für Sozialwissenschaften, 325–346.

Callies, Horst (2003): Rom und das Reich im 2. Jahrhundert. In: Studienbuch Geschichte – Eine europäische Weltgeschichte., hrsg. von Reinhard Elze und Konrad Repgen. – Stuttgart.

Carmona, Florian/Jongberg, Kirsten/Trapouzanlis, Christos (2022): Europäische Nachbarschaftspolitik, Abrufbar unter: https://www.europarl.europa.eu/factsheets/de/sheet/170/europaische-nachbarschaftspolitik, zuletzt geprüft am 25.04.2023.

Cavalcante de Oliveira, Rosana/Souza e Silva, Rogério Diogne de (2021): Increase of Agribusiness in the Brazilian Amazon: Development or Inequality? In: Earth 2 (4), 1077–1100.

Central Itelligence Agency (CIA) (2019): The World Factbook. Malaysia, Abrufbar unter: https://web.archive.org/web/20190106012832/https://www.cia.gov/library/publications/the-world-facbook/geos/my.html, zuletzt geprüft am 25.02.2023.

Chaffee, Wilber Albert (1997): Desenvolvimento: Politics and Economy in Brazil. Boulder, CO: Lynne Rienner.

Cheibub Figueiredo, Argelina/Limongi, Fernando (2012): Politische Institutionen und Performanz der Exekutive in der brasilianischen Demokratie. In: de la Fontaine Dana, Stehnken, Thomas (Hrsg.): Das politische System Brasiliens. Wiesbaden, VS Verlag für Sozialwissenschaften. 65–84.

Cholley, André (1942): Guide de l'Étudiant en Géographie, Paris 1942.

Chomsky, Aviva (2021): Einwanderung und Demografie, in: Denison, Andrew/Schild, Georg/Shabafrouz, Miriam (Hrsg.): Länderbericht USA. Schriftenreihe der Bundeszentrale für politische Bildung, Bd. 10700, Bonn, 151–164.

Chow, Gregory C. (2015): China's Economic Transformation, Third Edition, Wiley Blackwell.

Christaller, Walter (1933): Die zentralen Orte in Süddeutschland. Eine ökonomisch-geographische Untersuchung über die Gesetzmäßigkeit der Verbreitung und Entwicklung der Siedlungen mit städtischen Funktionen, Jena.

Cini, Michelle/Pérez-Solórzano Borragán, Nieves (2017): European Union Politics. Oxford, Oxford University Press.

Cipolla, Carlo M./Borchardt, Knut (1983): The Fontana economic history of Europe – Stuttgart, New York, Harvester Pr.

Claaßen, Klaus/Girndt, Thilo/Hoppe, Wilfried/Müller, Stefan/Starke, Rainer (2020): Diercke Spezial Angloamerika, Braunschweig.

Coase, Ronald (1937): The Nature of the Firm. In: Economica. Band 4, Nr. 16, 1. November 1937, ISSN 1468-0335, 386–405.

Cohen, Jere (2002): Protestantism and capitalism. The mechanisms of influence. Hawthorne, NY: A. de Gruyter (Sociology and economics).

Collignon, Stefan (2012): Europe's Debt Crisis, Coordination Failure, and International Effects. ADBI Working Paper 370. Tokyo: Asian Development Bank Institute.

Costa, Sérgio (2010): Das politische System. In: Costa, Sérgio; Kohlhepp, Gerd; Nitschack, Horst; Sangmeister, Hartmut (Hrsg.): Brasilien heute. Geographischer Raum – Politik – Wirtschaft – Kultur. Frankfurt, M., Madrid, Orlando, FL: Vervuert, 191–206.

Costa, Sérgio/Kohlhepp, Gerd/Nitschack, Horst/Sangmeister, Hartmut (Hrsg.) (2010): Brasilien heute. Geographischer Raum · Politik · Wirtschaft · Kultur. Frankfurt am Main, Vervuert.

CPC (The Chinese Communist Party) (1978): 中国共产党第十一届中央委员会第三次全体会议公报, Quelle: http://cpc.people.com.cn/GB/64162/64168/64563/65371/4441902.html.

CPC (The Chinese Communist Party) (2013): 中国共产党第十八届中央委员会第三次全体会议公报, Quelle: http://cpc.people.com.cn/n/2013/1112/c64094-23519137-2.html

Croissant, Aurel (2016): Die politischen Systeme Südostasiens. Wiesbaden, Springer.

Croissant, Aurel/Trinn Christoph (2009): Kultur, Identität und Konflikt in Asien und Südostasien, Abrufbar unter: https://www.bertelsmann-stiftung.de/fileadmin/files/BSt/Presse/imported/downloads/xcms_bst_dms_26531_26532_2.pdf, zuletzt geprüft am 25.02.2023.

Da Franco Silva, Carlos Alberto/Bampi, Aumeri Carlos (2019): Regional Dynamics of the Brazilian Amazon: be-tween Modernization and Land Conflicts. In: Cuad. Geogr. Rev. Colomb. Geogr. 28 (2), 340–356.

Dalby, Simon (1991): Critical Geopolitics: Discourse, Difference, and Dissent, in: Environment and Planning D: Society and Space 9 (3) (1991), 261–283.

Das, Sibarata/ Mourmouras Alexandros et all. (2024): Study Guide for Economic Growth and Development. Springer Book.

de Castro Neves, Luiz Augusto/Cariello, Tulio (2022): China's Growing Presence in Brazil and Latin America. In: Wang, Huiyao, Miao, Lu (Hrsg.): Transition and Opportunity. Strategies from Business Leaders on Making the Most of China's Future. Singapore, Springer, 73–90.

de la Fontaine, Dana/Stehnken, Thomas (Hrsg.) (2012): Das politische System Brasiliens. Wiesbaden, Springer.

Delfolie, David (2012): Malaysian Extraversion towards the Muslim World: Ideological Positioning for a "Mirror Effect", in: Journal of Current Southeast Asian Affairs, Vol. 31 No. 4, 3–29.

Denison, Andrew (2021): Das geografische Selbstverständnis, in: Denison, Andrew/Schild, Georg/Shabafrouz, Miriam (Hrsg.): Länderbericht USA. Schriftenreihe der Bundeszentrale für politische Bildung, Bd. 10700, Bonn, 47 –58.

Department for Promotion of Industry and International Trade (2023): Make in India, Abrufbar unter: https://www.makeinindia.com/home, zuletzt geprüft am 09.03.2023.

Derichs, Claudia/Thomas Heberer (2013): Die politischen Systeme Ostasiens. Eine Einführung, Springer.

Destradi, Sandra/Schubert, Katja/Rösel, Jakob (2021): Kaschmir, Abrufbar unter: https://www.bpb.de/the men/kriege-konflikte/dossier-kriege-konflikte/54616/kaschmir/, zuletzt geprüft am 08.03.2023.

Dettling, Warnfried (1993): Wie modern ist die Antike? In: Zeit der Ökonomen hrsg. Von Die Zeit /3/1993 – Hamburg.

Deudney, Daniel (2000): Geopolitics as Theory: Historical Security Materialism, in: European Journal of Inter-national Relations, No. 6 (1) (2000), 77–107.

Deutsche Bundesbank (2023): Direktinvestitionsstatistiken, Abrufbar unter: https://www.bundesbank.de/resource/blob/804098/723ed10658859047d43037185ee49bb4/mL/ii-bestandsangaben-ueber-direktin vestitionen-data.pdf, letzter Aufruf: 15.12.2023.

Deutsche Stiftung Weltbevölkerung (2019): DSW-DATENREPORT 2019, Abrufbar unter: https://www.dsw.org/wp-content/uploads/2019/12/DSW-Datenreport-2019.pdf, zuletzt geprüft am 18.04.2023.

Deutscher Akademischer Austauschdienst DAAD (Hrsg.) (2021): Israel: Kurze Einführung in das Hochschulsystem und die DAAD-Aktivitäten, Bonn.

Diamant, Jared (2005): guns, germs, and steel: the fates of human societies. New York, London, W W Norton & Co Inc.

Dicken, Peter/Loyd, Peter E. (1999): Standort und Raum – theoretische Perspektiven in der Wirtschaftsgeographie.

Dieter, Heribert/Langhammer, Rolf J./Bungenberg, Marc et al. (2016): Nach der WTO-Konferenz von Nairobi: Wie geht es weiter mit der Welthandelsorganisation?, ifo Schnelldienst, ISSN 0018-974X, ifo Institut – Leibniz-Institut für Wirtschaftsforschung an der Universität München. München, Vol. 69, Iss. 05, 3–17.

Diercke (o.J.): Europa - Politische Übersicht, Europa - Europa – Staaten, Abrufbar unter: https://diercke.de/content/europa-politische-%C3%BCbersicht-978-3-14-100800-5-85-5-1, letzter Aufruf: 12.12.2023.

Dippel, Horst (2021): Geschichte der USA, 11. Auflage, München.

Dodds, Klaus (2019): Geopolitics: A Very Short Introduction, 3. Auflage, Oxford University Press.

Donges, Juergen B. (1981): Außenwirtschafts- und Entwicklungspolitik. Berlin, Springer.

Donges, Jürgen B. (1995): Deutschland in der Weltwirtschaft: Dynamik sichern, Herausforderungen bewältigen. – Manheim.

Donges, Juergen B/Freytag, Andreas (2012): Allgemeine Wirtschaftspolitik. Tübingen, UTB.

dos Reis de Souza, João Roberto (2020): Political Dynasties In The Brazilian Parliament And Its Ideological Profile: An Analysis Of The 55th Legislature. Rev. Sem Aspas, Araraquara, Vol 9 (2). 261–274.

Dreher, Axel/Gaston, Noel (2008): Has Globalization Increased Inequality?*. In: Rev International Economics 16 (3), 516–536.

EBRD - European Bank for Reconstruction and Development (1998): Transition report 1998, Financial Sector in transition, Abrufbar unter: https://www.ebrd.com/downloads/research/transition/TR98.pdf, letzter Aufruf: 22.12.2023.

EBRD - European Bank for Reconstruction and Development (1999): Transition report 1999, Ten years of transition, Abrufbar unter: https://www.ebrd.com/downloads/research/transition/TR99.pdf, letzter Aufruf: 07.12.2023.

EBRD - European Bank for Reconstruction and Development (2001): Transition report 2001, Energy in transition, Abrufbar unter: https://www.ebrd.com/downloads/research/transition/TR01.pdf, letzter Aufruf: 07.12.2023.

EBRD - European Bank for Reconstruction and Development (2005): Transition report 2005, Business in transition, Abrufbar unter: https://www.ebrd.com/downloads/research/transition/TR05.pdf, letzter Aufruf: 20.12.2023.

EBRD - European Bank for Reconstruction and Development (2006): Transition report 2006, Finance in transition, Abrufbar unter: https://www.ebrd.com/downloads/research/transition/TR06.pdf, letzter Aufruf: 20.12.2023.

Edenhofer, Ottmar/Jakob, Michael (2019): Klimapolitik. Ziele, Konflikte, Lösungen, München, C.H. Beck.

Egan, Michelle (2016): The Single Market. In: Michelle Cini und Nieves Pérez-Solórzano Borragán (Hg.): European Union politics. Fifth edition. Oxford: Oxford University Press, 255–268.

Egeberg, Morten (2016): The European Commission. In: Michelle Cini und Nieves Pérez-Solórzano Borragán (Hg.): European Union politics. Fifth edition. Oxford: Oxford University Press, 125–137.

Etzoldand, Thomas/Messer, Robert (2021): Power Politics, American Foreign Relations, 2021, Abrufbar unter: https://www.americanforeignrelations.com/O-W/Power-Politics.html, zuletzt geprüft am 09.03.2022.

Eubanks, Walter W. (2010): The European Union's Response to the 2007–2009 Financial Crisis. Congressional Research Service, Abrufbar unter: https://sgp.fas.org/crs/row/R41367.pdf, zuletzt geprüft am 18.04.2023.

Eucken, Walter: (1952). Grundsätze der Wirtschaftspolitik. Bern/Tübingen: Mohr.

Europäische Kommission (2012): VERTRAG ZUR EINRICHTUNG DES EUROPÄISCHEN STABILITÄTSMECHA-NISMUS (ESM), abrufbar unter: https://ec.europa.eu/commission/presscorner/detail/de/DOC_12_3, zuletzt geprüft am 20.04.2023.

Europäische Parlament (2022b): Handel, Abrufbar unter: https://european-union.europa.eu/priorities-and-actions/actions-topic/trade_de, zuletzt geprüft am 21.04.2023.

Europäisches Parlament (2022a): 30 Jahre EU-Binnenmarkt: Vorteile und Herausforderungen (Infografik), Abrufbar unter: https://www.europarl.europa.eu/news/de/headlines/economy/20230112STO66302/30-jahre-eu-binnenmarkt-vorteile-und-herausforderungen-infografik, zuletzt geprüft am 20.04.2023.

Europäisches Parlament (2022c): Die Europäische Union und die Welthandelsorganisation, Abrufbar unter: https://www.europarl.europa.eu/factsheets/de/sheet/161/die-europaische-union-und-die-welthandelsorganisati-on#:~:text=Die%20gemeinsame%20Handelspolitik%20der%20EU,nicht%20durch%20die%20Mitgliedstaaten%20vertreten, zuletzt geprüft am 21.04.2023.

Europäisches Parlament (2023): Die Erweiterung der Europäischen Union, Abrufbar unter: https://www.europarl.europa.eu/factsheets/de/sheet/167/die-erweiterung-der-europaischen-union, letzter Aufruf: 20.12.2023.

European Commission (2013): EU-China 2020 Strategic Agenda for Cooperation, Quelle: https://eeas.europa.eu/archives/docs/china/docs/eu-china_2020_strategic_agenda_en.pdf

European Commission (2019): EU-China – A strategic outlook.

European Commission (2020): Cambodia loses duty-free access to the EU market over human rights concerns, Abrufbar unter: https://ec.europa.eu/commission/presscorner/detail/en/ip_20_1469, zuletzt geprüft am 25.02.2023.

European Commission (2020): Framing Europe's post-colonial self-awareness, Abrufbar unter: https://cordis.europa.eu/article/id/415473-framing-europe-s-post-colonial-self-awareness, zuletzt geprüft am 25.04.2023.

European Commission (2023a): Europäischer Auswärtiger Dienst (EAD), Abrufbar unter: https://european-union.europa.eu/institutions-law-budget/institutions-and-bodies/institutions-and-bodies-profiles/eeas_de, zuletzt geprüft am 21.04.2023.

European Commission (2023b): Foreign and Security Policy, Abrufbar unter: https://european-union.eu ropa.eu/priorities-and-actions/actions-topic/foreign-and-security-poli-cy_en#:~:text=European%20for eign%20and%20security%20policy&text=preserve%20peace,for%20human%20rights%20%26%20fun damental%20freedoms, zuletzt geprüft am 21.04.2023.

European Union (2019): Eurobarometer. Discrimination in the European Union, Abrufbar unter: https://europa.eu/eurobarometer/surveys/detail/2251, zuletzt geprüft am 20.04.2023.

European Union (2023): Die Geschichte der EU von 2000 bis 2009, Abrufbar unter: https://european-union.europa.eu/principles-countries-history/history-eu/2000-09_de, letzter Aufruf: 13.12.2023.

European Union (2023): Gründungsverträge, Abrufbar unter: https://european-union.europa.eu/princi ples-countries-history/principles-and-values/founding-agreements_de, zuletzt geprüft am 20.04.2023.

European Union (2023): Schuman declaration May 1950, Abrufbar unter: https://european-union.europa. eu/principles-countries-history/history-eu/1945-59/schuman-declaration-may-1950_en, zuletzt geprüft am 20.04.2023.

European Union (2023): Single market, Abrufbar unter: https://european-union.europa.eu/priorities-and-actions/actions-topic/single-market_en, zuletzt geprüft am 20.04.2023.

Eurostat (2023): Government debt decreasing again in 2021, Abrufbar unter: https://ec.europa.eu/euro stat/cache/digpub/european_economy/bloc-4c.html?lang=en, zuletzt geprüft am 20.04.2023.

Fforde, Adam (2018): Der Mythis des 6. Parteitags 1986. In: Wischermann, Jörg/ Will, Gerhard (Hrsg.): Vietnam: Mythen und Wirklichkeiten. Bonn, Bundeszentrale für politische Bildung, 235–258.

Fidrmuc, Jan, Fidrmuc, Jarko und Horvath, Julius (2002): Visegrad Economies: Growth Experience and Prospects, Abrufbar unter: https://www.academia.edu/17144989/Visegrad_economies_growth_experi ence_and_prospects, letzter Aufruf: 06.12.2023.

Finlayson, Caitlin (2019): World Regional Geography. [Place of publication not identified]: Caitlyn Finlayson.

Fischer, Doris/Müller-Hofstede, Christoph (Hrsg.) (2014): Länderbericht China: Geschichte-Politik-Wirtschaft-Gesellschaft, Schriftenreihe der Bundeszentrale für politische Bildung, Bd. 1501, Bonn.

Fisher, David/Read, Anthony (1999): The Proudest Day: India's Long Road to Independence. W. W. Norton & Company

Flint, Colin (2006): Introduction to Geopolitics, New York 2006.

Fluck, Winfried (2024): American Exceptionalism. Vom Exzeptionalismus der Werte zu einem Exzeptionalismus der Stärke, in: Lammert, Christian/Siewert, Markus B./Vormann, Boris: Handbuch Politik USA, 3.Auflage, Wiesbaden, 19–38.

Fourastiéré, Jean (1954).: Die große Hoffnung des zwanzigsten Jahrhunderts. – Köln

Franke, Peter (1998): Das "Chinesen-Problem" in Malaysia. Chinesen auf der malaiischen Halbinsel, Abrufbar unter: https://www.asienhaus.de/public/archiv/894machi.htm, zuletzt geprüft am 25.02.2023.

Franke, Yvonne/Kumitz, Daniel (2023): Entwicklung und Dependenz, in: Fischer, Karin/Hauck, Gerhard/ Boatcă, Manuela (Hrsg.): Handbuch Entwicklungsforschung, 2. Auflage, Wiesbaden, Springer, 41–53.

Frankopan, Peter (2019): Die Neuen Seidenstraßen: Gegenwart und Zukunft unserer Welt. Berlin, rohwolt.

Freedom House (2023): Freedom in the World 2023. Washington, DC.

Fremerey, Michael (1994): Indonesien. In: Nohlen, Deter/ Nuschler, Franz (Hrsg.): Handbuch der Dritten Welt: Südasien und Südostasien. Bonn, J.H.W. Dietz Nachf., 384–415.

Freytag, Andreas (2005): Weltwirtschaftliche Integration und Frieden, In: Weltwirtschaftlicher Strukturwandel, nationaler Wirtschaftspolitik und politische Rationalität. 269–284, Köln.

Freytag, Andreas (2020). Die Neoklassik und die theoretische Grundlegung der Globalisierung. Genealogien der Wirtschaftsphilosophie, 1–17.

Friedmann, John (1966): Regional Development Policy: A Case Study of Venezuela. Cambridge Mass., London.

Fukuyama, Francis (1992): The End of History and the Last Man. New York.

Gaspar, Vitor; Buti, Marco (2021): Maastricht values, Abrufbar unter: https://cepr.org/voxeu/columns/maas tricht-values, zuletzt geprüft am 21.04.2023.

Gassert, Philipp/Häberlein, Mark/Wala, Michael (2021): Geschichte der USA. Aktualisierte und erweiterte Ausgabe, Ditzingen.

Giersch, Herbert (1977): Konjunktur- und Wachstumspolitik in der offenen Wirtschaft. Wiesbaden.

Giersch, Herbert/Schmieding, Holger et al. (1992): The fading Mirical. Four Decades of Market Economy in Germany. Cambridge University Press.

Glass, Nicole (2019): Thailand: Ein Länderportrait. Bonn, Bundeszentrale für politische Bildung.

Glewwe, Paul/Hoang Dang, Hai-Anh (2011): Was Vietnam's Economic Growth in the 1990s Pro-Poor? An Analysis of Panel Data from Vietnam, in: Economic Development and Cultural Change, Vol. 59 No. 3, 583–608.

Glied, Viktor/Zamęcki, Łukasz (2021): Together, but Still Separated? Migration Policy in the V4 countries. In: Politics in Central Europe 17 (s1), 647–673.

Global Data (2023): https://www.globaldata.com/data-insights/macroeconomic/labor-cost-index-lci-of-china-2137631/

Goldberg, Pinelopi Koujianou/Pavcnik, Nina (2007): Distributional Effects of Globalization in Developing Countries. Cambridge, MA.

Gon, Renren (2023): 龚刃韧: 中国城乡二元社会结构的历史成因.

Görgens, Egon (2013): Europäische Geldpolitik: Theorie – Empirie – Praxis. Stuttgart, UTB.

Grabert, Hellmut (1991): Der Amazonas. Geschichte und Probleme eines Stromgebietes zwischen Pazifik und Atlantik. Berlin, Springer.

Grivoyannis, Elias C. (2019): Introduction: International Integration of the Brazilian Economy from Local Perspec-tives. In: Grivoyannis, Elias C. (Hrsg.): International Integration of the Brazilian Economy. New York, Palgrave Macmillan, 1–18.

Grob, Thomas (2015): «Osteuropa» – Geschichte und Gegenwart eines Konzepts, Abrufbar unter: https://www.unibas.ch/de/Aktuell/Uni-Nova/Uni-Nova-126/Uni-Nova-126-Osteuropa-Geschichte-und-Gegenwart-eines-Konzepts.html, letzter Aufruf: 04.12.2023.

Gros, Daniel und Steinherr, Alfred (2004): Economic Transition in Central and Eastern Europe, Planting the Seeds, Cambridge University Press.

Gu, Chonglong; Wang, Binhua (2021): Interpreter-mediated discourse as a vital source of meaning potential in inter-cultural communication: the case of the interpreted premier-meets-the-press conferences in China. In: Language and Intercultural Communication 21 (3), 379–394.

Günther, Isabel/Harttgen, Kenneth/Michaelowa, Katharina (2021): Einführung in die Entwicklungsökonomik, München, UTB.

Gurk, Christoph (2019): Brasilien: Das Gesetz des Clans, Abrufbar unter: https://www.sueddeutsche.de/politik/brasilien-das-gesetz-des-clans-1.4734777, zuletzt geprüft am 19.03.2023.

Gutmann, Gernot (1999). In der Wirtschaftsordnung der DDR angelegte Blockaden und Effizienzhindernisse für die Prozesse der Modernisierung, des Strukturwandels und des Wirtschaftswachstums. Die Endzeit der DDR-Wirtschaft – Analysen zur Wirtschafts-, Sozial- und Umweltpolitik 1999, 1–60.

Haarmann, Harald (2011): Europe's Mosaic of Languages, Abrufbar unter: http://ieg-ego.eu/en/threads/crossroads/mosaic-of-languages, zuletzt geprüft am 20.04.2023.

Hahmann, Martin/Halver, Werner et al. (2018): Wirtschaft und Recht, Lehr- und Klausurenbücher der Angewandten Ökonomik, Band 6. München, Berlin, De Gruyter Oldenbourg.

Halver, Werner (1996): Standorteignung großstädtischer Agglomerationen für Industriebetriebe. Köln

Halver, Werner A. (2015): Räumliche Dimensionen und wirtschaftspolitische Optionen im Umgang mit Migration. In: Migration gerecht gestalten hrsg. von Martin Dabrowski et al. S. 131–138. – Paderborn.

Hamadeh, Nada/Van Rompaey, Catherine/Metreau, Eric/Eapen, Shwetha Grace (2022): New World Bank country classifications by income level: 2022–2023, Abrufbar unter: https://blogs.worldbank.org/open data/new-world-bank-country-classifications-income-level-2022-2023#:~:text=The%20World%20Bank %20assigns%20the,the%20previous%20year%20(2021), zuletzt geprüft am 27.02.2023.

Hanemann, Thilo/Huotari, Mikko (2015): preparing for a new era of chinese capital. Chinese FDI in Europe and Germany, Merics.

Harris, Chauncy D./ Ullman, Edward L. (1945): The Nature of Cities. The ANNALS of the American Academy of Political and Social Science, 242(1), 7–17. – Chicago.

Hebel, Udo J. (2008): Einführung in die Amerikanistik/American Studies, Stuttgart/Weimar, Springer.

Heilmann, Sebastian (Hrsg.) (2016): Das politische System der VR China, Springer.

Helpman, Elhanan/Krugman, Paul. R. (1989): Trade Policy and Market Structure, Cambridge, Mass.

Hemmer, Hans-Rimbert (2002): Wirtschaftsprobleme der Entwicklungsländer, Verlag Vahlen. 3. Aufl., München.

Henke, Jutta (2005): Infoblatt Die Tigerstaaten, Abrufbar unter: https://www.klett.de/sixcms/detail.php? template=terrasse_artikel_layout__pdf&art_id=1019131, zuletzt geprüft am 27.02.2023.

Henning, Friedrich-Wiihelm (1985): Das vorindustrielle Deutschland 800 bis 1800. Paderborn.

Henning, Friedrich-Wilhelm (1991): Handbuch der Wirtschafts- und Sozialgeschichte Deutschlands. Band 2. Schöningh, Paderborn.

Hensel, Paul (2015): Grundformen der Wirtschaftsordnung: Marktwirtschaft-Zentralverwaltungswirtschaft. Vol. 6. LIT Verlag Münster.

Hensell, Stephan (2009): Die Willkür des Staates: Herrschaft und Verwaltung in Osteuropa. Wiesbaden, VS Verlag für Sozialwissenschaften.

Herz, Dietmar (2011): USA verstehen. Darmstadt, Primus Verlag.

Hildebrandt, Tim / Lijun Tang / Werner Halver (2024): China Policy in the European Parliament Elections 2024. In: Michael Kaeding, Alex Hoppe, Manuel Müller (Hrsg.): Die Europawahl 2024 (im Erscheinen).

Hilpert, Hanns Günther (2015): Trans-Pacific Partnership (TPP) Agreement. Increased Pressure on European Trade Policy, Abrufbar unter: https://www.swp-berlin.org/publications/products/com ments/2015C51_hlp.pdf, zuletzt geprüft am 24.02.2023.

Hilpert, Hanns Günther/Stormy-Annika Mildner (Hg.) (2013): Nationale Alleingänge oder internationale Kooperation? Analyse und Vergleich der Rohstoffstrategien der G20-Staaten, 2013.

Hirschman, Albert O. (1967): Die Strategie der wirtschaftlichen Entwicklung. – Stuttgart.

Hirshman, Charles; Preston, Samuel; Manh Loi, Vu (1995): Vietnamese Casualties During the American War: A New Estimate, in: Population and Development Review, Vol. 21 No. 4, 783–812.

Hofmann, Wilhelm; Dose, Nicolai; Wolf, Dieter (2015): Politikwissenschaft, Konstanz 2015.

Hofmeister, Wilhelm (2010): Brasilien und die regionale Wirtschaftsintegration. In: Costa, Sérgio; Kohlhepp, Gerd; Nitschack, Horst; Sangmeister, Hartmut (Hrsg.): Brasilien he ute. Geographischer Raum – Politik – Wirtschaft – Kultur. Frankfurt, M., Madrid, Orlando, FL: Vervuert. 399–414.

Höhn, Karl Hermann (2011): Geopolitics and the Measurement of National Power, 2011, Abrufbar unter: https://korbel.du.edu/pardee/resources/geopolitics-and-measurement-national-power, zuletzt geprüft am 09.03.2022.

Holdar, Sven (1992): The ideal state and the power of geography the life-work of Rudolf Kjellén. In: Political geography, 11(3), 307–323.

Holzmann, Robert und Petz, Angela (1994): Pressure to adjust: Consequences for the OECD countries from reforms in eastern Europe. In: Kluwer Academic Publishers, (Hrsg.): Empirica 21 Journal of European Economics, 141–196.

Hotelling, Harold (1929): Stability in Competition. In: The Economic Journal.

Hundt, Thomas (2021): Ausländische Unternehmen ziehen sich aus Myanmar zurück, Abrufbar unter: https://www.gtai.de/de/trade/myanmar/wirtschaftsumfeld/auslaendische-unternehmen-ziehen-sich-aus-myanmar-zurueck-627434, zuletzt geprüft am 24.02.2023.

Im, Fernando Gabriel/Rosenblatt, David (2013): Middle-Income Traps – A Conceptual and Empirical Survey, World Bank 2013.

Imhasly, Bernhard (2017): Indien: Ein Länderportrait. Bonn, Bundeszentrale für politische Bildung.

Inacker, Michael (2020): Die Stärke der „Weichen Macht", in: Diplomatisches Magazin 01 (2020), Abrufbar unter: https://www.diplomatisches-magazin.de/artikel/machtpolitik-die-staerke-der-weichen-kraft/, zuletzt geprüft am 09.03.2022.

India Today News Desk (2023): What is the 'Hindu rate of growth' that Raghuram Rajan is warning about, Abrufbar unter: https://www.indiatoday.in/india/story/raghuram-rajan-hindu-rate-of-growth-what-does-it-mean-indian-economy-gdp-nsso-data-2343278-2023-03-06, zuletzt geprüft am 08.03.2023.

Institut der deutschen Wirtschaft (2022): EU-Nettozahler: Zahlungssalden sorgen für Transparenz, Abrufbar unter: https://www.iwd.de/artikel/zahlungssalden-der-mitgliedsstaaten-sorgen-fuer-transparenz-566395/#:~:text=Mit%20deutlich%20%C3%BCber%2021%20Milliarden,die%20H%C3%A4lfte%20an%20Nettozahlungen%20kommt, zuletzt geprüft am 21.04.2023.

Instituto Brasileiro de Geografia e Estatística (IBGE) (2023): Amazônia Legal, Abrufbar unter: https://www.ibge.gov.br/geociencias/cartas-e-mapas/mapas-regionais/15819-amazonia-legal.html?=&t=acesso-ao-produto, zuletzt geprüft am 19.03.2023.

International Monetary Fund (IMF) (1998): The Asian Crisis: Causes and Cures, in: Finance & Development, Vol. 35 No. 2, Abrufbar unter: https://www.imf.org/external/pubs/ft/fandd/1998/06/imfstaff.htm, zuletzt geprüft am 02.2023.

Isard, Walter (1957): General Interregional Equilibrium. – Philadelphia 1957.

Jäger, Thomas (Hrsg.) (2017): Die Außenpolitik der USA. Eine Einführung, Studienbücher Außenpolitik und Internationale Beziehungen. Wiesbaden, Springer.

Jahn, Egbert (1990): Wo befindet sich Osteuropa? In: Sapper, Manfred und Weichsel, Volker (Hrsg.): Osteuropa, Migration, Identität, Politik, Berliner Wissenschafts-Verlag, 418–440.

James, Alan (1964): Power Politics, in: Political Studies, Vol. 12 No. 3 (1964), 307–326.

Jeannesson, Stanislas (2020): The Concert of Europe, Abrufbar unter: https://ehne.fr/en/encyclopedia/themes/europe-europeans-and-world/organizing-international-system/concert-europe, zuletzt geprüft am 20.04.2023.

Jensen, Carsten Strøby (2016): Neo-functionalism. In: Michelle Cini und Nieves Pérez-Solórzano Borragán (Hg.): European Union politics. Fifth edition. Oxford: Oxford University Press, 53–64.

Jesuit, David K./Paradowski, Piotr R./Mahler, Vincent A. (2009): Electoral support for extreme right-wing parties: A sub-national analysis of western European elections. In: Electoral Studies 28 (2), 279–290.

Jones, Dan (2023): Mächte und Throne. Eine neue Geschichte des Mittelalters. München, C.H. Beck.

Jürgensen, Harald (1965): General Agreement on Tariffs an Trade (GATT), in: Handwörterbuch der Sozialwissenschaften. Göttingen.

Kantzenbach, Erhard (1991): Probleme der Vollendung des Binnenmarktes in Europa nach 1992. Vol. 199. Duncker & Humblot.

Kapsis, Elias (2016): The Court of Justice of the European Union. In: Michelle Cini und Nieves Pérez-Solórzano Borragán (Hg.): European Union politics. Fifth edition. Oxford: Oxford University Press, 167–178.

Karns, Margaret P./Mingst, Karen A./Stiles, Kendall W. (2015): International Organizations. London, Rinner.

KAS (2018): Wahlsystem und Hintergrundinformationen, Abrufbar unter: https://www.kas.de/de/web/brasilien/statische-inhalte-detail/-/content/wahlsystem-und-hintergrundinformationen, zuletzt geprüft am 19.03.2023.

Kasahara, Shigehisa (2013): The Asian Developmental state and the Flying Geese Paradigm, UNCTAD.

Kellermann, Christian (2006): Die Organisation des Washington Consensus: Der Internationale Währungsfonds und seine Rolle in der internationalen Finanzarchitektur. (Global Studies). Bielefeld, transcript Verlag.

Kennedy, Paul (1989): Aufstieg und Fall der großen Mächte. Ökonomischer Wandel und militärischer Konflikt von 1500 bis 2000 Gebundene Ausgabe –Frankfurt am Main, Fischer.

Kipnis, Baruch/Waterman, Stanley Kipnis (1985): Geography in Israel. The Professional Geographer 37.2, 214–215.

Kirsch, Guy (2004): Neue Politische Ökonomie. 5. Auflage, Stuttgart, Lucius und Lucius.

Kissenger, Henry (2014): Weltordnung, München, C. Bertelsmann.

Kittiprapas, Sauwalak (2000): Thailand: The Asian Financial Crisis and Social Changes. In: Van Hoa, Tran (Hrsg.): The Social Impact of the Asia Crisis. London, Palgrave Macmillan, 35–56.

Kjellén, Rudolf (1899): Studier öfver Sveriges politiska gränser. In: Ymer (Zeitschrift der Schwedischen Gesellschaft für Anthropologie und Geographie), Angaben nach: Rainer Sprengel, Kritik der Geopolitik. Ein deutscher Diskurs. 1914–1944.- Berlin 1996, S. 26.

Kohlhepp, Gerd (2010a): Bevölkerungsentwicklung und -struktur. In: Costa, Sérgio; Kohlhepp, Gerd; Nitschack, Horst; Sangmeister, Hartmut (Hrsg.): Brasilien heute. Geographischer Raum – Politik – Wirtschaft – Kultur. Frankfurt, M., Madrid, Orlando, FL: Vervuert. 33–50.

Kohlhepp, Gerd (2010b): Regionale Disparitäten und Regionalplanung. In: Costa, Sérgio; Kohlhepp, Gerd; Nitschack, Horst; Sangmeister, Hartmut (Hrsg.): Brasilien heute. Geographischer Raum – Politik – Wirtschaft – Kultur. Frankfurt, M., Madrid, Orlando, FL: Vervuert. 91–110.

Kohlhepp, Gerd (2010c): Geographischer Raum, Bevölkerung und Umwelt. Eine Einführung. In: Costa, Sérgio; Kohlhepp, Gerd; Nitschack, Horst; Sangmeister, Hartmut (Hrsg.): Brasilien heute. Geographischer Raum – Politik – Wirtschaft – Kultur. Frankfurt, M., Madrid, Orlando, FL: Vervuert. 13–14.

Kohlhepp, Gerd/Coy, Martin (2010): Amazonien. Vernichtung durch Regionalentwicklung oder Schutz zur nachhaltigen Nutzung? In: Costa, Sérgio; Kohlhepp, Gerd; Nitschack, Horst; Sangmeister, Hartmut (Hrsg.): Brasilien heute. Geographischer Raum – Politik – Wirtschaft – Kultur. Frankfurt, M., Madrid, Orlando, FL: Vervuert. 111–134.

Kolev, Stefan (2023): 300 Jahre Adam Smith: Der Missverstandene. FAZ vom 15.06.2023 – Frankfurt 2023).

Kondratieff, Nikolai D (1926): Die langen Wellen der Konjunktur. In: Archiv für Sozialwissenschaft und Sozialpolitik, Band 56, 573–609, Tübingen.

Koschut, Simon/Kutz, Magnus-Sebastian (Hrsg.) (2012): Die Außenpolitik der USA. Theorie-Prozess-Politikfelder-Regionen. Opladen/Toronto, UTB.

Koslowski, Peter (1993): Politik und Ökonomie bei Aristoteles. Tübingen, Mohr.

Kraus, Theodor (1960): Häufung und Streuung als raumordnende Prinzipien. In: Individuelle Länderkunde und räumliche Ordnung(Original: 1959). Erdkundliches Wissen, Heft 7, 94–107, Wiesbaden.

Kroeber, Arthur R (2020): China's Economy. Oxford University Press.

Krugman, Paul/Maurice, Obstfeld (2009 und 2019 aktualisiert): Internationale Wirtschaft: Theorie und Politik der Außenwirtschaft. München.

Krugman, Paul R./Obstfeld, Maurice/ Melitz, Marc J. (2019): Internationale Wirtschaft – Theorie und Politik der Außenwirtschaft. 11. Auflage, Pearson Studium.

Krugman, Paul. R. (1991): Geography and Trade. Cambridge/Massachussets.

Kulke, Elmar (2004): Wirtschaftsgeographie, 2. Auflage, Paderborn, Ferdinand Schöningh.

Kulke, Elmar (2009): Wirtschaftsgeographie. 4. Aufl. Paderborn, München, Wien, Zürich: Schöningh (utb.de Ba-chelor-Bibliothek, 2434).

Kulke, Elmar (2017): Wirtschaftsgeographie. 6. Auflage, Paderborn, Schöningh.

Kumpf, Johan Heinrich (1996): 5000 Jahre Steuern und Zölle. Brühl.

Kurer, Oskar (2017): Entwicklungspolitik heute. Lassen sich Wohlstand und Wachstum planen? Wiesbaden.

Lai, J. (2012): Khazanah Nasional: Malaysia's treasure trove. Journal of the Asia Pacific Economy Vol. 17 No 2, 236–252.

Landes, David S. (1999): The Wealth and Poverty of Nations. York, London, W W NORTON & CO.

Langhammer, Rolf Johannes (1987): Das Hungerproblem und die Staatsverschuldung: Marktversagen in der Dritten Welt?, In: Thomas, Hans Buttiglione, Rocco (Ed.): Ethik der Leistung: Colloquium, Köln 1987, ISBN 3-512-00835-6, Busse Seewald, Herford, 105–117.

Launhard, Walter (1882): Die Bestimmung des zweckmäßigsten Standortes einer gewerblichen Anlage. In: Zeitschrift des Vereins deutscher Ingenieure, Nr. 26, 107–116, Berlin.

Lemke, Christiane (2008): Internationale Beziehungen. Grundkonzepte, Theorien und Problemfelder, 2., überarbeitete Auflage, München, De Gruyter Oldenbourg.

Lewis, Jeffrey (2016): The European Council and the Council of the European Union. In: Michelle Cini und Nieves Pérez-Solórzano Borragán (Hg.): European Union politics. Fifth edition. Oxford: Oxford University Press, 138–154.

Lewis, William Arthur (1954): Economic Development with Unlimited Supplies of Labour, The Manchester School, Vol. 22, 139–92.

Li, Peilin/Li, Qiang/Sun, Liping (2004): 中国社会分层 (Soziale Schichtung in China). Social Sciences Academic Press, Beijing.

Lieberthal, Kenneth G. (2011): The American Pivot to Asia, Abrufbar unter: https://www.brookings.edu/arti cles/the-american-pivot-to-asia/, zuletzt geprüft am 24.02.2023.

Liefner, Ingo/Schätzl, Ludwig (2012): Theorien der Wirtschaftsgeographie, 10. Auflage, Paderborn, Schöningh.

Lin, Yifu (2003): The China Miracle: Development Strategy and Economic Reform (Revised Edition), The Chinese University of Hongkong Press.

Lin, Yifu (2010): New Structural Economics. A Framework for Rethinking Development, The World Bank, 2010.

Lindsay, James M. (2021): Das außenpolitische Selbstverständnis, in: Denison, Andrew / Schild, Georg / Shabafrouz, Miriam (Hrsg.): Länderbericht USA. Schriftenreihe der Bundeszentrale für politische Bildung, Bd. 10700, Bonn, 59–73.

Liu, X. (2020): Class structure and income inequality in transitional China. J. Chin. Sociol. 7, 4 (2020).

Longworth, Philip (1976): Aufstieg und Fall der Republik Venedig Gebundene Ausgabe, Mannheim.

Lorz, Oliver/Siebert, Horst (2014): Außenwirtschaft. 9. Auflage – Konstanz, München.

lösch, august (1962): Die räumliche Ordnung der Wirtschaft, 3. Auflage, Stuttgart.

Low, Patrick/Schuknecht, Ludger (1998): 50 Jahre GATT – eine Bilanz, in: WIRTSCHAFTSDIENST Zeitschrift für Wirtschaftspolitik 1998/1; 7–10, hrsg. Leibniz-Einrichtung ZBW. Hamburg.

Lü, Lachang (2012): 中国地理, 科学出版社.

Lucas, Robert E. (1988): On the Mechanics of Economic Development, Journal of Monetary Economics, 22: 3–42. – Elsevier.

Luther, Hans U. (1994): Laos. Indonesien. In: Nohlen, Deter/ Nuschler, Franz (Hrsg.): Handbuch der Dritten Welt: Südasien und Südostasien. Bonn, J.H.W. Dietz Nachf. 436–456.

Lynch, David A. (2010): European RTA Venn Diagram, Abrufbar unter: https://www.academia.edu/ 11514592/European_RTA_Venn_Diagram, zuletzt geprüft am 20.04.2023.

Macan-Markar, Marwaan (2021): Laos' new leader to play balancing act between China and Vietnam, Abruf-bar unter: https://asia.nikkei.com/Politics/Laos-new-leader-to-play-balancing-act-between-China-and-Vietnam, zuletzt geprüft am 24.02.2023.

Maddison, Angus (2007): Chinese Economic Performance in the Long Run, Schriftenreihe Development Centre Studies, Paris.

Maduz, Linda; Stocker, Simon (2021): South-East Asia: A Hotspot in Great Power Rivalry, Abrufbar unter: https://css.ethz.ch/content/dam/ethz/special-interest/gess/cis/center-for-securities-studies/pdfs/ CSSAnalyse277-EN.pdf, zuletzt geprüft am 24.02.2023.

Maier, Günter/Tödtling, Franz (1996): Regionalentwicklung und Regionalpolitik. – Wien.

Maier, Gunther/Tödtling, Franz/Trippl, Michaela (2006): Regional- und Stadtökonomik 2 – Wien, New York.

Mann, Michael (2014): Die Teilung Britisch-Indiens 1947. Blutiger Weg in die Unabhängigkeit, Abrufbar unter: https://www.bpb.de/themen/asien/indien/44402/die-teilung-britisch-indiens-1947/, zuletzt geprüft am 08.03.2023.

Marginean, Silvia: (2015): Economic Globalization: From Microeconomic Foundation to National Determinants, Procedia Economics and Finance, Volume 27, 731–735 – Amsterdam

Markey, Daniel (2023): The Persistent Threat of Nuclear Crises Among China, India and Pakistan, Abrufbar unter: https://www.usip.org/publications/2023/02/persistent-threat-nuclear-crises-among-china-india-and-pakistan, zuletzt geprüft am 08.03.2023.

Marx, Karl (1867): Das Kapital. Kritik der politischen Ökonomie, – Hamburg.

Mauch, Christof/Heideking, Jürgen/Ortlepp, Anke (2020): Geschichte der USA. Tübingen, UTB.

Mauelshagen, Franz (2023): Geschichte des Klimas. Von der Steinzeit bis zur Gegenwart, München, C.H. Beck.

Maull, Hanns (2014): Über kluge Machtpolitik, 2014, Abrufbar unter: https://www.swp-berlin.org/publikation/ueber-kluge-machtpolitik, zuletzt geprüft am 09.03.2022.

Maull, Hanns W./Johannes Thimm/Angela Stanzel (2023): USA und China auf Kollisionskurs, Die Bedeutung der Innenpolitik für das bilaterale Verhältnis, SWP-Studie.

Merkel, Wolfgang (2010): Systemtransformation. Eine Einführung in die Theorie und Empirie der Transformationsforschung, Wiesbaden.

Mildner, Stormy-Annika (2012): Außenwirtschaft und Handel, in: Koschut, Simon/Kutz, Magnus-Sebastian (Hrsg.): Die Außenpolitik der USA. Theorie – Prozess – Politikfelder – Regionen. Opladen / Toronto, 167–181.

Mildner, Stormy-Annika/Howald, Julia (2013): Die US-amerikanische Wirtschaft, in: USA – Geschichte, Wirtschaft, Gesellschaft. Informationen zur politischen Bildung /izpB, Nr. 268/2013, Bonn, 50–73.

Ministry of Commerce and Industry (2022): Trend on Foreign Direct Investment (FDI) in India, Abrufbar unter: https://pib.gov.in/PressReleasePage.aspx?PRID=1845719, zuletzt geprüft am 08.03.2023.

Ministry of Planning and Investment of the Socialist Republic of Vietnam (2021): Report on foreign direct investment in 2021, Abrufbar unter: https://www.mpi.gov.vn/en/Pages/tinbai.aspx?idTin=52660&idcm=122, zuletzt geprüft am 24.02.2023.

Mok, Charles (2021): Wie China Menschenrechte definiert. Aktionsplan aus Peking. hrsg. von der Friedrich Naumann Stiftung, 7.11.2021: URL: https://www.freiheit.org/de/suedost-und-ostasien/wie-china-menschenrechte-definiert, zuletzt geprüft am 10.2024

Morasch, Karl et al. (2017): "Ausmaß und Struktur der Globalisierung." Handel und Wettbewerb auf globalen Märkten 2017, 3–21.

Müller, Hilja (2020): Philippinen: Ein Länderporträt. Bonn, Bundeszentrale für politische Bildung.

Myers, Lucas (2022): Balancing Acts in U. S. Southeast Asia Policy, Abrufbar unter: https://www.wilsoncenter.org/blog-post/balancing-acts-us-southeast-asia-polic, zuletzt geprüft am 24.02.2023.

National Bureau of Statistics, 第七次全国人口普查公报. https://www.stats.gov.cn/sj/zxfb/202302/t20230203_1901087.html

Naughton, Barry (2018): The Chinese Economy, Second Edition, The MIT Press.

Neimke, Markus (2003): Financial development and economic growth in transition countries, Ruhr-Universität Bochum, Institut für Entwicklungsforschung und Entwicklungspolitik, Bochum.

Neuburger, Martina (2010): Entwicklungsprobleme des ländlichen Raumes. In: Costa, Sérgio; Kohlhepp, Gerd; Nitschack, Horst; Sangmeister, Hartmut (Hrsg.): Brasilien heute. Geographischer Raum – Politik – Wirtschaft – Kultur. Frankfurt, M., Madrid, Orlando, FL: Vervuert, 75–90.

Nicolau, Jairo/Stadler, Julia (2012): Das brasilianische Wahlsystem. In: de la Fontaine Dana, Stehnken, Thomas (Hrsg.): Das politische System Brasiliens. Wiesbaden, VS Verlag für Sozialwissenschaften, 103–120.

Nohlen, Dieter/ Nuschler, Franz (Hrsg.) (1994): Handbuch der Dritten Welt: Südasien und Südostasien. Hamburg, Hoffmann und Campe.

North, Douglas (1981): Structure and change in economic history. New York.

North, Douglas (1990): Institutions, institutional change and economic performance. Cambridge.

North, Michael (2000): Deutsche Wirtschaftsgeschichte: ein Jahrtausend im Überblick. München, C.H. Beck.

Nuhn, Helmut (1985): Industriegeographie. Neuere Entwicklungen und Perspektiven für die Zukunft, (Géographie de l'industrie. Récents développements et perspectives d'avenir)." Geographische Rundschau Braunschweig 37.4, 187–193.

Nye, Joseph (1990): Soft Power, in: Foreign Policy, No. 80 (1990), 153–171.

Ó Tuathail, Gearóid/Agnew, John (1992): Geopolitics and Discourse: Practical Geopolitical Reasoning in Amer-ican Foreign Policy, in: Political Geography 11 (2) (1992), 190–204.

OECD (2004): OECD Economic Outlook, Volume 2004 Issue 1, OECD Publishing, Paris.

OECD (2009): Prüfungen im Bereich Innovationspolitik. China Synthesebericht, Paris.

OECD (2024): Gross domestic spending on R&D. Paris, Quelle https://data.oecd.org/rd/gross-domestic-spending-on-r-d.htm

Organisation für wirtschaftliche Zusammenarbeit und Entwicklung (OECD) (2021): OECD Investment Policy Reviews: Thailand. Paris, OECD Publishing. 51–66.

O'Rourke, Kevin H./Williamson, Jeffrey (2001): Globalization and History: The Evolution of a Nineteenth-Century Atlantic Economy. London.

Otremba, Erich (1961).: Die Flexibilität des Wirtschaftsraumes. In: Erdkunde, Heft 1, 45–53. Bonn

Palamone, Gustavo (2020): Populismus im globalen Süden: Das Beispiel von Jair Bolsonaro. Zentrum Liberale Moderne. Online verfügbar unter https://libmod.de/palamone-populismus-im-globalen-sueden-am-beispiel-von-jair-bolsonaro/, zuletzt geprüft am 22.11.2023.

Panagariya, Arvind (2004): India in the 1980s and 1990s: A Triumph of Reform, Abrufbar unter: https://www.imf.org/external/pubs/ft/wp/2004/wp0443.pdf, zuletzt geprüft am 08.03.2023.

Passari, Evgenia/Guriev, Sergei/Papaioannou, Elias/Algan, Yann (2017): The European Trust Crisis and the Rise of Populism, In: Brookings Papers on Economic Activity (Fall 2017), 309–382.

Paszak, Paweł (2021): China and the "Malacca Dilemma", Abrufbar unter: https://warsawinstitute.org/china-malacca-dilemma/, zuletzt geprüft am 24.02.2023.

Paul, Krugman (1991): Geography and Trade. – Leuven, Cambridge Mass.

Perroux, François (1961): L'économie du XXe siècle. Paris, Presses Universitaires de France.

Petroia, Andrei und Bahcivanji, Nicolai (2021): Models and Strategies of Economic Development in Transition Countries, Abrufbar unter: https://papers.ssrn.com/sol3/papers.cfm?abstract_id=3787301, letzter Aufruf: 14.12.2023.

Phea, Kim (2020): Cambodia-China Relations In The New Decade, Abrufbar unter: https://www.kas.de/documents/264850/8651571/Chapter%2B3.pdf, zuletzt geprüft am 24.02.2024.

Phillips, Sean (2023): Why was British India Partitioned in 1947? Considering the role of Muhammad Ali Jinnah, Abrufbar unter: https://www.history.ox.ac.uk/why-was-british-india-partitioned-in-1947-considering-the-role-of-muhammad-ali-0, zuletzt geprüft am 08.03.2023.

Pierenkemper, Toni (2009): Wirtschaftsgeschichte: die Entstehung der modernen Volkswirtschaft. Berlin, De Gruyter Akademie Forschung.

Piketty, Thomas (2023): Das Kapital im 21. Jahrhundert, München, C.H. Beck.

Pitsch, Philipp (2017): Die Globalisierung als Triebkraft für Landnutzungsänderungen im Bundesstaat São Paulo im historischen Kontext. In: Anhuf, Dieter (Hrsg.): Brasilien – Herausforderungen der neuen Supermacht des Südens. Passau, Passauer Kontaktstudium Geographie, 69–75.

Pohl, Gerhard; Djankov, Simeon; Robert, Anderson (1996): Resturcturing Large Industrial Firm in Central and Eastern Europe-Evidence and Policy Options, World Bank Technical Paper No. 368.

Prebisch, Raul (1959): Commercial Policy in the Underdevelopt Countries. In: The American Economic Review 49. S. 251–273). – Pittsburgh.

Proebsting, Christian/Tesar, Linda/House, Christopher (2017): Austerity in the aftermath of the Great Recession, Abrufbar unter: https://cepr.org/voxeu/columns/austerity-aftermath-great-recession, zuletzt geprüft am 21.04.2023.

Pohle, Hans (1995): Die Träger der Regionalentwicklung im Staats- und Verwaltungsaufbau der Bundesrepublik Deutschland. In: Elemente regionaler Wirtschaftspolitik in Deutschland. S. 81–111 – Baden-Baden.

Qi Liang (2010): 启良: 中国文明史, 国际文化出版公司。

Raghavan, Srinath (2013): 1971. A Global History of the Creation of Bangladesh.

Rahmstorf, Stefan/Schellnhuber, Hans Joachim (2018): Der Klimawandel. Diagnose, Prognose, Therapie, 8. Auflage München, C.H. Beck.

Rastogi, Vasundhara (2018): Cambodia's Garment Manufacturing Industry, Abrufbar unter: https://www.aseanbriefing.com/news/cambodias-garment-manufacturing-industry/, zuletzt geprüft am 24.02.2023.

Ratzel, Friedrich (1923): Politische Geographie. 3. Aufl., München 1923.

Ravallion, Martin/Shaohua Chen (2004): China's (Uneven) Progress Against Poverty, World Bank Policy Research Working Paper 3408, 2004.

Reddis, Bernd (1994): Singapur. Indonesien. In: Nohlen, Deter/ Nuschler, Franz (Hrsg.): Handbuch der Dritten Welt: Südasien und Südostasien. Bonn, J.H.W. Dietz Nachf., 505–527.

Reuber, Paul (2012): Politische Geographie. Paderborn 2012.

Ricardo, David (1817): On the Principles of Political Economy and Taxation. London.

Ricardo, David (2005): From the principles of political economy and taxation. In Readings in the economics of the division of labor: The classical tradition, 127–130.

Riecke, Henning (2021): Die USA in internationalen Organisationen: eine zwiespätige Beziehung, in: Denison, Andrew/Schild, Georg/Shabafrouz, Miriam (Hrsg.): Länderbericht USA. Schriftenreihe der Bundeszentrale für politische Bildung, Bd. 10700, Bonn, 465–475.

Ritter, Wigand (1991): Allgemeine Wirtschaftsgeographie. München, Wien.

Rödder, Andreas (2016): Eine kurze Geschichte der Gegenwart. München, C.H. Beck.

Roett, Riordan (1999): Brazil. Politics in a Patrimonial Society. Westport, Connecticut, London, Praeger.

Rogers, Benedict (2023): Myanmar's Junta Has No Limits, Abrufbar unter: https://foreignpolicy.com/2023/01/03/myanmar-junta-democracy-coup-prison-sanctions-china-russia/, zuletzt geprüft am 24.02.2023.

Roland, Gerard (2000): Transition and Economics, Politics, Markets and Firms. Massachusetts Institute of Technology.

Romer, Paul (1986): Increasing Returns and Long-Run Growth, Journal of Political Economy, 94 (5): 1002–1037. – Chicago.

Rose, Klaus/Sauernheimer, Karlhans (2006): Theorie der Außenwirtschaft, 14. Auflage. München, Vahlen.

Rosenberg, David (2018): Israel's Technology Economy: Origins and Impact. New York 2018.

Rössner, Philipp Robinson (2017): Wirtschaftsgeschichte neu denken. Stuttgart, Schäffer-Poeschel.

Rostow, Walt Whitman (1960): The Stages of Economic Growth. A Non-Communist Manifesto, Eastford.

Rostow, Walt Whitman (1971): Politics and the Stages of Growth. Cambridge.

Rothermund, Dietmar (1994): Indien. In: Nohlen, Dieter, Nuschler, Frang (Hrsg.): Handbuch der Dritten Welt: Südasien und Südostasien. Hamburg, Hoffmann und Campe, 205–243.

Rothermund, Dietmar (2002): Geschichte Indiens: Vom Mittelalter bis zur Gegenwart. München, Beck.

Rothfuss, Rainer (2010): Geographische Konfliktforschung und Geopolitik: Zukunftsaufgabe Friedenssicherung, in: Jahresheft Geopolitik 2010 (1) (2011), 36–45.

Rothfuß, Rainer (2011): Geographische Konfliktforschung und Geopolitik: Zukunftsaufgabe Friedenssicherung. In: Jahresheft Geopolitik, 4, 36–45.

Rozanskij, Ivan (1984): Geschichte der antiken Wissenschaften. Moskau, München.

Sachverständigenrat (2022): Energiekriese, Jahresgutachten 22–23, Abrufbar unter: https://www.sachvers taendigenrat-wirtschaft.de/fileadmin/dateiablage/gutachten/jg202223/JG202223_Gesamtausgabe. pdf, letzter Aufruf: 20.12.2023.

Sagar, Paul: Adam Smith Reconsidered (2022): History, Liberty, and the Foundations of Modern Politics. – Princeton.

Samuelson, Paul A. (2004): Where Ricardo and Mill Rebut and Confirm Arguments of Mainstream Economists Supporting Globalization«, in: Journal of Economic Perspectives, 18 (2004) 3, 135–146 (144).

Sangmeister, Hartmut/Schönstedt, Alexa (2010): Zwischen Globalisierung und Regionalisierung: Brasilien in der Weltwirtschaft. In: Costa, Sérgio; Kohlhepp, Gerd; Nitschack, Horst; Sangmeister, Hartmut (Hrsg.): Brasilien heute. Geographischer Raum – Politik – Wirtschaft – Kultur. Frankfurt, M., Madrid, Orlando, FL: Vervuert, 383–398.

Saxer, Marc (2023): Geoökonomischer Tsunami. Die Neuordnung der Weltwirtschaft ist in vollem Gange. Führt der Konflikt zwischen den USA und China zu einer neuen Blockbildung? Hg. v. Friedrich-Ebert-Stiftung. Friedrich-Ebert-Stiftung. Online verfügbar unter https://www.ipg-journal.de/regionen/glo bal/artikel/geooekonomischer-tsunami-6499/, zuletzt geprüft am 22.11.2023.

Schamp, Eike W. (2000): Vernetzte Produktion: Industriegeographie aus institutioneller Perspektive. Frankfurt a.M.

Scheidel, Walter (2018): The Great Leveler. Princeton: Princeton University Press.

Schiek, Sebastian (2017): Bewegung auf der Seidenstraße. Chinas »Belt and Road«-Initiative als Anreiz für zwischenstaatliche Kooperation und Reformen an Zentralasiens Grenzen, SWP Studie, 2017.

Schier, Peter (1994): Kambodscha. Indonesien. In: Nohlen, Deter/ Nuschler, Franz (Hrsg.): Handbuch der Dritten Welt: Südasien und Südostasien. Bonn, J.H.W. Dietz Nachf., 416–435.

Schimmelfennig, Frank (2017): Internationale Politik, Paderborn 2017.

Schmelzer, Matthias/Vetter, Andrea (2021): Degrowth / Postwachstum zur Einführung, Hamburg, Junius Verlag.

Schmidt-Glintzer, Helwig (2014): Wachstum und Zerfall des kaiserlichen China. in: Doris Fischer / Christoph Müller-Hofstede (Hrsg.): Länderbericht China: Geschichte-Politik-Wirtschaft-Gesellschaft, Schriftenreihe der Bundeszentrale für politische Bildung, Bd. 1501, Bonn, 147–179.

Schneider, Gerd/Toyka-Seid, Christiane (2023): Das junge Politik-Lexikon. Vietnamkrieg, Abrufbar unter: https://www.bpb.de/kurz-knapp/lexika/das-junge-politik-lexi-kon/321344/vietnamkrieg/#:~:text= Kampf%20zwischen%20Nord%2D%20und%20Vietnam&text=Von%201955%20bis%201975%20gab, einem%20Krieg%20zwischen%20beiden%20Landesteilen, zuletzt geprüft am 24.02.2023.

Schneider, Helmut (2016): Renaissance der Geopolitik? in: Geographische Rundschau 11 (2016), 50–54.

Schofeld, Victoria (2000): Kashmir in Conflict: India Pakistan and the Unending War. London, I.B. Tauris.

Sedlacek, Peter/Wiegandt, Claus-Christian (1990): "Innerbetriebliche Standortmuster als Forschungsgegenstand der Industriegeographie" Zeitschrift für Wirtschaftsgeographie, vol. 34, no. 1, 188–194.

Senor, Dan/Singer, Saul (2009): Start-up Nation: The Story of Israel's Economic Miracle. New York.

Shaffer, Gregory (2021): Emerging Powers and the World Trading System: The Past and Future of International Economic Law. Cambridge University Press. Cambridge.

Siebert, Horst (1988): Strategische Handelspolitik: Theoretische Ansätze und wirtschaftspolitische Empfehlungen, Diskussionsbeiträge: Serie II, Sonderforschungsbereich 178 'Internationalisierung der Wirtschaft. Konstanz.

Siebert, Horst (1991): Einführung in die Volkswirtschaftslehre. – Köln.

Siebert, Horst (1992): Standortwettbewerb – nicht Industriepolitik. In: Die Weltwirtschaft. Vierteljahresschrift des Instituts für Weltwirtschaft an der Universität Kiel, Heft 4, 409–424. – Tübingen, Kiel.

Siebert, Horst (1995).: Internationale Migrationen aus wirtschaftswissenschaftlicher Sicht. In: Geographische Rundschau, Jahrgang 47, Heft 7–8, 404–419. Braunschweig

Siebert, Horst (2005): Eine offene Weltgesellschaft – Elemente eines globalen Regelwerks, In: Weltwirtschaftlicher Strukturwandel, nationaler Wirtschaftspolitik und politische Rationalität, 190–202, Köln.

Siebert, Horst (2009): Rules for the Global Economy, Princeton University Press.

Siegmund, Alexander (2008): Klimate der Erde, in: Diercke Handbuch, hrsg. vom Westermann-Verlag, 415–418. Braunschweig.

Sieleaff, Rüdiger (1994): Malaysia. Indonesien. In: Nohlen, Deter/ Nuschler, Franz (Hrsg.): Handbuch der Dritten Welt: Südasien und Südostasien. Bonn, J.H.W. Dietz Nachf., 457–476.

Sinn, Hans-Werner (2015): Die griechische Tragödie, Sonderausgabe Mai 2015 ifo Schnelldienst Aktualisierung Juni 2015. München.

Sinn, Hans-Werner (2020): Staatsverschuldung und dynamische Ineffizienz: Warum der Münchhausen-Trick nicht funktioniert. In: Wirtschaftsdienst 1613-978X[Volume:] 100 [Issue:] 8, 572–576

Smith, Adam (1776): An Inquiry into the Nature and Causes of the Wealth of Nations. London.

Smith, Neil (2001): Marxism and Geography in the Anglophone World. In: Geographische Revue, 3 (2), 5–22.

Soares do Bem, Arim (2012): Brüche und Kontinuitäten im politisch-institutionellen Leben Brasiliens: Vergangene und gegenwärtige Dilemmata der Demokratie. In: de la Fontaine Dana, Stehnken, Thomas (Hrsg.): Das politische System Brasiliens. Wiesbaden, VS Verlag für Sozialwissenschaften, 34–51.

Sommer, Michael (2018): Das römische Kaiserreich. Aufstieg und Fall einer Weltmacht, Köln, Urban.

Sonnabend, Holger (2022): Aufstieg und Fall großer Reiche: Von Atlantis bis zum Sowjet-Imperium Gebundene Ausgabe Stuttgart, Theiss in Herder.

Speck, Bruno Wilhelm (2010): Korruption und Korruptionsbekämpfung. In: Costa, Sérgio; Kohlhepp, Gerd; Nit-schack, Horst; Sangmeister, Hartmut (Hrsg.): Brasilien heute. Geographischer Raum – Politik – Wirtschaft – Kultur. Frankfurt, M., Madrid, Orlando, FL: Vervuert, 245–264.

Sperling, Walter/Karger, Adolf (Hrsg.) (1989): Fischer Länderkunde: Europa, Frankfurt am Main.

Spykman, Nicholas John (1942): America's Strategy in World Politics: The United States and the Balance of Power, Hamden 1942.

Statista (2019): Distribution of foreign direct investment (FDI) inflows in Myanmar in 2018, by country of origin, Abrufbar unter: https://www.statista.com/statistics/899868/myanmar-fdi-inflows-distribution-by-country/, zuletzt geprüft am 27.02.2023.

Statista (2019b): Distribution of foreign direct investment (FDI) inflows in Cambodia in 2018, by country of origin, Abrufbar unter: https://www.statista.com/statistics/899455/cambodia-fdi-inflows-distribution-by-country/, zuletzt geprüft am 27.02.2023.

Statista (2023a): Europäische Union: Bruttoinlandsprodukt (BIP) pro Kopf in den Mitgliedstaaten[1 2 3] in jeweiligen Preisen im Jahr 2022, Abrufbar unter: https://de.statista.com/statistik/daten/studie/188766/umfrage/bruttoinlandsprodukt-bip-pro-kopf-in-den-eu-laendern/, zuletzt geprüft am 28.04.2023.

Statista (2023b): Brasilien: Anteile der wichtigsten Exportgüter am gesamten Ausfuhrhandel im Jahr 2022, aufge-schlüsselt nach SITC-Warenabschnitt, Abrufbar unter: https://de.statista.com/statistik/daten/studie/1301613/umfrage/wichtigste-exportgueter-fuer-brasilien/, zuletzt geprüft am 18.03.2023.

Statista Research Department (2022): Geographie Europas, Abrufbar unter: https://de.statista.com/themen/7116/geographie-europas/#topicOverview, zuletzt geprüft am 28.04.2023.

Statistisches Bundesamt (2023): Außenhandel, Rangfolge der Handelspartner im Außenhandel der Bundesrepublik Deutschland (endgültige Ergebnisse) – 2022, Abrufbar unter: https://www.destatis.de/DE/Themen/Wirtschaft/Aussenhandel/Tabellen/rangfolge-handelspartner.pdf?__blob=publicationFile, letzter Aufruf: 11.11.2023.

Stiftung Wissenschaft und Politik (2023): Die Gemeinsame Außen- und Sicherheitspolitik der EU, Abrufbar unter: https://www.swp-berlin.org/themen/dossiers/herausforderungen-der-gemeinsamen-aussen-und-sicherheitspolitik-der-eu, zuletzt geprüft am 21.04.2023.

Stolper, Wolfgang F./ Samuelson, Paul A. (1941): Protection and Real Wages. In: The Review of Economic Studies 9 (1), 58–73.

Stöver, Bernd (2021): Geschichte der USA. Von der ersten Kolonie bis zur Gegenwart, 3.Aktualisierte Auflage, München, C.H. Beck.

Strangio, Sebastian (2020): In the Dragon's Shadow: Southeast Asia in the Chinese Century. Yale, Yale University Press.

Streminger, Gerhard (2017): Adam Smith. Wohlstand und Moral – Eine Biographie. München, C.H. Beck.

Stuart-Fox, Martin (1980): LAOS: The Vietnamese Connection. Southeast Asian Affairs, 191–209.

Sundaram, Karthikeyan (2023): India's Population Has Already Overtaken China's, Analysts Estimate, Abruf-bar unter: https://www.bloomberg.com/news/articles/2023-01-18/india-s-population-overtakes-china-to-become-world-s-biggest-analysts-estimate#xj4y7vzkg?leadSource=uverify%20wall, zuletzt geprüft am 08.03.2023.

Supan, Alexander (1922): Leitlinien der allgemeinen politischen Geographie: Naturlehre des Staates, 2. Aufl., Berlin.

Swarts, Jonathan (Hg.) (2013): Constructing Neoliberalism. Toronto: University of Toronto Press.

Szczepanski, Marcin (2019): A decade on from the crisis. Main responses and remaining challenges, Abrufbar unter: https://www.europarl.europa.eu/RegData/etudes/BRIE/2019/642253/EPRS_BRI% 282019%29642253_EN.pdf, zuletzt geprüft am 21.04.2023.

Tagesschau (Hrsg.) (2023): Wie steht es um Israels Wirtschaft? – Hamburg, 28.10.2023. URLhttps://www. tagesschau.de/wirtschaft/weltwirtschaft/israel-wirtschaft-krieg-100.html

Taube, Markus (2013): Wirtschaftliche Entwicklung und ordnungspolitische Wandel in der Volksrepublik China, in: Doris Fischer / Christoph Müller-Hofstede (Hrsg.): Länderbericht China: Geschichte-Politik-Wirtschaft-Gesellschaft, Schriftenreihe der Bundeszentrale für politische Bildung, Bd. 1501, Bonn, 645–679.

Ten Brink, Tobias/Andreas Nölke (2013): „Staatskapitalismus 3.0", in: dms – der moderne staat – Zeitschrift für Public Policy, Recht und Management, 6 (1), 21–32.

The Economist (Hrsg.) (o. J.): World Cost of Living. Explore the rise and fall of living costs around the world 173 cities.

The Pew Institute (2008): The 2008 Pew Global Attitudes Survey in China, Washington, 2008.

The White House (2022): National Security strategy.

The World Bank (2012): China 2030. Building a Modern, Harmonious, and Creative High-Income Society, Washington, 2012.

The World Bank (2015): East Asia´s Changing Urban Landscape.

The World Bank (2023): World Development Indicators, Quelle: https://databank.worldbank.org/source/ world-development-indicators#

The World Bank (2023): Which Way Forward? Navigating China's Post-Pandemic Growth Path. China Economic Update – December 2023, Washington.

The World Bank (2023)a: Agriculture, forestry, and fishing, value added (% of GDP) – India, Abrufbar unter: https://data.worldbank.org/indicator/NV.AGR.TOTL.ZS?locations=IN, zuletzt geprüft am 08.03.2023.

The World Bank (2023)b: Industry (including construction), value added (% of GDP) – India, Abrufbar unter: https://data.worldbank.org/indicator/NV.IND.TOTL.ZS?locations=IN, zuletzt geprüft am 08.03.2023.

The World Bank (2023)c: Services, value added (% of GDP) – India, Abrufbar unter: https://data.worldbank. org/indicator/NV.SRV.TOTL.ZS?locations=IN, zuletzt geprüft am 08.03.2023.

The World Bank (2023)d: Foreign direct investment, net inflows (BoP, current US$), Abrufbar unter: https://data.worldbank.org/indicator/BX.KLT.DINV.CD.WD, zuletzt geprüft am 08.03.2023.

The World Bank (2023)e: GDP growth (annual %) – European Union, Abrufbar unter: https://data.world bank.org/indicator/NY.GDP.MKTP.KD.ZG?locations=EU, zuletzt geprüft am 28.04.2023.

The World Bank (2023)f: GDP growth (annual %) – European Union, Abrufbar unter: https://data.world bank.org/indicator/SL.UEM.TOTL.ZS?locations=GR-ES-PT, zuletzt geprüft am 28.04.2023.

The World Bank (2023)g: GDP (current US$) – Brazil, Abrufbar unter: https://data.worldbank.org/indica tor/NY.GDP.MKTP.CD?locations=BR, zuletzt geprüft am 20.03.2023.

The World Bank (2023)h: GDP per capita (current US$) – Brazil, Latin America & Caribbean, Chile, Argentina, Abrufbar unter: https://data.worldbank.org/indicator/NY.GDP.PCAP.CD?locations=BR-ZJ-CL -AR, zuletzt geprüft am 08.03.2023.

Thunert, Martin (2002): Wirtschaftsentwicklung und Wirtschaftspolitik in den USA unter der Clinton-Administration, in: Bundeszentrale für politische Bildung (Hrsg.): Aus Politik und Zeitgeschichte (APuZ) 44/2000, Bonn.

Trading Economics (2023). https://tradingeconomics.com/.

Trading Economics (2023a): Poland Interest Rate, Abrufbar unter: https://tradingeconomics.com/poland/ interest-rate, letzter Aufruf: 22.12.2023.

Trading Economics (2023b): Slovakia Interest Rate, Abrufbar unter: https://tradingeconomics.com/slova kia/interest-rate, letzter Aufruf: 22.12.2023.

Transparency International Deutschland (2023): CPI 2022: Tabellarische Rangliste, Abrufbar unter: https://www.transparency.de/cpi/cpi-2022/cpi-2022-tabellarische-rangliste, zuletzt geprüft am 19.03.2023.

U. S. Energy Information Administration (2017): The Strait of Malacca, a key oil trade chokepoint, links the Indian and Pacific Oceans, Abrufbar unter: https://www.population-trends-asiapacific.org/data/sea, zuletzt geprüft am 27.02.2023.

Uhlig, Harald (Hrsg.) (1975): Fischer Länderkunde: Südostasien. Frankfurt am Main, Fischer.

Umweltbundesamt (2013): Kyoto-Protokoll, Dessau-Roßlau 2013, Quelle: https://www.umweltbundesamt. de/themen/klima-energie/internationale-eu-klimapolitik/kyoto-protokoll#zweite-verpflichtungsperiode-und-zentrale-anderungen

Umweltbundesamt (2023): Internationale Marktmechanismen im Klimaschutz, Dessau-Roßlau 2023, Quelle: https://www.umweltbundesamt.de/daten/klima/internationale-marktmechanismen#flexible-mechanismen-des-kyoto-protokolls-2008-2020

UN COMTRADE (2022): Trade Data, Abrufbar unter: https://comtradeplus.un.org/TradeFlow?Frequency= A&Flows=X&CommodityCodes=TOTAL&Partners=156&Reporters=76&period=2021&AggregateBy=non e&BreakdownMode=plus, zuletzt geprüft am 19.03.2023.

UN Comtrade (2023): Merchandise trade matrix, annual, Abrufbar unter: https://unctadstat.unctad.org/da tacentre/dataviewer/US.TradeMatrix, letzter Aufruf: 20.12.2023.

UN Comtrade (2024): Foreign direct investment: Inward and outward flows and stock, annual, Abrufbar unter: https://unctadstat.unctad.org/datacentre/dataviewer/US.FdiFlowsStock, letzter Aufruf: 10.01.2024.

UNDP (2022): Human Development Report 2021/22, New York, 2022, Quelle: https://databank.worldbank. org/source/world-development-indicators#

United Nations Development Programm (2022): India ranks 132 on the Human Development Index as global development stalls, Abrufbar unter: https://www.undp.org/india/press-releases/india-ranks -132-human-development-index-global-development-stalls, zuletzt geprüft am 08.03.2023.

United Nations Economic and Social Commission for Asia and the Pacific (2023): South-East Asia, Abrufbar unter: https://www.population-trends-asiapacific.org/data/sea, zuletzt geprüft am 27.02.2023.

Vecchione Gonçalves Marcela/Santos, Maureen (2022): Falsche Lösungen in Brasilien: Bolsonaros zerstörerische Klimapolitik, Abrufbar unter: https://www.boell.de/de/2022/10/18/falsche-loesungen-brasilien-bolsonaros-zerstoererische-klimapolitik, zuletzt geprüft am 19.03.2023.

Vichit-Vadakan, Juree (1986): Thailand in 1985: Year of Facing up to Facts. Asian Survey 26, 174–185.

Viola, Lora Anne (2019): Trump und das Ende des Multilateralismus – schon wieder?, in: Horst, Patrick / Adorf, Philipp / Decker, Frank (Hrsg.): Die USA – eine scheiternde Demokratie? Schriftenreihe der Bundeszentrale für politische Bildung, Bd. 10422, Bonn, 271–287.

Vogel-Heuser, Birgit/Bauerhansl, Thomas/Hompel Michael (Herausgeber) (2016): Handbuch Industrie 4.0 Bd. 4: Allgemeine Grundlagen (Springer Reference Technik, Band 4), Berlin.

Voigt, Stefan (2002): Institutionenökonomik. 2. Aufl. Wien u. a., UTB, S. 13 f. Vol. 39, No. 153 (Mar., 1929), pp. 41–57 (17 pages). Published By: Oxford University Press

von Weizsäcker, Christian (2003): Logik der Globalisierung. Göttingen, Vandenhoeck & Ruprecht.

Voorheis, John/McCarty, Nolan/Shor, Boris (2015): Unequal Incomes, Ideology and Gridlock: How Rising Inequality Increases Political Polarization. In: SSRN Journal.

Voppel, Götz (1975): Wirtschaftsgeographie. Stuttgart, Düsseldorf

Voppel, Götz (1990): Die Industrialisierung der Erde, Stuttgart, Teubner Verlag.

Voppel, Götz (1999): Wirtschaftsgeographie. Räumliche Ordnung der Weltwirtschaft unter marktwirtschaftlichen Bedingungen. Stuttgart.

Vorläufer, K. (2018): Südostasien. Darmstadt, wbg Academic.

Wagner, Martin (2015): 2015 in review: how Europe reacted to the refugee crisis, Abrufbar unter: https://www.icmpd.org/blog/2015/2015-in-review-how-europe-reacted-to-the-refugee-crisis, zuletzt geprüft am 21.04.2023.

Walker, Nigel (2021): Brexit timeline: events leading to the UK's exit from the European Union, Abrufbar unter: https://commonslibrary.parliament.uk/research-briefings/cbp-7960/, zuletzt geprüft am 21.04.2023.

Walter, Rolf (2006): Geschichte der Weltwirtschaft – Eine Einführung. Köln, Weimar, Wien, UTB.

Ward, Benjamin N. (1996): Die Idealwelten der Ökonomen – Liberale, Radikale, Konservative – New York, Frankfurt a.M.

Warr, Peter G. (1997): THE THAI ECONOMY: From Boom to Gloom. Southeast Asian Affairs, 317–333.

Waterman, Stanly (1985): "Not just Milk and Honey, N o w a Way of Life-Israeli Human Geography since the Six-Day War." Progress in Human Geography, 9.

Weber, Max (1904/1905): Die protestantische Ethik und der Geist des Kapitalismus. In: Archiv für Sozialwissenschaft und Sozialpolitik 20 1904, S. 1–54 und 21, 1905, S. 1–110. – o.O.

Weber, Alfred (1909): Über den Standort der Industrien. Erster Teil. Reine Theorie des Standortes. Mit einem mathematischen Anhang von G. Pick. Tübingen

Weber, Max (1909): Politik als Beruf" In: Geistige Arbeit als Beruf: vier Vorträge vor dem Freistudentischen Bund; Vortrag; – München.

Weber, Max (1923): Wirtschaftsgeschichte. Abriß der universalen Sozial- und Wirtschaftsgeschichte. Aus den nachgelassenen Vorlesungen hrsg. von Siegmund Hellmann und Melchior Palyi. München/ Leipzig.

Weggel, Oskar (1994): Vietnam. Indonesien. In: Nohlen, Deter/ Nuschler, Franz (Hrsg.): Handbuch der Dritten Welt: Südasien und Südostasien. Bonn, J.H.W. Dietz Nachf., 565–588.

Weinberg, John (2013): The Great Recession and Its Aftermath, Abrufbar unter: https://www.federalreserve history.org/essays/great-recession-and-its-aftermath, zuletzt geprüft am 20.04.2023.

Wen, Tiejun (2021): Ten Crises. The Political Economy of China's Development (1949–2020), Global University for Sustainability Book Series, Springer Nature Singapore Pte Ltd, 2021.

Wesche, Philipp/Zilla, Claudia (2017): Korruption in Brasilien – ein Fass ohne Boden. Der Lava-Jato-Fall, seine Aufklärung und die regionalen Implikationen, Abrufbar unter: https://www.swp-berlin.org/publi cations/products/aktuell/2017A39_wse_zll.pdf, zuletzt geprüft am 19.03.2023.

Whiteley, Paul (o. J.): Insight: Why Britain really voted to leave the European Union, Abrufbar unter: https://www.essex.ac.uk/research/showcase/why-britain-really-voted-to-leave-the-european-union, zuletzt geprüft am 27.04.2023.

Widuto, Agnieszka (2019): Regional inequalities in the EU, Abrufbar unter: https://www.europarl.eu ropa.eu/

R Winkler,Hernan (2019): The effect of income inequality on political polarization: Evidence from European regions, 2002–2014. In: Economics & Politics 31 (2), 137–162.

Wilcox, Clair (1949): A Charter for World Trade. New York, Macmillan.

Williamson, Oliver (1975): Markets and Hierarchy: Analysis and Antitrust Implications. S. 1 ff.

Winkler, Heinrich August (2017): Zerbricht der Westen?: über die gegenwärtige Krise in Europa und Amerika, CH Beck.

Woodley, Daniel (2017): Globalization an Capitalist Geopolitics. London, New York.

World Bank (2023a): GDP per capita (current US$) - OECD members, Euro area, European Union, Czechia, Poland, Slovak Republic, Hungary, Abrufbar unter: https://data.worldbank.org/indicator/NY.GDP. PCAP.CD?end=2022&locations=OE-XC-EU-CZ-PL-SK-HU&start=1990&view=chart, letzter Aufruf: 07.12.2023.

World Bank (2023b): Exports of goods and services (current US$) - OECD members, Euro area, European Union, Czechia, Poland, Slovak Republic, Hungary, Germany, Abrufbar unter: https://data.worldbank. org/indicator/NE.EXP.GNFS.CD?end=2022&locations=OE-XC-EU-CZ-PL-SK-HU-DE&start=1990, letzter Aufruf: 13.12.2023.

World Bank (2023c): Imports of goods and services (% of GDP) - OECD members, Euro area, European Union, Czechia, Poland, Slovak Republic, Hungary, Germany, Abrufbar unter: https://data.worldbank. org/indicator/NE.IMP.GNFS.ZS?end=2022&locations=OE-XC-EU-CZ-PL-SK-HU-DE&start=1990, letzter Aufruf: 20.12.2023.

World Bank (2023d): Population, total - Czechia, Poland, Slovak Republic, Hungary, Latvia, Lithuania, Estonia, Slovenia, Abrufbar unter: https://data.worldbank.org/indicator/SP.POP.TOTL?end=2022&loca tions=CZ-PL-SK-HU-LV-LT-EE-SI&start=2022&view=bar, letzter Aufruf: 12.12.2023.

World Bank (2023e): Inflation, consumer prices (annual %) - Poland, Hungary, Slovak Republic, Czechia, Germany, European Union, Abrufbar unter: https://data.worldbank.org/indicator/FP.CPI.TOTL.ZG? end=2022&locations=PL-HU-SK-CZ-DE-EU&start=1990, letzter Aufruf: 20.12.2023.

World Bank (2023f): Deposit interest rate (%) - Poland, Hungary, Slovak Republic, Czechia, Germany, European Union, Abrufbar unter: https://data.worldbank.org/indicator/FR.INR.DPST?end=1998&locati ons=PL-HU-SK-CZ-DE-EU&start=1990, letzter Aufruf: 22.12.2023.

World Bank (2023g): GDP (current US$) - Poland, Hungary, Slovak Republic, Czechia, Abrufbar unter: https://data.worldbank.org/indicator/NY.GDP.MKTP.CD?end=2004&locations=PL-HU-SK-CZ&start= 1990, letzter Aufruf: 22.12.2023.

World Bank (Hrsg.) (2024): Ease of doing business in israel. Washington 2024, URL: https://archive.doing business.org/en/data/exploreeconomies/israel

World Trade Organization (2023a): The General Agreement on Tariffs and Trade (GATT 1947), abrufbar unter: https://www.wto.org/english/docs_e/legal_e/gatt47_01_e.htm, letzter Aufruf: 21.12.2023.

World Trade Organization (2023b): Members and Observers, Abrufbar unter: https://www.wto.org/eng lish/thewto_e/whatis_e/tif_e/org6_e.htm, letzter Aufruf: 20.12.2023.

World Trade Oranisation (Hrsg.) (2024): The WTO. Genf, Quelle: https://www.wto.org/english/thewto_e/ thewto_e.htm

Wu, Jinglian (1999): 当代中国经济改革: 战略与实施, 上海远东出版社.

Wübbeke, Jost et al. (2016): Made in china 2025. The making of a high-tech superpower and consequences for industrial countries, Merics Paper on China.

Yalcin, Erdal/Felbermayr, Gabriel/Kinzius, Luisa (2017): Hidden Protectionism: Non-Tariff Barriers and Implications for International Trade = IFO Forschungsberichte 91/2017. München.

Zanfrini, Laura (2023): Europe and the Refugee Crisis: A Challenge to Our Civilization, Abrufbar unter: https://www.un.org/en/academic-impact/europe-and-refugee-crisis-challenge-our-civilization, zuletzt geprüft am 20.04.2023.

Zecchini, Salvatore (1997): Transition approaches in retrospect, In: Zecchini, Salvatore, (HRSG.): Lessons from the Economic Transition, Central and Eastern Europe in the 1990s, 1–34.

Zellhuber, Andrea (2012): Umweltpolitik in Brasilien. Spannungsfeld zwischen Umweltschutz und Wachstumsideolo-gie. In: de la Fontaine Dana, Stehnken, Thomas (Hrsg.): Das politische System Brasiliens. Wiesbaden, VS Verlag für Sozialwissenschaften, 347–366.

Zhang, Wei-Bin (2008): International trade theory. Capital, knowledge, economic structure, money, and Prices over Time.

Zhang, Chunlin (2019): How Much Do State-Owned Enterprises Contribute to China's GDP and Employment? World Bank, Quelle: https://openknowledge.worldbank.org/entities/publication/23dd0a8d-05fc-5c8c-b3ec-a32143faf3c2, zuletzt geprüft am 24.08.2024.

Zilla, Claudia (2022): Außenpolitischer Wandel in Brasilien. Bedingungsfaktoren und Implikationen Stiftung Wissenschaft und Politik. Deutsches Institut für Internationale Politik und Sicherheit. Berlin, SWP Bericht.

Zimmermann, Moshe (2024): Niemals Frieden. Israel am Scheideweg, Propyläen Verlag Berlin.

Zürcher, Christof (1998): Aus der Ostmoderne in die Postmoderne Zum Wandel in der früheren Sowjetunion, Abrufbar unter: https://refubium.fu-berlin.de/bitstream/handle/fub188/17979/AP16.pdf;jsessionid=3985DF9CA43362721D34AA34CECF88A8?sequence=1, letzter Aufruf: 06.12.2023.

Register

https://doi.org/10.1515/9783110790245-021